Kooperationsmanagement in der Praxis

GIZ GmbH (Hrsg.)

Kooperationsmanagement in der Praxis

Gesellschaftliche Veränderungen gestalten mit Capacity WORKS

Herausgeber
GIZ GmbH
Deutsche Gesellschaft für Internationale
Zusammenarbeit GmbH
Eschborn, Deutschland

ISBN 978-3-658-06275-0   ISBN 978-3-658-06276-7 (eBook)
DOI 10.1007/978-3-658-06276-7

Die Deutsche Nationalbibliothek verzeichnet diese Publikation in der Deutschen Nationalbibliografie; detaillierte bibliografische Daten sind im Internet über http://dnb.d-nb.de abrufbar.

Springer Gabler
© Springer Fachmedien Wiesbaden 2015
Das Werk einschließlich aller seiner Teile ist urheberrechtlich geschützt. Jede Verwertung, die nicht ausdrücklich vom Urheberrechtsgesetz zugelassen ist, bedarf der vorherigen Zustimmung des Verlags. Das gilt insbesondere für Vervielfältigungen, Bearbeitungen, Übersetzungen, Mikroverfilmungen und die Einspeicherung und Verarbeitung in elektronischen Systemen.
Die Wiedergabe von Gebrauchsnamen, Handelsnamen, Warenbezeichnungen usw. in diesem Werk berechtigt auch ohne besondere Kennzeichnung nicht zu der Annahme, dass solche Namen im Sinne der Warenzeichen- und Markenschutz-Gesetzgebung als frei zu betrachten wären und daher von jedermann benutzt werden dürften.
Der Verlag, die Autoren und die Herausgeber gehen davon aus, dass die Angaben und Informationen in diesem Werk zum Zeitpunkt der Veröffentlichung vollständig und korrekt sind. Weder der Verlag noch die Autoren oder die Herausgeber übernehmen, ausdrücklich oder implizit, Gewähr für den Inhalt des Werkes, etwaige Fehler oder Äußerungen.

Gedruckt auf säurefreiem und chlorfrei gebleichtem Papier

Springer Fachmedien Wiesbaden ist Teil der Fachverlagsgruppe Springer Science+Business Media
(www.springer.com)

Vorwort

Das Gelingen komplexer Kooperationen ist eine zentrale Herausforderung des 21. Jahrhunderts. Ob Gesundheitsreform oder Flughafenausbau, Reform des Bildungssystems oder Abbau von Staatsverschuldung, Quartiersmanagement oder Integration von Migrantinnen und Migranten: In Europa und weltweit stehen solche und ähnliche gesellschaftliche Veränderungen mehr denn je auf der Tagesordnung. Erfolgsentscheidend ist dabei nicht nur, das politisch und fachlich Richtige zu tun, sondern insbesondere die Frage, wie man dabei vorgeht, also die methodische Herangehensweise.

Mit diesem Buch stellen wir hierfür die Quintessenz unserer Erfahrungen aus über 30 Jahren internationaler Zusammenarbeit der GIZ und ihrer Vorgängerorganisationen GTZ, DED und InWEnt zur Verfügung. Mit dem Managementmodell Capacity WORKS machen wir transparent und nutzbar, was aus unserer Sicht Kooperationen erfolgreich macht.

Organisationen wissen selten, was sie alles wissen. Von besonderem Wert sind aber gerade die selbst gesammelten Erfahrungsschätze, die Kniffe der Praxis und das Verständnis für die dahinterliegenden tiefen Zusammenhänge. Dieses Wissen wird vorgelebt und mündlich weitergegeben, aber es bleibt oft implizit. Um es aber breiter nutzbar zu machen – sowohl im eigenen Haus als auch für andere –, muss es entschlüsselt, kondensiert und verständlich zum Ausdruck gebracht werden. Wir haben uns daher auf eine gemeinsame Entdeckungsreise gemacht. Eine Reise zu den Erfolgsfaktoren für die Gestaltung gesellschaftlicher Veränderungen. Wir wollten wissen: Was machen eigentlich die Projekte, die besonders effektiv und nachhaltig Wirkungen erzielen, besser als andere? Im Lichte neuerer systemtheoretischer Ansätze haben wir dafür unsere Erkenntnisse aus der Praxis gebündelt und analysiert.

Das Ergebnis dieser Auswertung und Reflexionsarbeit ist das Managementmodell Capacity WORKS. Capacity WORKS ist ein zentrales Werkzeug, das uns und unseren Partnern weltweit täglich bei der Arbeit an gesellschaftlichen Veränderungsprozessen unterstützt. Capacity WORKS gibt in diffusen und komplexen Konstellationen Orientierung und Struktur, ohne einzuengen. Und es erleichtert mit einfachen Methoden das gemeinsame Verständnis von Kernfragen und Stellschrauben des gemeinsamen Projekts. Doch das ist nicht alles. Capacity WORKS ist gleichzeitig Ausdruck einer Haltung. Es ist Ausdruck eines Qualitätsanspruchs an Kooperationsvorhaben, die sich auszeichnen durch die Teilhabe aller Mitwirkenden, das genaue Zuhören und Hinsehen, das Bündeln und Aushandeln von Interessen und Kräften und die fortlaufende Reflexion des gemeinsamen Unterfangens.

Capacity WORKS ist ein Handbuch für die Mitarbeiterinnen und Mitarbeiter sowie für Partner der GIZ weltweit. Es richtet sich darüber hinaus an alle, die selbst auf den unterschiedlichsten Ebenen in Kooperationssysteme eingebunden sind – ob als Führungskräfte, Manager, Beraterinnen oder Berater, in Politik, Verwaltung, Wirtschaft oder im Non-Profit-Bereich. Wir hoffen, dass es Ihnen beim Vorantreiben wichtiger Reformen und Veränderungen hilfreich ist, und wünschen Ihnen gutes Gelingen.

Dr. Christoph Beier
Stellvertretender Vorstandssprecher

Cornelia Richter
Mitglied des Vorstands

Deutsche Gesellschaft für Internationale Zusammenarbeit (GIZ) GmbH

Inhaltsübersicht

Vorwort — V

Einführung — 1

Das Modell: Capacity WORKS im Überblick — 7
- Die Landkarte der Logiken — 8
- Erfolgsfaktoren im Überblick — 15
- Kooperationssysteme – auf Dauer und auf Zeit — 21
- Der Capacity Development-Dreiklang — 22
- Arbeiten mit Capacity WORKS — 24
- Bewährtes aus der Praxis — 28

Ziele und Wirkungen — 30
- Ziele sind gemeinsame Zukunftsbilder — 30
- Gemeinsame Ziele stärken die Kooperation — 31
- Das Wirkungsmodell als gemeinsames Bild der Veränderung — 33
- Wirkungsbeobachtung als Navigationshilfe — 36
- Capacity WORKS in der Wirkungsbeobachtung — 38
- Capacity WORKS im Management von Kooperationssystemen — 40

Erfolgsfaktor Strategie — 42
- Die besondere Perspektive des Erfolgsfaktors Strategie — 44
- Paradoxien in der Strategiearbeit — 44
- Strategie erweitert die Handlungsfähigkeit des Kooperationssystems — 45
- Ausrichtung als Orientierung und Prozess — 45
- Gemeinsame Verpflichtung auf Ziele — 46
- Funktionen von Strategie — 46
- Inhalt und Prozess der Strategieentwicklung — 47

Erfolgsfaktor Kooperation — 52
- Bedingungen für die Entstehung und Stärkung von Kooperationsbeziehungen — 53
- Die besondere Perspektive des Erfolgsfaktors Kooperation — 55
- Interne und externe Kooperation — 56
- Kooperationssystem und Netzwerk — 57
- Der Austausch zwischen Kooperationssystemen und Netzwerken — 59

Erfolgsfaktor Steuerungsstruktur — 60
- Hohe Ansprüche an die Entscheidungsfindung — 61
- Die Funktionen der Steuerungsstruktur — 62
- Steuerungsebenen — 63
- Politischer und kultureller Kontext — 65
- Die besondere Perspektive des Erfolgsfaktors Steuerungsstruktur — 65

Erfolgsfaktor Prozesse — 69

Soziale Innovation und gesellschaftlicher Wandel — 69
Bedingungen für soziale Innovation — 70
Die besondere Perspektive des Erfolgsfaktors Prozesse — 71
Die internen Managementprozesse im Vorhaben — 76

Erfolgsfaktor Lernen und Innovation — 80

Lernen als Evolution — 83
Impulse für nachhaltiges Lernen auf den Ebenen des Capacity Development — 84
Lernen auf der Ebene Gesellschaft – Politikfeld und Rahmenbedingungen — 85
Lernen auf der Ebene Gesellschaft – Kooperationsbeziehungen — 86
Lernen auf der Ebene Organisation — 87
Lernen auf der Ebene Person — 88
Die besondere Perspektive des Erfolgsfaktors Lernen und Innovation — 91

Toolbox
Übersicht und Blickrichtungsfragen — 93

Toolbox | Erfolgsfaktor Strategie — 96

Tool 01 | Strategiesuite — 96
Tool 02 | Gesellschaftliche Muster und Trends — 101
Tool 03 | Szenarien — 104
Tool 04 | Schlüsselherausforderungen: SWOT — 108
Tool 05 | Erfinden von Optionen — 112
Tool 06 | Auswahl einer Option — 115
Tool 07 | Wirkungsmodell — 118
Tool 08 | Capacity Development-Strategie — 124

Toolbox | Erfolgsfaktor Kooperation — 131

Tool 09 | Akteurslandkarte — 131
Tool 10 | Handlungsprofil der Akteure (4-A-Matrix) — 136
Tool 11 | Interessen von Schlüsselakteuren — 139
Tool 12 | Strukturmerkmale von Kooperationen — 143
Tool 13 | Sichtweisen der Akteure (PIANO-Analyse) — 151
Tool 14 | Netzwerke: Beziehungspotenziale stärken — 155
Tool 15 | Vertrauensbildung — 160
Tool 16 | Hinterbühne und Lernverhalten — 167
Tool 17 | Bedarfsanalyse — 173
Tool 18 | Komparative Vorteile — 176
Tool 19 | Gestaltung von Aushandlungsprozessen — 179

Toolbox | Erfolgsfaktor Steuerungsstruktur   184

Tool 20 | Steuerungsstruktur 184
Tool 21 | Anforderungen an die Qualität der Steuerungsstruktur 189
Tool 22 | Wirkungsorientiertes Monitoringsystem 192
Tool 23 | Interventionsarchitektur 196
Tool 24 | Operationsplan 202

Toolbox | Erfolgsfaktor Prozesse   207

Tool 25 | Prozesslandkarte 207
Tool 26 | Prozesshierarchie 212
Tool 27 | Prozessdesign 215
Tool 28 | Prozessoptimierung 218
Tool 29 | Gestaltung von Schnittstellen 223

Toolbox | Erfolgsfaktor Lernen und Innovation   227

Tool 30 | Scaling-up 227
Tool 31 | Lernkompetenz in Kooperationssystemen 231
Tool 32 | Innovationsfähigkeit von Kooperationssystemen 234
Tool 33 | Wissensmanagement in Vorhaben 238
Tool 34 | Debriefing 243
Tool 35 | Lernnetzwerke von Multiplikatoren und Trainern 247
Tool 36 | Wissensgemeinschaft (Community of Practice) 251
Tool 37 | Organisationsdiagnose 255
Tool 38 | Qualitätsmanagement in Organisationen 260
Tool 39 | Qualität in der Kompetenzentwicklung 265
Tool 40 | Kollegiale Beratung 269
Tool 41 | Entwicklung von Lernzielen 272
Tool 42 | Überprüfung der Lernstrategie von Vorhaben 276

Zitationen   279

Verzeichnis der Abbildungen   281

Verzeichnis der Arbeitshilfen   282

Danksagung   283

Piktogramm-Erklärung

   GIZ Spezifisches   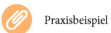   Praxisbeispiel

Einführung

Kooperation ist die Grundlage für gesellschaftliche Entwicklung, gleich wo auf der Welt. Kein Akteur kann diese gestalterische Aufgabe alleine übernehmen. Gute Kooperationsbeziehungen sind dabei unverzichtbar, auf der lokalen Ebene, für ganze Gesellschaften und zunehmend auch über Landesgrenzen hinweg. Längst kooperieren nicht nur Staaten und Regierungen miteinander. Auch Akteure aus Zivilgesellschaft und Wirtschaft schließen sich in Kooperationssystemen zusammen, um gemeinsam Antworten auf drängende Fragestellungen wie nachhaltige Energieversorgung oder den Klimawandel zu entwickeln.

So bekannt das Phänomen der Kooperation auch ist, so komplex gestaltet es sich in der Praxis. Goethe schrieb vor langer Zeit in seinem *Faust*: „Das Was bedenke, mehr bedenke wie." Jeder beteiligte Akteur bringt eine ganz eigene Vorstellung über dieses „Was" ein. Wenn eine Kooperation gelingen soll, gilt es zuallererst, einen Weg zu finden, wie aus vielen unterschiedlichen Zielvorstellungen ein gemeinsames „Was" wird. Dann ist jedoch noch nicht klar, wie dieses „Was" erreicht werden soll. In anderen Worten: Auch das „Wie" muss geklärt werden, nämlich welche konkreten Schritte und Maßnahmen dazu führen sollen, das gemeinsame Ziel zu erreichen.

Diese Einsichten standen am Anfang der Entstehungsgeschichte von Capacity WORKS, die 2006 begann. Die Frage, wie Kooperationen gelingen können, wurde nicht aus der Theorie heraus beantwortet, sondern aus der gelebten Praxis der Internationalen Zusammenarbeit. Erfahrene Beraterinnen und Berater wurden nach ihren „Erfolgsrezepten" für gelungene Kooperation befragt. Ihre Antworten waren so vielfältig wie die unterschiedlichen Kooperationssysteme, von denen gelernt werden sollte. Deutlich wurde, dass sich Organisationen nur dann an einem Kooperationssystem beteiligen und sich in Abhängigkeiten von anderen begeben, wenn die Ziele attraktiv für sie sind und alleine nicht erreicht werden können. In den Antworten auf die Frage, wie dies gelingt, zeichneten sich immer wiederkehrende Muster ab, die Erfolgsfaktoren für professionelles Kooperationsmanagement darstellen:

- Strategie: Das Kooperationssystem hat dann Erfolg, wenn sich die Kooperationspartner auf eine gemeinsame Strategie verständigen, um eben diese Ziele zu erreichen.
- Kooperation: Vertrauen und die Aushandlung angemessener Kooperationsformen sowie Rollenklarheit sind die Basis für gute Zusammenarbeit.
- Steuerungsstruktur: Vereinbarungen darüber, wie relevante Entscheidungen von den Beteiligten gemeinsam vorbereitet und getroffen werden, geben Orientierung.
- Prozesse: In erfolgreichen Kooperationen gibt es Klarheit über wirkungsvolle Formen der Leistungserbringung, für die neue Prozesse etabliert oder bestehende Prozesse angepasst werden.
- Lernen und Innovation: Die Kooperationspartner schaffen positive Bedingungen für innovatives Handeln, indem die Lernkompetenzen der beteiligten Akteure gestärkt werden.

Dabei pendeln die Kooperationspartner zwischen Beobachtung und Analyse ihres Umfeldes sowie konkreten Aktionen, die sinnvoll zu einer Veränderung beitragen sollen.

Capacity WORKS beschreibt all diese Aspekte und bietet damit eine methodisch ausgereifte Grundlage für die Kunst der gelungenen Kooperation: durch relevante Leitfragen, die Struktur der fünf Erfolgsfaktoren und eine Toolbox, mit der konkrete Fragestellungen bearbeitet werden können.

Das Zusammenspiel dieser Elemente bildet ein Managementmodell, mit dem komplexe Kooperationen strukturiert erfasst werden, ohne Blaupausen anzubieten. Es unterstützt die Entwicklung einer gemeinsamen Sprache unter den Beteiligten über das „Was" und das „Wie" ihrer Kooperation. Es hilft, das Management konsequent auf die Ziele und Wirkungen auszurichten, die von den Kooperationspartnern erreicht werden wollen. Damit versuchen sich die Beteiligten an einer gemeinsamen Interpretation ihrer Realität, um eine wünschenswerte Zukunft zu entwerfen. Dies versetzt sie in die Lage, gemeinsam Entscheidungen zu treffen und diese so effektiv und effizient wie möglich umzusetzen. Dabei gibt Capacity WORKS keine vorgefertigten Antworten auf die besonderen Herausforderungen jedes einzelnen Kooperationssystems – wie uns das „Malen nach Zahlen" auch nicht zu wahren Künstlern macht.

Capacity WORKS richtet sich an alle, die in komplexen Kooperationssystemen arbeiten oder diese beraten. Es greift den aktuellen fachlichen Diskurs zu Kooperations- und Change Management auf und bildet gleichzeitig die langjährigen Erfahrungen der Deutschen Gesellschaft für Internationale Zusammenarbeit (GIZ) ab.

Capacity WORKS als Managementmodell in der Internationalen Zusammenarbeit

Der Einsatz von Capacity WORKS in der Internationalen Zusammenarbeit (IZ) hat sich bewährt und gezeigt, dass es als Managementmodell hilfreich ist, Kooperationen zu gestalten. Dies ist unabhängig von den erheblichen Unterschieden zwischen verschiedenen Ländern, Kulturen und den Sektoren, in denen gearbeitet wird. Capacity WORKS wurde 2006 in der ehemaligen GTZ entwickelt, einer der Vorläuferorganisationen der heutigen GIZ, und wurde dort nach einer zweijährigen Pilotphase in den Jahren 2009 und 2010 als Managementmodell für Nachhaltige Entwicklung eingeführt. Heute ist die Arbeit mit Capacity WORKS in alle zentralen Verfahren der GIZ integriert, vom Programmdesign über die Durchführung bis hin zur internen Evaluierung und Berichterstattung.

Die GIZ als Bundesunternehmen

Die GIZ ist ein deutsches Bundesunternehmen. Einen großen Teil der Aufträge führt die GIZ für das Bundesministerium für Wirtschaftliche Zusammenarbeit und Entwicklung (BMZ) durch. Das Unternehmen ist aber auch für weitere Bundesressorts sowie für öffentliche und private Auftraggeber im In- und Ausland tätig. Dazu gehören bspw. die Europäische Kommission, die Vereinten Nationen, die Weltbank, Regierungen anderer Länder, die Bill and Melinda Gates Foundation sowie Kunden aus der Privatwirtschaft oder die deutschen Bundesländer. Die GIZ ist in mehr als 130 Ländern weltweit und in nahezu allen deutschen Bundesländern präsent. Mit der Gründung der GIZ im Jahr 2011 hat die deutsche Bundesregierung für die neue Organisation – hervorgegangen aus der

Zusammenlegung des Deutschen Entwicklungsdienstes (DED), der Gesellschaft für technische Zusammenarbeit (GTZ) und InWEnt (Internationale Weiterbildung und Entwicklung gGmbH) – einen erweiterten Gesellschaftszweck definiert. Dieser bezieht sich auf die „Förderung der internationalen Zusammenarbeit für nachhaltige Entwicklung". Verbindendes Element aller Dienstleistungen der GIZ bleibt die Förderung globaler Nachhaltigkeit, um die Zukunftsfähigkeit des Südens und des Nordens zu bewahren. Die Erweiterung des Gesellschaftszwecks ermöglicht es der GIZ, ihre Arbeit im Inland sowie für EU-Mitgliedsstaaten und Schwellenländer auszuweiten.

Vorhaben

Für das Verständnis der beispielhaft beschriebenen Vorhaben aus der Arbeit der GIZ sind einige Begrifflichkeiten und die Funktionsweise der deutschen Internationalen Zusammenarbeit wichtig. Der Begriff „Vorhaben" wird in diesem Handbuch grundsätzlich für Programme und Projekte verwendet, die sich zum Ziel gesetzt haben, innerhalb eines definierten Zeitrahmens gesellschaftliche, politische oder wirtschaftliche Veränderungen zu unterstützen. Programme oder Projekte, die im Auftrag des BMZ und in geteilter Verantwortung des jeweiligen Kooperationslandes und der GIZ durchgeführt werden, machen dabei den größten Anteil des Geschäfts der GIZ aus.

Die Entscheidung über das Engagement in den Kooperationsländern liegt in diesen Fällen beim BMZ und wird im Politikdialog mit dem Kooperationsland vereinbart. Die GIZ unterstützt bei der Vorbereitung von Vorhaben und wird mit deren Umsetzung erst beauftragt, wenn ein konkreter Vorschlag für die Durchführung vorliegt. Über das „Was" der Kooperation gibt es somit immer gewisse Vorgaben – in der Regel unterstützt das BMZ, ebenso wie andere Bundesressorts, Veränderungsprozesse oder Reformen, die ohnehin von den Kooperationsländern bearbeitet werden. Das „Wie" der Kooperation entsteht dann in der Aushandlung zwischen den Akteuren der Regierung in den Kooperationsländern und den Auftragsverantwortlichen der GIZ vor Ort. Die GIZ ist dem Auftraggeber gegenüber dafür rechenschaftspflichtig, dass die im Auftrag vereinbarten Ziele und Wirkungen erreicht werden. Gleichzeitig engagiert sich die GIZ gemeinsam mit den beteiligten Akteuren jedes Vorhabens für die Erreichung der vereinbarten Ziele und Wirkungen. Diese sind in die Strategien, Politiken und Programme der Kooperationsländer eingebettet und mit den Beiträgen anderer internationaler Akteure abgestimmt.

Gesellschaftliche Handlungsfelder

Die folgenden Begrifflichkeiten werden in diesem Handbuch mehrheitlich synonym verwendet: Sektor, Politikfeld, Teilbereiche oder -systeme der Gesellschaft, gesellschaftliches Handlungsfeld, Kooperationssystem auf Dauer. Sie bezeichnen stets das Umfeld, auf das sich die Ziele eines Vorhabens beziehen und in dem eine Veränderung angestrebt wird. In vielen Fällen zielen die angestrebten Veränderungen von Vorhaben auf konkrete Sektoren ab, die durch entsprechende Ministerien in den meisten Regierungen vertreten sind: Gesundheit, Bildung, öffentliche Verwaltung, Landwirtschaft oder Wasserversorgung sind bspw. solch klar definierte Teilbereiche oder -systeme der Gesellschaft. In anderen Fällen handelt es sich um Veränderungen, die verschiedene Sektoren betreffen: Anpassungen an den Klimawandel, Jugendschutz oder ländliche Entwicklung erfordern Veränderungen, die oft in vielen gesellschaftlichen Teilbereichen angestoßen werden müssen. Um bspw. das gesellschaftliche Handlungsfeld „Bekämpfung der Auswirkungen des Klimawandels" zu bearbeiten, sind u. a. Wasser, Landwirtschaft und Wirtschaft wichtige Sektoren, in denen ein Veränderungsprozess ansetzen könnte.

Capacity WORKS wurde ursprünglich für Vorhaben entwickelt, die im Sinne der Technischen Zusammenarbeit das Capacity Development der Kooperationsländer im Fokus haben. „Capacity" meint in diesem Zusammenhang die Fähigkeit von Menschen, Organisationen und Gesellschaften, ihre eigene Entwicklung nachhaltig zu gestalten und sich an dynamische Rahmenbedingungen anzupassen. Hierzu gehört, Entwicklungshindernisse zu erkennen, Lösungsstrategien zu entwickeln und diese dann erfolgreich umzusetzen.

In der GIZ wird diese Fähigkeit häufig als Handlungs- und Regiekompetenz charakterisiert. Diese verknüpft politischen Willen, Interessen, Wissen, Werte und finanzielle Ressourcen, um die eigenen Entwicklungsziele zu erreichen. Bei Capacity Development handelt es sich also darum, die Entwicklung von Kompetenzen auf individueller, organisatorischer und gesellschaftlicher Ebene zu fördern, damit Kooperationsländer eigene Reform- und Entwicklungsvorstellungen artikulieren, verhandeln und umsetzen können.

Die GIZ mit ihren Vorgängerorganisationen verfügt in dieser Kernkompetenz über mehr als 30 Jahre Erfahrung. Heute entstehen neben dieser „klassischen" Leistung des Capacity Development immer mehr Vorhaben, die geprägt sind durch andere Auftraggeber und die neue Bearbeitungsformen erfordern. Beispiele hierfür sind Management- und Logistikdienstleistungen, Beratung globaler Partnerschaften sowie Fondsmanagement. All diese Leistungen bündeln sich unabhängig von den jeweiligen Auftraggebern unter dem Begriff der „Internationalen Zusammenarbeit". Capacity WORKS hat sich immer dann als nützlich erwiesen, wenn Kooperationssysteme entstehen. Das Managementmodell unterstützt dabei, Aushandlungs- und Entscheidungsprozesse verschiedener Akteure zu gestalten, um die angestrebten Ziele und Wirkungen nachhaltig zu erreichen.

Nachhaltige Entwicklung als Leitprinzip

Die GIZ richtet sich am Prinzip der Nachhaltigkeit aus. Nachhaltige Entwicklung wird hier verstanden als Zusammenspiel von sozialer Verantwortung, ökologischem Gleichgewicht, politischer Teilhabe und wirtschaftlicher Leistungsfähigkeit. Nur dieses Zusammenspiel ermöglicht den heutigen und künftigen Generationen ein Leben in Sicherheit und Würde. Die Arbeitsweise der GIZ spiegelt dieses Prinzip in allen ihren Leistungen wider. Entsprechend ist auch das Managementmodell Capacity WORKS geprägt von den unterschiedlichen Dimensionen dieses Nachhaltigkeitsverständnisses.

Zwischen den Zielen der wirtschaftlichen Entwicklung, der sozialen Gerechtigkeit, einer intakten Umwelt und politischer Teilhabe bestehen häufig Zielkonflikte. Für diese gilt es Lösungen zu finden, und zwar in gesellschaftlichen, kulturellen und politischen Kontexten, die sich ständig verändern. Fragen von Macht und Interessen spielen dabei eine wichtige Rolle. Nachhaltigkeit erfordert daher einen permanenten Aushandlungsprozess, damit tragfähige Kompromisse erzielt werden können. Staat, Wirtschaft und Zivilgesellschaft sind gleichermaßen davon betroffen und müssen auf unterschiedlichen Ebenen daran mitwirken – lokal, national, regional und international.

Das Managementmodell Capacity WORKS ermöglicht durch die Einbindung der relevanten Akteure, dass maßgeschneiderte und nachhaltige Lösungen entwickelt werden, die genau zum jeweiligen Kontext passen. Dies geschieht am wirkungsvollsten, indem die verschiedenen Perspektiven im Hinblick auf eine Fragestellung transparent gemacht und ausgehandelt werden.

Kooperationsmanagement für globale Lösungen

Die Einbindung verschiedener Perspektiven ist besonders relevant, wenn es um die Lösung grenzüberschreitender oder sogar globaler Probleme geht. Klimawandel, faire Handelsregime und Finanzmarktstabilität sind Beispiele für weltweite Herausforderungen, die konzertiert bearbeitet werden müssen.

Durch gezielten Wissens- und Erfahrungsaustausch der relevanten Akteure bezüglich ihrer Kompetenzen, Sichtweisen und Erfahrungen kann die Wirksamkeit der internationalen Zusammenarbeit noch deutlich gesteigert werden. Kooperationssysteme formieren sich um bestimmte Fragestellungen und erarbeiten gemeinsame Lösungswege. Ansätze, die eine Gesellschaft bei der Bearbeitung einer bestimmten Fragestellung erfolgreich gemacht haben, können für andere Länder erschlossen werden. Durch das Teilen von Erfolgsgeschichten wird der Zugang zu relevantem Erfahrungswissen eröffnet und kann zur gemeinsamen Entwicklung von Innovationen nutzbar gemacht werden („Ko-Kreation").

Diese Art des Knowledge Sharing erhält einen immer größeren Stellenwert auf dem Weg zu einer globalen Wissens-, Informations- und Mediengesellschaft. Auch hier sollte das Leitprinzip der Nachhaltigen Entwicklung eine zentrale Rolle spielen, um Generationengerechtigkeit und politische Teilhabe zu ermöglichen. Die GIZ nutzt diese Lernprozesse bereits in der Förderung von Kooperationen zwischen Entwicklungsländern, zwischen Schwellen- und Entwicklungsländern und Industrieländern. Diese länderübergreifenden Prozesse sind jedoch besonders herausfordernd für das Kooperationsmanagement. Auch hier können Logik, Struktur und Tools von Capacity WORKS hilfreich sein, um die Nachhaltigkeit der Ergebnisse dieser Kooperationen zu unterstützen.

Was ist neu an Capacity WORKS?

Wie bereits eingangs erwähnt, bedeutet die Beschäftigung mit Capacity WORKS die explizite Beschäftigung mit dem „Was" und dem „Wie" in der Gestaltung von Kooperationssystemen. Die GIZ hat davon profitiert, dass sie ihre Arbeitsweise beschrieben hat und sich dabei auf ein konzeptionell und theoretisch fundiertes Modell beziehen kann.

Capacity WORKS bündelt die Managementerfahrung des Unternehmens aus 30 Jahren Internationaler Zusammenarbeit. Dass dies ein wichtiger Schritt war, unterstreichen die vielen positiven Rückmeldungen der Nutzerinnen und Nutzer in der GIZ. Letztlich ist der Gradmesser für den Erfolg des Modells, dass Capacity WORKS bei der fortwährenden Suche nach Lösungen für Kooperationssysteme für die Beteiligten nützlich ist.

Die Zusammenlegung von ehemals DED, GTZ und InWEnt war ein Anlass, das Kooperations-Know-how auch jener Unternehmensteile verfügbar zu machen, die bei der Entwicklung nicht beteiligt waren. Gleichzeitig führen neue Erfahrungen unweigerlich zu neuem Lernen. Im Zuge der Einführung von Capacity WORKS in der GIZ wurden die Konzepte der Erfolgsfaktoren geschärft und die Anwendungskontexte erweitert. Diese Entwicklungen machten es auch aus fachlicher Sicht erforderlich, das Managementmodell zu aktualisieren. Die neue Version macht den aktuellen Stand zum Thema Kooperationsmanagement innerhalb der GIZ verfügbar.

Den bisherigen Nutzerinnen und Nutzern wird auffallen, dass sich Capacity WORKS in der vorliegenden Version noch viel mehr mit dem Thema Ziele und Wirkungen beschäftigt. Die Unterscheidung von Kooperationssystemen und Netzwerken bereichert das Modell um eine wichtige Perspektive. Noch deutlicher als bisher wird beschrieben, wie organisationsübergreifende Strategieentwicklung gestaltet wird. Lern- und Innovationsprozesse werden stärker aus der Perspektive des Knowledge Sharing beleuchtet. All diese Neuerungen spiegeln sich auch in der veränderten Toolbox wider, mit der konkrete Managemententscheidungen in Kooperationssystemen unterstützt werden. Sie enthält sowohl bewährte Tools als auch neue. Dabei handelt es sich um methodisches Handwerkszeug, das für die Arbeit der GIZ besonders relevant ist, aber auch anderen Organisationen nützlich sein wird, um professionelles Kooperationsmanagement zu betreiben.

Für die Aktualisierung des Capacity WORKS-Handbuchs war es also Zeit. Zugleich interessieren sich zunehmend andere nationale und internationale Organisationen für dieses Erfahrungswissen. Dieses Interesse wird verstärkt durch die wachsende Bedeutung von Kooperationen in allen Teilen der Gesellschaft. Aus diesem Grund stellt die GIZ ihr Know-how einem interessierten Publikum zur Verfügung. Der spezifische Kontext der Internationalen Zusammenarbeit steht daher nicht so deutlich im Vordergrund. Der Anspruch ist, grundlegende Konzepte allgemeinverständlich zu beschreiben, damit sie für Kooperationssysteme unterschiedlichster Art und Herkunft nützlich sind.

Das Modell:
Capacity WORKS im Überblick

Capacity WORKS ist ein Managementmodell, mit dem Kooperationssysteme erfolgreich gestaltet werden können. Es basiert auf verschiedenen Elementen, die sich gegenseitig ergänzen. Diese Elemente werden im Folgenden kurz dargestellt.

Abbildung 1: Capacity WORKS

Jedes Kooperationssystem entsteht und entwickelt sich, um Ziele und Wirkungen zu erreichen, die zwischen den beteiligten Akteuren vereinbart werden. Die Ziele und Wirkungen eines Kooperationssystems müssen dabei aus dem gesellschaftlichen Umfeld abgeleitet werden, um auf Dauer Veränderungen anstoßen zu können. Das Zusammenspiel von sozialer Verantwortung, ökologischem Gleichgewicht, politischer Teilhabe und wirtschaftlicher Leistungsfähigkeit orientiert bei der Formulierung nachhaltig ausgerichteter Ziele.

Die eingangs vorgestellten Kernideen des Leitprinzips der Nachhaltigen Entwicklung und des Capacity Development-Ansatzes werden hier miteinander verknüpft. Sie durchdringen alle Elemente des Modells und rücken damit die Veränderungsbereitschaft und Regiekompetenz der beteiligten Akteure in den Fokus. Ein Aushandlungsprozess aller beteiligten Akteure stellt sicher, dass gemeinsame Ziele klar formuliert, attraktiv und realistisch sind. Das Kapitel „Ziele und Wirkungen" erläutert diesen Zusammenhang im Detail.

Diese Herausforderungen werden mit den fünf Erfolgsfaktoren – kurz „EF" genannt – bearbeitet. Sie stellen unterschiedliche Perspektiven bei der zielgerichteten Gestaltung eines Kooperationssystems dar: Strategie, Kooperation, Steuerungsstruktur, Prozesse sowie Lernen und Innovation.

Auf Basis dieser Erfolgsfaktoren wird das Vorhaben gestaltet. Dabei wird auch geklärt, welche Beiträge die einzelnen Kooperationspartner leisten.

Um erfolgreich zu sein, braucht jedes Vorhaben …

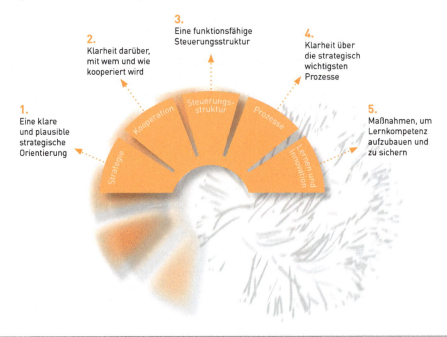

Abbildung 2: Die fünf Erfolgsfaktoren

Die Darstellung jedes Erfolgsfaktors steht unter einem Motto, das die jeweils besondere Perspektive verdeutlicht. Leitfragen ergänzen das Motto, indem sie den Blick auf spezifische Aspekte lenken, die sich im erfolgreichen Kooperationsmanagement bewährt haben. Diese finden sich am Ende dieses Kapitels und geben einen schnellen Überblick über den Inhalt jedes Erfolgsfaktors.

Einige konzeptionelle Überlegungen zu Kooperationssystemen schließen die Einführung ab. Anschließend werden Ziele und Wirkungen sowie alle Erfolgsfaktoren ausführlich erläutert. Die Beschreibung des Modells wird ergänzt durch eine Toolbox, die diesen fünf Erfolgsfaktoren zugeordnet ist und geeignete Bearbeitungsformen für fundierte Managemententscheidungen anbietet.

Was unterscheidet jedoch das Management von Kooperationssystemen vom Management innerhalb von Organisationen? Die Landkarte der Logiken beschreibt eine wichtige konzeptionelle Grundlage und Voraussetzung für die Arbeit mit Capacity WORKS.

Die Landkarte der Logiken

Kooperation bezieht sich darauf, wie unterschiedliche Akteure zusammenwirken, und ist als Begriff in unserem Leben allgegenwärtig. Überall dort, wo kooperiert wird, da wird auch gemanagt. Die Notwendigkeit von Kooperation und Management ist allseits bekannt durch die Erfahrungen im Umgang mit Organisationen: Lehrkräfte und Schulleitung arbeiten zusammen, Pflegepersonal und Ärzte tun dies im Krankenhaus (hoffentlich auch über Abteilungsgrenzen hinweg), Produktion und Vertrieb stimmen sich ab zum Fertigungsbetrieb, die politische Führung eines Ministeriums arbeitet mit der Verwaltung zusammen. Allgegenwärtig sind auch die Erfahrungen, wenn es mal nicht so gut funktioniert mit der Kooperation innerhalb von Organisationen.

Capacity WORKS ist ein Managementmodell für die erfolgreiche Gestaltung von Kooperationen, an denen sich verschiedene Organisationen beteiligen (überorganisationale Kooperationssysteme). Liefert Capacity WORKS also auch Hilfestellung für die Bearbeitung von Kooperationen innerhalb einzelner Organisationen? An dieser Stelle ist Vorsicht geboten. Organisationen und überorganisationale Kooperationssysteme folgen sehr unterschiedlichen Logiken und können darum auch nicht mit einem einzigen Modell in ihrer Funktionsweise erklärt und gestaltet werden.

Capacity WORKS wurde für diese Fragestellung entwickelt: Wie gelingt die Kooperation zwischen verschiedenen Organisationen, die gemeinsam eine angemessene Lösung finden wollen für gesellschaftliche Anforderungen, Probleme oder Herausforderungen? Die Antwort erfordert es, sich mit den Unterschieden zwischen der Arbeit im Kontext von Kooperationssystemen einerseits und Organisationen andererseits genauer zu beschäftigen.

Für Organisationen gibt es ausreichend gute Managementmodelle, wie EFQM (European Foundation for Quality Mangement), Six Sigma und die Balanced Scorecard, um nur einige zu nennen. Diese Managementmodelle sind für die besonderen Anforderungen von Kooperationssystemen nicht geeignet.

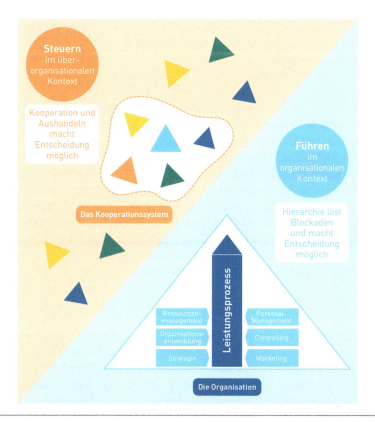

Abbildung 3: Landkarte der Logiken

Warum dies so ist, erklärt die Landkarte der Logiken. Sie stellt die verschiedenen Funktionsweisen von Organisationen und Kooperationssystemen gegenüber und bietet den konzeptionellen Rahmen, um den Anwendungskontext von Capacity WORKS zu verstehen. Zunächst beschäftigen wir uns mit dem Phänomen der Organisation (rechte untere Seite der Landkarte).

Die Organisation

Organisationen sind soziale Systeme. Dies unterscheidet sie von anderen Systemen, wie bspw. von technischen Systemen oder einem Ökosystem. Soziale Systeme bestehen mindestens aus zwei Personen. Wichtiges Merkmal eines Systems ist, dass es Grenzen benötigt, um sich von seiner Umwelt zu unterscheiden. Mit diesen Grenzen wird definiert, was zum System gehört und was nicht. Gleichzeitig ist es sozialen Systemen möglich, mit ihrer Umwelt in Beziehung zu treten. Organisationen sind ein besonderer Typus sozialer Systeme.

Die Zielfindung

Wozu braucht es diesen Typus sozialer Systeme, den wir Organisation nennen? Organisationen sind immer Antworten auf bestimmte gesellschaftliche und individuelle Bedürfnisse. Organisationen entwickeln und spezialisieren sich, um für bestimmte gesellschaftliche Problemstellungen Lösungen bereitzustellen. So versorgen zum Beispiel Krankenhäuser Patientengruppen mit medizinischen Dienstleistungen, Organisationen der staatlichen Verwaltung stellen öffentliche Güter bereit und Unternehmen sondieren Märkte nach Bedarfen, um diese dann mit Produkten und Dienstleistungen zu befriedigen.

Die Mitgliedschaft

Damit Organisationen sich selbst erhalten können und überlebensfähig bleiben, markieren sie deutlich ihre Grenzen zur Umwelt. Wer gehört zur Organisation? Wer nicht? Diese Frage wird über die Mitgliedschaft geregelt. Bestimmte Ein- und Austrittsregelungen sind beschrieben und zum Großteil vertraglich geregelt. Auch über die Art der Entlohnung, den Anspruch auf Urlaub, befristete oder unbefristete Mitgliedschaft, Belohnung und Sanktionen werden häufig Vereinbarungen getroffen. Dies ist wichtig zu markieren, denn Mitglieder einer Organisation sind dieser nicht „mit Haut und Haaren" verschrieben, sondern nur durch ihre Mitgliedschaftsrolle mit ihr verbunden. Neben ihrer Mitgliedschaft in dieser Organisation sind Menschen in vielen unterschiedlichen Rollen in ihrem Arbeits- und Privatleben aktiv und gehören daher als eine von mehreren Gruppen zu den Stakeholdern einer Organisation.

Grundlegende Merkmale von Organisationen

Organisationen entwickeln sich im Laufe ihrer Geschichte. Sie werden „eigensinnig". Sie streben für sich „Unsterblichkeit" an und prägen unabhängig von ihren aktuellen Mitgliedern ihre ganz eigene „DNA" aus. Ein Grundelement von Organisationen sind Entscheidungen. Diese werden zwar von Personen aus Fleisch und Blut getroffen. Sobald diese Entscheidungen aber etabliert sind, entwickeln sie ein Eigenleben. Sehr gut erkennbar ist dies in Organisationen, die schon viele Jahre bestehen: Mitglieder, auch Führungskräfte, kommen und gehen. Die Strukturen, Prozesse,

Regelwerke und Rituale bleiben jedoch oft über Jahrzehnte erhalten und verändern sich nur langsam. Dies liegt an den Festlegungen, den „DNA-Entscheidungen", die grundlegende Fragen zur Funktionsweise der Organisation beantworten: Wozu gibt es uns als Organisation? Mit welchen Aufgaben beschäftigen wir uns? Wie sind wir als Organisation organisiert? Welche Erwartungen haben wir an die Verhaltensweisen der Organisationsmitglieder?

Diese Festlegungen, sogenannte Entscheidungsprämissen, drücken sich in all jenen Strukturen, Prozessen, Regeln und Ritualen aus, die den Rahmen für das alltägliche Geschehen in der Organisation setzen. Durch diese Entscheidungsprämissen wird sichergestellt, dass auch bei einem personellen Wechsel die grundlegende Funktionsweise der Organisation sowie die Mitgliedschaftsrollen und Erwartungen erhalten bleiben. Dies führt oft zu erstaunlichen Beharrungstendenzen der Organisationen. Organisationen sind also mehr als die Summe ihrer Mitglieder. Die Organisation macht sich über ihre Strukturen, Prozesse, Regeln und Rituale zu Teilen unabhängig von einzelnen Personen und sorgt so für die überlebensnotwendige Stabilität im Fluss der Veränderungen.

Entscheidungsfindung in Organisationen: Führung

Wenn der Organisation ein Eigensinn attestiert wird, dann hat das Konsequenzen für das Führungsverständnis. Führung bezieht sich in diesem Verständnis nicht auf bestimmte Merkmale einer einzelnen, charismatischen Persönlichkeit. Führung ist eine Funktion der Organisation, die laufend relevante Entscheidungen bereitstellt, um die Überlebensfähigkeit der Organisation abzusichern. Diese spezialisierte Funktion ist im Unterschied zu den vielfältigen Fachaufgaben zu sehen, die es zur Leistungserbringung braucht.

Die Funktion von Führung, die Überlebensfähigkeit der gesamten Organisation dauerhaft zu sichern, ist in der Praxis mal mehr und mal weniger gut entwickelt. Je nach Organisation wird diese Funktion von ausgewiesenen Führungskräften wahrgenommen oder von anderen Mitgliedern, manchmal auch in Teilen von intelligenten Strukturen und Prozessen der Organisation.

In modernen Gesellschaften können Führungskräfte in der Regel nicht mehr auf klassische Autoritätsressourcen und -zuschreibungen wie Herkunft, Bildung oder Macht zurückgreifen. Heutige Führungskräfte müssen diese Autorität tagtäglich kommunikativ neu herstellen, um Akzeptanz zu finden. Der Rückgriff auf Macht qua Hierarchie bedarf daher immer einer sorgsamen Abwägung.

Führung als Funktion für die gesamte Organisation beschäftigt sich vornehmlich mit sechs Aufgabenfeldern, die alle darauf ausgerichtet sind, die natürlichen Beharrungstendenzen von Organisationen zu unterbrechen[1]:

1. Strategieentwicklung: sich einrichten auf zukünftige Entwicklungen

2. Personalressourcenmanagement: die Leistungsfähigkeit und Leistungsbereitschaft der Mitarbeiter sichern

3. Marketing: sich ausrichten an den Erfordernissen des Umfeldes und des Marktes

4. Ressourcenmanagement: die für die Aufgabenstellung erforderlichen Ressourcen sicherstellen

5. Organisationsentwicklung: geeignete Organisationsformen für eine bedarfsgerechte Leistungserbringung finden

6. Controlling: adäquate Selbstbeobachtungsmöglichkeiten aufbauen, um zeitnah und halbwegs verlässlich wesentliche Dimensionen des eigenen Zustands als Organisation beobachten zu können

Im Kern ist es die wichtigste Aufgabe der Spezialfunktion Führung, die Organisation fortlaufend mit tragfähigen Entscheidungen zu versorgen. Dabei gilt es, Blockaden und Zielkonflikte des Systems in Kommunikation mit den Mitgliedern der Organisation zu lösen.

Die Kooperation mehrerer Organisationen

Capacity WORKS wurde für das Management von Kooperationssystemen entwickelt. Dies erfordert, sich mit dem Phänomen der Kooperation mehrerer Organisationen zu beschäftigen (linke obere Seite der Landkarte).

Da Organisationen vielfach die an sie gestellten Anforderungen nicht allein erbringen können, müssen sie Kooperationen mit anderen Akteuren eingehen. Damit wächst die Anforderung an die beteiligten Organisationen, sich für das erfolgreiche Mitwirken in solchen Kooperationssystemen „fit" zu machen. Dies bedeutet, dass die beteiligten Organisationen entsprechende Fähigkeiten entwickeln müssen. Was für die eigene Organisation richtig ist, muss nicht für alle beteiligten Kooperationspartner passend sein. Denn die Entscheidungen für gemeinsame Ziele und konkrete Beiträge der Beteiligten werden im Unterschied zum Organisationskontext nicht über Führung bereitgestellt, sondern durch Verhandlungsprozesse zwischen mehreren Akteuren.

Was nun ist das Besondere an Kooperationssystemen im Vergleich zur Organisation? Wo sind – aus der Managementperspektive betrachtet – die entscheidenden Unterschiede, die man kennen muss, wenn man in Kooperationssystemen erfolgreich handeln will?

Unterschied Zielfindung

Jede Organisation, die sich an der Kooperation beteiligt, hat eigene Zielsetzungen und Entscheidungsprämissen, die ihr alltägliches Geschehen prägen. Diese unterscheiden sich sehr häufig von den Zielsetzungen und Entscheidungsprämissen der anderen Kooperationspartner. Die Herausforderung besteht darin, sich auf eine tragfähige Zielsetzung für das gesamte Kooperationssystem zu verständigen. Das setzt voraus, dass die Kooperationspartner Einsicht haben in ihre gegenseitige Abhängigkeit. Diese Abhängigkeit entsteht zwangsläufig, wenn gemeinsam ein Nutzen erzeugt werden soll, der allein nicht zu erzielen wäre.

Organisationen verzichten in Teilen auf ihre Autonomie, um die gemeinsame Zielsetzung im Kooperationssystem zu verfolgen. Die Funktionsweise der eigenen Organisation sieht vielleicht (noch) nicht vor, dass Entscheidungen in gemeinsamer Verantwortung getroffen werden. Die Versuchung ist daher groß, die eigene Funktionslogik auf das Kooperationssystem zu übertragen. Denn es kann sein, dass ein Aushandlungsprozess bestimmte Strukturen, Prozesse, Regeln und Rituale innerhalb der Organisationen empfindlich berührt. Gegebenenfalls müssen sich also die Organisationen selbst verändern, um in einem Kooperationssystem wirksam werden zu können.

Unterschied Mitgliedschaft/Zugehörigkeit

Ein weiterer wesentlicher Unterschied zur Organisation ist die Bedeutung von Zugehörigkeit. In Kooperationssystemen sind die Formen und Grenzen der Zugehörigkeit flexibler und über die Zeit durchlässiger. Kooperation basiert auf erfolgreicher Verhandlung mit den anderen Kooperationspartnern und zeichnet sich durch ein höheres Maß an Freiwilligkeit aus. Stellt ein Akteur den Nutzen der Zielsetzung im Kooperationssystem in Frage, steht unter Umständen sein Mitwirken zur Disposition. Die Entscheidung über Beteiligung und Nichtbeteiligung hängt immer vom gemeinsamen Aushandlungsprozess ab. Wie einzelne Personen ihren Organisationen lediglich in ihrer Rolle verschrieben sind und nicht mit „Haut und Haaren", so gehen auch die Kooperationspartner mit ihren Organisationen nicht vollständig im Kooperationssystem auf. Sie engagieren sich vielmehr mit nur einem Teil ihrer Aufmerksamkeit, einem Teil ihrer Ressourcen und einem Teil ihrer Zeit für die gemeinsame Zielsetzung.

Unterschied Entscheidungsfindung: Steuerung

Weiter oben wurde die Bedeutung von Entscheidungen im Führungskontext umrissen. Auch in Kooperationssystemen müssen Entscheidungen herbeigeführt werden, um die Zusammenarbeit zu orientieren und zu koordinieren. Wie kommen diese Entscheidungen zustande? Mit Capacity WORKS wird in diesen Kontexten nicht von Führung, sondern von Steuerung gesprochen.

Führung in Organisationen heißt, dass Entscheidungen über Hierarchie herbeigeführt und so auch Blockaden gelöst werden können. In Kooperationssystemen gibt es keine Möglichkeit, auf Hierarchie in diesem Sinne zurückzugreifen. Zwar bilden Kooperationssysteme im Laufe der Zeit in der Regel eine Steuerungsstruktur aus, die – idealerweise für alle Beteiligten beobachtbar – das Kooperationssystem mit Entscheidungen versorgt. Diese Entscheidungen entstehen jedoch über Aushandlungsprozesse, die je nach Kooperationssystem mal mehr oder weniger formal ausgestaltet sind. Der Versuch eines Kooperationspartners, Entscheidungen über hierarchisches Verhalten herbeizuführen, ist mit der Logik eines Kooperationssystems unvereinbar und bedroht dessen Existenz. Hier gilt es, nicht in die Falle zu tappen und davon auszugehen, dass die eigene Organisationslogik auch per se die beste ist.

Denn die Kooperationspartner bleiben autonom darin, zu entscheiden, ob und bis zu welchem Grad sie kooperieren wollen oder nicht. Jeder der Kooperationspartner gibt eigene Steuerungsimpulse in das Kooperationssystem hinein und ist damit mehr oder weniger wirkungsvoll. Impulse entstehen durch das Handeln oder die Kommunikation von Akteuren, das heißt durch konkrete Aktivitäten oder auch durch Nicht-Handeln. Ob diese Impulse immer im Sinne des Akteurs vom Kooperationssystem aufgenommen werden, unterliegt nicht seiner Kontrolle.

Wenn viele Steuerungsimpulse von unterschiedlichen Partnern im Kooperationssystem gesetzt werden, dann entsteht eine ganz eigene Dynamik: Das System beginnt sich selbst zu steuern. Unabhängig davon, ob dies im Sinne der Zielerreichung des Kooperationssystems geschieht. Daher ist es sinnvoll, Steuerungsprozesse zu schaffen, die diese Impulse aufeinander abstimmen.

Anforderungen an das Management

Die Anforderungen an das Management sind in der Führung anders als in der Steuerung. Vertreterinnen und Vertreter von Organisationen innerhalb von Kooperationssystemen agieren nahezu immer auf beiden Seiten der Landkarte: Im Managementalltag wechseln sie die Seite oft stündlich. Mal sind sie im Führungskontext mit der Ausgestaltung des eigenen Organisationsbeitrags als Führungskraft gefordert. Wenige Momente später finden sie sich in Aushandlungsprozessen des Kooperationssystems wieder, um die eigenen Beiträge mit den anderen Akteuren zu verhandeln.

Die Praxis hat gezeigt, dass es deutliche Entlastung und Klarheit schafft, wenn die Akteure sich bewusst sind, in welchem Kontext sie sich gerade bewegen. Diese Bewusstheit sensibilisiert dafür, für jeden Kontext eine angemessene innere Haltung zu entwickeln. Wird versucht, im Kooperationskontext zu „führen", dann bekommt man von den beteiligten Kooperationspartnern zu Recht die rote Karte.

Die Steuerungslogik in den Führungskontext zu übertragen, ist jedoch ebenso wenig funktional. Dies kann zur Folge haben, die eigene Organisation durch Unterlassung von Führung zu paralysieren. Wenn Aushandlungsprozesse inszeniert werden, die etablierte Führungsmechanismen aushebeln, werden den Mitgliedern der Organisation unter Umständen wichtige Entscheidungen vorenthalten. Diese sind jedoch erforderlich für die Lösung von Blockaden und Konflikten durch die Hierarchie.

Capacity WORKS fokussiert also darauf, wie Kooperation erfolgreich gestaltet wird. Das Modell unterstützt dabei, Formen und Inhalte für die Aushandlungsprozesse in Kooperationssystemen zu finden. Im Folgenden werden die Kernideen der fünf Erfolgsfaktoren (EF) auf wenigen Seiten vorgestellt. Die dahinterliegenden Konzepte sowie die Leitfragen geben einen schnellen Einblick in die jeweils besondere Perspektive auf das Management von Kooperationssystemen und vervollständigen das Modell.

Erfolgsfaktoren im Überblick

Erfolgsfaktor Strategie

Motto: Die strategische Ausrichtung aushandeln und vereinbaren!

Gute Strategie zeigt sich als ein „Muster in einem Strom von Entscheidungen" (so eine mögliche Definition von Strategie nach Henry Mintzberg). Innerhalb eines Kooperationssystems müssen dessen strategische Ausrichtung und die der beteiligten Organisationen zueinander passen. Ein solches Muster im Strom der Entscheidungen kann nur dann entstehen, wenn sich die Akteure darauf einlassen, ein oder mehrere Ziele miteinander auszuhandeln. Diese Bereitschaft hat Konsequenzen, denn es entstehen Rückwirkungen auf die Strategien der beteiligten Organisationen.

Strategieentwicklung ist anspruchsvoll, denn sie erfordert, dass die Akteure eine gemeinsame Perspektive entwickeln. Die leitende Frage lautet: Tun wir die richtigen Dinge? Die Akteure müssen sich mit Optionen auseinandersetzen, die ihnen vielleicht zunächst unliebsam sind. Sie müssen eine gemeinsame Entscheidung treffen, die das Kooperationssystem trägt. Und zwar genau in diesem doppelten Sinn: Die Entscheidung trägt das Kooperationssystem und umgekehrt, das Kooperationssystem trägt die Entscheidung.

Der Prozess besteht aus unterschiedlichen Schritten, die alle gleichermaßen wichtig sind: (1) Analyse, (2) Entwicklung von Optionen, (3) Entscheiden, (4) Zukunftsbild entwickeln, (5) ins Management übersetzen. Überspringen die Akteure einen oder mehrere Schritte, weil sie glauben, dass bereits ausreichend Klarheit existiert, dann vergeben sie eine wichtige Chance. Diese Chance entsteht durch die manchmal auch schwierige Auseinandersetzung, die aber dafür sorgt, dass die Akteure ehrlich miteinander umgehen und eine realitätsnahe gemeinsame Perspektive erarbeiten. Der EF Strategie gestaltet die Kommunikationsräume, die diese Auseinandersetzung ermöglichen.

Die Auseinandersetzung um die gemeinsame strategische Ausrichtung hilft, Erwartungen der beteiligten Akteure im Kooperationssystem und an das Kooperationssystem zu klären. Sie macht deutlich, welche Wege der Zielumsetzung und Veränderung verfolgt werden und welche verworfen wurden. Sie löst im Kooperationssystem Motivation zur Zielstrebigkeit aus und wirkt selbstverpflichtend auf die beteiligten Organisationen. Die gemeinsame Strategie richtet das Handeln auf Potenziale und auf Felder gesellschaftlicher Veränderungsenergie aus. Sie setzt vorhandene Ressourcen und Kompetenzen im Kooperationssystem effizient ein und schafft Handlungsspielräume für die Akteure, damit sie sich im Rahmen der Strategie bewegen können.

Für die strategische Ausrichtung sind folgende **Leitfragen** hilfreich:

- Wie funktioniert der Sektor oder das gesellschaftliche Handlungsfeld momentan?
- Welche Veränderungsstrategien verfolgen die im Sektor agierenden Akteure?
- Auf welches gemeinsame Ziel können sich die Kooperationspartner einigen?
- Welche strategischen Optionen stehen zur Auswahl, um dieses Ziel zu erreichen?
- Welche Stärken können ausgebaut werden? Auf welche Schwächen sollte die Strategie Antworten finden? Welche Chancen und Veränderungsenergien sollten aufgegriffen werden? Welche Risiken müssen dabei berücksichtigt werden?

- Wie antwortet die Strategie auf die Funktionsweise des Sektors, bspw. im Hinblick auf die politische Umsetzbarkeit?
- Nach welchen Kriterien wird eine strategische Option von den Kooperationspartnern ausgewählt?
- Sind Aktivitäten und Leistungen der Kooperationspartner aufeinander abgestimmt?
- Wie wird der Aufbau von Lernkompetenz in die Strategie integriert?

Erfolgsfaktor Kooperation

Motto: Personen und Organisationen verbinden, um Veränderungen möglich zu machen!

Treffen Akteure die Entscheidung, in Kooperationsbeziehungen zu anderen Akteuren zu treten, dann ändert dies grundsätzlich nichts an ihrer Eigenständigkeit. Dennoch schränken sie ihre Autonomie bis zu einem gewissen Grad freiwillig ein. Akteure gehen als beteiligte Partner nicht vollständig im Kooperationssystem auf, sondern müssen ihre ureigenen Aufgaben als Organisation wahrnehmen und ihre Energie dementsprechend aufteilen. Die Energie, die die einzelnen Akteure für Kooperation aufbringen müssen, ist mit einem knappen und teuren Treibstoff gleichzusetzen. Professionelles Kooperationsmanagement gestaltet ergebnisorientierte Kooperationsformen und hilft dabei, die Balance zwischen Anforderungen im Organisations- und im Kooperationskontext herzustellen.

Der EF Kooperation beschäftigt sich u. a. mit den beteiligten oder zu beteiligenden Akteuren. Interessen und Haltungen gegenüber Veränderungszielen werden ebenso reflektiert wie Einfluss und Zuständigkeiten innerhalb des gesellschaftlichen Handlungsfelds. Kooperations- und Konfliktbeziehungen werden näher betrachtet, die Rollen der beteiligten Akteure und die Nutzung angemessener Kooperationsformen. Die Grenzen des Kooperationssystems werden bestimmt und damit auch geklärt, welche Akteure gemeinsam Verantwortung übernehmen, um die gewünschten Veränderungen zu erzielen.

Netzwerke sind keine Kooperationssysteme, da sie ganz besondere Funktionen erfüllen und darum auch anderen Regeln folgen. Sie verfügen nicht über die Strukturen eines Kooperationssystems und sind wesentlich unverbindlicher in der Zusammenarbeit. Die Unterscheidung zwischen Kooperationssystemen und Netzwerken hat weitreichende Konsequenzen für erfolgreiches Kooperationsmanagement. In Abhängigkeit von den Zielen der Kooperation wählen die beteiligten Akteure eine angemessene Kooperationsform.

Beim Aufbau der Kooperationsbeziehungen sind folgende **Leitfragen** hilfreich:

- Welche Akteure sind relevant im Sektor oder gesellschaftlichen Handlungsfeld?
- Welche Mandate, Rollen und Interessen haben diese Akteure? Wie agieren sie innerhalb des Sektors?
- Welche Konfliktlinien existieren und wie kann mit Asymmetrien im Hinblick auf Macht innerhalb des Kooperationssystems umgegangen werden?

- Welche Akteure müssen beteiligt werden, um das vereinbarte Ziel zu erreichen? Wessen Beteiligung ist nicht erforderlich?
- Welche Kooperationsformen sind angemessen?
- Verfügen die unterschiedlichen Akteure über die notwendigen Ressourcen, um das vereinbarte Ziel zu erreichen?
- Welche strategisch interessanten Ressourcen außerhalb des Sektors (lokal, national oder auch international) lohnt es sich, für das Vorhaben hinzuzugewinnen? Welche Personen, Organisationen und Netzwerke außerhalb des Kooperationssystems kommen als Tauschpartner für das Vorhaben in Frage?
- Welche komparativen Vorteile machen das Kooperationssystem zu einem attraktiven Partner in einer komplementären Zusammenarbeit?

Erfolgsfaktor Steuerungsstruktur

Motto: Die optimale Struktur aushandeln!

Kooperationssysteme müssen, wie Organisationen auch, mit Entscheidungen versorgt werden. In Kooperationssystemen werden Entscheidungen grundsätzlich in Aushandlungsprozessen zwischen den Kooperationspartnern getroffen. Jeder der beteiligten Akteure versucht, Steuerungsimpulse zu setzen, in der Hoffnung, dass diese vom gesamten Kooperationssystem aufgenommen werden. Der Rückgriff auf das Prinzip der Hierarchie steht nicht zur Verfügung. Die Steuerungsstruktur stellt soziale Räume für diese Aushandlungsprozesse zur Verfügung.

Die Steuerungsstruktur versorgt das Kooperationssystem mit folgenden Funktionen: strategische und operative Entscheidungen, Konfliktmanagement sowie Ressourcenmanagement, Operationsplanung, Umsetzungskontrolle und Monitoring. Die Steuerungsstruktur beschreibt insbesondere die Regeln, Rollen, Mandate und Verantwortlichkeiten in den Entscheidungsprozessen. Es hat sich in der Praxis bewährt, zwischen politisch-normativen, strategischen und operativen Steuerungsebenen zu unterscheiden. Dies ermöglicht es, nach dem Subsidiaritätsprinzip Steuerungsaufgaben zu delegieren, und entlastet zum Beispiel hochrangige Entscheidungsträger von Entscheidungen, die auf der sachnächsten Ebene informierter getroffen werden können. Das gibt der Steuerungsstruktur insgesamt mehr Akzeptanz bei den beteiligten Akteuren. Auch zeitlich befristete Vorhaben, die einen gesellschaftlichen Wandel in einem Kooperationssystem auf Dauer anstoßen sollen, brauchen eine Steuerungsstruktur. Sie sollte wenn möglich an bereits bestehende Steuerungsstrukturen angebunden werden. Es gibt viele Ansprüche an die Steuerungsstruktur von Kooperationssystemen. Letztlich gelten jedoch nur zwei Bewertungskriterien: Die optimale Steuerungsstruktur muss hinsichtlich der angestrebten Ziele und Wirkungen funktional sein, und sie muss der Komplexität und dem Umfang der Aufgabe angemessen sein. Je komplexer die Zielsetzung und Aufgaben eines Kooperationssystems sind, desto ausdifferenzierter muss in der Regel auch die Steuerungsstruktur sein.

Für das Aushandeln einer Steuerungsstruktur sind folgende **Leitfragen** hilfreich:

- Wie kommen im Sektor oder im gesellschaftlichen Handlungsfeld Entscheidungen zustande?
- Wie wird der Steuerungsbedarf im Kooperationssystem eingeschätzt? Braucht es zusätzliche oder können die bereits existierenden Steuerungsstrukturen im Sektor genutzt werden?
- Wie wird die Steuerungsstruktur den zu steuernden Aufgaben im Hinblick auf Vielfalt, Umfang und Risiken gerecht?
- Wie wird ein breiter politischer Rückhalt für die Ziele und den Veränderungsprozess hergestellt?
- Auf welche messbaren Größen stützen sich die Steuerungsentscheidungen? Wie müsste ein Monitoringsystem aussehen, das den Anforderungen der Steuerung des Kooperationssystems Rechnung trägt?
- Wie werden in der Steuerungsstruktur Ressourcenentscheidungen ausgehandelt, vereinbart und umgesetzt?
- Wie sieht der Operationsplan für die Umsetzung des strategischen Konzeptes aus?
- Wie kann die Steuerungsstruktur des Vorhabens so gestaltet werden, dass daraus ein Modell erwächst, das die Kooperationskultur im Kooperationssystem auf Dauer bereichert?

Erfolgsfaktor Prozesse

Motto: Prozesse für soziale Innovation gestalten!

Soziale Innovation entsteht aus einem Prozess des gesellschaftlichen Wandels, der selten linear verläuft und in der Regel nicht planbar ist. Und dennoch entscheiden sich die Kooperationspartner innerhalb eines Kooperationssystems für den Versuch, Innovationen in einer strukturierten Form voranzutreiben.

Zunächst werden die etablierten Prozesse analysiert, mit denen gesellschaftlich relevante Dienstleistungen erbracht werden. Dann definieren die Akteure, an welchen Stellen Veränderungen erfolgen sollen. Daraufhin werden Veränderungsprozesse umgesetzt, die Innovationen im Regelbetrieb des Kooperationssystems verankern. Dies erfordert eine enge Verzahnung zwischen dem auf Dauer angelegten Kooperationssystem und dem zeitlich begrenzten Vorhaben, das Veränderungsimpulse setzen soll.

Der EF Prozesse richtet den Fokus auf beide Aspekte: Die Prozesse im gesellschaftlichen Handlungsfeld werden betrachtet, auf die sich die Veränderungsprozesse beziehen. Außerdem werden die internen Managementprozesse im Vorhaben etabliert und überprüft, mit denen diese Veränderungen im Sektor angestoßen werden sollen. Dabei beziehen sich die internen Managementprozesse auf die Kooperation aller beteiligten Akteure im Vorhaben.

Eines der zentralen Elemente des EF Prozesse ist die sogenannte Prozesslandkarte, mit der ein Kooperationssystem im Überblick dargestellt wird. Ausgehend von den Leistungen, die verschiedene Akteure gemeinsam erbringen, werden die Prozesse unterschiedlichen Prozesstypen zugeordnet. Mit Hilfe dieser Unterscheidungen wird der Status quo eines Kooperationssystems analysiert und der Veränderungsbedarf festgestellt. Die Leistungsprozesse sind jene Prozesse, die sich direkt auf die Ziele des Kooperationssystems beziehen. Die Kooperationsprozesse stützen die Leistungsprozesse ab, indem sich die unterschiedlichen Akteure koordinieren. Die Lernprozesse sind notwendig, damit sich die Akteure mit der Qualität der Leistungserbringung im Sektor auseinandersetzen und notwendige Veränderungen vornehmen. Die Unterstützungsprozesse beschreiben Aufgabenpakete, die die restlichen Prozesstypen abstützen. Die Steuerungsprozesse sind jene Prozesse, mit denen der rechtliche, politische und strategische Rahmen für die restlichen Prozesstypen gesetzt wird.

Während die Prozesslandkarte den strategischen Blick auf den Sektor vermittelt, unterstützt die Prozesshierarchie bei der operativen Planung oder tieferen Analyse. Mit ihrer Hilfe werden ausgewählte Prozesse detaillierter dargestellt, indem ihre Teilprozesse abgebildet werden. Der erforderliche Detaillierungsgrad hängt immer vom Bedarf im spezifischen Fall ab.

Bei der Ausrichtung auf Prozesse sind folgende **Leitfragen** hilfreich:

- Welches sind die relevanten Prozesse im gesellschaftlichen Handlungsfeld und wie sind sie gestaltet?
- Wie ist das Zusammenspiel zwischen Kernprozessen (Leistungs-, Kooperations- und Lernprozesse), Steuerungs- und Unterstützungsprozessen? Wo sind Stärken und Schwächen?
- In welche Prozesse im Sektor soll das Vorhaben investieren, um Hebelwirkungen zu erzielen?
- Über welche Prozesse nimmt das Vorhaben Einfluss auf die Gestaltung der Prozesse im Sektor?
- Wie müssen dafür die Leistungsprozesse des Vorhabens aussehen?
- Inwiefern haben die Veränderungsprozesse Modellcharakter, um soziale Innovationen im Kooperationssystem zu unterstützen?

Erfolgsfaktor Lernen und Innovation

Motto: Den Fokus auf Lernkompetenz richten!

Erfolgreiches Kooperationsmanagement richtet den Fokus darauf, dass auf allen Ebenen des Capacity Development die Lernkompetenz gestärkt wird: Innerhalb der Gesellschaft werden Rahmenbedingungen angepasst und die Kooperationsbeziehungen verbessern sich. Organisationen lernen, mit immer besserer Qualität zum gemeinsamen Ziel beizutragen und weiteres Lernen zu ermöglichen. Die Menschen in den Organisationen bauen ihre Kompetenzen aus und gestalten gemeinsame Lernprozesse so, dass sie zu nachhaltigen Wirkungen in ihrem jeweiligen Umfeld beitragen können. Damit erfüllen sie – zusammen mit den Veränderungen innerhalb von Organisationen und Kooperationssystemen – eine wichtige Bedingung dafür, dass Innovationen angestoßen und umgesetzt werden.

Mit drei grundlegenden Mechanismen der Evolutionstheorie kann erklärt werden, wie Organisationen und Kooperationssysteme lernen und sich Innovationen durchsetzen. In Organisationen und in Kooperationssystemen entstehen geplant oder spontan an verschiedenen Stellen kleinere oder größere Abweichungen zu den eingespielten Routinen (Variationen). Zu viele Variationen können in ihrer Vielfalt Handlungsunsicherheit erzeugen. Es entsteht der Bedarf nach einer Führungs- oder Steuerungsentscheidung, die aus den bekannten Variationen die brauchbarste auswählt (Selektion). Nach der Auswahl braucht es Maßnahmen, um die Innovation im System zu verankern ((Re-)Stabilisierung). Dafür werden Regeln, Strukturen, Prozesse und Rituale überprüft und wenn nötig angepasst: Neue Routinen entstehen. So erhält das Kooperationssystem oder die Organisation die notwendige Stabilität, um überleben zu können.

Impulsgeber für Lernen und Innovation sind oft einzelne Personen, die neue Möglichkeiten und Potenziale sehen oder schlicht ein Ungleichgewicht zwischen Anspruch und Realität erkennen. Kompetenzentwicklung stellt den Menschen in den Mittelpunkt seines Wirkungsversprechens und ist fester Bestandteil des Capacity Development-Ansatzes. Ansätze der Organisationsentwicklung werden wirkungsvoller und nachhaltiger, wenn sie durch die Entwicklung von Kompetenzen und von Lernnetzwerken auf Personenebene begleitet werden: Personen können als Veränderungsagenten Austauschprozesse effizienter gestalten, Neuorientierungen in ihren Umfeldern anregen und als Multiplikatoren das Lernen verstetigen. Gleichzeitig verbessern Capacity Development-Prozesse auf organisationaler und Gesellschaftsebene die Voraussetzungen für die Wirksamkeit und die Nachhaltigkeit von Kompetenzentwicklung.

Für den Aufbau von Lernkompetenz sind folgende **Leitfragen** hilfreich:

- Welche Innovationen sollen im gesellschaftlichen Handlungsfeld (breitenwirksam) verankert werden?
- Welche Lernziele sind implizit in den Zielen des Vorhabens enthalten?
- Wie sind die Lernbedarfe auf den drei Ebenen des Capacity Development?
- Wie ist die Kompetenz im Kooperationssystem einzuschätzen, Strategien zu entwickeln, Kooperationen nachhaltig zu gestalten, Entscheidungen zu treffen und Prozesse zu gestalten? Welcher Handlungsbedarf ergibt sich daraus?
- Wie wird sichergestellt, dass aus konkreten Aktionen des Vorhabens gelernt wird? Passen die Aktionslinien zueinander und verstärken sich wechselseitig? Welche Maßnahmen im Hinblick auf die Lernbedarfe müssten zusätzlich initiiert werden?
- Wie unterstützt das Vorhaben unter Beachtung der Mechanismen von Variation, Selektion und (Re-)Stabilisierung das Lernen und die Verstetigung von Lernprozessen innerhalb des Kooperationssystems?
- Wie werden Lernerfahrungen im Vorhaben aufbereitet und dokumentiert, um die Lernkompetenzen innerhalb des Kooperationssystems zu fördern?

Kooperationssysteme – auf Dauer und auf Zeit

Wenn von Kooperationssystemen gesprochen wird, dann muss sorgfältig zwischen zwei Arten unterschieden werden. Zum einen gibt es Kooperationssysteme, die auf Dauer angelegt sind, um eine bestimmte gesellschaftliche Problemlage zu bewältigen oder ein gemeinsames Ziel zu erreichen. Diese Art von Kooperationssystemen hat zum Ziel, die Gesellschaft mit bestimmten Dienstleistungen zu versorgen, wie bspw. die Bereitstellung von Trinkwasser oder Gesundheitsversorgung. Es geht um dauerhafte Kooperationssysteme, die öffentliche Güter oder Dienstleistungen für ein gesellschaftliches Handlungsfeld bereitstellen.

Im Gegensatz dazu existieren zeitlich befristete Kooperationssysteme, die Politikfelder mit sozialen Innovationen versorgen. Wie eingangs erwähnt, werden diese als „Vorhaben" bezeichnet. Vorhaben sind in ihrer Zielsetzung immer klar ausgerichtet auf ein Kooperationssystem auf Dauer, in dem Veränderungen verankert werden sollen. Im Vorhaben entstehen Modellentwürfe für diese Veränderungen, die sich im Sektor durchsetzen sollen. Das heißt, neue oder andere Prozesse werden etabliert, um gesellschaftlich relevante Dienstleistungen zu erbringen. Dies kann sich bspw. in veränderten Kooperationsformen zwischen den beteiligten Akteuren ausdrücken, in Vorschlägen für die Anpassung rechtlicher und politischer Rahmenbedingungen oder in Veränderungsinitiativen in relevanten Organisationen, um sich auf neue Anforderungen einzustellen.

Eine zentrale konzeptionelle Herausforderung besteht darin zu erkennen, dass ein Vorhaben kein Labor ist, das wie ein keimfreier Raum zur Verfügung steht, um Musterlösungen für die Herausforderungen des echten Lebens zu finden. Das Vorhaben darf nicht abgegrenzt und unabhängig vom Kooperationssystem auf Dauer sein. Die beteiligten Akteure dürfen nicht die Belange des Kooperationssystems auf Dauer am Eingang des Labors ablegen und somit ihr normales Tagesgeschäft vergessen, wenn sie im Vorhaben kooperieren. Die Durchführung eines Vorhabens kommt vielmehr der Reparatur eines Fahrzeuges bei laufendem Motor gleich. Das Kooperationssystem auf Zeit muss so angelegt sein, dass es sich auf die Anforderungen und Möglichkeiten des Kooperationssystems auf Dauer bezieht und für die Akteure einen spürbaren Nutzen erzeugt. Dafür müssen Regelbetrieb und Veränderungsimpulse in eine angemessene Balance gebracht werden.

Um dies möglich zu machen, muss ein Vorhaben stets aus der Perspektive des jeweiligen gesellschaftlichen Handlungsfeldes heraus konzipiert werden. Was bedeutet das? Am Beispiel wird der Bezug deutlich: Ein Vorhaben soll den Zugang von klein- und mittelständischen Unternehmen (KMU) zu finanziellen Dienstleistungen verbessern. Damit bezieht sich das Ziel des Vorhabens nur auf einen Ausschnitt des gesamten Finanzsektors. Dennoch muss sich das Vorhaben in die Logik des Sektors einfügen, bspw. im Hinblick auf die Rolle privater Banken. Bestimmte Akteure müssen unter Umständen erst für das Ziel des Vorhabens gewonnen werden.

An dieser Stelle gilt es klar zu markieren: Das Vorhaben ersetzt nicht den Sektor. Das Vorhaben existiert auch nicht zusätzlich zu den bestehenden Strukturen und überreicht am Ende schlüsselfertige Lösungen. Es ist wichtig, Parallelstrukturen und Doppelung von Arbeit zu vermeiden, um nachhaltige Lösungen zu entwickeln, die auf Dauer in die Funktionslogik des Sektors übernommen werden können. Ein Kooperationssystem auf Zeit wird getragen vom Engagement unterschiedlicher Akteure und ist eine Plattform für die Zielerreichung aller Beteiligten. Natürlich werden die einzelnen Organisationen aus der Kooperation einen Nutzen für sich ziehen, während sie ihren spezifischen Beitrag leisten – doch im Vordergrund steht die Entwicklung nachhaltiger Lösungen im Kooperationssystem.

Der Capacity Development-Dreiklang

Wie also können Veränderungen nachhaltig in einem gesellschaftlichen Handlungsfeld initiiert werden? Die Grafik des Capacity Development-Dreiklangs verdeutlicht, wie das Kooperationssystem auf Dauer, das Kooperationssystem auf Zeit und die spezifischen Beiträge einzelner Kooperationspartner zusammenspielen.

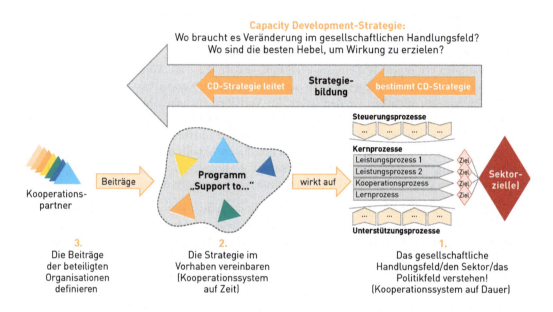

Abbildung 4: Capacity Development-Dreiklang

Ausgehend von der rechten Seite unterscheiden wir drei Elemente: Innerhalb eines Sektors soll eine nachhaltige Veränderung bewirkt werden. Darum muss ein grundlegendes Verständnis der Funktionsweise dieses Kooperationssystems auf Dauer hergestellt werden. Es geht um eine Einschätzung, welche Fähigkeiten von Menschen, Organisationen und der Gesellschaft für die angestrebte Veränderung benötigt werden. Schließlich soll die Fähigkeit gestärkt werden, die eigene Entwicklung nachhaltig zu gestalten und sich an dynamische Rahmenbedingungen anzupassen.

Das Kooperationssystem auf Zeit (das Vorhaben) in der Mitte der Grafik wird so gestaltet, dass es der Logik sowie der Veränderungsmöglichkeiten des Politikfeldes entspricht und die Einsichten über das Kooperationssystem auf Dauer aufgreift: Wer muss was verändern, wenn die angestrebten Ziele und Wirkungen erreicht werden sollen? Wie kann das geschehen? Wer muss was auf welcher Ebene lernen, damit die Veränderungen nachhaltig verankert werden können?

Dabei nutzt das Vorhaben die Beiträge der beteiligten Kooperationspartner (auf der linken Seite der Grafik), die sehr unterschiedlich sein können, bspw. in Form finanzieller Mittel, die Arbeitsleistung von Mitarbeiterinnen und Mitarbeitern, Dienstleistungen oder Wissen. Es geht um eine intelligente Nutzung der vorhandenen Ressourcen, die von den Kooperationspartnern aus ihrem jeweiligen Organisationskontext zur Verfügung gestellt werden.

Wo genau leistet Capacity WORKS Unterstützung? Mit dem Managementmodell Capacity WORKS können die beteiligten Akteure das Umfeld eines Vorhabens – also das Kooperationssystem auf Dauer, in dem eine Veränderung stattfinden soll – beobachten und analysieren, um Rückschlüsse für die Veränderungsstrategie zu ziehen. Außerdem hilft Capacity WORKS dabei, das Vorhaben zu gestalten und durchzuführen: Ziele werden gemeinsam definiert, mögliche Kooperationspartner ausgewählt, eine passgenaue Capacity Develoment-Strategie entwickelt, Entscheidungsmechanismen etabliert und konkrete Aktivitäten operativ umgesetzt.

Die Logik, immer wieder bewusst den Bezug zwischen Politikfeld und Vorhaben herzustellen, ist das zentrale Element für die angestrebte Nachhaltigkeit von Veränderungen. Das Kooperationssystem auf Dauer muss diese annehmen und in seine Routineabläufe integrieren. Dafür braucht es Impulse auf verschiedenen Ebenen, die sich alle auf das gemeinsame Ziel hin ausrichten: auf Ebene der Gesellschaft mit ihren Rahmenbedingungen und gewachsenen Kooperationsbeziehungen, auf Ebene einzelner Organisationen und auf der Ebene von Menschen, die in ihrer jeweiligen Funktion dazu beitragen, dass der Sektor funktioniert.

Capacity Development für die Nutzung erneuerbarer Energien

Soll in einem Land die Nutzung erneuerbarer Energien vorangetrieben werden, dann könnte ein möglicher Weg sein, die Installation von Solarpaneelen in Privathaushalten über ein Vorhaben zu fördern. Hierfür bedarf es u. a. rechtlicher Regelungen, um den Zugang zu staatlichen Fördergeldern für Forschungsprojekte zu ermöglichen. Damit könnte die Entwicklung kostengünstiger technischer Lösungen vorangetrieben werden.

Akteure der öffentlichen Hand, Universitäten und Unternehmensverbände führen bereits gemeinsame Forschungsprojekte durch. Sie richten sich gemeinsam auf die Ziele des neuen Vorhabens aus und initiieren damit ein Kooperationssystem auf Zeit. Um sich effektiv in das Vorhaben einbringen zu können, ist es notwendig, dass einzelne Organisationen gestärkt werden, bspw. in Bezug auf ihre Fähigkeit, kurzfristig Projektteams zusammenzustellen, deren Arbeit über interne Abteilungsgrenzen hinweg zu koordinieren und deren Ergebnisse in die Prozesse der Organisation zu integrieren. Auch die Personen, die in den beteiligten Organisationen arbeiten, müssen neue Kompetenzen aufbauen, damit das Kooperationssystem die erwartete Wirkung erzielen kann. Gehören sie einem Projektteam an, brauchen sie unter Umständen eine Qualifizierung zu den Grundlagen des Projektmanagements. Sind sie Führungskräfte, müssen Kompetenzen aufgebaut werden, um die Organisation erfolgreich durch diesen Veränderungsprozess zu führen. Sind sie Trainer für die neuen technischen Lösungen, müssen die Personen wissen, wo sie selbst diese Techniken erlernen können, mit welchen didaktischen Methoden sie ihr Wissen optimal weitergeben, und wie sie Lernnetzwerke initiieren können.

Gelingt das Zusammenspiel der verschiedenen Ebenen des Capacity Development, dann überführt das Kooperationssystem auf Zeit diese Innovation in das Kooperationssystem auf Dauer. Gleichzeitig kann davon ausgegangen werden, dass die beteiligten Akteure auch in Zukunft neue Aufgaben erfolgreich bewältigen, da die Veränderungskompetenz insgesamt ausgebaut wurde.

Erfolgreiches Capacity Development ist also der Schlüssel für nachhaltige Entwicklung. Beides setzt die Veränderungsbereitschaft der beteiligten Akteure voraus. Gelingt es einem Vorhaben nicht, an dieser Veränderungsbereitschaft anzuknüpfen und sie zu nutzen, dann ist die Gefahr des Scheiterns groß.

Das Managementmodell Capacity WORKS unterstützt dabei, diese Zusammenhänge immer wieder und aus unterschiedlichen Perspektiven abzubilden. So wird ein zielorientierter Austausch zwischen den beteiligten Akteuren angeregt, die über ihre Auseinandersetzung einen gemeinsamen Blick auf die Realität herstellen. Auf diese Art gewinnen die Akteure Handlungsspielräume, um einen Veränderungsweg zu gestalten, der alle Beteiligten dazu motiviert, ihren Beitrag zu leisten.

Arbeiten mit Capacity WORKS

Wie praktisch waren doch die Orakel im Altertum. Eine klare Frage, eine Person mit der Fähigkeit, die Zeichen zu lesen – manchmal mit und manchmal ohne Opfergabe –, und schon verfügten die Ratsuchenden über eine Grundlage für ihre Entscheidungen. Das Managementmodell Capacity WORKS unterscheidet sich von den Orakeln in vielerlei Hinsicht, auch wenn am Anfang und am Ende des Prozesses Ähnlichkeiten existieren. Eine Gemeinsamkeit am Anfang ist: Je klarer die Frage, die bearbeitet werden soll, desto leichter fällt es auch, den richtigen Einstieg zu finden. Und am Ende stehen beim Orakelspruch wie bei Capacity WORKS Grundlagen für Entscheidungen.

Doch zwischen Anfang und Ende ist alles anders. Zumindest im Fall von Kooperationssystemen können die Antworten auf die Fragen in der Regel nicht von Außenstehenden gegeben werden. Nebenbei gesagt, lieferten auch die Orakel im Altertum nur selten selbsterklärende Antworten. So hätte Krösus, der sagenhaft reiche König von Lydien 546 vor Christus, nicht so vorschnell den folgenden Orakelspruch von Delphi interpretieren sollen: „Wenn Krösus den Fluss Halys überschreitet, wird er ein großes Reich zerstören." Voller Zuversicht zog Krösus daraufhin gegen den Perserkönig Kyros II. Doch nicht dessen Reich zerbrach, sondern sein eigenes.

Capacity WORKS baut darauf auf, dass die Zeichen der Zeit von den Akteuren innerhalb eines Kooperationssystems selbst gelesen werden. Die Akteure selbst müssen sich auf die Suche nach passenden Antworten machen, ihre Annahmen formulieren und diese überprüfen, sie bestätigen oder auch verwerfen. Die Verantwortung für die richtigen Entscheidungen liegt immer bei den Kooperationspartnern selbst. Was richtig und was falsch ist, kann selten hundertprozentig beantwortet werden, denn Kooperationssysteme sind soziale Systeme und agieren in komplexen gesellschaftlichen Umwelten. All das ist von Natur aus niemals berechenbar. Capacity WORKS ist also kein Orakel!

Bei der Einführung des Managementmodells innerhalb der GIZ überraschte es anfangs viele, dass bei der Bearbeitung von Fragen in Kooperationssystemen weitere Fragen nützlich sein sollen. Dieser paradox anmutende Ansatz basiert auf der Annahme, dass niemand besser in der Lage ist, über die Gestaltung von Kooperationssystemen zu entscheiden, als die handelnden Akteure selbst. Die Fragen, die Capacity WORKS liefert, sorgen dafür, dass die Akteure ihr eigenes implizites Wissen nutzen. Externe Expertise kann hilfreich sein, liefert aber keine tragfähigen Lösungen. Diese können nur von den Beteiligten selbst entwickelt werden, indem sie sich eine gemeinsame Perspektive auf ihre Realität erarbeiten. Das bedeutet allerdings auch ein Stück weit den Abschied von der Planbarkeit der Ergebnisse.

„Alles ist möglich, doch nichts ist sicher!" Auf den Stufen von Delphi wäre solch ein Graffiti wohl völlig fehl am Platz gewesen, doch zum Lebensgefühl moderner Gesellschaften passt es außerordentlich gut. Spannend ist, sich auszumalen: Wie wird dieses Graffiti vom Gewerkschaftsfunktionär gelesen, der gerade einer Gruppe von Fabrikarbeitern Kurzarbeit angekündigt hat? Welche Gedankenassoziation hat die Abteilungsleiterin aus dem Arbeitsministerium, die an einer Entscheidungsvorlage für eine Sozialreform arbeitet? Und wie denkt die Ingenieurin darüber, die kurz vor dem erfolgreichen Abschluss eines Forschungsprozesses über neue Produktionsmethoden steht? Weckt diese Botschaft die Sehnsucht nach Sicherheit und Vorhersehbarkeit? Die Akzeptanz des ständigen Wandels? Die Bereitschaft, neue Handlungsspielräume auszuloten?

Das Managementmodell Capacity WORKS trägt dazu bei, neue Handlungsspielräume für gesellschaftliche Veränderungsprozesse zu entdecken, und richtet sich an all jene, die Kooperationssysteme besser verstehen oder gestalten wollen.

Das Zusammenspiel der verschiedenen Elemente von Capacity WORKS

Je nach gewünschter Tiefe der Ergebnisse wird es in vielen Fällen ausreichend sein, nur aus der Logik der fünf Erfolgsfaktoren heraus mit den passenden Leitfragen einen Reflexionsprozess zu strukturieren. Geht es um die detaillierte Bearbeitung eines Themas, dann empfiehlt sich der Griff in die Toolbox. Dabei gilt: Kein Tool ohne Frage! Viele Tools helfen, sich über Analyse und Reflexion verschiedenen Fragestellungen gemeinsam anzunähern. Manche Anwender mögen sich erhoffen, dass durch das „Ausfüllen" der Tools quasi wie bei einem Trichter am Ende die Lösung für die Fragestellung – zum Beispiel nach der Strategie – herausfällt. Das ist leider nicht so: Wie sonst im Leben auch braucht es zwischen der Analyse und Reflexion der Situation den Mut der Akteure, die Diskussion zu einer Entscheidung zu führen.

Die Auswahl des „richtigen" Erfolgsfaktors oder des „richtigen" Tools ergibt sich immer aus der Fragestellung, die bearbeitet werden soll. Die fünf Erfolgsfaktoren sind über inhaltliche Querverweise eng miteinander verknüpft und bieten so fünf unterschiedliche Perspektiven auf die Realität des Kooperationssystems. Die Erfolgsfaktoren leuchten wie Suchscheinwerfer unterschiedliche Blickwinkel aus, wobei die Teile, die eben noch im Schatten liegen, bei der nächsten Suchbewegung in den Lichtkegel rücken. In der Regel wird es so sein, dass die Beschäftigung mit einem Erfolgsfaktor unweigerlich die Tür zu den übrigen öffnet. Im Kern bedeutet das: Es gibt kein „richtig" oder „falsch" – die Nützlichkeit steht im Vordergrund.

Die folgenden Anregungen veranschaulichen, wie bspw. die Tools in sehr unterschiedlicher Weise eingesetzt werden können:

- Ein Tool dient einer einzelnen Person oder Kleingruppe aus dem Kooperationssystem als Anregung für Ideen zu einer bestimmten Fragestellung. Elemente werden aufgegriffen und als Grundlage für ein Gespräch genutzt. Dies ist sicherlich die kleinste und zeitsparendste Art, wie die Toolbox zum Einsatz kommen kann.
- Eine Gruppe von Akteuren im Kooperationssystem benötigt eine Diskussionsgrundlage zu einer bestimmten Fragestellung. Hier richtet sich der Zeitbedarf für ein Tool nach der He-

terogenität sowie der Größe der Gruppe. Je nach Komplexität der zu bearbeitenden Aufgabe kann diese Art des Tool-Einsatzes von etwa einem halben Tag bis hin zu Workshops von ca. eineinhalb Tagen dauern.

- Nutzen die Akteure im Kooperationssystem die Toolbox, um grundlegende Entscheidungen zu treffen, wie zum Beispiel über den strategischen Ansatz des Vorhabens, werden die Tools am meisten Zeit erfordern. Hier muss ggf. von mehrtägigen Workshops ausgegangen werden.

Genauso verhält es sich mit der Nutzung aller anderen Elemente des Managementmodells. Die Leitfragen zu den Erfolgsfaktoren können systematisch im Kooperationssystem diskutiert werden, um sich einen Überblick über die gemeinsame Ausrichtung zu verschaffen. Sie können aber auch von einzelnen Akteuren genutzt werden, um sich auf eine Besprechung oder einen Workshop vorzubereiten. Die Erfolgsfaktoren bieten umfassendes Know-how zu Fragestellungen in Kooperationssystemen, das Orientierung im Management bietet. Gleichzeitig liefern bereits die Überschriften – Strategie, Kooperation, Steuerungsstruktur, Prozesse, Lernen und Innovation – allgemein nachvollziehbare Anhaltspunkte, die in Aushandlungsprozessen von Kooperationsprozessen nützlich sind.

Der spielerische Umgang mit Capacity WORKS

Die Erfahrung mit Capacity WORKS in der GIZ hat gezeigt: Je spielerischer der Umgang mit dem Managementmodell ist, desto einfacher erschließt sich der Zugang. Spielerisch meint dabei nicht das Gegenteil von ernsthaft, sondern: bedarfsorientiert, flexibel und mit der Bereitschaft, Modell und Tools auszuprobieren. Besonders in der Kindheit ist dieser Umgang für uns meist noch eine Selbstverständlichkeit: Im Spiel werden oft gewisse Regeln für die Anwendung im Sinne von Spielanleitungen vereinbart. Sobald sich diese Spielanleitung jedoch als schwerfällig oder wenig funktional erweist – dies entscheiden im Normalfall die Beteiligten selbst –, werden diese Anleitungen wieder verworfen, verändert oder neue erfunden.

Der Einsatz von Capacity WORKS gewinnt ungemein, wenn diese Offenheit auch im Management von Kooperationssystemen gelebt wird. Ein bestimmtes Tool passt nicht hundertprozentig zur Fragestellung? Dann wird es ergänzt, nur zu Teilen genutzt oder verworfen. Spielerisch ist dabei nicht gleichzusetzen mit beliebig, denn der Kontext für die Nutzung von Capacity WORKS ist eindeutig das Kooperationssystem – sowohl auf Dauer als auch auf Zeit.

Das Vorgehen mit Capacity WORKS

Capacity WORKS bietet verschiedene Blickrichtungen an, um sich strukturiert mit Kooperationssystemen auseinanderzusetzen. Dies hilft dabei, den Status quo eines gesellschaftlichen Handlungsfeldes einzuschätzen und realistische Ziele und Wirkungen für ein Vorhaben abzuleiten. Das Modell wird auch eingesetzt, wenn das Vorhaben gestaltet und die Strategie umgesetzt wird.

Capacity WORKS blickt also mit einem Auge auf das gesellschaftliche Handlungsfeld (Kooperationssystem auf Dauer) und mit dem anderen auf das Vorhaben (Kooperationssystem auf Zeit). Es verbindet beide Seiten in praktischer Art und Weise, um zwei Risiken vorzubeugen: dem Aktionismus, der ohne ausreichende Analyse entsteht, und der Lähmung ausufernder Analyse, die den Mut raubt und keine Energie für die konkrete Handlung übrig lässt.

Außerdem erfüllt das Managementmodell eine wichtige Funktion bei der Beobachtung der erzielten Wirkungen. Es unterstützt das Monitoring im Vorhaben, das überprüft, ob sich das Kooperationssystem in die gewünschte Richtung bewegt. Wie also können diese Funktionen des Managementmodells genutzt werden? Die systemische Schleife stellt das Vorgehen grafisch dar:

Soll ein Vorhaben initiiert werden, das bestimmte Veränderungen in einem Kooperationssystem auf Dauer erzielen soll, hat sich ein zyklisches Vorgehen bewährt: Am Anfang steht die Sammlung von Informationen. Diese dienen dazu, unter den Beteiligten ein gemeinsames Bild der Realität des Kooperationssystems auf Dauer zu entwickeln. Die fünf Erfolgsfaktoren bieten dafür hilfreiche Blickwinkel an.

Abbildung 5: Systemische Schleife

Auf Basis der gesammelten Informationen können Annahmen, sogenannte Hypothesen, formuliert werden. Unter Hypothesen werden wertschätzend formulierte Annahmen und Eindrücke verstanden, die auf gesammelten Informationen, Daten und Beobachtungen basieren. Sie stellen eine Alternative zur konkreten „Lösung" dar, die ja stets als „richtig" oder „falsch" angesehen werden kann. Hypothesen werden als Zustandsbeschreibungen angeboten, die über die Zeit bestätigt oder widerlegt werden können. Auch eine Hypothese, die sich als „falsch" erweist, trägt stets zur Informationsvermehrung bei, da sie Möglichkeiten ausschließt. Zur Hypothesenbildung können folgende Fragen in den Blick genommen werden: Wie „tickt" das gesellschaftliche Umfeld, in dem das Vorhaben wirksam werden will? Welche Stärken und Schwächen, aber auch Chancen und Risiken lassen sich identifizieren? Welche Ziele und Wirkungen wären vor diesem Hintergrund realistischerweise erreichbar?

Darauf aufbauend werden gemeinsame Zielvorstellungen ausgehandelt und grundlegende Entscheidungen getroffen, die wichtig sind, um den Ansatz des Vorhabens zu definieren und konkrete Aktionen zu planen: Wie soll der Weg zur gewünschten Veränderung aussehen? Wer kooperiert wie und mit wem? Wie werden Entscheidungen getroffen? Welche Prozesse wollen wir beeinflussen und welche Prozesse müssen dafür etabliert werden? Wer muss was lernen, um die angestrebte Veränderung erfolgreich zu etablieren?

Im Verlauf der Umsetzung der vereinbarten Maßnahmen werden die erzielten Veränderungen beobachtet und die gesamte „Architektur" des Vorhabens immer wieder überprüft. Ein Monitoringsystem, d.h. die gezielte Sammlung von Informationen zum Fortschritt der Zielerreichung, liefert Entscheidungsgrundlagen für die Steuerung des Kooperationssystems. Periodisch sollten diese Informationen auch genutzt werden, um die eingangs formulierten Hypothesen zu hinterfragen. Schließlich waren diese ursprünglich leitend für die Architektur des Vorhabens. Haben sich die Rahmenbedingungen verändert, wird dies wahrscheinlich zur Anpassung sowohl von

Zielen und Wirkungen als auch der Architektur des Vorhabens führen. Wie das Bild der Schleife deutlich macht, findet dieses Vorgehen erst ein Ende, wenn das Vorhaben beendet und in die Routinen des Kooperationssystems auf Dauer überführt wurde. Hat sich Capacity WORKS bewährt, beginnt der Zyklus von vorne.

Wie kann das Handbuch nun in der täglichen Praxis von Kooperationssystemen nützlich sein? Das folgende Vorgehen illustriert dies beispielhaft:

1. Fragestellung formulieren und im Kooperationssystem mit den relevanten Akteuren vereinbaren, diese zu bearbeiten
2. Kurzbeschreibungen der Erfolgsfaktoren mit Leitfragen lesen und entscheiden, in welchem der fünf Erfolgsfaktoren die Fragestellung am besten verortet werden kann
3. Konzept zum Erfolgsfaktor lesen und Hypothesen bilden, wie die Fragestellung gut bearbeitet werden könnte
4. Toolbox des Erfolgsfaktors durchblättern und geeignete Bearbeitungsform identifizieren, Anpassungen falls notwendig vornehmen
5. Geeigneten Rahmen vorbereiten, um die Fragestellung zu bearbeiten, Vereinbarungen darüber mit den relevanten Akteuren treffen
6. Fragestellung mit den Beteiligten bearbeiten, Entscheidungen und Ergebnisse dokumentieren
7. Weitere Schritte, inklusive Nachhalten und Kommunikation der Ergebnisse im Kooperationssystem, vereinbaren

Bewährtes aus der Praxis

Die Arbeit mit Capacity WORKS in der GIZ hat zu einer intensiven Auseinandersetzung damit geführt, wie die GIZ nachhaltige Veränderungsprozesse unterstützt. Die folgenden Grundsätze haben sich in der langjährigen Praxis bei der Beratung und Ausgestaltung von Kooperationssystemen bewährt:

- Die Gestaltung von Vorhaben sollte immer **nahe an existierenden Veränderungsenergien** sein. Erfolgreiche Veränderungen basieren auf dem Willen der Akteure innerhalb eines Kooperationssystems, Veränderungen anzustoßen. Dies gelingt, wenn bereits vorhandene Initiativen genutzt und in der Architektur des Kooperationssystems aufgegriffen werden.
- Vorhaben zeichnen sich dadurch aus, dass sie eine **Katalysatorenfunktion** übernehmen. Sie bieten eine Plattform an, damit die beteiligten Akteure gemeinsam nach Lösungen für gesellschaftliche Fragestellungen suchen. Neue Kooperationsformen werden hier eingeübt, bevor sie in ein gesellschaftliches Handlungsfeld integriert werden. Erfolgreiche Vorhaben dienen der Modellbildung.

- Nichts motiviert mehr als der schnelle Erfolg. Ohne die Nachhaltigkeit der Ergebnisse aus den Augen zu verlieren, sollte auch auf **Quick Wins** geachtet werden, um zu motivieren und die Veränderungsbereitschaft der Akteure zu fördern. Gute Erfahrungen und gemeinsamer Erfolg schaffen Vertrauen in die eigene Innovationsfähigkeit. So wird der Grundstein für umfassendere Veränderungen gelegt.
- Damit Vorhaben die nötige „Strahlkraft" entwickeln, müssen diese Erfolge relevant für das gesellschaftliche Handlungsfeld sein. Es gilt, Veränderungspotenziale zu identifizieren, die dank ihrer **Hebelwirkung** andere Veränderungen innerhalb des Teilsystems nach sich ziehen.
- Hebelwirkung wird in der Regel nur dann erzielt, wenn gleichermaßen Fähigkeiten auf den **Ebenen Gesellschaft, Organisation und Mensch** gestärkt werden, um die Handlungs- und Regiekompetenz zu erhöhen.
- Gesellschaftliche Veränderungsprozesse setzen auf unterschiedlichen politischen Ebenen einer Gesellschaft an. Impulse für Veränderungen müssen im Rahmen eines **Mehrebenenansatzes** sowohl auf der Makro- als auch der Meso- und Mikroebene gesetzt werden.
- Gesellschaftliche Kontexte sind immer einzigartig. Blaupausen für Veränderungsprozesse können darum nicht funktionieren. Der Schlüssel zum Erfolg liegt in einem **angemessenen Methodenmix** für Veränderung, der auf die kulturellen und politischen Besonderheiten des jeweiligen Systems zugeschnitten ist.
- Veränderungen innerhalb von sozialen Systemen sind immer komplex und erfordern Anstöße aus unterschiedlichen Fachrichtungen heraus. **Interdisziplinäre Ansätze** ermöglichen, sich an den Bedürfnissen der Akteure zu orientieren.
- **Fachspezifische Beratung** wird nur dann erfolgreich sein, wenn sie **mit Politik- und Managementberatung kombiniert** wird.
- Gesellschaftliche Veränderungsprozesse sind weder vollkommen plan- noch steuerbar. Daher ist es hilfreich, **Wirkungshypothesen** zu entwickeln und in der laufenden Praxis immer wieder zu überprüfen. Die Erarbeitung von Bildern, die eine gemeinsame Perspektive der unterschiedlichen Kooperationspartner darstellen, eröffnet neue Handlungsspielräume für erfolgreiche Veränderungsprozesse.

Diese Grundsätze haben einen hohen Stellenwert für das Design und die Umsetzung von Vorhaben, an denen die GIZ beteiligt ist. Die Konzepte und Tools in Capacity WORKS greifen diese Grundsätze auf und stellen so sicher, dass sie im Management von Vorhaben eine Rolle spielen. Ziel ist stets, dass das Wissen der beteiligten Akteure in Wert gesetzt wird, neue Einsichten aus den gemeinsamen Reflexionsprozessen erzielt werden und – wenn schon nicht zweifelsfrei richtige, dann doch immerhin nachvollziehbare – Entscheidungen entstehen.

Ziele und Wirkungen

Wussten Sie, dass sich bereits Aristoteles mit der Natur von Veränderungsprozessen auseinandersetzte? Dabei traf er eine Reihe von Unterscheidungen, die auch aus Sicht moderner Kooperationssysteme hilfreich sind. Zunächst geht Aristoteles davon aus, dass Veränderungsprozesse nur dann verstanden werden, wenn auch ihre Ursachen bekannt sind. Veränderungen können genauso gut als Wirkungen bezeichnet werden. Es geht also um Ursache-Wirkungs-Zusammenhänge.

Veränderungen oder Wirkungen können geplant oder ungeplant eintreten. Sind sie vom Menschen geplant, dann wird mit ihnen ein vorab bestimmtes Ziel verfolgt. Treten sie ungeplant ein, heißt es „Glück gehabt!" oder „Pech gehabt!", dann ist man dem Schicksal dankbar oder fragt sich, ob dessen Unbarmherzigkeit wirklich unausweichlich war.

Ein Ziel beschreibt einen positiven Zustand am Ende eines geplanten Prozesses. Die Schritte auf dem Weg dorthin helfen dabei, das Ziel zu erreichen. Menschliches Verhalten ergibt dann einen Sinn, wenn man es mit einem bestimmten Ziel oder Zweck in Verbindung bringen kann. Dabei können Ziele mehr oder weniger explizit sein.

Wenn unterschiedliche Akteure in einem Kooperationssystem zusammenwirken, dann sollten die Ziele möglichst explizit sein. Da sie das Verhalten der Akteure leiten, ist es wichtig, sehr unterschiedliche Interpretationen zu vermeiden. Das gemeinsame Ziel beschreibt schließlich einen erhofften positiven Zustand in der Zukunft. Wird dieser sehr unterschiedlich ausgelegt, könnte dies das Kooperationssystem als solches in Frage stellen. Auch Aristoteles stellte dies bereits fest: „Eine Überzeugung, die alle Menschen teilen, besitzt Realität."

Ziele sind gemeinsame Zukunftsbilder

Ziele sind also ein gemeinsames Bild der Zukunft und drücken eine Veränderung des Bestehenden aus. Um auch die Regiekompetenz der Kooperationspartner nachhaltig zu stärken, ist es unverzichtbar, dass sich die betroffenen Akteure beteiligen. Doch wie sieht der Weg in diese erhoffte Zukunft aus? Von welchen Ursache-Wirkungs-Zusammenhängen gehen die beteiligten Akteure aus? Worauf gründet sich die Erwartung, dass man gemeinsam etwas Neues aus dem Bestehenden schaffen kann?

Das Ziel, auf das sich die Kooperationspartner verständigen, verleiht dem gesamten Veränderungsprozess seinen Sinn. Es steht dabei in enger Wechselwirkung zu verschiedenen Aspekten des Veränderungsweges:

- Veränderungen beziehen sich immer auf eine Ausgangslage. Die gemeinsame Sicht der Akteure auf die Ist-Situation setzt den Rahmen für die Ziele, die sie für möglich halten.
- Der Weg vom Ist-Zustand zum Ziel wird beschrieben, indem die Akteure in einem Kooperationssystem eine Strategie für die Veränderung entwickeln.
- Die Strategie erfordert die Beschreibung des Veränderungsweges. Die Erfolgsfaktoren Kooperation, Steuerungsstruktur, Prozesse sowie Lernen und Innovation helfen bei der Aushandlung und Beschreibung, mit wem und wie das Ziel erreicht werden soll und mit welchen konkreten Aktivitäten.

- Bei der Umsetzung wirken die konkreten Aktivitäten auf die Ausgangslage ein, um Veränderungen zu erzielen. Die Strategie setzt hierfür einen Rahmen und ist eine wichtige Orientierung. Der Fortschritt der intendierten Veränderungen sollte laufend überprüft werden, um das Kooperationssystem mit relevanten Steuerungsinformationen zu versorgen.

Diese Steuerungsinformationen dienen auch dazu, einen begleitenden Lernprozess zu initiieren, um die Nachhaltigkeit der Veränderungen zu sichern. Die Analyse der Ausgangslage ist also zentral, um Ziele für eine Veränderungsstrategie abzuleiten. Ohne die Formulierung von Zielen kann eine Strategie kein klares Profil gewinnen. Ohne eine klare Strategie können Aktionen nur allzu leicht zu blindem Aktionismus führen.

Gemeinsame Ziele stärken die Kooperation

Deutlich wird: Ziele zu definieren, ist ebenso wichtig, wie es auch schwierig ist. Die Komplexität steigt mit der Anzahl der beteiligten Akteure. Klar soll das Ziel sein, damit alle dasselbe darunter verstehen. Attraktiv sollte es sein, damit sich die Akteure ihrem Ziel in hohem Maß verpflichtet fühlen. Gleichzeitig sollte es realistisch sein, denn kaum etwas ist motivierender als der Erfolg.

Um diesen Anforderungen gerecht zu werden, braucht es einen soliden Aushandlungsprozess. Die Ziele sollen sowohl gewünschte als auch machbare Veränderungen ausdrücken. Hierfür muss u. a. geklärt werden, welche Interessen die Akteure verfolgen, wenn sie sich für oder gegen bestimmte Veränderungen aussprechen. Verfügen diese Akteure über die nötige Regiekompetenz, d. h. Macht, Interesse, Wissen und Ressourcen, um diese Veränderungen herbeizuführen?

Der Schlüssel liegt also darin, sich mit dem Status quo zu beschäftigen. Die Akteure analysieren gemeinsam das gesellschaftliche Handlungsfeld, in dem die Wirkungen erzielt werden sollen. Dabei entwickeln die Beteiligten unweigerlich – zunächst meist jeder für sich – Hypothesen über die Wirkungszusammenhänge im Kooperationssystem.

Da diese Hypothesen oft nicht explizit gemacht und ausgetauscht werden, gilt es, genau das im Aushandlungsprozess anzuregen. Wenn gemeinsame Zielvorstellungen definiert wurden, helfen die Hypothesen der Beteiligten dabei, eine Strategie für die angestrebten Veränderungen zu entwickeln. Dann geht es an die Umsetzung. Vereinbarte Aktionen des Kooperationssystems stellen Impulse im gesellschaftlichen Handlungsfeld dar, die hoffentlich zu den erwarteten Veränderungen führen. Damit dies gelingt, müssen die beteiligten Akteure diese Impulse aufgreifen und die Ergebnisse der durchgeführten Maßnahmen nutzen. Vorschläge zur Verankerung einer bestimmten Innovation sind nur dann relevant, wenn die Kooperationspartner sie als potenziell nützlich empfinden und ausprobieren. Wird eine solche Erfahrung als erfolgreich bewertet, dann kann die Innovation angenommen werden und damit zur Zielerreichung beitragen.

Vorhaben zur Steigerung der Servicequalität und Effizienz der Kommunalverwaltung

Das Vorhaben startet in einzelnen Kommunen pilothaft den Versuch, Bürgerbüros zu etablieren, die alle Dienstleistungen für die Bürgerinnen und Bürger in einem einzigen Büroraum anbieten. Dahinter stehen bestimmte Hypothesen:

1. Es steigert die Servicequalität, wenn Kunden nur noch einen Anlaufpunkt haben und nicht mehr von Büro zu Büro gehen müssen, um bestimmte Dienstleistungen zu erhalten.
2. Es steigert die Effizienz der administrativen Prozesse, wenn sie vom Kundenkontakt getrennt werden.

Dies bedeutet, dass die Mitarbeitenden in der Servicestelle unter Umständen vieles neu lernen müssen, falls sie vorher nur einen Ausschnitt der Verwaltungsaufgaben bearbeitet haben. Gleichzeitig müssen die administrativen Prozesse der Verwaltung „hinter den Kulissen" neu organisiert werden. Diese Veränderungen werden die Beteiligten nur dann unterstützen, wenn die Ziele Serviceorientierung und Effizienzsteigerung nachvollziehbar für sie sind. Die Interessen der Betroffenen spielen eine zentrale Rolle, wenn Veränderungen gelingen sollen. Die explizite Diskussion der genannten Hypothesen kann dabei unterstützen. Werden die Ergebnisse in den Pilotkommunen positiv bewertet, besteht eine gute Grundlage, dass die Innovation „Bürgerbüros" auch in anderen Kommunen übernommen wird. Die umsichtige Einbindung der unterschiedlichen Interessen spielt somit eine maßgebliche Rolle, um die angestrebten Ziele und Wirkungen zu erreichen.

Je expliziter also die Hypothesen über Wirkungszusammenhänge formuliert sind, desto realistischer wird die Zielformulierung ausfallen. Je mehr Akteure diesen Blick auf die Realität teilen, desto wahrscheinlicher ist es, dass sich dies positiv auf die Kooperation auswirkt. Ziele dienen also dazu, …

- eine klare Orientierung zu geben für das gemeinsame Handeln der Kooperationspartner und für deren spezifische Beiträge
- die verfügbaren Ressourcen sinnvoll mit Blick auf die beabsichtigten Wirkungen einzusetzen
- den geplanten Veränderungsweg immer wieder zu überprüfen

Stellt sich auf dem Weg zum Ziel heraus, dass die intendierten Wirkungen nicht erreicht werden, ist es Zeit, auch die Ziele auf den Prüfstand zu stellen und sie ggf. anzupassen.

Das Wirkungsmodell als gemeinsames Bild der Veränderung

Als soziale Systeme sind Kooperationssysteme immer komplex und damit in ihren Reaktionen unberechenbar. Veränderung lässt sich darum nur bedingt planen. Die Arbeit mit Hypothesen unterstützt dabei, mit der Unsicherheit umzugehen, die daraus entsteht. Die Annahmen darüber, welche Impulse zu welchen Veränderungen führen, reduzieren die Komplexität im Umgang mit der Realität. So entstehen neue Entscheidungs- und Handlungsspielräume für den Veränderungsweg im gesellschaftlichen Handlungsfeld.

Die Kraft der Bilder kann genutzt werden, um das gemeinsame Verständnis dieses Veränderungsweges für alle Akteure nachvollziehbar zu dokumentieren. Eine Möglichkeit, diese durchaus komplexe Herausforderung zu bewältigen, ist die Modellbildung.

Es braucht ein Modell, das bildhaft darstellt, wie die beteiligten Akteure die Wirkungszusammenhänge der angestrebten Veränderung verstehen. Ein Modell, das hilft, realistische Ziele auszuhandeln, und zu Beginn der Arbeit eines Kooperationssystems dabei unterstützt, einige grundlegende Managemententscheidungen zu treffen.

Das folgende Beispiel könnte aus vielen Regionen dieser Welt stammen. Vielleicht werden die Akteure von einer Organisation der internationalen Zusammenarbeit unterstützt, vielleicht erhalten sie die notwendige Unterstützung von einem Ministerium oder finanzieren sich selbst.

Das Wirkungsmodell für regionale Tourismusförderung

Die Ausgangslage ist schwierig, denn seit Generationen hängt die Region wirtschaftlich von der Forstwirtschaft ab. Innerhalb weniger Jahre schließen mehrere größere Firmen, von Sägewerken über Möbelindustrie bis hin zu Transportunternehmen. Die Erwerbslosigkeit steigt sprunghaft an. Die Region fällt in eine Art kollektive Schockstarre.

Eine kleine Gruppe von Akteuren der örtlichen Handwerks- und Tourismuskammern ergreift die Initiative. Sie lädt die sechs Gemeindeverwaltungen zu einem Gesprächskreis ein, um neue Entwicklungspotenziale im Tourismussektor zu entdecken. Aufgrund der vielen unerschlossenen Naturschönheiten ist es leichtgefallen, auch Akteure der Provinzregierung davon zu überzeugen, ein regionales Tourismuskonzept zu entwickeln. Ein Vorhaben soll ins Leben gerufen werden, um dieses Konzept umzusetzen und der Tourismusentwicklung neue Impulse zu geben. Die Reise beginnt …

Das hier abgebildete Wirkungsmodell macht die zentralen Wirkungshypothesen der Veränderungsstrategie explizit, die die beteiligten Akteure gemeinsam umsetzen wollen. Zunächst verständigen sie sich auf das Ziel: Die Bedingungen für die Entwicklung des Tourismus sollen verbessert werden, indem ein regionales Tourismuskonzept umgesetzt wird. Dabei definieren die Kooperationspartner nach einer eingehenden Analyse ihrer Ausgangslage die folgenden Bereiche als prioritäre Aktionslinien:

Ziele und Wirkungen

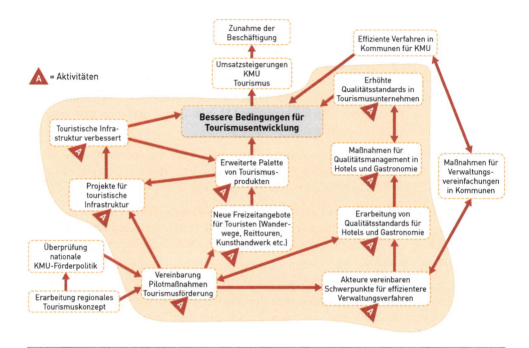

Abbildung 6: Wirkungsmodell – Beispiel Tourismusentwicklung

- Die Verbesserung der Infrastruktur (Instandsetzung ländlicher Wege, Reparatur von Brücken, Befestigung von Aussichtspunkten, Beschilderung etc.)

- Eine erweiterte Palette von Tourismusprodukten (Wanderwege, Reittouren, Kunsthandwerk, typisches Essen etc.)

- Erhöhte und verlässliche Qualitätsstandards sowohl in Hotels als auch im Gastronomiebetrieb

Die gemeinsame Wirkungshypothese besagt demnach, dass sich die Bedingungen für Tourismusentwicklung verbessern, wenn Fortschritte in diesen drei Bereichen eintreten. Dies würde sich in erhöhten Umsatzzahlen und höherer Beschäftigung zeigen. Zwei weitere Bereiche – die Überprüfung der nationalen KMU-Politik und die Umsetzung von Verwaltungsvereinfachungen in den Kommunen – werden von Wirtschaftsministerium und Gemeinden außerhalb des Vorhabens bearbeitet. Die Abgrenzung zwischen jenen Bereichen, die innerhalb des Vorhabens bearbeitet werden, und externen Initiativen ist eine gemeinsame Entscheidung der Kooperationspartner für den Umgang mit knappen Ressourcen. Die Aktionslinien des Vorhabens werden mit Aktivitäten belegt, sodass das Wirkungsmodell die Grundlage für die operative Planung ist.

Jede einzelne dieser Aktionslinien beinhaltet Wirkungshypothesen, die aufeinander aufbauen. So wird angenommen, dass die Vereinbarungen zu Pilotmaßnahmen der Tourismusförderung dazu führen, dass Infrastrukturprojekte geplant und umgesetzt werden. In einigen Fällen existieren auch Wechselwirkungen zwischen Aktionslinien. So führt die Umsetzung von Maßnahmen des Qualitätsmanagements in Hotels und Gastronomie bspw. zu erhöhten Qualitätsstandards in den Unternehmen. Im Gegenzug steigt damit die Bereitschaft der Unternehmen, zusätzliche Maßnahmen für Qualitätsmanagement zu vereinbaren. Alle Wirkungen zusammen tragen am Ende dazu bei, dass sich die Bedingungen für Tourismusentwicklung verbessern. Dies wiederum ist eine Grundlage dafür, dass die KMU im Tourismussektor ihren Umsatz steigern und damit die Beschäftigung in der Region wächst. Beide Veränderungen werden jedoch nicht mehr direkt mit Aktivitäten innerhalb des Vorhabens begleitet.

Das Wirkungsmodell leitet sich also aus einer gemeinsamen Zielvorstellung ab. Es hilft dabei, die Wirkungshypothesen für die angestrebten Veränderungen im gesellschaftlichen Handlungsfeld explizit zu machen und das Ziel zu präzisieren. Im Wirkungsmodell wird die Dynamik des Veränderungsprozesses innerhalb des Sektors oder gesellschaftlichen Teilbereichs deutlich herausgearbeitet. Das heißt, die Impulse, die vom Kooperationssystem gesetzt werden sollen, die notwendigen Veränderungen bei den unterschiedlichen Akteuren und deren Wechselwirkungen werden diskutiert und beschrieben. Es werden Aktionen vereinbart, die zu den Veränderungen beitragen sollen. Dazu können Meilensteine definiert werden, die im Laufe der Umsetzung Hinweise geben, ob das Kooperationssystem auf einem guten Weg ist.

Das Bild unterstützt dabei, diese Themen zwischen den Kooperationspartnern ins Gespräch zu bringen und ihre jeweiligen Beiträge auszuhandeln. Eine solche Verständigung bildet dann den gemeinsamen Ausgangspunkt des Managements im Kooperationssystem: sich laufend mit relevanten Informationen zu versorgen und zu überprüfen, ob die angestrebten Veränderungen tatsächlich erreicht werden.

Das Verständnis von Zielen und Wirkungen in der GIZ

Die GIZ versteht Wirkungen als intendierte oder nicht intendierte, positive oder negative Veränderungen eines Zustands, eines Verhaltens in direkter oder indirekter Folge einer Intervention.

Das Modulziel (Outcome) für Maßnahmen der Technischen Zusammenarbeit bildet die Wirkung ab, die im zeitlichen und finanziellen Rahmen der angebotenen Maßnahme realistisch und verbindlich zu erreichen ist. Es beschreibt eine zu definierende beabsichtigte Wirkung der Maßnahme auf die Zielgruppe, auf (regionale) öffentliche Güter, auf Strukturen oder Politiken.

Das Wirkungsmodell stellt aufeinander aufbauende, sich bedingende positive Wirkungen dar. Es macht einen Veränderungsprozess sichtbar, auf den die GIZ im Rahmen eines Vorhabens einwirkt. Gemeinsam mit den Kooperationspartnern vereinbart, sichert das Wirkungsmodell die Anschlussfähigkeit des Vorhabens an die Partnerstrukturen und -prozesse. Folgende Fragestellungen unterstützen die Erarbeitung des Wirkungsmodells:

- Wer oder was muss sich ändern, damit übergeordnete Ziele erreicht werden?
- Welche strategischen Optionen gibt es? Wo legen wir gemeinsam mit Partnern und Auftraggebern das Ziel für das Vorhaben fest?
- Mit wem kooperieren wir?
- Wofür trägt die GIZ gegenüber dem Auftraggeber Verantwortung?
- Was ist der Beitrag der GIZ, um Wirkungen zu erzielen, und welche Instrumente bringen wir ein?

Im Rahmen von Aufträgen des Bundesministeriums für wirtschaftliche Zusammenarbeit und Entwicklung (BMZ) werden die wichtigsten Vereinbarungen in eine Wirkungsmatrix übertragen.

Wirkungsbeobachtung als Navigationshilfe

Das Kooperationssystem – besonders wegen seiner grundsätzlichen Unberechenbarkeit – könnte als Black Box verstanden werden. Bekannt wäre lediglich das, was an Impulsen wie bspw. Beratungsleistungen, Training oder Finanzierungen eingespeist wird. Am Ende könnte gemessen werden, ob zum Beispiel bestimmte Dienstleistungen besser geworden sind. Das hört sich nicht nur pragmatisch, sondern auch praktikabel an. Aber ist es auch hilfreich? Begrenzt, denn man müsste lange Zeit warten, bevor die Black Box Ergebnisse produziert. Und was, wenn die Ergebnisse negativ sind, nach langen Jahren der Arbeit? Und was, wenn die Ergebnisse zwar positiv sind, aber niemand wissen kann, ob sie tatsächlich auf die Inputs des Vorhabens zurückzuführen sind?

Dann doch lieber einen Blick in das Innenleben der Black Box werfen, indem Wirkungshypothesen formuliert werden. Das ist zwar aufwändiger, gestattet es aber, die eingangs formulierten Ziele immer wieder auf ihre Gültigkeit zu überprüfen.

In Kooperationssystemen ist die Steuerungsstruktur dafür zuständig, laufend für Entscheidungen zu sorgen. Gleichzeitig stellt sie einen periodischen Abgleich zwischen Ausgangslage und erzielten Veränderungen sicher, um daraus strategische Schlussfolgerungen zu ziehen. Ein professionelles Kooperationsmanagement erfordert, dass solche Entscheidungen nicht beliebig, sondern auf der Grundlage einer soliden Informationsbasis getroffen werden. Hierfür benötigt das Kooperationssystem eine Art Feedbackmechanismus.

Letztlich geht es bei diesem Feedback um systematische Wirkungsbeobachtung. Diese sollte Informationen zum Stand der Wirkungserreichung liefern, die Beobachtung möglicher Risiken ermöglichen sowie die Perspektiven der beteiligten Akteure zum Vorhaben erfassen. Ein Monitoringsystem dient genau dieser Funktion: Es versorgt das Kooperationssystem mit Feedback zur eigenen Wirksamkeit, um sinnvolle Entscheidungen zu ermöglichen.

Eine wichtige Voraussetzung für ein erfolgreiches Monitoringsystem ist, das vereinbarte Ziel mit Hilfe von Indikatoren zu operationalisieren. Damit wird das Ziel eindeutig beschrieben. Geeignete Indikatoren entstehen, wenn konsequent Antworten auf diese Frage gesucht werden: „Was ist anders, wenn wir hier erfolgreich sind?" Indikatoren sind Hilfsgrößen, anhand derer regelmäßig Informationen dazu gesammelt werden, ob sich das Kooperationssystem in die gewünschte Richtung entwickelt. Indikatoren benennen neben einem nachprüfbaren Ausgangswert (Base Line) immer den ebenfalls nachprüfbaren Zielwert.

Aus dem Wirkungsmodell lassen sich auch die Risiken ableiten, die eine Gefahr dafür darstellen, dass das Kooperationssystem seine Ziele erreicht. Darum sollten mit dem Monitoringsystem auch die Risiken beobachtet werden. Auch hier helfen Indikatoren dabei, die Risiken für alle Akteure nachvollziehbar zu beschreiben und in der Praxis zu erfassen.

Indikatoren

Am Beispiel der Tourismusförderung könnte die Ausgangslage der Aktionslinie „Neue Freizeitangebote" so aussehen: Zwei Wanderwege, ein Anbieter für Reittouren und ein Dorf, das Rundgänge und Besichtigungen der hiesigen Schnitzereiwerkstatt anbietet, werden aktuell in der Region verzeichnet. Ein Indikator, der die Wirkung „Neue Freizeitangebote" misst, könnte dann bspw. folgendermaßen lauten: „Bis Jahresende ist die Anzahl der dokumentierten Wanderwege in der Region von zwei auf vier gestiegen und wird durch einen gut beschilderten Radwanderweg ergänzt." Dabei ist die Zielgröße an die Vereinbarungen zwischen den Akteuren geknüpft. Das heißt, auch hier sind Bereitschaft und Möglichkeiten der Kooperationspartner ausschlaggebend. Natürlich wären sechs Wander- und vier Radwanderwege sowie weitere Reittouranbieter wünschenswert – auch geführte Eseltouren könnten eine gute Idee sein, um neue Freizeitangebote zu schaffen, die einen sinnvollen Beitrag darstellen. Doch wenn dafür (noch) nicht die richtigen Akteure an Bord sind, wäre ein solcher Indikator nicht erreichbar und damit unrealistisch.

Das Monitoring sollte neben Auskünften zur Wirkungserreichung auch Informationen für das alltägliche Management bereitstellen und „blinde Flecken" aufdecken, warum und wie Wirkungen (nicht) erreicht wurden: Was sind Stärken und Schwächen des Vorhabens? Inwieweit sind konkrete Aktionen bereits umgesetzt? Sind bestimmte Meilensteine bereits erreicht? Monitoring ist also eine zentrale Grundlage für fundierte Entscheidungen der Steuerungsstruktur. Weichen die Ergebnisse des Monitoring stark von den angestrebten Zielwerten ab, ist das ein wichtiger Hinweis darauf, dass die ursprünglichen Hypothesen auf den Prüfstand gestellt werden sollten.

Ein Wirkungsmonitoring liefert den Beteiligten somit auch die Grundlage, um ihre jeweiligen Beiträge im Kooperationssystem zu überprüfen. Manchmal sind Anpassungen im eigenen Organisationskontext nötig, um die spezifischen Beiträge im Kooperationssystem erbringen zu können. Manchmal werden durch das Monitoring Erfolge dokumentiert, was die Akteure in ihrer

Entscheidung für das Engagement im Kooperationssystem bestätigt. Die kontinuierliche Beobachtung der eigenen Wirkungen ist letztlich der einzige Weg, um einigermaßen zielorientiert durch die Komplexität sozialer Systeme zu navigieren.

Capacity WORKS in der Wirkungsbeobachtung

Das Monitoringsystem liefert somit wichtige Informationen über das „Was", das heißt die Zielerreichung in Kooperationssystemen. Das ist einerseits wichtig, um den Erfolg im Kooperationssystem zu bewerten. Häufig sind jedoch insbesondere Vorhaben, d. h. Kooperationssysteme auf Zeit, von Dritten beauftragt, um bestimmte Veränderungen zu erreichen. In diesem Fall geht es auch um die Rechenschaftslegung gegenüber Auftraggebern, die in der Berichterstattung über den zielorientierten Einsatz von Ressourcen informiert werden.

Um gesellschaftliche Veränderungen nachhaltig zu gestalten, rückt auch das „Wie" in den Fokus. D. h., neben einer Reihe von aussagekräftigen quantifizierbaren Indikatoren für die Wirkungsmessung braucht es eine qualitative Einschätzung, wie sich ein Kooperationssystem entwickelt. Die fünf Erfolgsfaktoren des Managementmodells Capacity WORKS bieten ein gutes Gerüst dafür an. Jeder Erfolgsfaktor deckt eine für erfolgreiches Kooperationsmanagement zentrale Perspektive ab.

Capacity WORKS im Monitoring

Bezogen auf das Beispiel der Tourismusförderung, könnten die beteiligten Akteure ihre Diskussion entlang der folgenden Fragen strukturieren. Dabei liegt der Fokus immer mit einem Auge auf dem Kooperationssystem auf Dauer und mit dem anderen auf dem Vorhaben:

1. Strategie
An welche Strategien für wirtschaftliche Entwicklung und Beschäftigungsförderung können wir anknüpfen?

Ist unser Ziel ausreichend klar und verspricht es allen beteiligten Akteuren einen Nutzen?

2. Kooperation
Haben wir die relevanten Akteure an Bord? Oder existieren außerhalb unseres Vorhabens Akteure, die wir stärker einbinden sollten (z. B. Umweltbehörden und Umwelt-NGOs, Reiseunternehmen oder nationale KMU-Fördereinrichtungen)?

Sind unsere Kooperationsformen die richtigen, damit sich sowohl die lokale öffentliche Verwaltung in ihrer Handlungslogik ernst genommen fühlt als auch auch die lokalen Unternehmer?

3. Steuerungsstruktur
Berücksichtigen wir ausreichend die Entscheidungsstrukturen innerhalb der Gemeindeverwaltungen, der lokalen Tourismuskammern und der Programmentscheidungen der Provinzregierung?

Ist unsere Steuerungsstruktur effizient genug, um die Bedürfnisse der beteiligten Akteure abzubilden und gleichzeitig ausreichend schnelle Entscheidungen zu gewährleisten?

Nutzt die Steuerungsstruktur bereitgestellte Daten des Wirkungsorientierten Monitoring (WoM) zur Entscheidungsfindung?

4. Prozesse
Welche Prozesse innerhalb der Kommunalverwaltungen müssen im Sinne der besseren Dienstleistungen gegenüber den KMU angepasst werden? Wie müssen Prozesse der Budgetentscheidungen der Provinzregierung angepasst werden?

Ist die Rückkoppelung zwischen Wirkungsbeobachtung und Entscheidungen zur Fortschreibung der Strategie innerhalb des Vorhabens gegeben?

5. Lernen und Innovation
Wie reagieren Tourismusunternehmen und Kommunalverwaltungen gegenwärtig auf Rückmeldungen ihrer Kunden, um das Serviceangebot zu verbessern?

Wie identifizieren wir den Lernbedarf im Hinblick auf Normensetzung, bessere Kooperation, Stärkung einzelner Organisationen und Qualifizierungsbedarf?

Um die relevanten Fragestellungen zu entwickeln, helfen die Leitfragen in den fünf Erfolgsfaktoren (vgl. Kapitel: Erfolgsfaktoren im Überblick). Die Formulierung von Indikatoren kann unter Umständen auch hier hilfreich sein, um sich auf Zielgrößen zu verständigen, die von den Beteiligten als erfolgreich bewertet werden. Diese Indikatoren geben im Kooperationssystem Aufschluss über die Qualität der Zusammenarbeit.

Eine gängige Alternative besteht darin, sich für diese „weichen" Themen auf einen Bewertungsmaßstab zu verständigen, der grobe Orientierung liefert, zum Beispiel „alles in Ordnung – ausbaufähig – dringender Handlungsbedarf". Hieraus können ohne großen Aufwand nächste Schritte abgeleitet oder Erfolge dokumentiert werden.

Je konsequenter die Perspektiven der fünf Erfolgsfaktoren im Management – d. h. auch im Monitoringsystem – berücksichtigt werden, desto eher ist das Kooperationssystem in der Lage, effiziente Lösungen für anstehende Herausforderungen zu finden.

So verstanden erfüllt ein Monitoringsystem verschiedene Funktionen: Es werden relevante Informationen für die Entscheidungsfindung und die Berichterstattung generiert. Informationen über die Wirksamkeit sind auch in der Öffentlichkeitsarbeit nützlich. Durch das Monitoring werden Lernfelder deutlich, und Erfahrungen können durch gezielte Lernprozesse für die Zukunft in Wert gesetzt werden. Die Steuerung des Ressourceneinsatzes wird effizienter, wenn klar wird, wo größere oder geringere Aufmerksamkeit erforderlich ist.

Wirkungsorientierung in der GIZ

Wirksamkeit für nachhaltige Entwicklung ist ein zentraler Qualitätsmaßstab für die Leistungen der GIZ. Orientierung auf Wirkungen ist ein Grundpfeiler aller GIZ-Vorhaben. Jedes Vorhaben braucht demnach ein Wirkungsorientiertes Monitoring (WoM)-System, um über seine Wirkungen jederzeit auskunftsfähig zu sein und Wirkungsnachweise liefern zu können. Monitoringdaten dienen der Steuerung, Rechenschaftslegung und dem Lernen.

Das WoM-System der GIZ erfolgt durch zwei Ansätze: Wirkungsmessung anhand von Indikatoren und offene Perspektivenerfassung (KOMPASS). Das indikatorenbasierte WoM leitet sich aus dem Wirkungsmodell des Vorhabens ab. Es beobachtet den darin abgebildeten Veränderungsprozess anhand von quantitativen und qualitativen Indikatoren. Es liefert dem Team und den Partnern regelmäßig Hinweise darüber, wo das Vorhaben in Bezug auf die angestrebten Wirkungen und innerhalb des geplanten Prozesses steht. Bei der offenen Perspektivenerfassung werden mittels qualitativer Methoden und Tools systematisch die Meinungen und Erfahrungen verschiedener Stakeholder des Vorhabens (z. B. Zielgruppe, Kooperationspartner) zu einer zuvor festgelegten Fragestellung oder Problematik erfragt. Die offene Herangehensweise dient dazu, blinde Flecken im Wirkungsmodell aufzudecken und diese in Frage zu stellen.

Das WoM umfasst dabei folgende Elemente: Wirkungshypothesen, Annahmen und Risiken, Ziel- und Wirkungsindikatoren sowie ggf. spezifische Indikatoren zu wichtigen Querschnittsthemen (z. B. Gleichberechtigung der Geschlechter, Armutsbekämpfung, Umwelt- und Ressourcenschutz, Frieden und Sicherheit).

Bevor neue quantitative oder qualitative Indikatoren entwickelt werden, ist zu prüfen, ob die Partnerinstitutionen bereits über Monitoringsysteme verfügen, mit denen sich die angestrebten Veränderungen erfassen lassen. Ein Datenerhebungsplan wird auf Grundlage der zu messenden und zu beobachtenden Indikatoren erstellt, Daten werden kontinuierlich gesammelt, ausgewertet und analysiert. Diese geben Hinweise auf den Grad der Umsetzung der Maßnahme, erzielte Wirkungen und mögliche strategische Anpassungsbedarfe.

Das WoM hilft somit systematisch dabei, Management- und Strategieentscheidungen in der Steuerungsstruktur herbeizuführen. Zum Abschluss eines Vorhabens bilden Monitoringdaten wichtige Elemente der Bewertungsgrundlage von Evaluierungen und ermöglichen somit den Wirkungsnachweis, die Qualitätssicherung und Rechenschaftslegung.

Capacity WORKS im Management von Kooperationssystemen

Die fünf Erfolgsfaktoren liefern die relevanten Perspektiven, die wichtig sind, um den Status quo in einem gesellschaftlichen Handlungsfeld zu beschreiben: Welche Strategien existieren? Welche Akteure sind relevant? Wie werden Entscheidungen getroffen? Welche Prozesse stehen im Fokus? Wo braucht es welche Fähigkeiten?

Aus dieser Ausgangslage können Ziele abgeleitet werden, die das „Was" eines Kooperationssystems beschreiben. Die Wirkungshypothesen, wie diese Ziele erreicht werden können, werden als Wirkungsmodell explizit gemacht. Dadurch entsteht bei allen beteiligten Akteuren ein gemeinsames Bild des Veränderungsprozesses.

Bei der Ausgestaltung der Strategie zur Veränderung helfen die fünf Erfolgsfaktoren, im Kooperationssystem das „Wie" der Zielerreichung greifbar zu machen: Wer kooperiert wie, wie sollen Entscheidungen getroffen werden, welche Prozesse sind wichtig, wie wird Lernen gestaltet?

Für die Wirkungen ebenso wie für das Management im Kooperationssystem werden geeignete Indikatoren formuliert und in ein Monitoringsystem überführt. Das Monitoring unterstützt die laufende Beobachtung der Wirkungen, Risiken und des Managements im Kooperationssystem. Damit werden Informationen bereitgestellt, auf deren Basis innerhalb der Steuerungsstruktur Entscheidungen getroffen werden können.

Bei der Umsetzung konkreter Aktivitäten liefern die fünf Erfolgsfaktoren sinnvolle Inhalte und Tools, die helfen, das Management von Kooperationssystemen auf die Ziele und Wirkungen auszurichten. Um sich immer wieder zu vergewissern, inwieweit der eingeschlagene Weg noch zum Ziel führt, werden auch die Ziele und Wirkungshypothesen periodisch auf den Prüfstand gestellt.

Das Monitoringsystem liefert Informationen dazu, welche Anpassungen ggf. nötig sind, um wirkungsvoll zu arbeiten. In den folgenden Kapiteln werden die einzelnen Erfolgsfaktoren im Detail beschrieben. In jedem einzelnen Erfolgsfaktor wird der ganz besondere Beitrag zum Management von Kooperationssystemen für nachhaltige Entwicklung vorgestellt. Deutlich wird dabei auch, wie stark die Verknüpfung zu den übrigen Erfolgsfaktoren ist.

Je nach aktuellem Bedarf werden sich die Akteure im Beispiel der Tourismusförderung zu gegebener Zeit stärker mit dem einen oder dem anderen Erfolgsfaktor befassen. Die Beobachtung und Überprüfung ihrer Wirkungshypothesen helfen ihnen dabei. Stockt der Veränderungsprozess in den Kommunalverwaltungen, weil die Stadträte ihre Mitarbeit verweigern? Sollten diese besser in die Steuerungsstruktur integriert werden? Bedarf es eines zusätzlichen Prozesses, um sie zu überzeugen? Brauchen Verwaltungsspitzen und Bürgermeister Unterstützung seitens der Tourismuskammern und muss ein entsprechender Kooperationsprozess etabliert werden?

Die Lektüre der folgenden Kapitel unterstützt dabei, die richtigen Fragen zu stellen. „Richtig" heißt in diesem Zusammenhang „nützlich", und zwar für konkrete Akteure in konkreten Kooperationssystemen mit ihren ganz spezifischen Zielen.

Erfolgsfaktor Strategie

Motto: Die gemeinsame Ausrichtung verhandeln und vereinbaren!

Akteure gehen oft Kompromisse ein, wenn sie in einem Kooperationssystem strategische Entscheidungen treffen. Diese Entscheidungen decken in der Regel die Interessen der einzelnen Akteure nicht vollkommen ab. Dennoch wirken sie gelegentlich länger und grundlegender, als die verantwortlichen Akteure im Moment der Entscheidung vermuten würden.

Ein Blick in das Jahr 1947: Die meisten europäischen Länder waren wirtschaftlich zerrüttet und standen vor einem politischen Scherbenhaufen. Ihre Bevölkerung war von einem verheerenden Krieg traumatisiert. In dieser Situation unterbreitete der US-amerikanische Außenminister George Marshall dem Kooperationssystem der alliierten Staaten einen außergewöhnlichen Vorschlag, der die Kooperationsbeziehungen innerhalb Europas nachhaltig prägen sollte. Seine Idee bestand darin, dass die USA ein umfangreiches Investitionspaket bereitstellen würden, um die brachliegenden europäischen Ökonomien anzukurbeln und Hilfe zur Selbsthilfe zu leisten.

Außergewöhnlich war der Plan, weil er mehrere bekannte Muster unterbrach. Die Haltung, mit der Sieger die Besiegten nach einem Krieg behandelten, war eine neue. Marshalls Vorschlag grenzte sich scharf von anderen Plänen für das Nachkriegseuropa ab, die in den USA die Diskussion dominierten – etwa von den Ideen des US-amerikanischen Finanzministers Henry Morgenthau, der sich dafür einsetzte, Deutschland in einen Agrarstaat umzuwandeln.

Zum anderen waren auch die Prämissen und Werte seiner Antwort auf die Frage neu, wie die Machtverhältnisse in der zweiten Hälfte des 20. Jahrhunderts im Sinne des Friedens stabilisiert werden könnten: Es wäre nur dann möglich, das zerstörte Europa wiederaufzubauen und ein kontinentales Kooperationssystem zu schaffen, wenn die Macht nationaler Interessen und Unabhängigkeit aufgebrochen würde.[2] Die Unterstützer des Marshall-Vorschlags hatten erkannt, dass die einzelnen Nationen für sich allein nicht mehr in der Lage waren, die Herausforderungen zu bewältigen, die durch den Krieg entstanden waren. Die dramatische Lage in der unmittelbaren Nachkriegszeit ebnete somit den Weg für eine zwar langsame, aber nachhaltige Neugestaltung des europäischen Kontinents und der transatlantischen Beziehungen.

Die nationalen Diskurse dazu waren kontrovers. Die UdSSR schloss sich dem Marshallplan nicht an. Die Ökonomie der UdSSR lag wirtschaftlich am Boden, nachdem vier Jahre lang der Krieg auch auf ihrem Territorium gewütet hatte. 60 Millionen Kriegstote wogen schwer im Umgang mit dem besiegten Deutschland. Außerdem sah das sowjetische Projekt der Nachkriegszeit nicht vor, eine Marktwirtschaft zu etablieren. Die kommunistische Bewegung verfolgte andere Interessen und Werte. Das Kooperationssystem der Alliierten basierte während des Krieges auf dem gemeinsamen Ziel, das nationalsozialistische Deutschland und seine Verbündeten zu besiegen. Nachdem der gemeinsame Feind geschlagen war, erwies sich dieses Ziel als nicht mehr tragfähig für eine Kooperation in der Nachkriegszeit. Die Kooperation brach sprichwörtlich entzwei.

Auch im US-Kongress gab es Widerstand gegen den Vorschlag des US-amerikanischen Außenministers. Viele Abgeordnete glaubten, dass die geplanten Investitionen im fernen Europa die USA schwächen würden. Dies wirkte angesichts der Tatsache, dass die UdSSR ihre Machtbasis ausdehnte, umso bedrohlicher. Doch gerade angesichts des drohenden kommunistischen Einflusses und der militärischen Interessen der beiden Großmächte – der UdSSR und der USA – überwog schließlich die Einsicht in die gegenseitige Abhängigkeit der westeuropäischen Staaten und der USA.

Am Ende setzte sich die Idee Marshalls für das neue westliche Kooperationssystem durch. Die USA stellten für den nach ihm benannten Plan (Der offizielle Name für das US-amerikanische Investitionsprogramm lautet: „Economic Cooperation Act of 1948") bis 1952 insgesamt 12,4 Milliarden US-Dollar (das entspricht heute rund 100 Milliarden Euro) zur Verfügung. Innerhalb dieses Kooperationssystems wurde die Organisation for European Economic Cooperation (OEEC) gegründet. Sie legte einen vierjährigen Hilfsplan vor und übernahm die Funktion einer europäischen Kontrollinstanz für den bevorstehenden Wiederaufbau. Für die spätere Bundesrepublik Deutschland, deren Vertreter an den Verhandlungen nicht direkt beteiligt waren, hatten diese Entscheidungen positive Konsequenzen: Durch den von Europäern koordinierten und von den USA finanzierten Wiederaufbau wurde die Höhe der Reparationsleistungen kontinuierlich reduziert. Die revanchistischen Tendenzen, die sich eindrücklich zwischen den beiden Weltkriegen ausgeprägt hatten, wurden somit entschärft.[3]

Betrachtet man diese Version der Geschichte, fragt man sich: War das damals wirklich so, oder gibt es nicht auch andere Perspektiven auf die damaligen Geschehnisse? Das Beispiel ergreift uns emotional und provoziert Zustimmung oder Widerspruch. Wenn auf dieses Beispiel politischer Kooperation geblickt wird, dann geht es nicht darum, wie es „wirklich" und „wahrhaft" gewesen ist. Denn egal ob US-Amerikanerin, Franzose oder Bürgerin eines anderen Landes – alle sind von der Geschichte des Kooperationssystems irgendwie berührt worden. Und jede und jeder beschreibt die Beweggründe für die damaligen strategischen Entscheidungen möglicherweise anders.

Gerade hier aber liegt eine zentrale Erkenntnis: Die Strategie für ein Kooperationssystem zu entwickeln, ist eine schwierige Aufgabe. Schließlich muss dafür gesorgt werden, dass die Akteure zumindest für einige Zeit in wichtigen Punkten übereinstimmen und bereit sind, gemeinsam zu handeln. Manchmal gelingt diese Übereinstimmung in grundlegenden Werten und Annahmen über den gemeinsamen Kontext. In der Regel bleiben aber die Interessen der Akteure so verschieden wie zuvor. Die strategische Auseinandersetzung macht es möglich, dass sich Schnittmengen aus diesen Interessen ergeben und gemeinsam gehandelt werden kann.

Noch mal auf das Beispiel geschaut: Rückblickend mag die Strategie des Marshallplans „alternativlos" erscheinen. Die nationale Fixierung wurde aufgebrochen und der Weg für ein gemeinsames Verständnis von Kapitalismus und Demokratie, Kooperation und wirtschaftlicher Hilfe wurde bereitet. Diese Sichtweise ist jedoch ein Trugschluss, denn die Logik von Kooperationssystemen ist eine andere. Die verantwortlichen Akteure mussten in ihren jeweiligen Ländern viele Hindernisse überwinden und dazu harte politische Kämpfe ausfechten, auch miteinander.

Ein Blick auf die Geschichte der Friedensabkommen legt nahe, dass sich nach dem Zweiten Weltkrieg ganz andere Strategien hätten durchsetzen können. Mögen die Interessen bei einigen Akteuren darin bestanden haben, den Einfluss der UdSSR einzudämmen, andere auf ein friedliches Europa hofften, ging es wieder anderen darum, die wirtschaftlichen Voraussetzungen für den Kapitalismus zu verbessern. So wichtig diese Unterschiede auch sein mögen, um die handelnden Akteure begreifen zu können, sie ändern nichts am Ergebnis: Alle Akteure haben die strategische Ausrichtung des Kooperationssystems mitgetragen, und diese wirkt noch heute fort.

Die besondere Perspektive des Erfolgsfaktors Strategie

Der Erfolgsfaktor (EF) Strategie beschäftigt sich damit, wie Akteure bewusst die strategische Ausrichtung ihres Kooperationssystems aushandeln und entscheiden. Er ist – wie die anderen Erfolgsfaktoren in Capacity WORKS – für Kooperationssysteme dann sehr wirkungsvoll, wenn die Akteure verstehen, dass sein Schein des Nonchalanten trügt: Strategie scheint selbstverständlich, denn wie könnte sonst professionell gearbeitet werden?

Bei näherem Hinsehen rüttelt Strategie jedoch an den neuralgischen Punkten eines Kooperationssystems. Strategie befragt die Akteure nach ihren tieferen Annahmen und Überzeugungen. Strategie macht diese Annahmen explizit und lädt damit zum Widerspruch ein. Neue Impulse entstehen dadurch, dass unterschiedliche Deutungen der Realität nebeneinandergestellt werden. Strategie lädt zu Überlegungen ein, die gemeinsame Aktionen begründen. Strategie stellt eine Arena zur Verfügung, damit die beteiligten Akteure ihre Unterschiede unaufgeregt feststellen und sich fragen können, welche gemeinsame Zukunft möglich erscheint. Haben die Akteure erst den Mut, sich einzugestehen, dass Strategie nichts Selbstverständliches ist, und betreten diese Arena, dann eröffnen sich völlig neue Möglichkeiten.

Durch die Arbeit mit dem EF Strategie werden die Kapazitäten im Kooperationssystem gestärkt. Je nach Zuschnitt einer Strategie kann durch sie versucht werden, die gesellschaftlichen Rahmenbedingungen zu beeinflussen. Gemeinsam entwickelt und umgesetzt, stärkt Strategie die Kooperationsbeziehungen zwischen den Akteuren. Die beteiligten Organisationen lernen, wie sie ihre Perspektive in die gemeinsame Strategiearbeit einbringen. Die handelnden Personen bauen ihre Fähigkeiten aus, um die Prozesse durchzuführen, die notwendig sind, um eine Strategie zu entwickeln, durchzuführen und anhand der Ergebnisse zu überprüfen.

Paradoxien in der Strategiearbeit

Strategie ist in aller Munde, doch was ist Strategie genau? Strategie ist ein Modewort, bezeichnet eine wirtschaftliche Grundkompetenz, ist relevant für Organisationen, die sich auf Märkten bewegen, um dort ihre Position zu definieren. Strategiearbeit beschäftigt sich damit, wie Organisationen die Bedürfnisse von Kunden oder Anspruchsgruppen befriedigen. In der Wirtschaft erhöhen gute Strategien den Umsatz, den Gewinn und die Reputation; innerhalb der Gesellschaft die gesellschaftliche Relevanz und Wirkung der Antworten, die Organisationen auf Problemlagen finden. Darin bemisst sich der Erfolg von Strategien.

Organisationen brauchen Strategien, egal ob diese im Lauf der Zeit gewachsen oder explizit formuliert worden sind. Durch Strategiearbeit beschäftigen sie sich damit, wie sie sich am besten an ihr Umfeld anpassen können, um auch in Zukunft bedeutend zu sein. Der Umgang mit der Zukunft ist dabei von Organisation zu Organisation sehr unterschiedlich. Ein Extrem ist die Schicksalsfügung, die dazu führt, jedwede Strategiearbeit abzulehnen. Das andere Extrem ist die Hybris der totalen Plan- und Gestaltbarkeit. Zwischen diesen Polen müssen Kooperationssysteme und Organisationen bei ihrer Strategiearbeit mit den folgenden Paradoxien umgehen:

- Die Zukunft ist unvorhersehbar und ungewiss – dennoch wird ihr mit Planung begegnet
- Den unbeeinflussbaren Variablen der Zukunft wird mit der Erwartung der eigenen Wirksamkeit begegnet
- Die unbekannte Zukunft birgt immer die Notwendigkeit, sich zu verändern. Sie löst Angst und Unsicherheit bei den Akteuren aus, diese müssen ihr aber mit Mut und Optimismus begegnen, um sie zu bewältigen
- Aussagen über die Zukunft speisen sich zwangsläufig aus dem Wissen der Vergangenheit (Henry Mintzberg prägte das Bild, wie riskant es ist, beim Autofahren ausschließlich in den Rückspiegel zu blicken.)
- Der Paralyse, wie der Hase auf die Schlange zukünftiger Entwicklungen zu starren, begegnen die Akteure, indem sie reflektiert handeln, ohne kopflos zu fliehen

Um die Vermittlung dieser Themen geht es bei Strategie. Beide Seiten gilt es zu besprechen, um handlungsfähig zu sein: die eher emotionale des Unwägbaren und die sachlich erscheinende von Planung und bewusster Gestaltung. Strategiearbeit schafft eine Basis für Entscheidungen, die trotzdem weiterhin unter Unsicherheit zu treffen sind.

Strategie erweitert die Handlungsfähigkeit des Kooperationssystems

Mehr als Unternehmen sind Kooperationssysteme im gesellschaftlichen Raum aktiv. Ihnen geht es gar nicht um die Währung Gewinn, sondern darum, in gesellschaftlichen Handlungsfeldern Wirkungen zu erzielen. Sie wollen einen Beitrag zu Effizienz, Werten, Normen und Sinn innerhalb einer Gesellschaft leisten. Von entscheidender Bedeutung ist für die Akteure innerhalb eines Kooperationssystems die Frage, wie sie auch in Zukunft handlungsfähig bleiben können.

Kooperationssystemen fehlen die Grenzziehungen von Organisationen sowie das Entscheidungsprinzip Hierarchie, die eine strategische Ausrichtung erleichtern können. Wenn Akteure sich zusammentun, um ein Ziel in einem gesellschaftlichen Handlungsfeld zu verfolgen, existieren zu Beginn der Kooperation sehr unterschiedliche Vorstellungen. Meistens sitzen noch nicht alle relevanten Akteure am Tisch. Das Kooperationssystem muss sich zurechtrütteln und dies macht es, indem es sich über seine strategische Ausrichtung auseinandersetzt und handlungsfähig wird.

Ausrichtung als Orientierung und Prozess

Strategie in ihrer gelungenen Form zeigt sich als ein „Muster in einem Strom von Entscheidungen (pattern in a stream of decisions)"[4] – so Henry Mintzberg für eine mögliche Definition von Strategie. Innerhalb eines Kooperationssystems müssen dessen strategische Ausrichtung und die der beteiligten Organisationen zueinander passen. Ein solches Muster im Strom der Entscheidungen kann nur dann entstehen, wenn sich die unterschiedlichen Akteure darauf einlassen, ein oder mehrere Ziele miteinander auszuhandeln. Diese Bereitschaft hat Konsequenzen, denn es geht nicht nur um die strategische Ausrichtung der Kooperation, sondern es entstehen gleichzeitig Rückwirkungen auf die Strategien der beteiligten Organisationen.

In Organisationen kann Strategieentwicklung als Leistung in unterschiedlicher Weise erbracht werden: als geplante Leistung der Führungsspitze, evolutionär an vielen Orten in der Organisation, auf externe Expertise gestützt oder als gemeinschaftliche Leistung[5]. All diese Spielarten haben Vor- und Nachteile. In Kooperationssystemen ist dies anders. Zumindest in der Startphase sollte Strategie in einem gemeinsamen Prozess entwickelt werden.

Der Prozess besteht aus unterschiedlichen Schritten, die alle gleichermaßen wichtig sind: (1) Ist-Situation analysieren, (2) Optionen erfinden, (3) für eine Option entscheiden, (4) Strategie beschreiben, (5) ins Management integrieren. Überspringen die Akteure einen oder mehrere Schritte, weil sie glauben, dass bereits ausreichend Klarheit existiert, dann vergeben sie eine wichtige Chance. Diese Chance entsteht durch die manchmal auch schwierige Auseinandersetzung, die aber dafür sorgt, dass die Akteure ehrlich miteinander umgehen und eine realitätsnahe gemeinsame Perspektive erarbeiten. Schnelle Harmonie und die Auswahl der nächstliegenden Option sind gefährlich, denn sie werden über den Trugschluss gewonnen, dass sich alle in einem Boot wähnen und andere alternative Lösungen nicht existieren. Der EF Strategie gestaltet daher die Kommunikationsräume, die diese Auseinandersetzung ermöglichen.

Gemeinsame Verpflichtung auf Ziele

Capacity WORKS unterstützt professionelles Kooperationsmanagement aus unterschiedlichen Perspektiven. Im EF Strategie geht es vor allem um die Frage, welche Ziele und Wirkungen die Akteure erreichen möchten: Was sind die richtigen Dinge, die wir tun sollen? Diese Frage geht aber immer einher mit der direkt darauf folgenden Frage: Und wie tun wir diese Dinge richtig?

Mit der zweiten Frage wird nach dem Weg gefragt, auf dem die Ziele durch konkrete Aktionen erreicht werden sollen. Schlussfolgerungen, die sich aus der Diskussion um die Ziele, das „Was", ergeben, wirken sich natürlich auf den Veränderungsweg, das „Wie", aus. Umgekehrt kann die Suche nach möglichen Veränderungswegen die Zielsetzungen in neuem Licht erscheinen lassen.

Das Kooperationssystem festigt sich, wenn es von Zeit zu Zeit seine strategische Ausrichtung überprüft. Das System insgesamt und jeder einzelne Akteur darin wird Teil einer gemeinsamen Handlungslogik, welche das oben genannte Muster in einem Strom von Entscheidungen ermöglicht und sichtbar macht.

Funktionen von Strategie

Sowohl der Prozess als auch sein Ergebnis, eine ausformulierte und für alle Stakeholder transparente und einsichtige Strategie, erfüllen mehrere Funktionen:

- Sie helfen dem Kooperationssystem dabei, die richtigen Dinge zu tun.
- Die Erwartungen der Akteure an das Kooperationssystem und untereinander werden geklärt.
- Die vorhandenen Ressourcen und Kompetenzen im Kooperationssystem werden effizient eingesetzt.

- Im Kooperationssystem wird die Motivation zur Zielstrebigkeit ausgelöst.
- Die Beteiligung am Prozess und die Klarheit der Ergebnisse wirken selbstverpflichtend auf die beteiligten Akteure.
- Der strategische Ansatz wird von der Zukunft her gedacht und löst sich von den Begrenzungen der Vergangenheit.
- Die Akteure wissen, welche Wege verfolgt werden und welche verworfen wurden, um das Ziel zu erreichen.
- Die gemeinsamen Aktivitäten sind auf Potenziale für gesellschaftliche Veränderung ausgerichtet und sichern so die Zukunftsfähigkeit.
- Die Akteure verfügen über Handlungsspielräume, um sich im Rahmen der Strategie bewegen zu können.

Inhalt und Prozess der Strategieentwicklung

In welchen Schritten und mit welchen Instrumenten Strategien entwickelt werden können, das ist in der Literatur für Unternehmen und Organisationen ausführlich beschrieben. In weiten Teilen lässt sich dies auf Kooperationssysteme übertragen, so bspw. die Unterscheidungen zwischen normativem, strategischem und operativem Management[6].

In zweierlei Hinsicht jedoch muss das Vorgehen bei der Strategieentwicklung anders auf Kooperationssysteme eingehen als bspw. auf Unternehmen. Zum einen sind Kooperationssysteme immer schon Teil der Lösung bzw. des Problems im gesellschaftlichen Teilsystem. Sie sind Modelle für die Wirkungen, die sie in einem Sektor erreichen wollen.

In einem Beratungsprojekt soll bspw. ein europäisches Wirtschaftsministerium dabei unterstützt werden, die Strukturfonds der Europäischen Union für Wettbewerbs- und Innovationsförderung besser zu nutzen. Dabei geht es vor allem um transparente und effiziente Ausschreibungsverfahren. Folgende Akteure sollten sich am Kooperationssystem beteiligen, das für dieses Ziel aufgebaut werden soll: das Ministerium selbst, seine Agenturen, das Finanzministerium, die betroffenen Unternehmen sowie Universitäten.

Die Beziehungen zwischen den Akteuren sind unter Umständen durch Misstrauen, gegenseitige Vorwürfe der Inkompetenz sowie Korruption geprägt. Die Diskussion um strategische Fragestellungen kann erst dann gelingen, wenn zwischen den Akteuren die bisher bestimmenden Verhaltensmuster aufgebrochen werden. Das Kooperationssystem ist selbst Teil von Problem, Veränderung und Lösung. Es bedarf neuer Kommunikationsräume, in denen heikle Themen besprochen werden können und es möglich ist, Vertrauen aufzubauen. Hier gilt es abzuwägen, an welchen Punkten Erfolge im Kleinen möglich sind.

Wie bei der Führung in Organisationen steht auch der innere Kern des Kooperationssystems unter intensiver Beobachtung der übrigen Akteure des relevanten gesellschaftlichen Teilsystems. Sie lesen aus dem Handeln des Kerns generell und den Erfolgen im Besonderen ab, wie es um das Kooperationssystem bestellt ist. Bleiben Erfolge aus oder sind sie nicht sichtbar, dann entsteht kein Modell, das Vertrauen auslöst, um gemeinsam an größeren Zielen zu arbeiten. In diesem

Fall muss die Strategieentwicklung auf kleine, aber sichtbare Erfolge setzen, um breitere Veränderungsprozesse auszulösen.

Zum anderen unterscheidet sich Strategieentwicklung für Kooperationssysteme von der für Unternehmen dadurch, dass sich Erstere um gesellschaftliche und häufig politische Fragestellungen herum bilden. Instrumente und Konzepte, die sich rein aus der Logik des Marktes ergeben, greifen in diesem Zusammenhang nicht. Für Kooperationssysteme gilt es, ihre relevante Umwelt über Konzepte nicht nur aus Wirtschafts-, sondern auch aus Politik- und Sozialwissenschaften zu erfassen.

Strategie ist ein kreativer Wurf, ein mutiger und hoffentlich ermutigender Blick in die Zukunft. Die Akteure lassen sich dabei nicht von den Einschränkungen der Gegenwart leiten.

Eine stimmige Strategie lässt sich in keiner klaren Sequenz von Fragen und Schritten ableiten. Die zuvor genannten paradoxen Themen stehen im Weg. Die Akteure bereiten einen Common Ground vor, indem sie sich zu relevanten Fragen austauschen und Hypothesen formulieren. In zyklischen Bewegungen wird die Strategie immer kohärenter und griffiger. Die „Strategieschleife"[7] zeigt die Verbindungen und Rückkoppelungen und zollt gleichzeitig Tribut an unser doch relativ lineares Denken.

Abbildung 7: Strategieschleife

Ist-Situation analysieren (1)

Strategieentwicklung gelingt nicht in den Turbulenzen des Alltagsgeschäfts. Damit die Akteure eines Kooperationssystems gemeinsam eine neue Perspektive einnehmen können, brauchen sie im wahrsten Sinne des Wortes einen anderen Standpunkt. Die Akteure müssen den „Fluss des operativen Geschehens"[8] verlassen, um strategische Flughöhe zu gewinnen.

Zunächst wird der gesellschaftliche Kontext des Kooperationssystems analysiert: Welche Trends und Entwicklungen zeichnen sich ab? Welche Akteure bestimmen das Geschehen? Welche Herausforderungen bestehen und welche Kräfte wirken? Welche gesellschaftlichen Muster prägen das Verhalten der Akteure? Nach welchen Anreizen handeln sie? Bei welchen Akteuren gibt es Veränderungsenergie? Welche Prozesse funktionieren? Mit diesem Blick nach außen geht es darum, dass sich die Akteure von alten Interpretationen lösen und sich für eine gemeinsame Sichtweise öffnen. Die Akteure des Kooperationssystems konstruieren in diesem Schritt eine gemeinsame Realität, die eine Basis für alle weiteren Überlegungen bietet.

Mit der Analyse wird der Blick nicht nur nach außen, sondern auch nach innen gerichtet: Über welche Möglichkeiten, Kompetenzen und Ressourcen verfügt ein Vorhaben, um im Sektor Veränderungen anzustoßen? Welche Akteure können dazu beitragen?

Im Schritt der Analyse wird bewusst so getan, als wüssten die beteiligten Akteure nicht genug darüber, wie das gesellschaftliche Teilsystem und das Kooperationssystem funktionieren. Damit einher geht das Gefühl, nie genug zu wissen und deshalb in der Analyse zu verharren. Sind sich die Akteure dessen nicht bewusst, könnten sie der Versuchung erliegen, die Analyse als Quasi-Forschung zu betreiben. Am Ende werden Komplexität und Datenflut so groß, dass sie die Akteure lähmen. Die Welt ist voller Strategien, die viele Ressourcen verbraucht haben, aber letztlich in Bücherregalen verstauben. Eine der Herausforderungen besteht darin, die Analyse immer wieder mit den eigenen Handlungsmöglichkeiten zu verbinden. Dabei fehlt es meistens nicht an der nötigen Information, denn die Akteure verfügen über ein großes implizites Wissen. Strategiearbeit gibt ihnen eine Bühne, damit dieses Wissen zur Geltung kommen kann.

Von Anfang an mitzudenken, wie die Informationen verdichtet werden können, ist die beste Gewähr dafür, dass man sich nicht in der Analyse verliert. Das heißt, sich immer wieder zu fragen: Was bedeutet dies für uns und unsere Ziele? Wenn daraufhin Schlussfolgerungen verdichtet werden, indem man sie Kategorien wie Stärken, Schwächen, Chancen oder Risiken zuordnet, dann wird die Komplexität angemessen reduziert. Gelingt es, die wichtigsten Ergebnisse in einprägsamen Bildern festzuhalten, dann werden sie zum Gedächtnis des Kooperationssystems, das allen Akteuren gut zugänglich ist.

Optionen erfinden (2)

Begrenzte Ressourcen zwingen zum strategischen Denken. Genau wie Organisationen verfügen auch Kooperationssysteme über beschränkte finanzielle und personelle Kapazitäten. Darum müssen sie sich fragen, mit welcher Option die größtmögliche Wirkung erreicht werden kann. Deshalb sind Optionen der Dreh- und Angelpunkt aller strategischen Überlegungen. Aus dem Ergebnis der Analyse greifen Optionen die Herausforderungen, die Chancen und Stärken auf und gehen auf Risiken und Schwächen im teilgesellschaftlichen System ein. Daraus entwickeln die Akteure Ansatzpunkte und Hebel für verschiedene Optionen.

Ein Beispiel: In Afghanistan soll die Energieversorgung für die ländliche Entwicklung verbessert werden. Über welche alternativen Wege wäre dies möglich? Welche Optionen gibt es dafür?

Hier eine Auswahl möglicher Optionen:

- Der Aufbau und pilothafte Betrieb von Kleinwasserkraftwerken durch die nationale Energieagentur
- Die Förderung von Forschungsinitiativen über geeignete Energiequellen, die dezentral im ländlichen Raum genutzt werden können
- Die Entwicklung einer nationalen Politik für Energieversorgung in ländlichen Räumen
- Die Förderung eines Fonds, um Provinzregierungen dabei zu unterstützen, lokal angepasste Elektrifizierungsstrategien umzusetzen

Das Beispiel zeigt, dass unterschiedliche Wege existieren, um ein Ziel zu erreichen. Diese Optionen können durchaus ungewöhnlich sein oder auf den ersten Blick nicht in den Kontext passen. Es braucht jedoch eine kreative Anstrengung, um den eingetretenen Pfad der Vergangenheit –

was die Akteure immer schon gut getan haben – verlassen zu können. Nur so können neue Optionen entstehen, die den Handlungsspielraum erweitern.

Optionen können nicht aus der Analyse abgeleitet werden. Sie sind vielmehr Ergebnis eines kreativen Aktes – sie werden „erfunden", und zwar an der höchsten Stelle der Schleife, mit großem Abstand zum operativen Alltag. Die Akteure erlauben sich eine kurze Auszeit. Sie sind ehrgeizig und denken für Augenblicke das fast Unmögliche. Dabei lassen sie sich nicht von den potenziellen Begrenzungen durch Ressourcen und Widerstände beschränken, gleiten aber auch nicht ins völlig Unrealistische ab.

Zu geringe Vielfalt, zu kleine Würfe und zu schwache Ziele sind die Fallen bei diesem Schritt. Um diese Fallen zu vermeiden, braucht es Zeit, um im Kooperationssystem die Ziele zu hinterfragen oder das Vertrauen in die Kooperation zu thematisieren.

Optionen machen grundlegende und präzise Aussagen zu dem, was erreicht werden soll. Sie bieten eine klare Fokussierung. Sie machen Aussagen über das Kooperationssystem, die Partner, die beteiligt werden sollten, und über deren Beiträge. Außerdem enthalten sie Aussagen darüber, wie die Ziele erreicht werden sollen. Die kohärenten Antworten auf diese drei grundlegenden Fragen machen eine Option klar und überzeugend.

Abbildung 8: Kohärenzdreieck

Für eine Option entscheiden (3)

Aus den verschiedenen Optionen muss das Kooperationssystem auswählen und sich für eine entscheiden. Dafür ist es notwendig, die Kriterien, mit denen über die Optionen entschieden wird, sorgfältig zu diskutieren. Danach müssen die Akteure die Optionen bewerten. Der Prozess muss so gestaltet sein, dass dies gewährleistet ist. Die Falle bei diesem Schritt besteht darin, zu schnell eine Option zu favorisieren und sich dem Ringen um Kriterien und einer detaillierten Bewertung zu entziehen. Der Schritt ist kleinteilig und oft auch etwas mühselig. Dennoch lohnt es sich, darauf zu bestehen, denn jeder Akteur muss sich hier bekennen. Erst dann wird es zu einer Entscheidung aller, die verpflichtend für jeden Akteur wirkt.

Strategie beschreiben (4)

Nach der Bewertung wird die ausgewählte Option weiter bearbeitet. Diese kann sich manchmal auch aus der Kombination verschiedener Optionen ergeben. Die Option wird in groben Linien als Zukunftsbild dargestellt. Die beteiligten Akteure erkennen damit die Tragweite der Veränderungen, die wichtigsten Schlüsselmaßnahmen, den Ressourcenbedarf und ihre eigene Rolle. Gerade Letzteres ist entscheidend, weil die Akteure innerhalb ihrer Herkunftsorganisationen kommunizieren müssen, welche Verpflichtungen eingegangen worden sind. Gemeinsame Strategieentwicklung in einem Kooperationssystem erfordert häufig auch Veränderungen in den beteiligten Organisationen, da deren strategische Ausrichtung zumindest in Teilen in Frage gestellt werden kann. Mitunter führt dies dazu, dass die Vertreter von Organisationen davor zurückschrecken, eine bindende Entscheidung mitzutragen. In diesem Fall muss der Prozess so gestaltet werden, dass offene Fragen innerhalb der Herkunftsorganisationen geklärt werden können.

Ins Management integrieren (5)

Dieser Schritt verknüpft das strategische Zukunftsbild mit der operativen Praxis des Kooperationssystems. Das Zukunftsbild ist nun über das Managementmodell Capacity WORKS in den anderen vier Erfolgsfaktoren auszudifferenzieren. Was bedeutet das Zukunftsbild für die Kooperationsformen innerhalb des Vorhabens? Welche Anforderungen an die Steuerungsstruktur sind enthalten? Welche Prozesse müssen im gesellschaftlichen Handlungsfeld etabliert werden, um die notwendigen Veränderungen anzustoßen? Auf welchen Ebenen des Capacity Development muss gelernt werden? Diese Fragen werden handlungsleitend, wenn Maßnahmen geplant und die Ressourcen zugeteilt werden. Hier mündet Strategie in Operationsplanung.

Fazit

Strategieentwicklung ist anspruchsvoll, denn sie erfordert, dass die Akteure ihre Sichtweisen auf die Realität austauschen und eine gemeinsame Perspektive entwickeln. Dabei kann es notwendig werden, die Agenden der Herkunftsorganisationen anzupassen. Die Akteure müssen sich mit Optionen auseinandersetzen, die ihnen vielleicht zunächst unliebsam sind. Sie müssen sich auf gemeinsame Kriterien der Bewertung verständigen und schließlich eine Entscheidung treffen, die das Kooperationssystem trägt. Und zwar genau in diesem doppelten Sinn: Die Entscheidung trägt das Kooperationssystem und umgekehrt, das Kooperationssystem trägt die Entscheidung. So entstehen Muster in einem Strom von Entscheidungen.

Erfolgsfaktor Kooperation

Motto: Personen und Organisationen verbinden, um Veränderung möglich zu machen.

Moderne Gesellschaften stehen vor großen Herausforderungen: Tief greifende Veränderungen haben an Geschwindigkeit zugenommen und berühren häufig mehrere Politikfelder. Wie kann es gelingen, den Anteil erneuerbarer Energien auszubauen und gleichzeitig die Wettbewerbsfähigkeit einer Volkswirtschaft zu sichern? Welchen Beitrag kann das Bildungssystem leisten, um armen Bevölkerungsschichten den Zugang zum Finanzsystem zu erleichtern und so wirtschaftliche Entwicklung und sozialen Ausgleich zu fördern? Einzelne Akteure allein – egal ob aus dem öffentlichen, privaten oder zivilgesellschaftlichen Bereich – können diese Herausforderungen nicht meistern. Viele Fragestellungen erfordern zunehmend Maßnahmen, die über Ländergrenzen hinweg vereinbart und durchgeführt werden.

Außerdem differenzieren sich moderne Gesellschaften immer weiter aus. Neue Akteure tauchen auf und vertreten ihre spezifischen Interessen. Die Konkurrenz um knappe Ressourcen ist kein neues Phänomen. Die Erwartungen, wie die daraus entstehenden Konflikte gelöst werden, haben sich jedoch gewandelt. Wurde vor einigen Jahren noch vom Staat erwartet, diese Art von Interessengegensätzen zu überbrücken, erfolgt dies heutzutage immer mehr über Aushandlungsprozesse zwischen den betroffenen Akteuren. Die politische Teilhabe von Akteuren aus der Zivilgesellschaft spielt hier eine große Rolle. Gleichzeitig bringt es die zunehmende Spezialisierung innerhalb der Gesellschaft mit sich, dass immer mehr Akteure zusammenarbeiten müssen.

Vor diesem Hintergrund sind sich immer mehr Menschen bewusst, wie wichtig Kooperation ist. Da der Begriff Kooperation grundsätzlich positiv bewertet wird, liegt der folgende Trugschluss nahe: „Je mehr kooperiert wird, desto besser! Und je mehr Akteure als Kooperationspartner gewonnen werden können, desto wirkungsvoller ist die Kooperation!" Dabei wird jedoch ein wichtiger Aspekt vergessen: Die einzelnen Akteure müssen Energie für die Kooperation aufbringen, die man mit einem knappen und teuren Treibstoff gleichsetzen kann. Wie viel Energie aufgebracht werden sollte, hängt von der Aufgabe ab, die gemeinsam erledigt werden soll. Je umfangreicher diese ist, desto höher auch der Bedarf an Kooperation. Akteure stehen immer vor der Wahl der angemessenen Kooperationsform. Ein Kooperationssystem ist eine Option und bedeutet eine relativ enge Bindung zwischen den Akteuren. Netzwerke sind wesentlich flexibler und bringen weniger Aufwand für die beteiligten Akteure mit sich.

Die Akteure gehen als beteiligte Partner nicht vollständig in ihren Kooperationssystemen auf, sondern müssen nach wie vor ihre Aufgaben als Organisation wahrnehmen und ihre Energie dementsprechend aufteilen. Um die Dynamik von Kooperationssystemen begreifen und positiv beeinflussen zu können, muss diese Balance zwischen eigenen und gemeinsamen Aufgaben beachtet werden. In diesem Zusammenhang ist es notwendig zu verstehen, was einen Akteur ausmacht. Ein Akteur ist in der Regel eine Organisation oder in einigen Fällen auch eine einflussreiche Person des öffentlichen Lebens. Ihr Verhalten wird von ihren Interessen ebenso geprägt wie von ihrer Funktion und gesellschaftlichen Position. Akteure sind Stakeholder; sie sind wörtlich übersetzt „Teilhaber" an gesellschaftlicher Entwicklung, die sie versuchen zu beeinflussen. Sie sind grundsätzlich autonom in ihren Entscheidungen und in ihrem Verhalten.

Ergebnisorientierte Kooperationsformen helfen dabei, die Balance zwischen Anforderungen im Organisations- und im Kooperationskontext herzustellen. Gelingt dies nicht, dann wird sich die Waagschale in der Regel in Richtung Organisationsinteressen senken. Die Repräsentanten aller beteiligten Akteure vertreten die Interessen ihrer Heimatorganisationen und agieren aus ihren jeweils spezifischen Organisationslogiken heraus. Sie müssen Rechenschaft darüber ablegen, ob sich die Kooperation aus Sicht ihrer Organisation lohnt, und geraten unter Druck, wenn dies nicht der Fall ist. Professionelles Kooperationsmanagement versucht immer, dieses Spannungsverhältnis so gering wie möglich zu halten.

Bedingungen für die Entstehung und Stärkung von Kooperationsbeziehungen

Treffen Akteure die Entscheidung, Kooperationsbeziehungen einzugehen, dann ändert dies grundsätzlich nichts an ihrer Eigenständigkeit. Da sich Kooperationssysteme immer über Aushandlungsprozesse steuern, müssen Akteure jedoch kompromissbereit sein. Sie sind bereit, ihre Autonomie einzuschränken, wenn sie erwarten, dass durch die Zusammenarbeit ein hoher Nutzen erzielt wird. So kann eine Regierung bspw. nur dann das Bildungswesen reformieren, wenn die übrigen beteiligten Stakeholder (bspw. Parteien, Gewerkschaften oder Bildungs- und Forschungseinrichtungen) in den Prozess eingebunden werden können. Und diese wiederum können ihre Vorstellungen von Veränderung nur dann in die Praxis umsetzen, wenn sie miteinander und mit der Regierung kooperieren.

In der Praxis hat es sich bewährt, die **Perspektive der einzelnen Kooperationspartner** einzunehmen und die folgenden Bedingungen für die Entstehung oder Stärkung von Kooperationsbeziehungen zu prüfen:

- **Nutzenorientierung:** Die Kooperationspartner erwarten einen erkennbaren Nutzen für sich selbst und gehen davon aus, dass dieser nur durch die Kooperation entstehen kann

- **Transaktionskosten:** Der Aufwand für die Kooperation wird über die erzielten Ergebnisse wieder eingespielt

- **Synergieregel:** Die Kooperationspartner orientieren sich in ihrem gemeinsamen Handeln an der Komplementarität der individuellen Stärken. Sie akzeptieren darum in der Regel nur jene Kooperationspartner, die dank ihrer Stärke neue Potenziale entstehen lassen

- **Fairness- und Gleichgewichtsregel:** Die beteiligten Akteure vergleichen ihre eigenen Transaktionskosten und ihren Nutzen mit denen der anderen Kooperationspartner und reagieren sensibel auf Ungleichgewichte

Neben der Perspektive der einzelnen Kooperationspartner spielt auch der Blick auf das Kooperationssystem als Ganzes eine wichtige Rolle. Sind die Akteure bereit, gemeinsam Verantwortung für einen Veränderungsprozess zu übernehmen? Wird die Zusammenarbeit von gegenseitiger Wertschätzung getragen? Dann kann aus der Kooperation etwas Neues entstehen, das über die Summe der Beiträge der einzelnen Akteure hinausgeht. Professionelles Kooperationsmanagement berücksichtigt die folgenden Aspekte von Anfang an:

- **Transparenz über die Beteiligung an der Kooperation und die Rollen der beteiligten Organisationen:** Arbeitsfähige Kooperationssysteme benötigen Klarheit darüber, wer in welcher Rolle dazugehört und mitwirkt, wer nicht Teil des Kooperationssystems ist und durch welche Mechanismen Akteure in das System ein- und aussteigen können. Damit werden die Systemgrenzen definiert. Wer dazugehört, kann andere Erwartungen an das Kooperationssystem stellen, als dies ein außenstehender Akteur tun könnte. Gleichzeitig erwarten die übrigen Kooperationspartner voneinander, dass sie ihre jeweiligen Beiträge leisten. Wer nicht dazugehört, braucht sich diesem Erwartungsdruck nicht zu stellen. Wird diese Transparenz nicht hergestellt, dann bleiben die Systemgrenzen diffus und die Kooperation verliert an Ergebnisorientierung. Die praktische Erfahrung lehrt, dass es besser ist, bereits am Anfang die notwendige Energie in die Klärung von Zugehörigkeit und Rollen zu investieren. Diese Investition zahlt sich während der Umsetzung gemeinsamer Aktionen immer aus!

- **Stärkenorientierung:** Die Kooperationspartner orientieren sich an den vorhandenen gemeinsamen Stärken, die es ihnen gestatten, mit eigenen Ressourcen die gesetzten Ziele zu erreichen. Dies reduziert einerseits die Abhängigkeit von externen Akteuren und stärkt gleichzeitig die gemeinsame Identität im Kooperationssystem. Andererseits trägt es dazu bei, realistische Ziele zu definieren.

- **Balance zwischen Kooperation und Konflikt:** Kooperationssysteme haben immer mehr oder weniger große Konfliktpotenziale, die aus den individuellen und organisationalen Interessen ihrer Mitglieder entstehen. Arbeitsfähige Kooperationssysteme nutzen Konflikte zwischen den beteiligten Akteuren, indem die verschiedenen Interessen thematisiert und bearbeitet werden. Sollte ein Kooperationssystem dazu nicht in der Lage sein, besteht die zentrale Herausforderung darin, die Konfliktfähigkeit der Akteure zu stärken. Ansonsten werden die gemeinsamen Ziele sowie die Aktionen, mit denen diese erreicht werden sollen, immer wieder in Frage gestellt.

- **Balance zwischen viel Einfluss (Macht) und wenig Einfluss (Ohnmacht):** Kooperationssysteme sind niemals ausgewogen. Die Voraussetzungen der beteiligten Organisationen sind dafür zu unterschiedlich: Fach- und Managementexpertise, finanzielle Ressourcen, Beziehungen und Interessen sowie Loyalitäten zu anderen Akteuren sind nur einige Beispiele. Diese Aspekte bestimmen, wie stark die einzelnen Akteure die Kooperation beeinflussen können. Professionelles Kooperationsmanagement macht diese Unterschiede sichtbar und nutzt sie, indem Probleme bearbeitet und Chancen identifiziert werden, die sich aus den unterschiedlichen Perspektiven ergeben. Verbleiben die Unterschiede im Dunkeln (obwohl alle Kooperationspartner von ihrer Existenz wissen, sie aber vollkommen unterschiedlich interpretieren), dann führt dies in der Regel dazu, dass die Kooperationspartner ihr Engagement reduzieren. Es ist hilfreich, besondere Kooperationsformen und Räume für einen angemessenen Umgang mit Machtthemen zu schaffen. Die betroffenen Akteure müssen in einigen Situationen die Möglichkeit bekommen, Konflikte in geschützten Räumen zu bearbeiten, ohne Gefahr zu laufen, ihr Gesicht vor der Öffentlichkeit zu verlieren.

Die besondere Perspektive des Erfolgsfaktors Kooperation

Das Managementmodell Capacity WORKS unterstützt dabei, Kooperationsbeziehungen erfolgreich zu gestalten. Grundlegende Konzepte wie nachhaltige Entwicklung, Ziele und Wirkungen sowie alle Erfolgsfaktoren basieren auf Kooperation. Wozu braucht es dann noch einen speziellen Erfolgsfaktor (EF) Kooperation? Welchen besonderen Beitrag leistet er, um die Perspektive der übrigen Erfolgsfaktoren zu ergänzen?

Durch enge Kooperation entsteht ein neues soziales System. Das gemeinsame Ziel, die beteiligten Akteure, ihre Beziehungen und die Regeln, die sie sich geben, definieren dieses System. Ein Kooperationssystem besitzt Grenzen, die deutlich machen, welche Akteure dazugehören und welche nicht. In Organisationen ist der Einfluss der Gründer häufig über einen langen Zeitraum hinweg spürbar. Auch Kooperationssysteme zeichnen sich dadurch aus, dass die Interaktion zwischen den beteiligten Akteuren eine eigene Identität entstehen lässt, die von ihren Gründungsmitgliedern geprägt wird. Der EF Kooperation richtet das Augenmerk darauf, wie die Kooperationsbeziehungen innerhalb eines Vorhabens möglichst effektiv gestaltet werden können. Dabei werden die relevanten Merkmale des Kooperationssystems auf Dauer berücksichtigt, damit das Vorhaben dort seine Wirkungen entfalten kann.

Der EF Kooperation beschäftigt sich u. a. mit den beteiligten oder zu beteiligenden Akteuren. Deren Interessen und Haltungen gegenüber den Veränderungszielen eines Vorhabens werden ebenso reflektiert wie ihr Einfluss und die Zuständigkeiten innerhalb des Sektors. Außerdem werden Kooperations- und Konfliktbeziehungen näher betrachtet. Die Möglichkeiten von Beteiligung im Sinne politischer Teilhabe werden ausgelotet. Die Entscheidung, welche Akteure berücksichtigt werden sollten, ergibt sich immer aus der Perspektive der Ziele, die im Kooperationssystem erreicht werden sollen.

Es geht darum zu verstehen, welche Akteure relevant sind und eingebunden werden müssen, da sie entweder einen wichtigen Beitrag zur Zielerreichung leisten können oder aber in der Lage sind, den Veränderungsprozess zu blockieren. Andererseits nehmen Ziele und Wirkungen die Ergebnisse der Akteursanalyse auf. Wird bspw. festgestellt, dass die relevanten Akteure das angestrebte Ziel nicht ausreichend unterstützen, sollte dies dazu führen, die erwarteten Wirkungen realistischer zu formulieren.

Außerdem richtet der EF Kooperation die Aufmerksamkeit darauf, die Rollen der beteiligten Akteure zu definieren und angemessene Kooperationsformen zu nutzen. Sowohl Rollen als auch Kooperationsformen sollten aus einem angemessenen Verständnis des gesellschaftlichen Handlungsfelds heraus definiert werden, auf das sich ein Vorhaben bezieht. Hierbei geht es darum zu erkennen, auf welchen Rollendefinitionen und bereits etablierten Kooperationsformen ein Vorhaben aufbauen kann und inwiefern diese verändert werden sollen und auch können.

Der EF Kooperation hilft auch dabei, die Systemgrenzen eines Vorhabens immer wieder zu überprüfen: Müssten weitere Akteure integriert werden? Sind die Kooperationsformen angemessen? Können auch politisch schwächere Akteure ihre Perspektive einbringen? Sind die Rollen eindeutig definiert worden und werden sie von den Kooperationspartnern respektiert? Wie entwickeln sich Kooperations- und Konfliktbeziehungen zwischen den Akteuren? Bei diesen Fragen ist zu berücksichtigen, dass die Systemgrenzen im Verlauf eines Vorhabens flexibel und durchlässig sind. Veränderte Rahmenbedingungen führen häufig auch dazu, dass sich das Vorhaben anpassen muss, bspw. indem neue Kooperationspartner integriert werden.

Für erfolgreiche Kooperation müssen die notwendigen Fähigkeiten auf allen Ebenen des Capacity Development aufgebaut werden. Auf der Ebene der Gesellschaft existieren durch Gesetze, Mandatszuweisungen, kulturelle Faktoren etc. Bedingungen, die Kooperationen zwischen den unterschiedlichen Akteuren fördern oder auch beeinträchtigen. Während einige Organisationen es vielleicht aufgrund ihrer Rolle verstehen, sich mit externen Akteuren abzustimmen, sind andere eher nach innen orientiert und tun sich schwer mit der Zusammenarbeit. Die handelnden Personen innerhalb der Organisation werden durch Vorgaben beeinflusst, die den Grad der Offenheit gegenüber anderen Akteuren signalisieren. Auch spielen spezifische soziale Kompetenzen und praktisches Wissen zu Kooperationsmanagement wie bspw. die Moderation von Arbeitssitzungen eine wichtige Rolle. Der EF Kooperation stellt Konzepte und Tools zur Verfügung, die die besonderen Kapazitäten der Akteure in diesem Bereich stärken. Diese Kapazitäten stehen dann auch für andere Kooperationszusammenhänge außerhalb des Vorhabens zur Verfügung.

Interne und externe Kooperation

Innerhalb der Systemgrenzen befinden sich jene Akteure, die gemeinsam langfristig Verantwortung für das gemeinsame Vorhaben übernehmen. Dieser innere Kern des Vorhabens konstituiert das Kooperationssystem im engeren Sinn. Darum spricht der EF Kooperation von interner Kooperation. Hier werden gemeinsam alle relevanten strategischen Entscheidungen getroffen, um das Vorhaben durchzuführen. Darüber hinaus setzen die internen Kooperationspartner häufig auch die geplanten Aktivitäten um. Aus der Aufgaben- und Rollenverteilung der internen Kooperation entsteht in den meisten Fällen auch die Steuerungsstruktur des Vorhabens.

Über den inneren Kern des Vorhabens hinaus gibt es oft weitere externe Akteure, mit denen zusammengearbeitet wird. Sie übernehmen keine Verantwortung für den Erfolg des Vorhabens. Dennoch sind sie bereit, das Vorhaben zum Beispiel in Form von Beratungsleistungen, finanziellen Beiträgen, politischem Lobbying, Öffentlichkeitsarbeit punktuell oder kontinuierlich von außen zu unterstützen.

Tauschbeziehungen zu diesen Akteuren als externen Partnern des Vorhabens können systematisch aufgebaut werden, um deren Ressourcen zu aktivieren und damit verbundene Synergieeffekte zu erzielen. Hierbei handelt es sich in der Regel um spezifische Anlässe, die für das Vorhaben große Bedeutung haben, bspw. wenn eine bekannte Persönlichkeit kostenlos eine Aufklärungskampagne unterstützt. Die strategische Herausforderung für das Management eines Kooperationssystems besteht darum auch darin, die „richtigen" externen Akteure als Tauschpartner zu gewinnen. Diese werden aufgrund ihres Bekanntheitsgrades, ihrer Ressourcen, ihres Wissens, ihres Zugangs zu relevanten Stakeholdern und anderen Aspekten identifiziert. Gleichzeitig muss natürlich auch das Kooperationssystem Eigenschaften besitzen und kommunizieren können, die es attraktiv für diese externen Tauschpartner machen.

Die Systemgrenze, die zwischen internen und externen Akteuren unterscheidet, ist im Zeitverlauf fließend. Interne Kooperationspartner können zu externen Tauschpartnern werden, d. h. von innen nach außen wechseln, wenn sich ihre Rolle im Vorhaben verändert. Umgekehrt kann ein

Tauschpartner im Außenverhältnis strategisch an Bedeutung gewinnen und zum internen Kooperationspartner werden.

Kooperationssystem und Netzwerk

Bislang war vor allem die Rede von Kooperationssystemen, deren Ziele ebenso ausgehandelt werden müssen wie bspw. die Rollen und Beiträge der Kooperationspartner. Der EF Kooperation macht eine deutliche Unterscheidung zwischen Kooperationssystemen und Netzwerken. Netzwerke sind keine Kooperationssysteme, da sie ganz besondere Funktionen erfüllen und darum auch anderen Regeln folgen. Der Unterschied zwischen Kooperationssystemen und Netzwerken hat weitreichende Konsequenzen für erfolgreiches Kooperationsmanagement. Werden diese Unterschiede übersehen, kann dies dazu führen, dass die Kooperationsbemühungen scheitern.

Je nach dem Zweck, der erreicht werden soll, wählen die beteiligten Akteure eine angemessene Kooperationsform. Verständigen sich die beteiligten Akteure bspw. auf ein klar definiertes Ziel, dann erfordert die Zusammenarbeit ein hohes Maß an gegenseitiger Verbindlichkeit. Am Beispiel der Bereitstellung häuslicher Pflege als gesellschaftlich relevante Dienstleistung wird dies deutlich: Die Kooperationspartner sind bereit, gemeinsamen Regeln zu folgen, und definieren die Rollen und Beiträge aller beteiligten Akteure. Das Kooperationssystem verfügt über eine klare Systemgrenze. Es entstehen Vereinbarungen dazu, welche Personen unter welchen Umständen die Dienstleistungen häuslicher Pflege in Anspruch nehmen dürfen und wie diese finanziert werden. Qualitätsstandards müssen ebenso festgelegt werden wie Mechanismen der Qualitätsüberprüfung und Sanktionen bei Nichteinhaltung der vereinbarten Standards. Die Kooperationsbeziehungen innerhalb dieses Systems sind also in hohem Maße formalisiert, weil das gemeinsame Ziel dies erfordert.

Einer der beteiligten Akteure im Kooperationssystem könnte bspw. ein Wohlfahrtsverband sein, der die Interessen der betroffenen Patienten und ihrer Familien vertritt. Der Verband hat ein hohes Interesse an Erfahrungen aus Nachbarländern, um Anregungen für seine Arbeit zu erhalten. Da dieses Interesse von vergleichbaren Einrichtungen im Ausland geteilt wird, ergibt sich ein Erfahrungsaustausch, der auf persönlichen Treffen und virtueller Kommunikation basiert. Ein Lern- und Austauschnetzwerk entsteht, dessen Funktion es ist, den Erfahrungsaustausch zwischen den Beteiligten zu fördern.

Wie hoch ist in diesem Fall der Bedarf an verbindlichen Regelungen? Das Ziel dieses Netzwerkes ist eher allgemein und bedarf keiner exklusiven Auswahl der Mitglieder. Es reicht aus, Interesse zu haben, um sich am Netzwerk zu beteiligen. Lässt das Interesse nach oder stehen die notwendigen Ressourcen inklusive der nötigen Zeit nicht zur Verfügung, können die Akteure ihre Beteiligung wieder reduzieren, ohne dass sie dafür sanktioniert werden. Solche Netzwerke leben von ihrer Offenheit, einer kleinen Unterstützungsstruktur und einem Maß an Unverbindlichkeit, das bis zu völlig unverbindlichen Communities reichen kann. Die Formalisierung der Beziehungen – sei es über eine Regelung der Zugehörigkeit, die Festlegung von Beiträgen etc. – würde die Transaktionskosten für die Beteiligten unangemessen steigern.

Durch den Verzicht auf verbindliche Regelungen erzielen die beteiligten Akteure wichtige Vorteile. Die Offenheit der Netzwerkbeziehungen ist einladend, denn so können sehr unterschiedliche Erfahrungen und Perspektiven angeboten werden. Kreative Lösungsmöglichkeiten können in diesem Rahmen leichter entdeckt werden. Die Unverbindlichkeit in der Zusammenarbeit führt dazu, dass kein Entscheidungsdruck entsteht, der einen Teil der Ressourcen binden würde, die eigentlich für den offenen Austausch genutzt werden sollen. Darüber hinaus sind solche Lern- und Austauschnetzwerke flexibler, können sich leichter neuen Themen zuwenden und spontan reagieren, anstatt zunächst formale Entscheidungsprozeduren durchlaufen zu müssen.

Außerdem bieten Netzwerke die Möglichkeit, andere Akteure kennenzulernen, mit denen bei Bedarf formale Kooperationsbeziehungen eingegangen werden können. Netzwerke wandeln potenzielle Beziehungen in tatsächliche Beziehungen um. Ein Netzwerk bietet damit immer auch ein Milieu für frei fließende Kreativität, wobei im Gegensatz zu Organisationen und Kooperationssystemen weniger Erfolgsdruck herrscht. Misserfolge haben kaum negative Auswirkungen auf die nicht direkt beteiligten Mitglieder. Erfolge werden dagegen rasch kopiert und stets aufs Neue variiert.

Netzwerke sind per se keine Vorstufen zu formalisierten Kooperationssystemen. Tritt jedoch in einem Netzwerk der Fall ein, dass sich Kooperationsbeziehungen zwischen einzelnen Akteuren formalisieren und verstetigen, dann wächst die Wahrscheinlichkeit der Strukturbildung – sei es in Form eines Kooperationsprojekts, eines Expertenforums, einer Bürgerinitiative oder einer Unternehmensgründung.

Kooperationssysteme und Netzwerke unterscheiden sich also in Bezug auf mehrere Aspekte. Ein Kooperationssystem erfüllt die **Funktion**, verbindliche Kooperation zu fördern, während ein Netzwerk eher für flexible Zusammenschlüsse steht. Der geregelten **Zugehörigkeit** eines Kooperationssystems steht die spontane Beteiligung von Akteuren an Netzwerkaktivitäten gegenüber.

	Kooperationssysteme	Netzwerke
Funktionen	Herstellen von Verbindlichkeit und Verlässlichkeit der Beiträge der beteiligten Kooperationspartner	Austausch von Beziehungskapital (Know-whom: Attraktivität und Anzahl der Kontakte), Milieu mit Potenzialen für zukünftige Kooperation, Austausch von Erfahrungen und Ideen, gemeinsames Lernen und Ko-Kreation von Anwendungswissen
Mitgliedschaft	Systemgrenze zeigt, wer dazugehört und wer nicht, flexibler und durchlässiger als im Organisationskontext	Nicht eindeutig definierbar, keine feste Systemgrenze
Zielorientierung	Vereinbarte Ziele, die den Rahmen für verbindliche Beiträge der Kooperationspartner herstellen	Ziele eher vage, sie geben eine grobe Orientierung für die Beiträge der teilnehmenden Akteure
Steuerungsstruktur	Formalisierte und ggf. stark ausdifferenzierte Steuerungsstruktur	Eher informelle Entscheidungsfindung mit Ad-hoc-Charakter

Abbildung 9: Unterschiede zwischen Kooperationssystemen und Netzwerken[9]

Die verbindliche Form der Kooperation in einem Kooperationssystem erfordert eine ausdifferenzierte **Steuerungsstruktur**. Netzwerke verfügen dem gegenüber über informelle Mechanismen, um Entscheidungen zu treffen und sich selbst zu verwalten. Diese Unterschiede sind auf die jeweilige Ausprägung der **Zielorientierung** zurückzuführen: Die Klarheit der gemeinsamen Ziele eines Kooperationssystems erfordert wesentlich mehr Struktur als das eher vage Zielverständnis eines Netzwerkes.

Wird der Strukturbedarf des Kooperationssystems „Häusliche Pflege" unterschätzt und eher aus der Logik eines Netzwerkes gefördert, dann werden die Akteure wahrscheinlich ihr Ziel nicht erreichen. Schließlich setzt die Bezahlung von Leistungen ein Mindestmaß an Verbindlichkeit voraus. Andererseits wird der Versuch, das Netzwerk der Wohlfahrtsverbände zu formalisieren, aller Voraussicht nach scheitern, denn die beteiligten Akteure suchen die Vorteile des kreativen Austausches bei geringen Transaktionskosten.

Der Austausch zwischen Kooperationssystemen und Netzwerken

Vorhaben sind Kooperationssysteme und benötigen daher Strukturen. In vielen Fällen können Netzwerke eine wichtige Funktion für Vorhaben übernehmen. Sie können wie externe Tauschpartner mit einem sehr spezifischen Zweck zeitweise eingebunden werden. Kooperationssysteme können von der Tauschbeziehung mit einem Netzwerk profitieren. Bspw. könnte das Kooperationssystem der häuslichen Pflege ein Interesse daran haben, dass sein strategischer Ansatz vom internationalen Netzwerk der Wohlfahrtsverbände übernommen wird. Die Akteure des Netzwerkes hingegen könnten daran interessiert sein, mit ihren Vorstellungen die Entwicklung des Kooperationssystems zu beeinflussen.

Sowohl die Akteure des Kooperationssystems als auch die des Netzwerkes versprechen sich einen möglichen Nutzen, ohne ihre jeweilige Funktionsweise zu verändern. Das Merkmal der Unverbindlichkeit im Austausch, das Netzwerke prägt, ist auch hier wiederzufinden und fördert den Austausch. Die Akteure des Netzwerkes stehen nicht unter dem Druck, ihre Zusammenarbeit zu formalisieren, und brauchen auch keine Verantwortung für die Ziele des Kooperationssystems zu übernehmen. Das Kooperationssystem ist den Akteuren des Netzwerkes gegenüber nicht verpflichtet, deren Anstöße in einer bestimmten Art und Weise zu bearbeiten oder gar zu übernehmen.

Entsteht aus der Zusammenarbeit zwischen einem Kooperationssystem und den Akteuren eines Netzwerkes eine immer engere Bindung, dann kann dies durchaus zu einer Formalisierung der Beziehungen und der Erweiterung des Kooperationssystems führen. In diesem Fall würden Akteure aus dem Netzwerk formal in das Kooperationssystem eintreten.

Dieses Beispiel macht deutlich, wie professionelles Kooperationsmanagement dazu beiträgt, den Dialog zwischen den Akteuren zu fördern und damit die Räume für politische Teilhabe zu erweitern. Gelingt es, dass die beteiligten Stakeholder ihre gegenseitige Abhängigkeit erkennen, gemeinsame Ziele formulieren und angemessene Kooperationsformen finden, dann wird Veränderung möglich.

Erfolgsfaktor Steuerungsstruktur

Motto: Die optimale Struktur aushandeln!

In Kooperationssystemen treffen die Partner die notwendigen Entscheidungen grundsätzlich gemeinsam: Welche Ziele sollen erreicht werden? Mit welcher Strategie sollen diese erreicht werden? Welche konkreten Maßnahmen sollen dafür durchgeführt werden? Diese und viele andere Fragen müssen beantwortet werden, damit ein Kooperationssystem handlungsfähig ist. Im Gegensatz zur Organisation gibt es keine vorgesetzte Führungskraft, die Blockaden lösen oder schnelle Entscheidungen treffen kann. In einem Kooperationssystem teilen die Akteure diese Verantwortung. Die handelnden Personen müssen fähig sein, die Organisationslogik, in der sie beheimatet sind, von der Kooperationslogik zu unterscheiden, um in beiden Kontexten erfolgreich arbeiten zu können.

Das Prinzip der gemeinsamen Verantwortung ändert aber nichts daran, dass Kooperationssysteme zu komplex sind, um sicherstellen zu können, dass alle Akteure umfassend und in allen Fragen gleichberechtigt beteiligt werden. Auch in Kooperationssystemen existieren Unterschiede in der Durchsetzungskraft (Macht) und in der Beteiligung der einzelnen Akteure. Manchmal scheint es sogar, als könnten einzelne Beteiligte dem Kooperationssystem Entscheidungen vorgeben oder aufzwingen. Doch spätestens wenn vitale Interessen anderer Kooperationspartner betroffen sind, führt kein Weg daran vorbei, die Entscheidungen auszuhandeln. Kooperation basiert schließlich auf der Einsicht in die gegenseitige Abhängigkeit und bedeutet, dass die Kooperationspartner bereit sind, ein Stück Autonomie zugunsten gemeinsamer Ziele abzugeben. Diese Entscheidung kann im Prinzip jederzeit widerrufen werden. Das geschieht insbesondere dann, wenn einzelne Kooperationspartner versuchen, Führungsansprüche geltend zu machen, und damit die Grundlage der Kooperation insgesamt in Frage stellen.

Wenn allen Beteiligten klar ist, wie Entscheidungen zustande kommen und welche Rollen dabei die Kooperationspartner spielen, dann ist das eine gute Grundlage für die weitere Zusammenarbeit. Haben einzelne Akteure den Eindruck, die Balance sei gestört, dann führt dies in der Regel zu Konflikten.

Eine Vielzahl von Entscheidungen auf unterschiedlichen Ebenen müssen in koordinierter Form vorbereitet und getroffen werden. Die Steuerungsstruktur stellt „soziale Räume" für Aushandlungsprozesse zur Verfügung. In diesen „Räumen" werden Regeln und Rollen zwischen den Partnern vereinbart und laufend notwendige Entscheidungen getroffen.

Das folgende Beispiel macht deutlich, wie sich die unterschiedlichen Ebenen ergänzen: Die privaten und staatlichen Akteure innerhalb einer Planungsregion verständigen sich auf eine Entwicklungsstrategie und einen Umsetzungsplan. Diese Entscheidungen bewegen sich in einem Rahmen, der durch die Entwicklungs- und Finanzplanung der Provinzregierung vorgegeben worden ist. Dieser Rahmen wiederum ist aus dem Dialog zwischen öffentlichen Behörden und Interessenvertretungen entstanden und bezieht sich auf Vorgaben, die unterschiedliche Ministerien auf der gesamtstaatlichen Ebene gemeinsam formuliert haben. Welche Themen zu entscheiden sind und wie die Entscheidungen aussehen sollten, kann von einer zentralen Steuerungsinstanz nicht eingeschätzt werden. Darum muss die Steuerungsstruktur genauso differenziert sein wie die Komplexität der Aufgaben, die zu bewältigen sind.

Die beteiligten Akteure kennen all diese Aspekte, denn zahlreiche Themen werden heutzutage über Kooperationen bearbeitet. Der Staat könnte ohne die Zusammenarbeit mit Akteuren aus Zivilgesellschaft und Privatsektor nicht funktionieren. Unternehmen können den Marktanforderungen oft nur dann gerecht werden, wenn sie die Arbeitsteilung mit anderen Unternehmen suchen. Zivilgesellschaftliche Organisationen vertreten immer mehr die Bedürfnisse ihrer Mitglieder gegenüber anderen gesellschaftlichen Akteuren. In vielen Ländern übernehmen sie Aufgaben, die traditionell vom Staat wahrgenommen wurden. Innerhalb eines Politikfeldes existieren so viele Steuerungsstrukturen wie Kooperationssysteme, die zwar die notwendigen Entscheidungen bereitstellen, aber auch Ressourcen binden.

Vor diesem Hintergrund gibt es keine Blaupause für ideale Steuerungsstrukturen, die für Kooperationssysteme ganz allgemein passend wären. In jedem Kooperationssystem muss die jeweils optimale Struktur ausgehandelt werden. Die Steuerungsstruktur verleiht dem Kooperationssystem die Fähigkeit, angemessen schnell und transparent darüber zu entscheiden, welche konkreten Aktivitäten auf den Weg gebracht werden sollen.

Ein Vorhaben ist ein Kooperationssystem auf Zeit, das sich in seiner Zielsetzung und Strategie auf ein Politikfeld oder Teile von ihm bezieht. Darum müssen die beteiligten Akteure die bereits bestehenden Steuerungsstrukturen im Politikfeld berücksichtigen und ggf. nutzen. Andernfalls werden schwerwiegende Irritationen zwischen einzelnen Kooperationspartnern ausgelöst, da durch parallele Strukturen eventuell wichtige Spielregeln verletzt werden und der Koordinationsaufwand unnötig steigt.

So würde es keinen Sinn machen, einen runden Tisch für Regionalplanung zu gründen, wenn im oben genannten Beispiel bereits ein Entwicklungsrat existiert, an dem die wichtigen Akteure beteiligt sind. Andererseits hat das Vorhaben die Funktion der Modellbildung für das auf Dauer angelegte Kooperationssystem. Dies gilt auch für die Art und Weise, wie die unterschiedlichen Akteure innerhalb der Steuerungsstruktur Entscheidungen so aushandeln, dass gemeinsame Ziele definiert und erreicht werden können.

Innerhalb der Grenzen des Vorhabens können dann bspw. neue Formen der Beteiligung ausprobiert werden, die später im Politikfeld übernommen werden. Die Modellbildung kann aber nur gelingen, wenn die beteiligten Akteure Ownership übernehmen. Wie weitreichend die Modellbildung ist, hängt von der Bereitschaft der Beteiligten ab. Capacity WORKS nimmt diese zentrale Herausforderung über seinen Erfolgsfaktor (EF) Steuerungsstruktur in den Blick.

Hohe Ansprüche an die Entscheidungsfindung

Je komplexer die Zielsetzung eines Kooperationssystems ist, desto heterogener ist meist auch die Zusammensetzung der beteiligten Akteure. Ihre Wahrnehmung und ihr Verhalten sind von kulturellen, organisationalen und persönlichen Faktoren geprägt. Ein Vorhaben wird von seinem Umfeld beeinflusst, das sich laufend ändert. Eine technokratische Interpretation von Steuerung ist hier wenig hilfreich.

Komplexe Kooperationssysteme können nicht am Reißbrett geplant werden, niemand hat sie unter Kontrolle oder im Griff. Ein gutes Monitoringsystem ist zwar hilfreich, garantiert aber keine Kontrolle. Ständig müssen Steuerungsentscheidungen getroffen werden, obwohl die Beteiligten wissen, dass sich diese Entscheidungen bald schon wieder als falsch oder zumindest korrekturbedürftig erweisen können. Steuerung ist daher ein immer wiederkehrender Prozess von Beobachtung, Hypothesenbildung, Entscheidung, Umsetzung und selbstkritischer Überprüfung der Wirkungen von Entscheidungen. Dabei gilt es, das Ziel nicht aus den Augen zu verlieren und gleichzeitig den Blick zu öffnen für neue Handlungsoptionen. Aber auch die gesetzten Ziele sind regelmäßig zu überprüfen und anzupassen.

Die Steuerungsstruktur erhält die Informationen, die sie für ihre Entscheidungen benötigt, vom Monitoringsystem des Kooperationssystems. Das Monitoringsystem liefert den Akteuren relevante Informationen über bspw. den Umsetzungsstand der geplanten Aktivitäten, die erzielten Ergebnisse und relevante Veränderungen im Umfeld. Die Qualität der Steuerungsstruktur hängt also u.a. auch von einem funktionierenden Monitoringsystem ab.

Die Funktionen der Steuerungsstruktur

Die Steuerungsstruktur umfasst alle geplanten wie auch die ungeplant entstandenen Strukturen, die die Akteure in Kooperationssystemen nutzen, um Entscheidungen zu treffen. Sie beschreibt insbesondere die Regeln, Rollen und Verantwortlichkeiten in den Entscheidungsprozessen und versorgt das Kooperationssystem mit folgenden Funktionen: Strategische Optionen werden eingebracht und reflektiert, strategische und operative Entscheidungen getroffen. Konflikte müssen rechtzeitig erkannt und versorgt werden. Ebenso müssen klassische Managementaufgaben wie zum Beispiel Ressourcenmanagement, Operationsplanung und Umsetzungskontrolle sowie das Monitoring durch die Steuerungsstruktur erbracht werden.

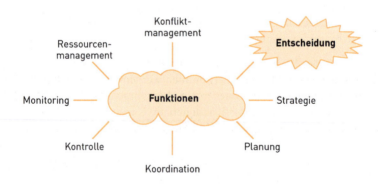

Abbildung 10: Funktionen einer Steuerungsstruktur

Die Steuerungsstruktur eines Kooperationssystems steht unter Beobachtung aller beteiligten Akteure und des gesamten Umfelds. Viele Akteure sehen immer nur einen Teilausschnitt des gesamten Kooperationssystems. Wenn sie die Steuerungsstruktur beobachten, dann machen sie sich ein Bild davon, wie es um das Kooperationssystem insgesamt bestellt ist. Es wäre naiv anzunehmen, dass die Akteure innerhalb der Steuerungsstruktur immer nur die „Vorderbühne" nutzen würden. Selbstverständlich gibt es auch informelle Gelegenheiten und Räume der „Hinterbühne", wo oftmals wesentliche Entscheidungen ermöglicht und getroffen werden. So kann es bspw. sein, dass die Kommunen in der oben genannten Planungsregion feststellen, dass innerhalb der Steuerungsstruktur Entscheidungen nicht getroffen werden, die wichtig für lokale Infrastrukturprojekte sind. Dies kann dazu führen, dass die Bürgermeister nach anderen Kanälen suchen, um die Ministerien zu beeinflussen. Häufen sich diese Bypass-Lösungen, dann kann die gesamte Steuerungsstruktur erodieren. Deswegen müssen Entscheidungen und die dazugehörigen Entscheidungsprozesse mit großer Sorgfalt kommuniziert werden.

Häufig lässt sich leider auch erkennen, wie Steuerungsstrukturen zu einer Beobachtungsplattform für die gegenseitige Domestizierung der beteiligten Kooperationspartner verkommen: Man trifft sich und kann zusehen, wie sich die einzelnen Akteure vorsichtig umkreisen, sich positionieren und Informationen sammeln. Danach treffen sie unter der Hand informelle Absprachen mit anderen Kooperationspartnern oder rüsten sich entsprechend in der Heimatorganisation, um eigene Ziele zu verfolgen. Dies ist in der Regel ein Hinweis darauf, dass die Grundlagen der gemeinsamen Kooperation nicht ausreichend geklärt sind, die Akteure wenig von der Kooperation erwarten, der Wettbewerb zwischen ihnen hoch und das Vertrauen gering ist. Diese Tendenzen müssen frühzeitig erkannt und innerhalb der Steuerungsstruktur bearbeitet werden. Geschieht dies nicht, wird die Kooperation vermutlich scheitern.

Mit der Ausgestaltung der Steuerungsstruktur entscheidet sich auch die **Qualität der Kommunikation** im Kooperationssystem. Hier werden u. a. der Zugang zu Informationen sowie die Kanäle festgelegt, in denen die unterschiedlichen Akteure sich austauschen. Diese Absprachen wirken sich direkt auf die Qualität und Inhalte der getroffenen Entscheidungen aus. Dadurch werden gleichzeitig die beteiligten Organisationen sowie die Zusammenarbeit zwischen ihnen gestärkt.

Ausschlaggebend ist, dass sich jene Akteure beteiligen, die über hinreichend politische Macht verfügen, um die angestrebten gesellschaftlichen Veränderungen zu unterstützen. Nur so kann sichergestellt werden, dass das Vorhaben zur Modellbildung für das Kooperationssystem auf Dauer beiträgt. Je weitreichender ein Veränderungsziel ist, desto hochrangiger sollten auch die Vertreter und Vertreterinnen der relevanten Organisationen sein. Sollen bspw. Mechanismen der Bürgerbeteiligung für Regionalentwicklung gestärkt werden, dann muss dafür gesorgt werden, dass die Zivilgesellschaft ebenso an der Steuerungsstruktur beteiligt ist wie staatliche Akteure. Diese können das Ziel machtvoll unterstützen und tragen dazu bei, dass das Vorhaben einerseits und die Veränderungsprozesse innerhalb des Politikfeldes andererseits zueinander passen.

Steuerungsebenen

In der Praxis hat es sich bewährt, zwischen der politisch-normativen, der strategischen und der operativen Steuerungsebene zu unterscheiden. Diese Differenzierung entlastet entsprechend dem Subsidiaritätsprinzip bspw. hochrangige Entscheidungsträger von Entscheidungen, die auf der sachnächsten Ebene informierter getroffen werden können. Sie sorgt außerdem für mehr Akzeptanz der Steuerungsstruktur bei den beteiligten Akteuren.

Am Beispiel Regionalentwicklung wird die Notwendigkeit einer ausdifferenzierten Steuerungsstruktur deutlich: Die Akteure innerhalb der Region würden keine Verantwortung für den Veränderungsprozess übernehmen, wenn alle Entscheidungen durch die Spitzen einiger Ministerien getroffen würden. Diese Entscheidungen würden vermutlich auch häufig nicht den besonderen Bedürfnissen einzelner Regionen entsprechen.

Auf der **politisch-normativen Ebene** werden die Ziele und grundlegende Werte bzw. Verhaltensregeln in der Kooperation ausgehandelt und geregelt. Es wird die Zielerreichung überwacht, und notwendige Zielanpassungen werden vereinbart. Grundlegende Interessenkonflikte oder Verstöße gegen gemeinsame Wertvorstellungen werden auf dieser Ebene behandelt. Im bereits zitierten Fall verständigen sich das Finanz-, Wirtschafts- und Innenministerium mit dem nationalen Gemeindeverband darauf, eine Piloterfahrung in zwei Regionen des Landes zu machen. Vertreten werden diese Organisationen von Staatssekretären bzw. dem Präsidenten des Gemeindeverbandes.

Die **strategische Ebene** legt fest, welcher Weg zur Zielerreichung eingeschlagen wird. Es wird der Überblick über Fortschritte und Abweichungen in der Umsetzungsarbeit hergestellt und behandelt, strategische Optionen werden reflektiert und Meilensteine für die weitere Umsetzung vereinbart. Die Abteilungsleitungen aus den Ministerien, die Exekutivsekretärin des Gemeindeverbandes sowie Vertreter der regionalen Entwicklungsräte übernehmen diese Aufgaben und erstellen einen groben Aktionsplan.

Die **operative Ebene** übernimmt die Verantwortung für all jene alltäglichen Entscheidungen, die im vorgegebenen strategischen Rahmen für die Umsetzung konkreter Maßnahmen notwendig sind. Sie liefert der strategischen Ebene Entscheidungsgrundlagen, indem sie über Fortschritte und Abweichungen in der Umsetzung informiert. Vertreter der regionalen Entwicklungsräte sowie Unternehmerverbände, Nichtregierungsorganisationen und Kommunen entwickeln detaillierte Aktionspläne und sind verantwortlich für deren Umsetzung.

Dabei ist von zentraler Bedeutung, dass die Schnittstellen zwischen den Steuerungsebenen gut versorgt werden. Die operative Ebene verfügt z. B. über enormes Detailwissen, das der strategischen Ebene wichtige Entscheidungsgrundlagen bietet. Gleichzeitig muss das Detailwissen in geeigneter Form aufbereitet werden.

Ein klares Verständnis von Rollen und Mandaten sowie gegenseitige Akzeptanz sind Voraussetzungen für eine gute Verbindung der Steuerungsebenen. Dabei greifen die unterschiedlichen Steuerungsebenen auf die Informationen zurück, die das Monitoringsystem zur Verfügung stellt. Je komplexer die Aufgaben eines Kooperationssystems sind, desto ausdifferenzierter muss in der Regel die Steuerungsstruktur sein. Das heißt, mehrere Ebenen und „soziale Räume" im Sinne von Gremien, Arbeitsgruppen oder Workshop-Formaten müssen unterschieden und miteinander verbunden werden.

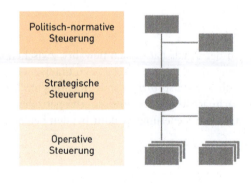

Abbildung 11: Steuerungsebenen

Politischer und kultureller Kontext

Jedes Vorhaben findet in einem gewachsenen politischen und kulturellen Kontext statt, der bestimmte Veränderungen fördert und anderen entgegensteht. Manches erscheint geboten, anderes dagegen unangemessen und sinnlos. Es sind deshalb nicht nur Menschen und Organisationen, die steuernd Einfluss auf ein Vorhaben nehmen. Die gewachsenen Strukturen und Rahmenbedingungen, die laufenden Kommunikationsprozesse und Beziehungen sowie etablierte Steuerungsprozesse steuern immer mit. In anderen Worten: Ein Vorhaben ist in ein größeres, umfassendes System eingebettet.

Zu diesen bereits vorhandenen, gewachsenen Strukturen der Steuerung zählen bspw. die Gesetzgebung, die Verwaltung oder die auf Märkten agierenden Unternehmen. Die Steuerungs- und Koordinationsmechanismen sind dabei unterschiedlich festgelegt und vermischen sich: Wichtige Entscheidungen werden über eine Hierarchie, über den Markt oder durch Verhandlungen zwischen wichtigen Akteuren getroffen. Strukturen des Umfeldes werden oft als einengend und behindernd empfunden. Eine solche Wahrnehmung verkennt, dass diese gewachsenen Strukturen eine sehr wichtige Funktion haben: Sie sind geronnene Erfahrungen aus der Vergangenheit, die für die Akteure zentrale Haltegriffe in ihrer Kommunikation und Zusammenarbeit sind und helfen, einen erwartbaren und sicheren Umgang miteinander zu pflegen.

Die besondere Perspektive des Erfolgsfaktors Steuerungsstruktur

Der EF Steuerungsstruktur widmet sich der Frage, wie ein Vorhaben mit Entscheidungen versorgt wird. Mehrere Gründe sprechen dafür, dass sich die Kooperationspartner an der Steuerung eines Vorhabens beteiligen. Die Steuerungsstruktur ist ein zentrales Bindeglied zwischen dem Vorhaben und dem Kooperationssystem auf Dauer, in dem am Ende die Wirkungen erzielt werden sollen.

Die Kooperationspartner tragen mit Detailwissen und aus unterschiedlichen Perspektiven dazu bei, dass Entscheidungen auf einer guten Informationsgrundlage getroffen werden können. Die Beteiligung an Entscheidungen macht es möglich, dass neue Kommunikationsmuster entwickelt werden und die Zusammenarbeit zwischen den Akteuren auch über die Grenzen des Vorhabens hinaus gestärkt wird. Durch die Transparenz der Entscheidungen wird unterstützt, dass die Beteiligten Ownership übernehmen. Vor diesem Hintergrund ist die Gestaltung bzw. Beratung der Steuerungsstrukturen eine der Kernaufgaben für professionelles Kooperationsmanagement.

Die Steuerungsstruktur entsteht durch einen Aushandlungsprozess, den die beteiligten Akteure mit Hilfe von Capacity WORKS gestalten können. Der Aushandlungsprozess endet nicht damit, dass die Steuerungsstruktur einmal eingerichtet ist und damit auf ewig feststeht. Die Strukturen entwickeln sich mit der Zeit weiter und sind laufend im Hinblick auf die angestrebten Ziele und Wirkungen der Kooperation zu überprüfen und bei Bedarf anzupassen. Die Steuerungsstruktur spiegelt im Zeitverlauf die Entwicklungen im Kooperationsvorhaben und im Kontext wider. Sie geht (meist in kritischen Phasen des Kooperationssystems) durch Phasen der Verflüssigung, um sich im Anschluss daran neu zu strukturieren und wieder fest zu werden.

Es gibt viele Ansprüche an die Steuerungsstrukturen von Kooperationssystemen, letztlich gelten jedoch nur **zwei Bewertungskriterien**: 1. Die Steuerungsstruktur muss hinsichtlich der angestrebten Ziele und Wirkungen **funktional** sein. 2. Sie muss der Komplexität und dem Umfang der Aufgabe **angemessen** sein.

Übersteuerung liegt dann vor, wenn es mehr Ressourcen erfordert, die Steuerungsstrukturen aufzubauen und zu pflegen, als die Ziele und Wirkungen zu erreichen. Daher gilt es sorgfältig abzuwägen, ob und in welcher Weise bereits etablierte Steuerungsstrukturen für ein Vorhaben genutzt werden können. Von **Untersteuerung** wird dann gesprochen, wenn zwar viele Aufgaben zu steuern, jedoch zu wenige Akteure daran beteiligt sind, die außerdem nur sporadisch miteinander kommunizieren.

Jedes Kooperationssystem entwickelt eine spezifische Steuerungsstruktur, abhängig von seinen konkreten Anforderungen. Es ist daher immer eine anspruchsvolle Aufgabe, eine funktionale und angemessene Steuerungsstruktur gemeinsam zu erarbeiten. Im Sinne des Capacity Development braucht es dafür mehr als die entsprechenden Fähigkeiten der handelnden Personen. Besonders hierarchisch strukturierte Organisationen müssen lernen, dass die Steuerungslogik in Kooperationen bedeutet, Kompromisse zu machen, und dass Entscheidungsprozesse mitunter langsam sein können. Die Modellbildung innerhalb der Steuerungsstruktur eines Vorhabens für die generelle Zusammenarbeit zwischen den Akteuren innerhalb des Kooperationssystems auf Dauer stellt somit eine wichtige Wirkung dar.

Die folgenden Beispiele sollen zeigen, wie Steuerungsstrukturen die konkreten Anforderungen eines Vorhabens widerspiegeln:

Abbildung 12 zeigt ein Organigramm der Steuerungsebenen und -einheiten in einem Vorhaben. Sein Veränderungsziel besteht bspw. darin, regionale Entwicklungsstrategien umzusetzen. Ein Aufsichtsrat, in dem sich Spitzenvertreter der beteiligten Ministerien

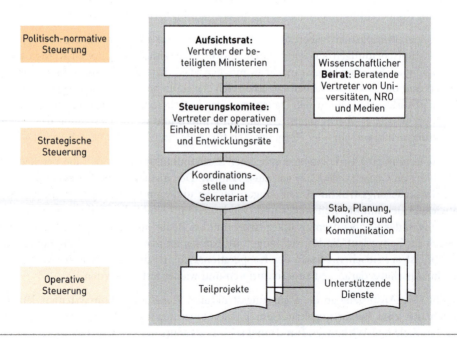

Abbildung 12: Formale Steuerungsstruktur mit klarer Abgrenzung der Steuerungsebenen

treffen, formuliert und überprüft die Ziele des Vorhabens. Experten aus mehreren regionalen Universitäten bilden einen wissenschaftlichen Beirat und unterstützen die Ministerien in Form von Fachdiskussionen. Das Steuerungskomitee setzt sich zusammen aus den Spitzen der Ministerialabteilungen und Entwicklungsräte in den Regionen. Es koordiniert auch die operative Ebene (Teilprojekte und unterstützende Dienste). Die Koordinationsstelle und Sekretariat sowie die Stabsstelle Planung, Monitoring und Kommunikation stehen im permanenten Kontakt mit der operativen Ebene. Diese wird durch Akteure innerhalb der Regionen gebildet. Dieses Beispiel zeichnet sich durch eine sehr klare und für viele Kooperationssysteme gewohnte Struktur aus.

Abbildung 13 illustriert eine Steuerungsstruktur als flexible Projektorganisation. Anders als im ersten Fall ist noch kein klares Veränderungsziel definiert worden. Das Vorhaben hat den Auftrag, aus praktischen Erfahrungen heraus Vorschläge zu entwickeln, die später als Entscheidungsgrundlage für die Ministerien dienen. Auf politisch-normativer Ebene gibt es das entscheidungsverantwortliche Steuerungskomitee, an dem sich hochrangige Vertreter der Ministerien beteiligen. Daneben sind zwei beratende Gremien vorgesehen: Ein Sounding Board, das von Universitäten getragen wird, begleitet die politische Diskussion aus der wissenschaftlichen Perspektive.

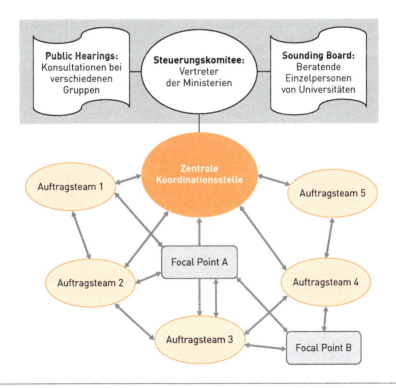

Abbildung 13: Steuerungsstruktur mit flexibler Projektorganisation

Durch Public Hearings wird zu ausgewählten Zeitpunkten sichergestellt, dass Stakeholder aus den Regionen ihre Perspektiven einbringen können. Sowohl Sounding Board als auch Public Hearings sind sorgfältig zu gestalten, um Rollenmissverständnisse zu vermeiden und die Erwartungen der Beteiligten zu managen. Schließlich befindet sich das Vorhaben in einer Pilotphase, sodass die nationale Regierung noch nicht in der Lage ist, öffentliche Politiken zu verändern.

Auf strategischer Ebene gibt es eine zentrale Koordinationsstelle. Sie setzt zeitlich befristete Auftragsteams ein und stellt Ressourcen zur Verfügung, um Pilotprojekte wie bspw. ländliche Wertschöpfungsketten, neue Formen der Bürgerbeteiligung bei der Entwicklungsplanung umzusetzen und auszuwerten. Für die Begleitung der Maßnahmen in den Regionen sind die zwei sogenannten Focal Points auf der operativen Ebene zuständig.

Gegenüber dem ersten Beispiel ist diese Struktur deutlich flexibler, weist aber auch einen erhöhten Kommunikationsbedarf auf. Eher hierarchisch organisierte Partner müssen bereit sein, horizontale Kommunikationsformen zu nutzen.

In beiden Beispielen ist davon auszugehen, dass die Kooperationspartner zunächst alternative Mechanismen ausprobieren und bewerten müssen, bevor sie in der Lage sind, die für ihr Vorhaben optimale Steuerungsstruktur auszuhandeln. Je stärker ihr Bewusstsein dafür ist, dass die Steuerungsstruktur nicht à priori in allen Einzelheiten geplant werden kann, sondern sich aus der Entwicklung des Kooperationssystems ergibt, desto größer ist ihre Aussicht auf Erfolg.

Erfolgsfaktor Prozesse

Motto: Prozesse für soziale Innovation gestalten!

Was verbindet Cottbus mit dem französischen Saint-Denis, Christchurch in Neuseeland und Rosario in Argentinien? Seit einigen Jahren können dort Bürgerinnen und Bürger direkt über den kommunalen Haushalt mitbestimmen. Sie entscheiden bspw., welche Infrastrukturmaßnahmen prioritär sind, und überprüfen am Ende, ob diese auch durchgeführt worden sind. Zwar sind die Kommunen rechtlich nicht dazu verpflichtet, die Bevölkerung in Haushaltsfragen direkt zu beteiligen. Dennoch haben sich Lokalpolitiker und Verwaltungsspitzen entschieden, ihren lokalen Kooperationssystemen einen neuen Impuls zu geben, indem sie Bürgerhaushalte eingeführt haben. Damit ist in diesen Städten eine neue soziale Praxis entstanden, die ein Beispiel dafür ist, wie die Steuerungsaufgaben lokaler Entwicklung von öffentlichen, zivilgesellschaftlichen und privaten Akteuren gemeinsam wahrgenommen werden können.

Geburtsort dieser innovativen Vorgehensweise ist Porto Alegre in Brasilien im Jahr 1989. Die neue Stadtregierung der damals noch jungen Arbeiterpartei (Partido dos Trabalhadores) setzt auf gesellschaftlichen Wandel. Sie lädt die Bevölkerung ein, sich an Planungsprozessen auf Stadtteilebene zu beteiligen. Die Bürgerinnen und Bürger sollen zu Protagonisten der lokalen Entwicklung werden. Im Lauf der Jahre differenziert sich das System von Repräsentation, Debatten, Planung, Entscheidung, Kontrolle und Rechenschaftslegung mehr und mehr aus. Es berührt viele Aufgabengebiete der lokalen Verwaltung, sodass immer mehr Prozesse angepasst werden. Das Modell ist erfolgreich und inspiriert weitere Kommunen in Brasilien, Lateinamerika und an vielen anderen Orten der Welt.

Soziale Innovation und gesellschaftlicher Wandel

So wie im Beispiel der Bürgerhaushalte begreift Capacity WORKS Innovation als Teil des gesellschaftlichen Wandels. In der Regel laufen solche Entwicklungen nicht linear ab. Trotz aller Planung können sie weder vollständig organisiert noch explizit entschieden werden. In vielen Fällen finden sie völlig ungeplant statt und verändern ein soziales System über eine Entwicklung voller Brüche und Unwägbarkeiten. Am Ende entsteht eine neue Form der Steuerung und Realisierung gesellschaftlicher Aufgaben. Soziale Systeme besitzen also die Fähigkeit, sich selbst zu erneuern und wieder zu stabilisieren.

Wenn Innovationen bewusst gestaltet werden, dann entschließen sich die Akteure innerhalb eines Kooperationssystems dazu, eine bestimmte Herausforderung gemeinsam zu meistern. Sie verständigen sich darauf, diese Entwicklung durch neue Formen der Kooperation voranzutreiben. Am Anfang beschreiben und bewerten die Akteure bisher gültige Praktiken. Sie richten ihren Blick auf die etablierten Prozesse.

Prozesse beschreiben die Aufgabenpakete, die notwendig sind, um in einem Sektor bestimmte Leistungen zu erbringen. Die Verantwortung für diese Aufgabenpakete ist bestimmten Akteuren zugewiesen: Die Kommunen bspw. stellen den Bedarf für lokale Infrastrukturprojekte fest, planen diese, stellen die Finanzierung sicher und setzen sie um. Diese Prozesse finden routinemäßig statt und werden an neue Anforderungen angepasst, sofern die verantwortlichen Akteure entsprechende Lernschleifen etabliert haben. So wird zum Beispiel die lokale Bevölkerung in den Planungsprozess eingebunden, um den Bedarf für lokale Infrastrukturprojekte festzustellen.

In den meisten Fällen ergänzen die Prozesse einer Organisation die von anderen Akteuren im gesellschaftlichen Handlungsfeld. Darum können Prozesse in einem Sektor auch als Nervenbahnen zwischen Organisationen verstanden werden. Über sie wird sichergestellt, dass die Leistungen, für die die Akteure zuständig sind, auch erbracht werden.

Nachdem die Akteure die etablierten Prozesse dargestellt und bewertet haben, geht es darum, gemeinsam ein Veränderungsziel zu formulieren und sich auf einen Weg zu verständigen, der zur gewünschten Innovation führen soll. Im Sinne des Capacity Development muss dabei auch die Frage beantwortet werden, welche neuen Fähigkeiten Personen und Organisationen erlernen müssen. Ein Akteur allein kann weder der Komplexität dieser Aufgabe gerecht werden, noch verfügt er über das notwendige Mandat, wenn er sich in einem Kooperationskontext bewegt. Das einzelne Genie, das im Labor oder am Schreibtisch eine bahnbrechende Erfindung macht, ist zum Scheitern verurteilt, wenn das potenziell Neue keine gesellschaftliche Akzeptanz findet.

Bedingungen für soziale Innovation

Jede soziale Innovation braucht Bedingungen, um sich durchsetzen zu können. Mehrere Kooperationspartner müssen entscheiden, bekannte Vorgehensweisen durch neue zu ersetzen. In jedem Fall sind Innovationen in den spezifischen gesellschaftlichen Kontext zu stellen. Abhängig von Kultur und historischem Moment kann es sein, dass innerhalb einer Gesellschaft sowohl der Bedarf als auch die Bereitschaft existieren, mit neuen Formen zu experimentieren, um gemeinsame Leistungen zu erbringen. Häufig handelt es sich jedoch um Innovationen, die sich aus dem Bestehenden heraus ergeben und sich allmählich Schritt für Schritt durchsetzen.

Soziale Systeme unterliegen dem Phänomen der Pfadabhängigkeit, wenn es um Innovationen und gesellschaftliche Entwicklungen geht. Pfadabhängigkeit bedeutet, dass die Vergangenheit immer mitschwingt, unabhängig davon, wie weit der Rahmen für mögliche Innovationen ist, den bestehende Traditionen festlegen. In diesem Zusammenhang ist es wichtig, das Phänomen der Pfadabhängigkeit nicht ausschließlich als innovationsfeindlichen Faktor zu verstehen. Vielmehr versorgen Traditionen eine Gesellschaft mit einer gemeinsamen Identität. Sie haben eine stabilisierende Funktion und bieten Verhaltenssicherheit für die handelnden Akteure. Ohne diese Sicherheit wäre die ergebnisorientierte Kooperation nicht möglich, weil sie das Verhalten der Akteure vorhersehbar und verlässlich macht. Soziale Innovationen stellen diese Sicherheit zunächst in Frage, denn das Neue muss zu angepassten Strukturen, Prozessen, Routinen und Regeln führen. Das Verhalten der Akteure ändert sich. Das Kooperationssystem muss sich nach einer Phase der Erneuerung wieder stabilisieren.

Vor diesem Hintergrund wird deutlich, dass die Bereitschaft zur Innovation von einer Reihe von Bedingungen abhängt:

- Die handelnden Akteure müssen über Anreize verfügen, soziale Innovation über Veränderungsprozesse zu verankern. Diese sind niemals restlos vorhersehbar und damit risikobehaftet.

- Die beabsichtigten Veränderungen müssen bis zu einem gewissen Grad mit dem herrschenden Wertesystem vereinbar sein (ein wichtiges Element der Pfadabhängigkeit).
- Der geplante Veränderungsprozess sollte so eindeutig sein, dass die beteiligten Akteure den möglichen Nutzen ebenso erkennen wie die Risiken eines Innovationsversuchs.
- Die vorgeschlagene Veränderung sollte probeweise in einem Teilbereich des Kooperationssystems umgesetzt werden. So können ggf. Konzepte angepasst und der Prozess zu geringen (politischen) Kosten wieder rückgängig gemacht werden.
- Die Zwischenergebnisse des Veränderungsprozesses sollten sichtbar sein, um Nutzen und Aufwand gegenüberstellen zu können. Darüber hinaus stellt die schnelle Sichtbarkeit sicher, dass die beteiligten Akteure einen Anreiz haben, sich weiterhin und verstärkt in den Veränderungsprozess einzubringen.

Die Bedingungen für erfolgreiche soziale Innovation sind also hoch, insbesondere wenn bedacht wird, dass sich unterschiedliche Akteure innerhalb eines Kooperationssystems auf Ziele und Umsetzung konkreter Schritte einigen müssen. Vor diesem Hintergrund muss immer wieder die Absorptionsfähigkeit des Kooperationssystems analysiert werden. Wie tiefgehend dürfen die Veränderungen sein, und wie viele verträgt das System?

Die besondere Perspektive des Erfolgsfaktors Prozesse

Veränderungen innerhalb eines Kooperationssystems erfordern Anpassungen von Regeln, Strukturen, Prozessen und Ritualen. Der besondere Beitrag des Erfolgsfaktors (EF) Prozesse ist der Blick auf die relevanten Prozesse im Kooperationssystem und darauf, wie diese miteinander verknüpft sind. Das **Prozessverständnis** von Capacity WORKS orientiert sich an den Grundkonzepten des Prozessmanagements wie bspw. Total Quality Management, dem Wertschöpfungskettenansatz oder Six Sigma. Der EF Prozesse konzentriert sich – wie eingangs bereits kurz dargestellt – auf die Handlungsabläufe in Kooperationssystemen, um gesellschaftlich relevante Dienstleistungen zu erbringen. Dafür müssen viele Prozesse aufeinander abgestimmt sein, mit denen Informationen transportiert, gelesen und modifiziert werden, damit die Akteure Entscheidungen treffen und konkrete Aktivitäten durchführen können. Der EF Prozesse bietet eine übergeordnete Perspektive, aus der die Funktionsweise eines Kooperationssystems abgebildet wird. Die Prozesse entsprechen dabei den wichtigsten Aufgabenpaketen. Prozesse sind deutlich voneinander unterscheidbar. Sie befinden sich in der Verantwortung einzelner Akteure, die im Idealfall über ein Mandat, die notwendigen Ressourcen und die notwendigen Fähigkeiten verfügen.

Um einen Gesamtüberblick über die Aufgabenpakete zu erhalten, gilt es zu erfassen, welche Prozesse es im Kooperationssystem auf Dauer gibt. Die Prozesse eines Sektors sind stets aus der Geschichte heraus gewachsen. Darum existieren in der Regel Überlappungen oder auch Prozesse, die im Laufe der Zeit an Bedeutung verloren haben. Bei der Bewertung einzelner Prozesse zählt vor allem, wie sie zur Zielerreichung im Sektor beitragen. Dabei ist es für das Verständnis von Kooperationssystemen wichtig, besonders auf jene Prozesse zu achten, mit deren Unterstützung die beteiligten Akteure gemeinsam lernen und kooperieren. Diese Prozesse geben Auskunft über die Innovationsfähigkeit des Systems.

Eines der zentralen Elemente des EF Prozesse ist die sogenannte Prozesslandkarte, mit der ein Kooperationssystem im Überblick dargestellt wird. Ausgehend von den Leistungen, die verschiedene Akteure gemeinsam erbringen, werden die Prozesse unterschiedlichen Prozesstypen zugeordnet. Direkt oder indirekt tragen alle Prozesse im Sektor (Kooperationssystem auf Dauer) dazu bei, dass die Nutzerinnen und Nutzer von einer Leistung profitieren, bspw. dem Zugang zu Bildungs- oder Gesundheitsdienstleistungen. Allerdings kann sich die Prozesslandkarte genauso auf ein Vorhaben (Kooperationssystem auf Zeit) beziehen. In diesem Fall leisten die identifizierten Prozesse einen direkten oder indirekten Beitrag, um das vereinbarte Veränderungsziel zu erreichen.

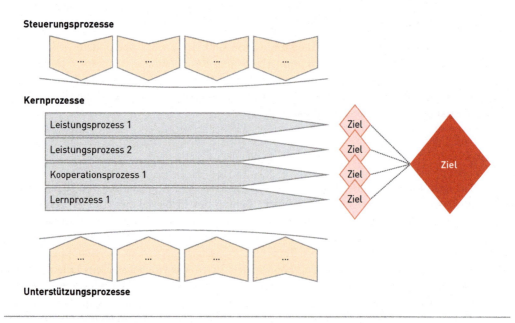

Abbildung 14: Prozesslandkarte

Ausgangspunkt der Prozesslandkarte sind immer die Ziele, die erreicht werden sollen. Dies soll an einem Beispiel verdeutlicht werden: Zugang der Bevölkerung zu hochwertigen Gesundheitsdienstleistungen.

Jede Gesellschaft ist gefordert, ihren Bürgern und Bürgerinnen den Zugang zu guten und bezahlbaren Gesundheitsdienstleistungen zu gewähren. Damit dieses Ziel erreicht wird, müssen viele Organisationen kooperieren und ihre jeweiligen Leistungen erbringen: Das Gesundheitsministerium, die Krankenkassen, die Verbände der Krankenhäuser und der Ärzte, die Pharmaindustrie, die Apothekerverbände und andere leisten ihre jeweiligen Beiträge im Kooperationssystem. Gesetzliche Rahmenbedingungen müssen geschaffen werden, und adäquate Finanzierungen sind zu regeln. Erst wenn all diese Organisationen gut zusammenarbeiten, wird die Bevölkerung angemessen mit Gesundheitsdienstleistungen versorgt.

Gesundheit ist ein sensibles Thema und der Bevölkerung ein wichtiges Anliegen. Die Akteure aus Staat und Privatwirtschaft stehen daher unter erheblichem Rechtfertigungsdruck. Sie können den Erwartungen der Bürgerinnen und Bürger nur gerecht werden, wenn die Prozesse, die von ihnen verantwortet werden, auch tatsächlich zur Zielerreichung beitragen.

Bereits diese bruchstückhafte Darstellung des Beispiels macht klar, dass eine Reihe von Prozessen innerhalb eines Kooperationssystems notwendig sind. Diese unterschiedlichen Prozesse müssen aufeinander abgestimmt und effizient gestaltet sein. Sie sollten im Zusammenspiel sicherstellen, dass jeder beteiligte Akteur seinen Beitrag so erbringen kann, dass das System zu vertretbaren Kosten gute Ergebnisse produziert.

Es ist sinnvoll, zwischen einzelnen Prozesstypen zu unterscheiden, um den Status quo eines Kooperationssystems zu analysieren und den Veränderungsbedarf festzustellen.

Die *Leistungsprozesse* sind jene Prozesse, die sich direkt auf die Ziele des Kooperationssystems beziehen: Bspw. die Behandlung von Patienten in Krankenhäusern, die Leistungen durch niedergelassene Ärzte und die häuslichen Pflegestellen sind zentrale Elemente, um die Bevölkerung mit Gesundheitsdienstleistungen zu versorgen.

Die *Kooperationsprozesse* stützen die Leistungsprozesse ab, indem sich die unterschiedlichen Akteure koordinieren: So kooperieren bspw. die Krankenversicherungen und die Dienstleister (wie Krankenhäuser, Ärzte oder Apotheken) miteinander, um die erbrachten Leistungen zu bezahlen.

Die *Lernprozesse* sind notwendig, damit sich die Akteure mit der Qualität der Leistungserbringung im Sektor auseinandersetzen und notwendige Veränderungen vornehmen: Zum Beispiel beobachten Krankenhäuser, Forschungseinrichtungen und Krankenversicherungen die Therapieerfolge neuer Behandlungsmethoden und bieten diese den Patienten durch neue Leistungsprozesse an.

Leistungs-, Kooperations- und Lernprozesse sind sehr eng miteinander verbunden und wirken sich direkt auf die Qualität im Kooperationssystem aus. Darum werden sie auf einer übergeordneten Ebene als **Kernprozesse** bezeichnet.

Die **Unterstützungsprozesse** beschreiben Aufgabenpakete, die die restlichen Prozesstypen abstützen. Sie haben jedoch keinen direkten Anteil an der Leistungserbringunge: Pflegepersonal, Pharmazeutinnen und Krankenversicherungskaufleute werden ausgebildet, sodass im Gesundheitssektor qualifizierte Nachwuchskräfte zur Verfügung stehen. Langfristig wird damit das Angebot der Leistungsprozesse aufrechterhalten.

Die **Steuerungsprozesse** sind jene Prozesse, mit denen der rechtliche, politische und strategische Rahmen für die restlichen Prozesstypen gesetzt wird. Durch sie wird das Kooperationssystem mit Entscheidungen versorgt: In unserem Beispiel werden die Pflichtbeitragssätze der Versicherten festgelegt, die Auswahl von Leistungen, die den Versicherten angeboten werden, sowie die Kosten, die den Dienstleistern erstattet werden.

Es kann vorkommen, dass es keine klar definierten Ziele für das Kooperationssystem gibt oder dass mehrere Ziele existieren, die sich im Widerspruch zueinander befinden. Diese Information ist hochgradig relevant, um ein Kooperationssystem zu verstehen, und liefert Anhaltspunkte dafür, warum einzelne Prozesse ins Leere laufen. So können realistische Wege für Veränderung und Innovation gefunden werden. Dafür ist es aber erforderlich, über zusätzliche Perspektiven auf das Kooperationssystem zu verfügen: Die Analyse der Akteure und ihrer Interessen gibt Aufschluss über bestehende Kooperationspotenziale, aber auch Konfliktlinien. Sie ergänzt den Blick auf die Prozesse des Systems.

Die Wirkungen eines Vorhabens entstehen am Ende immer im Kooperationssystem auf Dauer. Diese Wirkungen sind auf Innovationen zurückzuführen. Innovationen berühren in der Regel viele Prozesse und helfen dabei, die Schnittstellen zwischen ihnen neu zu organisieren. Der Sektor passt sich also an neue Anforderungen an. In anderen Worten bedeutet dies, dass im Sektor auf allen Ebenen des Capacity Development gelernt wird. Gesellschaftliche Rahmenbedingungen verändern sich ebenso wie die Formen der Zusammenarbeit zwischen den Akteuren. Organisationen müssen ihr Leistungsangebot umstellen und ihre Mitarbeiterinnen und Mitarbeiter brauchen neue Kompetenzen.

Die Prozesslandkarte vermittelt den strategischen Blick auf den Sektor. Die operative Planung von Aktivitäten, mit denen ausgewählte Prozesse verändert werden sollen, kann durch die sogenannte Prozesshierarchie unterstützt werden. Mit Hilfe der Prozesshierarchie wird der ausgewählte Prozess detaillierter analysiert, indem seine Teilprozesse dargestellt werden. Diese können wie bei den russischen Matruschka-Puppen wiederum in ihre Bestandteile zerlegt werden, bis hin zu sehr detaillierten Handgriffen einzelner Personen, die einen Beitrag zum Gesamtprozess leisten. Der erforderliche Detaillierungsgrad hängt immer vom Bedarf im spezifischen Fall ab.

Herausforderung: Das Kooperationssystem auf Dauer erst verstehen und dann bewerten

Die Arbeit mit dem EF Prozesse verleitet dazu, ein wünschenswertes Abbild dessen zu konstruieren, wie die gegenwärtige Situation im gesellschaftlichen Handlungsfeld aussehen „sollte". Um jedoch potenzielle soziale Innovationen zu identifizieren, braucht es erst einen Austausch der Kooperationspartner über ihre jeweils wahrgenommenen „Realitäten" sowie ein gemeinsames Bild über die existierenden Ziele und etablierten Prozesse im Sektor – auch wenn sie teilweise unklar sind oder nicht „rund" laufen. Diese Vorgehensweise schärft den Blick zunächst auf die schon funktionierenden Prozesse. Dann können die beteiligten Akteure feststellen, wo Prozesse fehlen, nicht aufeinander abgestimmt sind oder schlecht funktionieren und warum dies so ist. Erst im Anschluss an diese Bestandsaufnahme sollte die Frage bearbeitet werden, welcher Veränderungsbedarf existiert und welche Reformen ggf. angestoßen werden sollten.

Dieses Vorgehen hilft, normative Vorstellungen zu vermeiden, wie ein bestimmtes gesellschaftliches Handlungsfeld „zu funktionieren hat". Eine bereits zu Beginn definierte Lösung würde meist dazu führen, dass vor allem die Defizite im bestehenden Kooperationssystem betrachtet werden. Lösungsansätze für gesellschaftliche Fragestellungen sind einzigartig und können in der Regel nicht von einem Kontext auf einen anderen übertragen werden.

Eine zunächst beschreibende Vorgehensweise – ohne vorschnelle Bewertungen vorzunehmen – erleichtert den Zugang zum bestehenden Kooperationssystem auf Augenhöhe. Dies ist zentral, um die Veränderungsenergien der Akteure im Sektor zu identifizieren und als Ressource für die erfolgreiche Verankerung sozialer Innovation zu nutzen. Auf diese Weise kann es gelingen, die Passung zwischen einem Vorhaben und dem Kooperationssystem auf Dauer so zu gestalten, dass die gewünschte Veränderung gelingt.

Grundsätzlich sollten jene Akteure an dieser Arbeit beteiligt sein, die die Innovationen im System schließlich auch verankern werden. Der EF Prozesse hilft dabei, dass sich die unterschiedlichen Akteure auf eine gemeinsame Perspektive verständigen und diese bspw. über eine SWOT-Analyse (Analyse der Stärken, Schwächen, Chancen und Risiken, SWOT abgeleitet aus dem Englischen: Strengths, Weaknesses, Opportunities, Threats) ergänzen und in einen breiteren Strategiefindungsprozess einfließen lassen.

Konsequenzen für den Umgang mit dem Erfolgsfaktor Prozesse in der Praxis

Durch seine analytische Schärfe und den Fokus auf konkrete Prozesse im Sektor, in dem soziale Innovationen entstehen sollen, ergänzt der EF Prozesse die Arbeit mit den übrigen Erfolgsfaktoren des Managementmodells Capacity WORKS an vielen Stellen:

- Nachhaltige Veränderungen finden nicht nur statt, indem neue Regeln verabschiedet und Organisations- oder Kooperationsstrukturen angepasst werden. Erst wenn die Prozesse verändert werden, führt dies zu einer anderen Qualität der Leistungen.
- Die Fokussierung auf die Ziele im Sektor unterstützt die Ergebnis- und Wirkungsorientierung der beteiligten Akteure. Die Ziele beziehen sich auf den Zugang von Menschen zu Dienstleistungen und öffentlichen Gütern zu angemessenen Kosten und in guter Qualität. Für das Vorhaben muss darauf geachtet werden, dass seine Ausrichtung zu den Veränderungen im Sektor passt, auf die sich die Akteure verständigt haben.
- Der Blick auf die Prozesse im Sektor unterstützt bei der Suche nach strategischen Optionen für das Vorhaben, denn es werden jene Prozesse identifiziert, durch die Hebelwirkungen entstehen könnten.
- Die Unterscheidung nach Prozesstypen innerhalb des Sektors hilft dabei, das Mandat für ein Vorhaben zu klären. Einzelne Unterstützungs- oder Lernprozesse zu verbessern, erfordert eine völlig andere politische Bereitschaft als die Veränderung von Steuerungsprozessen. Schließlich handelt es sich um politisch sensible Themen, wenn etwa Budgets zugewiesen oder Zuständigkeiten geklärt werden sollen. Dies bedeutet, dass die Steuerungsstruktur des Vorhabens so organisiert wird, dass sich politisch relevante Akteure aus dem Sektor beteiligen und Prozesse für soziale Innovation gemeinsam gestalten.

Die internen Managementprozesse im Vorhaben

Mit dem EF Prozesse kann der Fokus auch auf die **internen Managementprozesse im Vorhaben** gerichtet werden, mit denen die gewünschten Innovationen im Sektor angestoßen werden sollen. Das folgende Beispiel zeigt, wie der EF Prozesse auf das interne Management eines Vorhabens angewendet wird:

Prozesslandkarte für ein Vorhaben
„Einführung von kommunalen Bürgerhaushalten"

Durch Bürgerhaushalte kann die Bevölkerung darüber mitbestimmen, wie die finanziellen Mittel ihrer Gemeinde ausgegeben werden. Die Analyse des Kooperationssystems auf Dauer „Kommunale Dienstleistungen" zeigt, dass relevante Akteure ein Interesse an dieser Innovation haben: Der Gemeindeverband ist bereit, bei Bürgermeisterinnen und Bürgermeistern sowie Stadträten für diese Neuerung zu werben. Er erhofft sich einen Schub für die Dezentralisierungspolitik des Landes. Bürgerverbände und NGOs sind an direkter politischer Teilhabe und Rechenschaftslegung interessiert, um ihr Land weiter zu demokratisieren. Das Innenministerium unterstützt die Idee, weil es sich einen Modernisierungsschub für die öffentliche Verwaltung verspricht. Ein Vorhaben wird gegründet.

Für die Vorhabenstrategie wurde die Option ausgewählt, Piloterfahrungen in mindestens zehn Kommunen zu sammeln. Alle Beteiligten vertreten die Hypothese, dass die größtmögliche Wirkung dann eintritt, wenn die Bürgerhaushalte in den alljährlichen Prozess der Investitionsplanung der Kommunen integriert werden.

Um die Piloterfahrungen sammeln zu können, braucht es im Vorhaben mindestens zwei Leistungsprozesse: Politische Entscheidungsträger müssen sensibilisiert werden, damit sie der Veränderung bei der Verabschiedung des Budgets zustimmen. Außerdem müssen die Prozesse der Budgetplanung für kommunale Investitionen professionell moderiert werden, also das notwendige Know-how zur Verfügung gestellt werden.

Der Erfolg der Piloterfahrungen erfordert eine gute Abstimmung zwischen politischen Entscheidungsträgern, Vertretern der Kommunalverwaltung sowie der Bevölkerung. Dafür braucht es einen Kooperationsprozess, der auf klaren Erwartungen seitens lokaler NGOs basiert, was die Höhe der Investitionsmittel angeht.

Die Ergebnisse sollten dann gemeinsam von den beteiligten Akteuren ausgewertet werden, um Schlussfolgerungen (Lessons Learned) daraus zu ziehen. Nur so können die ersten Erfahrungen der Pilotkommunen in neue Prozesse überführt werden und zur politischen Debatte über Dezentralisierung im Land beitragen.

Um die Kernprozesse des Vorhabens umzusetzen, bedarf es einer Reihe zusätzlicher Steuerungs- und Unterstützungsprozesse, die das Management der Kooperationspartner orientieren: Bezogen auf die Steuerungsprozesse müssen geeignete Pilotkommunen als Kooperationspartner ausgewählt werden. Budgets müssen zur Verfügung gestellt werden, damit die Piloterfahrungen stattfinden können. Außerdem müssen die richtigen Methoden ausgewählt werden, um konkrete Aktivitäten umzusetzen. Es braucht Ent-

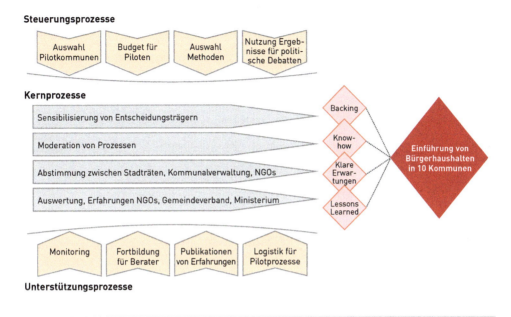

Abbildung 15: Prozesslandkarte „Einführung von Bürgerhaushalten"

scheidungen, in welcher Form die Ergebnisse in die politische Debatte über Dezentralisierung eingespeist werden sollen.

Der Fortschritt im Vorhaben wird durch ein Monitoringsystem beobachtet. Dies ist ein wichtiger Unterstützungsprozess, um ggf. Steuerungsentscheidungen zu ändern (z. B. Veränderungen in der Auswahl von Methoden). Für die gute Durchführung von Beratungen muss durch Fortbildungen sichergestellt werden, dass die Prozessmoderatoren über die notwendige Expertise verfügen. Darüber hinaus muss die Logistik der Prozesse sichergestellt werden, bspw. im Hinblick auf angemessene Räumlichkeiten, das Einladungsmanagement und notwendige Arbeitsmaterialien. Die Publikation von Erfahrungen ist ein weiterer Unterstützungsprozess und dient der Verbreitung über die Grenzen der Pilotkommunen hinaus.

Existiert im Vorhaben der Bedarf, für die Operationsplanung oder das Monitoring einzelne Prozesse näher zu betrachten, dann könnte bspw. für den Leistungsprozess „Sensibilisierung von Entscheidungsträgern" eine Prozesshierarchie erstellt werden. Innerhalb dieses Leistungsprozesses werden Fortbildungen, Besuchsreisen und Coachings voneinander unterschieden. Soll der Teilprozess Besuchsreisen vertieft bearbeitet werden, können auch hier wieder einzelne Elemente unterschieden werden. Eines dieser Elemente, die Auswahl geeigneter Fälle, könnte bei Bedarf weiter in seine Bestandteile aufgefächert werden.

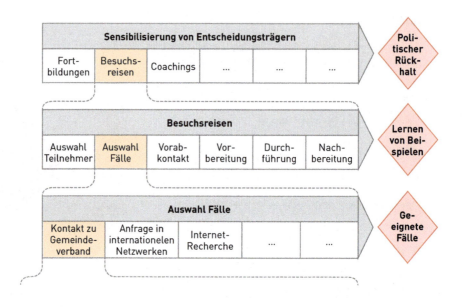

Abbildung 16: Prozesshierarchie für einen ausgewählten Kernprozess

Qualitätskriterien für Prozesse

Prozesse in Kooperationssystemen sind sensibel und störanfällig. Deswegen empfiehlt es sich besonders, die gemeinsamen Kern-, Steuerungs- und Unterstützungsprozesse aufzuzeichnen und nachvollziehbar zum Gesprächsgegenstand zu machen. Wer macht was, bis wann, wer übernimmt und bearbeitet weiter, wer trägt für den (Teil-)Prozess die Verantwortung? Die Qualität der Prozesse innerhalb des Vorhabens sollte sich an den folgenden Kriterien orientieren, damit sie zur Modellbildung innerhalb des Sektors beitragen kann:

- Der Beitrag jedes einzelnen Prozesses zu den Ergebnissen des Vorhabens muss erkennbar sein.
- Die Prozesse sollten (zunehmend) Stabilität aufweisen und nicht ständig neu organisiert werden.
- Die Geschwindigkeit der Prozesse sollte im Hinblick auf die Dynamik der beteiligten Kooperationspartner angemessen sein. Schnell ist nicht immer gut.
- Die Prozesse sollten sich durch ihre Zeit- und Kosteneffizienz auszeichnen.
- Prozesslernen und -optimierung sollten ein Thema in der Kooperation zwischen den beteiligten Akteuren sein, um Probleme und Engpässe zu identifizieren, Verbesserungspotenziale zu erkennen und Anpassungen vorzunehmen.

Es muss sichergestellt werden, dass alle beteiligten Akteure die Verantwortung für die Prozesse innerhalb des Vorhabens übernehmen. Darüber hinaus gilt es, Prozesse zu organisieren, die immer wieder den Zusammenhang herstellen zwischen den Beiträgen der beteiligten Organisationen und der Realität des Sektors, in dem sich am Ende die beabsichtigte soziale Innovation durchsetzen soll.

Im Kapitel Ziele und Wirkungen wurde das Konzept des Wirkungsmodells vorgestellt. Wo ein Vorhaben wirken soll, kann immer innerhalb der Prozesslandkarte des Sektors verortet werden: Welche Prozesse im Kooperationssystem auf Dauer sollen verändert werden? Wie wirken sich diese Veränderungen auf andere Prozesse aus, bspw. wenn durch einen angepassten Steuerungsprozess Mandate neu verteilt werden? Können die verantwortlichen Organisationen jetzt ihre Leistungsprozesse besser organisieren? Können daraufhin die Ziele im Sektor besser erreicht werden? Erhalten die Bürgerinnen und Bürger einen besseren Zugang zu sozialen Dienstleistungen? Das Wirkungsmodell macht die Wirkungshypothesen für die Veränderung explizit – die Prozesslandkarte zeigt, wo genau im System die Wirkungen entstehen werden.

Erfolgsfaktor Lernen und Innovation

Motto: Den Fokus auf Lernkompetenz richten!

Wie lernen Kooperationssysteme? Und woran merkt man, dass sie gelernt haben? Die Antwort lautet: wenn sich ein Kooperationssystem an geänderte Anforderungen angepasst hat. Erfolgreiches Kooperationsmanagement richtet den Fokus darauf, dass auf allen Ebenen des Capacity Development die Lernkompetenz gestärkt wird: Innerhalb der Gesellschaft werden Rahmenbedingungen angepasst und die Kooperationsbeziehungen verbessern sich. Organisationen lernen, mit immer besserer Qualität zum gemeinsamen Ziel beizutragen. Die Menschen in den Organisationen bauen ihre Kompetenzen aus und gestalten gemeinsam Lernprozesse so, dass sie zu nachhaltigen Wirkungen in ihrem jeweiligen Umfeld beitragen können. Damit erfüllen sie – zusammen mit den Veränderungen innerhalb von Organisationen und Kooperationssystemen – eine wichtige Bedingung dafür, dass Innovationen angestoßen und umgesetzt werden.

Beim Begriff „Lernen" denken viele zunächst an Personen. Personen kann man sehen und mit ihnen interagieren. Ihr Lernen kann durch direktes Befragen und Beobachten erforscht werden. In jeder Bibliothek finden sich viele Bücher über das Lernen von Personen, sortiert nach Alter, Lebenssituation, Lerninhalten. Lernen dient der kognitiven, emotionalen und sozialen Entwicklung von Menschen. Unser Wissen darüber, wie Personen lernen, ist immens. Aber was ist bekannt über das Lernen von Organisationen? Müssen nur die richtigen Mitglieder das Richtige lernen, damit die Organisation insgesamt besser funktioniert?

Soll eine Organisation ihre Funktionsweise ändern, dann scheinen die notwendigen Lernprozesse viel komplexer zu sein als bei Personen. Das gemeinsame Handeln der Personen in einer Organisation ist stark beeinflusst durch die Regeln, Strukturen, Prozesse und Rituale, nach denen diese funktionieren. Für die Frage, wie Organisationen lernen, liegen viel weniger Erkenntnisse vor als für das Lernen von Personen.

In Kooperationssystemen, die aus mehreren Organisationen zusammengesetzt sind, wird die Frage nach dem Lernen noch herausfordernder. Kooperationssysteme „an sich" können nicht direkt befragt werden, sondern wiederum nur Personen, die ihrerseits Organisationen vertreten, die das Kooperationssystem bilden. Auch in diesem Fall gilt, dass Veränderungen dann stattfinden, wenn Regeln, Strukturen, Prozesse und Rituale des Kooperationssystems angepasst werden. Diese Veränderungen müssen zwischen den beteiligten Akteuren ausgehandelt sein und brauchen den gemeinsamen Willen, um sich auf Dauer durchsetzen zu können.

Organisationen und Kooperationssysteme generieren genauso wie Personen Praxis. Dabei können sie es nicht vermeiden zu lernen. Lernen findet immer statt. Die relevanten Fragen sind die des Was und des Wie, denn das Was und das Wie bestimmen die Funktionalität des Gelernten.

Dabei kann es nicht nur beim „einmaligen" Lernen bleiben, sondern es braucht die Kompetenz zum Lernen, damit auch die nächsten Herausforderungen bewältigt werden können. Wenn also auf Veränderungen in einem gesellschaftlichen Handlungsfeld geschaut wird, sollte der Fokus von Anfang an auf die Lernkompetenz auf den verschiedenen Ebenen gerichtet werden. Damit beschäftigt sich der Erfolgsfaktor Lernen und Innovation.

Denn sie wissen nicht, wie sie es tun!

Könnte ein Kooperationssystem sprechen, dann würde es vielleicht die folgende Geschichte erzählen:

„Wer mich begreifen möchte, der muss mit der Frage beginnen, wozu es mich überhaupt gibt. Ich soll sicherstellen, dass sich die klein- und mittelständischen Unternehmen (KMU) in unserer Region so entwickeln können, dass möglichst viele Menschen einen Job bekommen. Lange vor meiner Zeit brauchte es mich nicht, denn die KMU aus den Sektoren Textil, Leder und Maschinenbau blickten auf eine lange Tradition zurück und verkauften ihre Produkte zu guten Preisen auf dem nationalen Markt. Doch dann fing die Krise an. Plötzlich kamen aus anderen Ländern Produkte, die billiger waren. Lange Zeit versuchten die Unternehmen, selbst preiswerter zu produzieren. Damit wurde aber auch die Qualität schlechter und der Konkurrenzkampf mit den Importen immer härter. Mehr und mehr Unternehmen starben, und die Arbeitslosigkeit wuchs.

Schwer zu sagen, wer genau den Prozess ins Rollen brachte, um mich zu schaffen. Die Kommunalverwaltungen waren alarmiert und fragten sich, was sie tun konnten, um die schwächelnden Unternehmen zu stärken. Die öffentliche Verwaltung erteilte Gewerbe- und Baugenehmigungen, erhob Abgaben und Steuern, tat sonst aber nichts für die lokale Wirtschaft. Leute aus den lokalen Handwerkskammern setzten sich zusammen und versuchten, einen Weg aus der Krise zu finden. Bisher hatten sie nicht viel miteinander zu tun gehabt, denn die einzelnen Kammern kümmerten sich nur um ihre eigenen Mitglieder.

Irgendwann wurde allen Akteuren klar, dass sie aufeinander angewiesen waren, um voranzukommen. Die ersten Treffen fanden statt, um einen Notfallplan zu verabreden: Wie kann der Zugang der KMU zu bezahlbaren Krediten verbessert werden? Wie können die KMU möglichst schnell neue Technologien integrieren, um Kosten zu senken? Wie können die Menschen unterstützt werden, die bereits ihren Job verloren haben, damit sie nicht abwandern?

Als es darum ging, sich auf die Fragen zu verständigen, die die Akteure schnell angehen konnten, und darum, wer welche Beiträge leisten würde, bildete sich ein harter Kern von Akteuren. Danach wurden neue potenzielle Partner angesprochen: Kreditgenossenschaften, lokale Banken, die Landesregierung. Und plötzlich existierte ich als Kooperationssystem, denn die Akteure hatten ein gemeinsames Ziel. Sie leisteten dazu ihre Beiträge, führten erste Aktivitäten durch und begannen mit regelmäßigen Planungen. Seitdem nennen sie mich ‚Regionalcluster'. Nach und nach kamen in den letzten 20 Jahren neue Akteure hinzu, neue Aufgabenfelder und Prozesse. Meine jüngste Errungenschaft ist, dass die Universitäten und die KMU zusammenarbeiten, um saubere Technologien zu entwickeln. Inzwischen gibt es sogar einige KMU, die diese Art von Technologien exportieren.

Ich bin mit der Zeit gewachsen und verändere mich ständig. Ist das den Akteuren, die mich bilden, bewusst? Planen sie etwa meine Entwicklung? Nun, es kommt immer wieder vor, dass einzelne Personen aus der Verwaltung meinen, ich sei von ihnen vollkommen steuerbar. Andere aus dem Privatsektor erheben denselben Anspruch, sodass sie sich ab und zu gegenseitig neutralisieren. Und trotzdem entwickle ich mich weiter, denn ich besitze die ‚geheimnisvolle' Fähigkeit der Selbststeuerung. Das ist gut so, denn die Kooperationspartner wissen eigentlich nicht, wie sie es tun. Gerade am Anfang unterschätzten sie meine Lernfähigkeit und glaubten mitunter tatsächlich, dass die Fähigkeit der beteiligten Personen den Ausschlag geben würde. Vermutlich war das der Grund dafür, zunächst Aktionsplan für Aktionsplan umzusetzen, ohne sich frühzeitig zu fragen, wie mein Veränderungsprozess gestaltet werden könnte. Die erzielten Ergebnisse gaben dann aber immer wieder das notwendige Feedback.

Vor Kurzem haben sich innerhalb meiner Grenzen mehrere besonders engagierte Akteure zusammengeschlossen. Sie wollen mich besser verstehen, um die notwendigen Lernprozesse bewusster beeinflussen zu können. Sie gestehen sich ein, dass mein Verhalten niemals vollkommen vorhersehbar oder gar hundert Prozent steuerbar sein wird. Sie verstehen mich nicht restlos, haben aber einige Dinge aus der Erfahrung heraus gelernt:

- Obwohl die Personen bereit sind, neue Dinge zu erlernen, sträuben sich häufig die Organisationen. Das erscheint auf den ersten Blick paradox. Den meisten Eigentümern der KMU war zum Beispiel klar, dass sich die Betriebe verändern mussten. Die waren aber über Generationen langsam und erfolgreich gewachsen. Zu große und zu schnelle Veränderungen brachten alles durcheinander: die Produktionsabläufe, den Verkauf an neue, noch unbekannte Kunden etc. Sich nicht anzupassen, bedeutete als Unternehmen zu verschwinden. Sich ständig anzupassen und nicht wieder über Routinen zur Ruhe zu finden, führte ebenfalls zum Kollaps. Also musste die richtige Balance zwischen Stabilität und Wandel gefunden werden.

- Schwierig war die Erkenntnis, dass es für unser Überleben notwendig war, von Bewährtem Abschied zu nehmen, loszulassen. Schließlich waren alle stolz auf die Erfolge der Vergangenheit und trauerten um den Verlust. Die Akteure brauchten eine Perspektive, worin das Neue bestehen würde. Bereits vor uns hatten andere ähnliche Erfahrungen gemacht. Als die Akteure aus diesen Erfahrungen lernten und feststellten, dass nicht alles aus der Vergangenheit schlecht war, waren sie auch bereit, Neues auszuprobieren.

- Besonders die Unternehmen zogen viel Sicherheit aus der Erkenntnis, dass es nicht darum ging, auf Biegen und Brechen möglichst viel Neues zu lernen. Da das Ziel darin bestand, wettbewerbsfähig zu werden, indem auch das Unverwechselbare – was uns als Region auszeichnet – deutlich wird, entschieden sich die Akteure dafür, bestimmte Dinge nicht zu verändern.

- Da die Unsicherheit gerade am Anfang sehr groß war, sorgte jeder Rückschlag für Auseinandersetzungen. Oft wollten mich die Akteure als Kooperationssystem wieder abschaffen und ihre eigenen, getrennten Wege suchen. Doch die Erkenntnis, aufeinander angewiesen zu sein, war immer größer, und irgendwann fingen die Akteure an, Rückschläge als Anzeichen zu verstehen, dass weiter gelernt werden musste.

Veränderungen brauchen ihre Zeit. Lernen ist nicht beliebig zu beschleunigen. Personen lernen schneller als Organisationen, und die sind wiederum schneller als ich, denn bei Kooperationssystemen gibt es nun mal viele Variablen, die niemand überblickt.

Das haben die Akteure irgendwann verstanden. Gelernt wird auf vielen Ebenen, die sich gegenseitig beeinflussen. Nicht alles kann gleichzeitig verändert werden. Darum brauche ich auch eine Lernarchitektur, die deutlich macht, wie die Dinge aufeinander aufbauen, wie sie ineinandergreifen. Und da niemand genau vorhersagen kann, wie ich reagieren werde, musste probiert und beobachtet und die Lernarchitektur immer wieder angepasst werden. So haben die Akteure gelernt zu lernen."

Lernen als Evolution

Das Beispiel macht deutlich: Organisationen und Kooperationssysteme entwickeln sich, passen sich an ihr Umfeld an und beeinflussen es sogar. Dies ist nur möglich, wenn innerhalb des Kooperationssystems gelernt wird. Veränderungen innerhalb von Organisationen und Kooperationssystemen sind Innovationen, denn Leistungen werden auf eine neue Art und Weise erbracht. Neue Muster und Routinen entstehen in der Kooperation, wenn bspw. Unternehmen den Universitäten gegenüber deutlich vertreten, welche Aus- und Fortbildungsbedarfe praxisnah erfüllt werden sollen. Die Universitäten greifen dies auf, indem sie neue interne Prozesse etablieren, um die nachgefragten Leistungen anzubieten. Die Lernprozesse sind zwar nicht vollständig planbar, aber eine strukturierte Herangehensweise verbessert die Aussichten auf Erfolg.

Mit drei grundlegenden Mechanismen der Evolutionstheorie kann erklärt werden, wie Organisationen und Kooperationssysteme lernen und Innovationen sich durchsetzen.[10]

In Organisationen und in Kooperationssystemen entstehen geplant oder spontan an verschiedenen Stellen kleinere oder größere Abweichungen (**Variationen**) zu den eingespielten Routinen. Diese Abweichungen werden häufig an den Kontaktstellen der Organisationen zu ihrem Umfeld oder zwischen Kooperationspartnern angestoßen. Ein Kunde äußert bspw. einen speziellen Wunsch, der nicht über bestehende Standards erfüllt werden kann. Die Nutzer öffentlicher Dienstleistungen machen staatliche Akteure auf Qualitätsprobleme aufmerksam. Mitarbeiterinnen und Mitarbeiter entwickeln neue Ideen für Prozessgestaltungen. Es gibt Organisationen bzw. Kooperationssysteme, die viele Variationen entwickeln bzw. zulassen, andere, denen es an Variationen mangelt.

Eine Form, Erfahrungen mit Innovation auch über Kooperationssysteme hinweg auszutauschen, ist das sogenannte Knowledge Sharing. Vertreterinnen und Vertreter von Organisationen aus unterschiedlichen Gesellschaften suchen gemeinsam nach Variationen, die ihnen dabei helfen, konkrete Herausforderungen zu meistern. Möglicherweise verfügen einige Teilnehmende bereits über eine Erfahrung. Sie teilen dann ihr Wissen, indem sie mit der Methode des Knowledge Sharing ihre Erfahrung so darstellen, dass die anderen Teilnehmenden diese in ihre eigene Wirklichkeit übertragen können.

Zu viele Variationen können in ihrer Vielfalt Handlungsunsicherheit erzeugen. Es entsteht der Bedarf nach einer Führungs- oder Steuerungsentscheidung, die aus den bekannten Variationen die brauchbarste auswählt. Für diesen Schritt der Auswahl (**Selektion**) ist es wesentlich, die entsprechenden Entscheidungsprozesse zu gestalten. Organisationen bzw. Kooperationssysteme unterscheiden sich in ihren Entscheidungsprozessen. Manche ermöglichen eine schnelle Selektion von Variationen, andere sind durch langwierige Prozesse gekennzeichnet. Am Ende verfügt die

Entscheidung idealerweise über den Rückhalt der relevanten Akteure und kann in die Praxis umgesetzt werden.

Nach der Auswahl braucht es Maßnahmen, um die Innovation im System zu verankern (**Re-)Stabilisierung**. Dafür werden Regeln, Strukturen, Prozesse und Rituale überprüft und wenn nötig angepasst: Neue Routinen entstehen. So erhält das Kooperationssystem oder die Organisation zum Überleben die notwendige Stabilität. Die Maßnahmen brauchen eine hohe Aufmerksamkeit, damit die in Organisationen bzw. Kooperationssystemen beteiligten Akteure schnell wieder Verhaltenssicherheit aufbauen können. Organisationen bzw. Kooperationssysteme unterscheiden sich in ihren Kompetenzen zur Gestaltung von Veränderungsprozessen.

Organisationen und Kooperationssysteme lernen also über Variation, Selektion und (Re-)Stabilisierung – erfolgreiche Vorhaben unterstützen diesen Lernmechanismus mit passgenauen Anregungen. In manchen Fällen werden Strukturen und Prozesse etabliert, um Variationen zu erzeugen. Darüber hinaus können auch Entscheidungsprozesse verbessert werden, um die Selektion zu stärken. Denkbar sind auch Situationen, in denen das Veränderungsmanagement insgesamt im Fokus der Anregungen steht. Lernen von Organisationen und Kooperationssystemen ist dabei immer an ihren Zielen orientiert und daran, welchen Erfolg (Nutzen für Kunden, Klienten, Stake- und Shareholder, Akteure etc.) neue Muster im Vergleich zum Bisherigen hervorbringen.

Impulse für nachhaltiges Lernen auf den Ebenen des Capacity Development

Auch wenn das Konzept des Capacity Development ursprünglich aus der Internationalen Zusammenarbeit kommt, ist es für jede Form von Kooperationssystemen relevant. Capacity ist die Fähigkeit von Menschen, Organisationen und Gesellschaften, ihre eigene Entwicklung nachhaltig zu gestalten und an sich verändernde Rahmenbedingungen anzupassen. Durch diese Fähigkeiten werden die Handlungs- und Regiekompetenzen der Akteure innerhalb eines Kooperationssystems gestärkt. Veränderungsprozesse werden so durchgeführt, dass sie als Innovationen nachhaltig in neuen Routinen verankert werden.

Hilfreich ist in diesem Kontext die Unterscheidung der verschiedenen Ebenen des Capacity Development, die schon mehrfach angesprochen worden sind: (1) gesellschaftliche und politische Rahmenbedingungen sowie die Kooperationsbeziehungen zwischen beteiligten Akteuren, (2) Organisationen und (3) Personen. Nicht nur einzelne Fähigkeiten auf den unterschiedlichen Ebenen, sondern besonders das Zusammenspiel zwischen ihnen bestimmt die Handlungs- und Regiefähigkeit und damit die Wirksamkeit eines Kooperationssystems.

Diese Wechselwirkungen müssen berücksichtigt und genutzt werden, wenn Impulse für das Lernen im Kooperationssystem gesetzt werden sollen. Ziel ist es, gemeinsam Veränderung und wirksames Handeln im Sinne einer nachhaltigen Entwicklung zu gestalten. Lernen mit- und voneinander sowie die Entwicklung von Innovationen spielen in diesem Zusammenhang eine zentrale Rolle.

Capacity Development ist im Grundsatz ein Prozess, der von den beteiligten Akteuren getragen werden muss und Ownership, d. h. hohe Identifikation und Engagement der Beteiligten hinsichtlich der angestrebten Veränderung, voraussetzt. Das schließt jedoch nicht aus, dass diese Ownership erst im Laufe eines Veränderungsprozesses entsteht.

Oft unterstützen externe Akteure den Capacity Development-Prozess von Kooperationssystemen durch Beratungsleistungen. Sie übernehmen die Rolle von Katalysatoren, da sie keine eigenen Interessen verfolgen und die übrigen Kooperationspartner ihnen vertrauen. Dies ist einerseits eine enorme Chance. Es kann aber auch riskant sein, wenn die Akteure im Kooperationssystem ihre Verantwortung nicht übernehmen, sondern diese den externen Beratern zuweisen. Darum muss in dieser Art von Kooperationssystemen besonders stark darauf geachtet werden, dass die Veränderungsenergie von den beteiligten Akteuren selbst kommt.

Lernen auf der Ebene Gesellschaft – Politikfeld und Rahmenbedingungen

Jedes Kooperationssystem bewegt sich in einem politischen Raum, der wichtige Rahmenbedingungen setzt. Diese können häufig nur schwer verändert werden. Die Rahmenbedingungen werden durch ein Gefüge aus Regeln, Prozessen, Strukturen, Beziehungen, Organisationen und Personen bestimmt. Kooperationssysteme sind in diese Rahmenbedingungen eingebettet und versuchen gleichzeitig, diese zu beeinflussen. Für das erfolgreiche Management von Kooperationssystemen ist es wichtig, diese Wechselwirkung zu verstehen. Einerseits wird der Blick dafür geschärft, welche Ziele tatsächlich erreicht werden können. Andererseits ergeben sich wichtige Schlussfolgerungen darüber, wie das Kooperationssystem gestaltet werden soll, bspw. in Bezug auf die Akteure, die beteiligt werden sollen, oder angemessene Kooperationsformen.

Einige der zentralen Aspekte, mit denen sich die Rahmenbedingungen eines Kooperationssystems erfassen lassen, sind die folgenden:

- Der traditionelle und kulturelle Kontext einer Gesellschaft, der sich in Werten und gesellschaftlichen Mustern ausdrückt (grundsätzliche Orientierungen bezüglich der Rolle des Staates, der wirtschaftlichen Verfassung, Stellung bestimmter Bevölkerungsgruppen in einer Gesellschaft etc.)
- Die Geschichte der relevanten Institutionen und Organisationen
- Das System von Anreizen und grundlegende Überzeugungen der relevanten Akteure
- Die Strategien, Ziele und Interessen der zentralen Akteure
- Die tatsächlichen Entscheidungsroutinen der relevanten Institutionen und Akteure
- Gesetze, Durchführungsbestimmungen und Qualitätsstandards für öffentliche Dienstleistungen

Diese und andere Rahmenbedingungen verändern sich, wenn auf Gesellschaftsebene gelernt wird. **Scaling-up** beschreibt einen bewusst gewählten und gezielten Impuls, wie Erfahrung und Wissen im Politikfeld verbreitet und verankert wird. Scaling-up ist ein Prozess und zielt auf eine nachhaltige Breitenwirkung von Innovationen, die strukturbildende Effekte hat. Drei Ansätze des Scaling-up lassen sich unterscheiden:

Durch **vertikales Scaling-up** werden Konzepte institutionalisiert, die bereits pilothaft erprobt worden sind, zum Beispiel in einem Vorhaben. Institutionalisiert werden diese Pilotkonzepte in der Regel auf nationaler Ebene in Form von Gesetzen, Politiken, nationalen Entwicklungsplänen und Programmen. Innovative Erfahrungen setzen sich auf diesem Weg flächendeckend im Kooperationssystem auf Dauer durch.

Beim **horizontalen Scaling-up** werden die pilothaft erprobten Konzepte direkt zwischen vergleichbaren Organisationen übertragen: Universitäten übernehmen neue Curricula, Kommunen passen Verwaltungsverfahren an, kleinbäuerliche Vertriebsgenossenschaften kopieren eine erfolgreiche Kommerzialisierungsstrategie. Im Unterschied zum vertikalen Scaling-up ist es beim horizontalen Scaling-up nicht erforderlich, dass nationale Normen oder Politiken angepasst werden. Durch die Lern- und Kooperationsprozesse im Kooperationssystem auf Dauer werden die Ergebnisse des Vorhabens aufgegriffen und verarbeitet.

Bei einem **funktionalen Scaling-up** werden Konzepte, Ansätze, Methoden, Erfahrungen etc. in einen neuen Kontext übertragen.

Lernen auf der Ebene Gesellschaft – Kooperationsbeziehungen

Kooperationssysteme sind vorzügliche Lernarenen, denn gerade in ihnen geht es darum, gemeinsame Lösungen zu finden. Nachhaltige Veränderungen basieren darauf, dass die Kooperationspartner ihre Ressourcen und Kompetenzen zusammen zur Entfaltung bringen. Die Ziele im Kooperationssystem können nur dann erreicht werden, wenn die Akteure gemeinsam lernen. Lernprozesse können hierbei über die Grenzen eines Politikfeldes hinausgehen.

Kooperationssysteme sind so organisiert, dass mehrere Kooperationspartner möglichst gut zusammenarbeiten, um Leistungen zu erbringen, die in einem bestimmten gesellschaftlichen Kontext einen Nutzen stiften und nicht von einem einzelnen Kooperationspartner allein erbracht werden können. Wenn Kooperationssysteme lernen und sich soziale Innovationen durchsetzen, dann ist das gleichbedeutend mit Veränderungen von Elementen, deren besondere Ausprägung das jeweilige Kooperationssystem einzigartig macht. Anhand des zuvor beschriebenen Beispiels der KMU-Förderung könnte dies folgendermaßen aussehen:

- Das Kooperationssystem bildet **Strukturen**, die sich aus dem Ziel der KMU-Förderung, den Handlungsfeldern Zugang zu Kreditdienstleistungen und Technologieförderung, den beteiligten Akteuren aus Privatwirtschaft und Verwaltung sowie den besonderen Kooperationsformen ergeben.

- Darüber hinaus werden die Beiträge der beteiligten Kooperationspartner in **Prozessen** organisiert, die sich an den Zielen des Systems orientieren. So könnten bspw. Kammern und öffentliche Verwaltungen in Industrieparks Technologieberatung anbieten, die die Unternehmen dabei unterstützt, den lokalen Banken und Kreditgenossenschaften qualitativ hochwertige Investitionsprojekte vorzuschlagen.

- Die Zusammenarbeit und Entscheidungsfindung innerhalb des Kooperationssystems basieren zudem auf bestimmten **Regeln**, bspw. für die Verabschiedung von Aktionsplänen, die Auswahl förderungsfähiger Projekte für die Hochschulforschung etc.

- Außerdem entstehen in der Zusammenarbeit **Rituale**, die immer Bestandteil einer Kooperationskultur sind. Diese Rituale haben einen hohen symbolischen und identitätsstiftenden Wert für die beteiligten Akteure, bspw. das Logo des Kooperationssystems, das an die glorreiche Tradition der alten Handwerkerzünfte anknüpft, bestimmte Feste, in denen Erfolge gefeiert werden oder an den Zusammenhalt appelliert wird.

Kooperationssysteme zeichnen sich durch eine Vielfalt von Ideen und Akteuren aus und bieten somit besondere Voraussetzungen für eine moderne Gestaltung von Lernprozessen. Erfolgreiche Kooperationssysteme lernen in doppelter Hinsicht. Zum einen werden Strukturen, Prozesse, Regeln und Rituale angepasst. Zum anderen lernen die Akteure jedoch auch, wie sie in vergleichbaren Situationen reagieren können. Die Akteure lernen auf einer anderen Ebene – sie lernen zu lernen. Dies führt dazu, dass in einem Kooperationssystem an vielen Stellen neue Initiativen für Innovationen entstehen.

Da sich die Kooperationspartner darauf verständigen müssen, ob und wie diese Veränderungsprozesse angestoßen werden sollen, werden immer wieder Ressourcen gebunden. Daher ist es notwendig, in einer dokumentierten Form zu betrachten, ob die Ziele des Vorhabens und die Lernziele erreicht worden sind. Das bedeutet, Lernziele und -indikatoren sind im gleichen Maß zu definieren und zu beobachten wie die Ziele, die sich aus der gemeinsamen Strategie ergeben, wie z. B. die Einrichtung einer neuen Kreditlinie für Technologieförderung. In den Vorhaben findet „überorganisationales Probe-Handeln" statt, mit einer Perspektive auf Nachhaltigkeit. Das Vorhaben ist dabei ein Modell dafür, wie das Kooperationssystem auf Dauer lernt („Lernen am Modell").

Lernen auf der Ebene Organisation

Organisationen sind eigene „Wesen". Die weitverbreitete Überzeugung, dass Organisationen auf die Anzahl ihrer Mitglieder reduziert werden könnten, greift zu kurz. Organisationen erzeugen ihren eigenen Sinn – sie sind eigensinnig. Sie entwickeln sich in der Regel um gesellschaftliche Problemlagen herum und bieten entsprechende Lösungen an. Sie sind dauerhaft erfolgreich, wenn sie Lösungen für arbeitsteilige Aufgaben (Zielvorgaben) zu geringeren Transaktionskosten anbieten können, als dies ohne sie möglich wäre. Organisationen entwickeln im Laufe ihrer Geschichte eine Autonomie, die sich in spezifischen Strukturen, Prozessen, Regeln und Ritualen ausdrückt. Organisationen sind durch Zielorientierung und formale Mitgliedschaft definierte Bündel von Zielvorgaben. Diese Zielvorgaben stecken den Rahmen für die Operationen der Organisation.

Organisationen als Mitglieder in einem Kooperationssystem werden immer wieder mit Anforderungen aus dem Kooperationssystem konfrontiert. Die überorganisationale Kooperation ist notwendig, um Ziele zu erreichen, die eine Organisation allein nicht erreichen kann. Somit entstehen neue Chancen und Potenziale. Die Organisationen müssen sich auf der Grundlage der Anforderungen aber auch immer wieder anpassen. Deshalb sollten die einzelnen Partner in einem Kooperationssystem die Fähigkeit entwickeln, Impulse aus dem Kooperationssystem aufzunehmen, ihre Fähigkeiten weiterzuentwickeln und die erwarteten Leistungen und Beiträge zu liefern.

Dazu werden u. a. in den Organisationen neue Strukturen, Regeln, Prozesse und Rituale entwickelt, die den Bereich der Kooperation mit anderen Akteuren abdecken. Damit werden Handlungs- und Entscheidungsspielräume geschaffen, die den beteiligten Personen in den Organisationen die Möglichkeit geben, einen Teil ihrer Energie, Arbeitszeit und Ressourcen dafür einzusetzen, mit anderen zusammenzuarbeiten. Außerdem kann es erforderlich sein, dass diese Personen ihre Kompetenzen so entwickeln, dass sie diese Spielräume ausschöpfen und erweitern können, um ihre Organisation angemessen im Kooperationssystem zu vertreten.

Organisationen lernen, indem sie in ihre Strukturen, Prozesse, Regeln und Rituale Erfahrungen und Wissen einbauen bzw. diese intelligent machen. Organisationen lernen zum Beispiel, wenn:

- Durch eine Restrukturierung neue Erfahrungen damit gemacht werden, Organisationsstrukturen zu gestalten und zu verändern
- Wertschöpfungsprozesse angepasst und damit das Geschäft der Organisation insgesamt optimiert wird
- Regelsysteme – wie etwa Regelsysteme zur Personalentwicklung – verändert werden
- Systeme des Qualitätsmanagements etabliert werden, die sicherstellen, dass die gesetzten Standards in der Leistungserbringung eingehalten werden. Darüber hinaus wird die Funktion etabliert, Lern- und Verbesserungsbedarfe kontinuierlich zu identifizieren und zu decken.

Lernen auf der Ebene Person

Impulsgeber für Lernen und Innovation sind oft einzelne Personen, die neue Möglichkeiten und Potenziale sehen oder schlicht ein Ungleichgewicht zwischen Anspruch und Realität erkennen.

Kompetenzentwicklung stärkt die Handlungs- und Gestaltungsmöglichkeiten einzelner Personen. Dies geschieht aber nicht im leeren Raum, losgelöst von Beziehungen, Bezügen und Kontext. Aktivitäten auf der individuellen Ebene entfalten ihr volles Potenzial, wenn sie auf das Bezugssystem ausgerichtet sind und dabei die Schnittstellen zu den anderen Ebenen des Capacity Development wirksam mitgestaltet werden. Das Bezugssystem bezeichnet den direkten Einflussbereich einer Person – sei es eine Organisation, ein Kooperationssystem, ein Netzwerk oder eine informelle Community. Die Entwicklung der Handlungskompetenz einer Person trägt dazu bei, dass sie Veränderungen in ihren jeweiligen Bezugssystemen anstoßen und begleiten kann. Sie wird – als Change Agent – zum Beispiel in die Lage versetzt, Austauschprozesse in ihrem beruflichen Netzwerk effizienter zu gestalten, auch eine Neuorientierung in ihren Umfeldern anzuregen oder als Multiplikatorin in Organisationen, Netzwerken und Politikfeldern das Lernen zu verstetigen.

Human Capacity Development in der GIZ

Die GIZ verfügt im Bereich der internationalen Kompetenzentwicklung über langjährige Erfahrung. Unter Human Capacity Development (HCD) versteht die GIZ ein Dienstleistungsangebot, welches im Rahmen von Capacity Development-Prozessen hilft, das Lernen von Individuen professionell zu gestalten. HCD unterstützt dabei, Kompetenzen von Personen zu entwickeln und gemeinsame Lernprozesse so zu gestalten, dass diese Personen zu nachhaltigen Wirkungen in ihrem jeweiligen Bezugssystem beitragen können.

Aus den Zielen im Kooperationssystem lassen sich unterschiedliche Kompetenzbedarfe für die HCD-Aktivitäten in der Lernarchitektur ableiten. Die folgenden Dienstleistungsversprechen für Maßnahmen auf der Personenebene zeigen unterschiedliche Fokusse für die Entwicklung von passgenauen HCD-Aktivitäten für die entsprechende Zielgruppe:

1. Die persönliche Wirksamkeit steigern
Lernen die Personen Konzepte des Selbst- und Wissensmanagements, dann werden ihre persönlichen und sozialen Kompetenzen gestärkt. Dafür müssen auch das eigene Handeln und Rollenverständnis reflektiert werden.

2. Die Handlungskompetenzen von Fachkräften stärken
Durch die anwendungsorientierte Entwicklung von Fachkompetenzen werden Fachkräfte dazu befähigt, Veränderungen aus ihrer fachlichen Perspektive heraus einzuleiten und zu begleiten. Hierbei steht die Arbeit am konkreten Fall im Vordergrund sowie die Fähigkeit, durch gezieltes „Weiterlernen" immer neue Veränderungen meistern zu können.

3. Die Gestaltungskraft von Managern und Prozessverantwortlichen stärken
Personen mit Projekt- oder Prozessverantwortung – Manager – werden mit Konzepten zur effizienten Gestaltung von Prozessen und Veränderungen vertraut gemacht. Damit werden sie in die Lage versetzt, institutionelle und gesellschaftliche Veränderungen für nachhaltige Entwicklung selbstständig und dauerhaft zu gestalten.

4. Trainer und Berater in ihrer Multiplikatorenrolle stärken
Trainer und Berater entwickeln ihre didaktischen und methodischen Kompetenzen, um ihre Multiplikatorenrolle in der Begleitung von individuellen Lernprozessen und innerhalb von Organisationen und Kooperationssystemen zu stärken.

5. Führungsverantwortung ausbauen und festigen
Führungskräfte und Change Agents sollten ihre Fähigkeiten zu Führung und Strategieentwicklung weiterentwickeln. Dadurch können Führungskräfte in ihrem Bezugssystem umfassende Veränderungen wirkungsvoller vorantreiben. Durch eine dialog- und wertebasierte Herangehensweise wird dabei insbesondere auch die Verantwortung von Führungskräften für das Gemeinwohl thematisiert.

6. Durch Vernetzung von Menschen Lernen und Veränderung nachhaltig machen
Menschen lernen am leichtesten in Lerngemeinschaften, ob vor Ort oder in virtuellen Communities. Dadurch wird Wissen weltweit verfügbar. Wenn sich Praktiker untereinander austauschen, dann führt dies zu regelmäßigen Veränderungsimpulsen im jeweiligen Arbeitskontext. Diese Netzwerke zwischen Personen bestehen in vielen Fällen über einen längeren Zeitraum hinweg, sodass sie selbstgesteuert immer wieder passende Lösungen für aktuelle Herausforderungen erarbeiten können. Lokale, regionale und globale Alumni-Netzwerke helfen oft, solche Lern- und Austauschnetzwerke nachhaltig zu gestalten.

Durch Kombination verschiedener Fokusse können die Entwicklung einer umfassenden Handlungskompetenz und die Wirkung für die jeweiligen Kontexte und Bedarfe noch verstärkt werden.

Wie lernen Personen nachhaltig?

Menschen lernen mit- und voneinander (Peer Learning), teilen ihr Wissen und ihre Erfahrungen (Knowledge Sharing). Dies ist möglich dank der enormen Lernfähigkeit des Menschen, die über die Akkumulation von Wissen hinausgeht. Personen lernen, indem sie komplexe Erfahrungen machen und mit anderen Menschen interagieren. Wenn Erfahrungen weitergegeben werden, dann bewerten und verändern die beteiligten Personen ihre bestehenden Überzeugungen und Sichtweisen. Die Bereitschaft, neue Erfahrungen in die Wahrnehmung zu integrieren und auf ihre Gültigkeit hin zu überprüfen (selbstkritisch zu denken; reflexives Lernen), ist eine maßgebliche Voraussetzung für Veränderung. Die so gewonnenen tieferen Einsichten sind Grundlage, um die eigenen Handlungsmöglichkeiten und somit auch die Möglichkeit der Veränderung von Verhalten (= Lernen) zu überprüfen.

Gleichzeitig wird deutlich, dass Lernen immer verbunden ist mit Fähigkeiten und Werten, die kulturell eingespielt sind und die Rolle des Individuums innerhalb der Gesellschaft bestimmen. Deshalb ist eine notwendige Voraussetzung für ideale Lernbedingungen, dass der jeweilige kulturelle, soziale und politische Kontext berücksichtigt wird. Dies ist insbesondere in gesellschaftlichen Veränderungsprozessen von zentraler Bedeutung, damit die Lernanforderungen an die beteiligten Personen in den richtigen Kontext gestellt werden können. Außerdem werden Erlebnis- und Erfahrungsräume gestaltet, in denen gemeinsame Haltungen entstehen können.

Erwachsene lernen dann am besten, wenn an ihrer Biografie angesetzt wird und Räume zur Reflexion geschaffen werden, in denen die eigene Erfahrung und das eigene Wissen neuen Impulsen gegenübergestellt werden können. So identifizieren die Personen neue Handlungsmöglichkeiten. Wollen Personen ihre Verhaltensweisen verändern, dann erfordert dies oftmals eine enorme Anstrengung. Der Erfolg hängt sehr stark davon ab, ob sich die Personen in ihrem jeweiligen Kontext als wirksam Handelnde erfahren haben und Anerkennung und Zuspruch für ihr verändertes Verhalten erhalten. Dies setzt u. a. voraus, dass innerhalb der Organisation, in der eine Person arbeitet, oder auch innerhalb des Kooperationssystems die Chance besteht, das Gelernte in der Praxis anzuwenden und so Veränderungsprozesse anzustoßen und mitzugestalten.

Von besonderer Bedeutung ist das Lernen on the job. Die Erfahrung zeigt, dass die Menschen in ihrer alltäglichen Arbeit sehr gut lernen. Es geht darum, diese Lernmöglichkeiten sinnvoll zu gestalten und zu nutzen. Dies geschieht bspw. dadurch, dass Personen neue Aufträge übertragen bekommen, in Projektteams eingebunden werden, in einem fremden Arbeitsgebiet hospitieren oder sich in organisationsübergreifenden Communities of Practice engagieren. Diese Art von Lernen muss nicht über formale Trainings inszeniert, sondern kann durch Aufmerksamkeit für Lernmöglichkeiten im Arbeitsalltag und in informellen Netzwerken ausgeschöpft werden.

Entscheidend für eine wirkungsvolle Kompetenzentwicklung ist es, die bestehenden mit den erwünschten Kompetenzen abzugleichen. Die erwünschten Kompetenzen ergeben sich aus den besonderen Aufgaben, die die Personen erfüllen sollen. Aus dem entsprechenden Analyseschritt (Gap Analysis) lässt sich ableiten, wie die Kompetenzentwicklung ausgerichtet sein soll, um dann entsprechende Lernmaßnahmen zu identifizieren.

Kompetenzentwicklung orientiert sich an Kompetenzprofilen, die aufzeigen, wohin die Lernreise gehen soll. Das Kompetenzprofil ist richtungsweisend für den Lernprozess und greift unterschiedliche Perspektiven, Erwartungen und Erfahrungen der Beteiligten auf. Folgende fünf Dimensionen sind erfahrungsgemäß von Bedeutung: Fachkompetenz, methodische Kompetenz, Management- und Beratungskompetenz, Trainingskompetenz, Kommunikations- und Kooperationskompetenz und Selbstmanagement-Kompetenz.

Eine moderne Lernkultur ergänzt den notwendigen persönlichen Kontakt durch andere Elemente. Menschen müssen sich heute nicht mehr an einem Ort versammeln, um gemeinsam zu lernen. So gewinnen webbasierte Lernformen (z. B. E-Learning, E-Coaching, E-Collaboration) zunehmend an Bedeutung. Überall dort, wo es um Handlungslernen und die Transformation gewachsener Deutungs- und Sichtweisen wie auch um emotionale Kompetenzen geht, bleibt der persönliche Kontakt unverzichtbar (z. B. Training, Workshop, Coaching). Hier zeigt eine moderne Lernkultur innovative Ansätze auf und setzt zunehmend auf Lernformen, die ein Joint Learning (gemeinsames interkulturelles Lernen) oder auch ein Peer-to-Peer-Learning (gleichberechtigtes Lernen zwischen Gleichgestellten) ermöglichen.

Die besondere Perspektive des Erfolgsfaktors Lernen und Innovation

Da sich Kooperationssysteme ständig an ihre Umwelt anpassen, finden permanent Lernprozesse statt, ob quasi naturwüchsig oder bewusst gestaltet. Lernen ist das zentrale Thema von Vorhaben, denn die gewünschten Veränderungen sollen nachhaltig innerhalb eines gesellschaftlichen Handlungsfeldes verankert werden. Die Koppelung zwischen Vorhaben und Handlungsfeld ist darum essenziell. Der EF Lernen und Innovation hilft dabei, diese Prozesse zu gestalten. Gleichzeitig warnt er aber immer wieder davor zu glauben, dass die Akteure das Kooperationssystem zu hundert Prozent kontrollieren könnten.

Erfolgreiche Vorhaben im Kooperationskontext nutzen ihren Modellbildungscharakter auf allen Ebenen des Capacity Development. Sie sind Lernarenen, in denen eine Vielzahl von möglichen Innovationen ausprobiert werden können, ehe sie in neue Routinen innerhalb des gesellschaftlichen Handlungsfeldes münden.

Dabei kommt es darauf an, eine „Komposition" von Maßnahmen zu schaffen, die sich auf den unterschiedlichen Ebenen stützen und verstärken. Eine solche **kohärente Lernarchitektur** stellt sicher, dass Personen über die notwendigen Kompetenzen verfügen, um neue Aufgaben zu übernehmen, die bspw. durch eine veränderte Zieldefinition ihrer Organisation notwendig geworden sind. Letztlich wird es jedoch nicht ausreichend sein, dass einzelne Personen ihre Wissensbasis erweitern sowie Einstellungen und Verhalten verändern – wirkungsvoll eingebracht werden können diese Kompetenzen nur dann, wenn sich auch die Strukturen, Prozesse und Regeln der beteiligten Organisationen und des Kooperationssystems insgesamt verändern: So müssen Rahmenbedingungen und Möglichkeiten geschaffen werden, damit Personen ihr neues Know-how auch zum Einsatz bringen und sich neue Routinen auf den verschiedenen Ebenen entwickeln und einspielen können.

Der EF Lernen und Innovation zielt darauf ab, Lernräume zu erkunden und in einem gemeinsamen Konzept zusammenzuführen, um die Handlungs- und Regiekompetenzen der Akteure zu stärken. Der EF Lernen und Innovation ergänzt alle tragenden Elemente des Managementmodells Capacity WORKS, indem er die folgenden Kompetenzen stärkt, die über ein Vorhaben hinaus genutzt werden können:

- Ziel- und ergebnisorientiertes Management, damit die Kooperationspartner eigenständig ihr Management immer wieder auf neu vereinbarte Ziele und Wirkungen ausrichten können
- Strategieentwicklung, um in der Lage zu sein, Optionen zu entwickeln, die den Handlungsspielraum der Akteure erweitern und Wege eröffnen, um auch in turbulenten Zeiten einem Kooperationssystem einen Sinn geben zu können
- Kooperationsmanagement, um die Formen der Kooperation und die Auswahl der Kooperationspartner an die jeweils aktuellen Bedarfe anpassen zu können
- Steuerungsmechanismen, damit die Kompetenz entwickelt wird, angemessene Steuerungsstrukturen im Kooperationssystem einzurichten und bei Bedarf wieder zu verändern
- Prozessgestaltung, um die Prozesse im gesellschaftlichen Handlungsfeld und die internen Managementprozesse so gestalten zu können, dass sich soziale Innovationen und Lernmechanismen etablieren können

…
Toolbox
Übersicht und Blickrichtungsfragen

Tools	Seite	Blickrichtungsfragen
Erfolgsfaktor Strategie		
1. Strategiesuite	96	In welchen Schritten kann die Strategie eines Vorhabens entwickelt werden?
2. Gesellschaftliche Muster und Trends	101	Welche gesellschaftlichen Entwicklungen und Trends beeinflussen das Vorhaben?
3. Szenarien	104	Wie entwickelt sich das gesellschaftliche Handlungsfeld im Zeitverlauf?
4. Schlüsselherausforderungen: SWOT	108	Welche Stärken, Schwächen, Chancen und Risiken prägen das gesellschaftliche Handlungsfeld, in dem das Vorhaben Wirkung erzielen will? Welche Capacities stehen auf den verschiedenen CD-Ebenen zur Verfügung?
5. Erfinden von Optionen	112	Wie lassen sich alternative Optionen für die Strategie im Vorhaben entwickeln?
6. Auswahl einer Option	115	Wie wird eine fundierte Auswahl für die strategische Option des Vorhabens gestaltet?
7. Wirkungsmodell	118	Wie hängen die intendierten Wirkungen in einem Vorhaben zusammen? Welche Wirkungshypothesen stehen hinter diesem Zusammenspiel?
8. Capacity Development-Strategie	124	Welche Capacity Development-Strategie ist angesichts der intendierten Ziele und Wirkungen des Vorhabens Erfolg versprechend?
Erfolgsfaktor Kooperation		
9. Akteurslandkarte	131	Welche Personen und Organisationen sind in das Vorhaben eingebunden oder sollten eingebunden werden?
10. Handlungsprofil der Akteure (4-A-Matrix)	136	Wie sehen die Handlungsprofile der relevanten Akteure im Detail aus? Was bedeutet das für die Kooperation im Vorhaben?
11. Interessen von Schlüsselakteuren	139	Welche Interessen verbinden die Schlüsselakteure mit dem Vorhaben? Wo entstehen Zielkonflikte, und wie können diese bearbeitet werden? Wie wird konstruktiv mit Beziehungs- und Interessenkonflikten umgegangen?
12. Strukturmerkmale von Kooperationen	143	An welchen Merkmalen lässt sich die Qualität der Kooperation erkennen? Welche Kooperationsmuster sind passend? In welchen Rollen handeln die Akteure im Vorhaben?

Tools	Seite	Blickrichtungsfragen
13. Sichtweisen der Akteure (PIANO-Analyse)	151	Welche Sichtweisen verbinden die Schlüsselakteure mit dem Vorhaben? Wie kann sich das Vorhaben an die Handlungsstrategien der Akteure anschließen?
14. Netzwerke: Beziehungspotenziale stärken	155	Wann ist der Aufbau eines Netzwerks sinnvoll? Welche Schlüsselfragen stellen sich beim Netzwerkmanagement?
15. Vertrauensbildung	160	Wie können die Kooperationsbeziehungen gefestigt werden? Welche Spannungen und Konflikte zeichnen sich ab – und welche Hilfestellungen, Konfliktmanagementsysteme oder Problemlösungsverfahren können angeboten werden?
16. Hinterbühne und Lernverhalten	167	Welche impliziten Regeln, Problemlösungsverfahren und Lernmuster bestimmen das Kooperationssystem?
17. Bedarfsanalyse	173	In welchen Bereichen gibt es im Vorhaben einen Bedarf an komplementärer Zusammenarbeit? Mit welchen Akteuren könnte potenziell eine Zusammenarbeit aufgebaut werden?
18. Komparative Vorteile	176	Welches sind die komparativen Vorteile, die das Vorhaben zu einem attraktiven Partner in einer komplementären Zusammenarbeit machen?
19. Gestaltung von Aushandlungsprozessen	179	Wie können Verhandlungen, in denen unterschiedliche Interessen, Arbeitsweisen und Erwartungen aufeinandertreffen, konstruktiv gestaltet werden?
Erfolgsfaktor Steuerungsstruktur		
20. Steuerungsstruktur	184	Wie kommt das Vorhaben zu Entscheidungen? Wie sind die verschiedenen Akteure an der Steuerung zu beteiligen? Wie sieht eine geeignete Steuerungsstruktur für das Vorhaben aus?
21. Anforderungen an die Qualität der Steuerungsstruktur	189	Welche Anforderungen können an die Qualität einer Steuerungsstruktur gestellt werden?
22. Wirkungsorientiertes Monitoringsystem	192	Wie wird ein wirkungsorientiertes Monitoringsystem aufgebaut? Was ist beim Aufbau und Betrieb zu berücksichtigen?
23. Interventionsarchitektur	196	Wie werden Interventionen im Zeitverlauf angelegt?
24. Operationsplan	202	Wie übersetzen wir unsere strategische Ausrichtung in einen Umsetzungsplan?
Erfolgsfaktor Prozesse		
25. Prozesslandkarte	207	Welche Prozesse gibt es im gesellschaftlichen Handlungsfeld bzw. im Vorhaben?
26. Prozesshierarchie	212	Wie werden Prozesse auf eine operationalisierbare Ebene heruntergebrochen?

Übersicht und Blickrichtungsfragen

Tools	Seite	Blickrichtungsfragen
27. Prozessdesign	215	Wie lassen sich Prozesse im Detail entwerfen und beschreiben?
28. Prozessoptimierung	218	Wie können kritische Prozessmuster erkannt und optimiert werden?
29. Gestaltung von Schnittstellen	223	Wie können Schnittstellen gestaltet werden?
Erfolgsfaktor Lernen und Innovation		
30. Scaling-up	227	Wie kann Scaling-up erfolgreich gestaltet werden?
31. Lernkompetenz in Kooperationssystemen	231	Wie lassen sich der Lernbedarf und der Lernfortschritt in einem Vorhaben überprüfen und anpassen?
32. Innovationsfähigkeit von Kooperationssystemen	234	Wie kann die Innovationsfähigkeit eines Vorhabens gestärkt werden?
33. Wissensmanagement in Vorhaben	238	Welche Wissensprodukte sollten dokumentiert werden, und wie kann das gelingen?
34. Debriefing	243	Wie werden Erfahrungen im Vorhaben ausgewertet und gesichert?
35. Lernnetzwerke von Multiplikatoren und Trainern	247	Wie kann ein institutionalisierter Austausch von Multiplikatoren und Trainern gestaltet werden?
36. Wissensgemeinschaft (Community of Practice)	251	Wie lernen Kooperationssysteme oder Organisationen aus Erfahrungen und bestehendem Wissen?
37. Organisationsdiagnose	255	Wie ist die Leistungsfähigkeit einer Organisation, und was ist ihr Lernbedarf?
38. Qualitätsmanagement in Organisationen	260	Wie lässt sich die Qualität der Leistungserbringung in Organisationen systematisch verbessern?
39. Qualität in der Kompetenzentwicklung	265	Welche Aspekte sind für die Gestaltung wirksamer Qualifizierungskonzepte zu beachten?
40. Kollegiale Beratung	269	Wie kann implizites, an Personen gebundenes Wissen für den Austausch zwischen Akteuren genutzt werden?
41. Entwicklung von Lernzielen	272	An welchen Lernzielen richtet sich das Vorhaben aus? Welche Tools können hilfreich sein bei der Bearbeitung?
42. Überprüfung der Lernstrategie von Vorhaben	276	Auf welchen Ebenen und zu welchen Themen gilt es, Lernkompetenz stärker zu fördern als in bisherigen Maßnahmen geplant?

Erfolgsfaktor Strategie

Tool 01
Strategiesuite

Anwendungshinweise

Zielsetzung/Funktion	Dient der Entwicklung von Capacity Development-Strategien bzw. von Strategien für Vorhaben, die auf Veränderungen gesellschaftlicher Teilsysteme angelegt sind. Bietet dafür eine Sequenz von Tools, die von der Analyse zur Entwicklung, Bewertung und Entscheidung für eine strategische Option führen. Ergebnis ist eine ausformulierte Strategie.
Anwendung	In Situationen, in denen die strategische Ausrichtung des Vorhabens in Frage gestellt oder genauer zwischen den beteiligten Akteuren geklärt wird; zu Anfang eines jeden Vorhabens sowie im Verlauf aufgrund von Monitoringinformationen, Änderungen in den Zielen oder Veränderungen im Kontext des Vorhabens.
Setting	In Gruppen unterschiedlicher Größe; die Abfolge der Tools empfiehlt die kontinuierliche Arbeit einer definierten Gruppe, die in einem Workshop oder in zwei aufeinanderfolgenden Workshops stattfinden kann.
Hilfsmittel	Pinnwände, Flipcharts, Moderationsmaterialien (Stifte, Karten, Nadeln usw.); Fotodokumentation aller Ergebnisse.
Hinweise	Ausgangspunkt sollte eine klar definierte strategische Frage sein. Die Abfolge der Tools führt die Beteiligten durch Fragestellungen, die den Abgleich ihrer unterschiedlichen Hypothesen und Ideen verlangen. Die Abfolge verbindet Tools aus allen Erfolgsfaktoren miteinander. Das Ergebnis einer ausformulierten Capacity Development-Strategie bietet den Einstieg in die anderen Erfolgsfaktoren, die in der ausgewählten Option im Management entsprechend ausgestaltet werden. Es empfiehlt sich, für diesen Prozess eine externe Moderation oder Beratung in Anspruch zu nehmen, die die Beteiligten bzgl. der Prozessverantwortung entlastet und die Ergebnisorientierung sicherstellt.

Beschreibung

Eine Strategie zu entwickeln bedeutet, sich auf einen Prozess einzulassen. Für die Gestaltung eines solchen Prozesses bietet Capacity WORKS mit dem Tool Strategiesuite eine empfohlene Abfolge von Schritten und entsprechenden Tools an. Innerhalb eines Schrittes können nach Bedarf mehrere und verschiedene Tools eingesetzt werden.

Abbildung 17: Strategieschleife

Die Anleitung zur Strategieentwicklung ist eine Prozessbeschreibung, die die strategische Schleife in lineare Prozessschritte aufteilt:

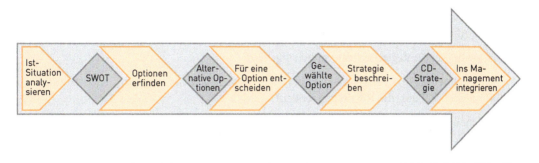

Abbildung 18: Strategieentwicklung als linearer Prozess

Organisation des Prozesses

Die Prozessdarstellung zeigt fünf Schritte, die jeweils mit einzelnen Tools hinterlegt sind. Jeder Prozessschritt führt zu einem Ergebnis, welches mit Hilfe des Tools erarbeitet wird. Der Prozess insgesamt erstreckt sich erfahrungsgemäß über mehrere Tage (zwischen zwei bis vier Tagen) bzw. Workshops, die nicht alle direkt aneinander anschließen müssen. Nach jedem Prozessschritt und Ergebnis ist eine Unterbrechung oder Reflexionszeit möglich. Gleichzeitig muss die Strategieentwicklung ausreichend kontinuierlich sein, um die Energie für das Neue in der Gruppe der Beteiligten zu halten und die Dramaturgie der Schritte dafür zu nutzen. Jeden Schritt und jedes Ergebnis gilt es sorgfältig zu dokumentieren, damit Nicht-Anwesende später transparent durch die Überlegungen und Ergebnisse geführt werden können. Die Strategie bleibt somit in ihrer Begründung auch später noch nachvollziehbar und diskutierbar.

Wichtig bei der Strategieentwicklung ist:

- dass in der Steuerungsstruktur bzw. in den verantwortlichen Gremien die in der Strategieentwicklung zu beteiligenden Akteure festgelegt werden. Hier sind vor allem die Schlüsselakteure zu bedenken, die relevante Entscheidungen tragen und Ressourcen einbringen, und über verschiedene Akteure möglichst unterschiedliche Perspektiven einzubeziehen.
- dass ggf. eine Beraterin/ein Berater für die Moderation des Prozesses engagiert wird, damit alle Akteure frei sind, beizutragen, und der Ergebnisfokus durch den Prozess gehalten werden kann.
- dass man sich überlegt, wie betroffene, aber ggf. nicht an der Entwicklung beteiligte Akteure informiert oder einbezogen werden sollen.
- dass festgelegt wird, wie die Ergebnisse nachvollziehbar dokumentiert werden und eventuell für eine Darstellung des Vorhabens nach außen genutzt werden können.

Schlüsselfragen zur Vorbereitung der Strategieentwicklung:

- Was ist der Anlass für die Strategieentwicklung?
- Was ist unsere strategische Frage? Betrifft die Frage einen Teil oder das gesamte Vorhaben? Welche Akteure sind davon betroffen?
- Wer soll an der Strategieentwicklung beteiligt sein?
- Gibt es Elemente zur Strategieentwicklung oder beschriebene Strategien aus einer früheren Phase des Vorhabens, die wir nutzen wollen?
- In welchen regionalen und politischen Rahmen fällt die Strategieentwicklung des Vorhabens? Welche Dokumente setzen Grenzen oder Rahmenbedingungen und sollten einbezogen werden?
- (Bei Vorhaben der deutschen Internationalen Zusammenarbeit möglicherweise relevant: Schwerpunktstrategiepapiere des Bundesministeriums für wirtschaftliche Zusammenarbeit und Entwicklung (BMZ), Länderstrategien des BMZ, nationale Strategien in den Sektoren, überregionale Strategien, Strategiepapiere anderer Geber, von NGOs etc.)
- Wer bereitet mit der Moderation/Beratung den Prozess vor und übernimmt dafür Verantwortung?
- Zu welchem Zeitpunkt schauen wir auf die Strategie, und wann aktualisieren wir sie?

Es empfiehlt sich, die Strategieentwicklung immer zu Beginn eines Vorhabens anzulegen. Im Kalenderjahr bietet es sich an, dies zeitlich an den Rhythmus der Berichtspflichten, Monitoring- und Budgetprozesse der Hauptbeteiligten anzupassen. Strategien sind Voraussetzung für eine begründete Meilenstein- und Operationsplanung, in der die Ressourcen des Vorhabens allokiert werden. Diese enge Beziehung zwischen Strategie und Ressourcenplanung sollte in der Jahresplanung der Prozesse berücksichtigt sein.

Eine jährliche Überprüfung der strategischen Ausrichtung ist erfahrungsgemäß notwendig. Zudem können Anlässe wie Regierungswechsel, wirtschaftliche Krisen, aufkommende Konflikte eine strategische Neu-Ausrichtung notwendig machen. Weiterhin bieten Evaluierungen oder Prüfungen Anlässe, Strategien zu überprüfen, die sich oftmals eher aus den internen Managementprozessen eines der beteiligten Akteure ergeben.

Aus dem Anlass für die Strategieentwicklung ergibt sich häufig die Reichweite: Geht es um die Strategie des gesamten Vorhabens oder um einen Teilbereich? Findet die Strategieentwicklung zu Beginn statt und ist auf das Gesamte gerichtet? Oder findet sie zu einem späteren Zeitpunkt statt und beschränkt sich auf eine strategische Überprüfung bestimmter Aspekte des Vorhabens?

Es empfiehlt sich, die mit den relevanten Beteiligten geklärten Schlüsselfragen für die Strategieentwicklung als Ergebnis festzuhalten, ggf. auf ein Flipchart zu schreiben, damit sie im gesamten Verlauf des Prozesses gegenwärtig bleiben.

Sind der Fokus – also die Fragestellung der Strategieentwicklung –, die an der Strategieentwicklung zu beteiligenden Akteure, ggf. der Berater und die Prozessorganisation geklärt, dann stehen die folgenden inhaltlichen Schritte an.

Vorgehen

In der folgenden Abbildung findet sich eine Übersicht über die fünf Schritte und die möglicherweise zu verwendenden Tools innerhalb der Schritte. Einige der Tools finden sich in anderen Erfolgsfaktoren wieder, dann wird hier lediglich darauf verwiesen; andere Tools sind im EF Strategie verortet und werden auf den folgenden Seiten beschrieben.

Prozessschritte	Toolkit	Tool-Nummer	Ergebnis des Prozessschrittes
Schritt 1 Ist-Situation analysieren	**Gesellschaftliche Muster und Trends** Szenarien **Prozesslandkarte** Handlungsprofil der Akteure (4-A-Matrix) **Akteurslandkarte** Komparative Vorteile Bedarfsanalyse **Schlüsselherausforderungen: SWOT**	02 03 25 10 09 18 17 04	▪ SWOT
Schritt 2 Optionen erfinden	**Erfinden von Optionen**	05	▪ Alternative Optionen
Schritt 3 Für eine Option entscheiden	**Auswahl einer Option**	06	▪ Gewählte Option
Schritt 4 Strategie beschreiben	Wirkungsmodell **CD-Strategie**	07 08	▪ Wirkungsmodell ▪ CD-Strategie
Schritt 5 Ins Management integrieren	Kein spezifisches Tool, sondern das Übersetzen der Ergebnisse der Strategieentwicklung in den anderen Erfolgsfaktoren.		

Abbildung 19: Toolkit zur Strategieentwicklung

Um die Strategieschleife sinnvoll für die Strategieentwicklung zu nutzen, empfehlen sich bestimmte Tools, die in jedem Fall anzuwenden sind. Diese sind in der Tabelle fett markiert. Alle anderen Tools sind je nach Fragestellung und Bedarf in den Schritten zusätzlich nutzbar.

Die Schrittfolge baut aufeinander auf und folgt einem notwendigen Rhythmus von Erweitern und Fokussieren der Perspektive. In der Analyse erhöhen die Informationen die Komplexität, werden aber dann verdichtet und in den Schlüsselherausforderungen fokussiert. Das fast schon spielerische Entwickeln mehrerer, alternativer und ehrgeiziger Optionen erweitert die Sicht auf mögliche Handlungsspielräume. Die Auswahl einer Option auf Grundlage einer transparenten und gemeinsamen Bewertung reduziert die Komplexität auf die handlungsorientierende Entscheidung. Letztere bleibt maßgeblich, wenn die Strategie durch Maßnahmen, Leistungen oder das Wirkungsmodell differenzierter beschrieben wird.

Aus diesem Toolkit ist eine Abfolge von Tools entlang der Schrittfolge und unter Beachtung dieses Rhythmus' zusammenzustellen und mit den Beteiligten in Workshop-Settings zu bearbeiten.

Tool 02
Gesellschaftliche Muster und Trends

Anwendungshinweise

Zielsetzung/Funktion	Dient einer kurzen und pragmatischen Analyse des gesamtgesellschaftlichen Kontextes, der relevant für die Fokusfrage der Strategieentwicklung ist. Das Tool soll gesellschaftliche Trends und Muster explizit machen und diese als Chancen und Risiken für die Ziele des Vorhabens identifizieren.
Anwendung	In Situationen, in denen der polit-ökonomische und gesellschaftliche Kontext von Vorhaben genauer angeschaut werden soll, um die Einbettung in den Kontext zu überprüfen.
Setting	In einem Workshop mit einer Gruppe (eher klein als groß, maximal zwölf Teilnehmende) bestehend aus Akteuren mit lokalem Know-how und vor allem einer guten Einschätzung des gesellschaftlichen Kontextes.
Hilfsmittel	Pinnwände, Flipcharts, Moderationsmaterialien (Stifte, Karten, Nadeln usw.)
Hinweise	Das Tool ist pragmatisch angelegt und kann in einer Kleingruppe in zwei Stunden bearbeitet werden. Es eignet sich auch als Anleitung für eine strukturierte Einzelarbeit. Es bietet keine tiefe und fundierte Analyse. Andere methodische Ansätze wie bspw. ein GIZ-Capacity Assessment eignen sich für ein ausführliches Vorgehen zur Analyse der Ist-Situation.

Beschreibung

Jedes Vorhaben eines Kooperationssystems ist in einen gesamtgesellschaftlichen Kontext eingebettet. Das Anliegen fokussiert die Strategieentwicklung auf Aspekte des Sektors bzw. des gesellschaftlichen Teilsystems. Für die strategische Ausrichtung und den Veränderungsweg, den ein Vorhaben einschlagen möchte, ist es dennoch notwendig, sich immer wieder der angemessenen Einbettung in das gesamte Umfeld zu versichern. Das Umfeld definiert sich als ein breites Zusammenspiel von Kräften, die auf das Vorhaben einwirken oder als Fakten gegeben sind. Eine angemessene Einbettung erfordert, dass man die relevanten Kräfte als Trends und/oder Muster in einzelnen gesellschaftlichen Funktionssystemen wahrnimmt und die strategische Ausrichtung explizit daran ausrichtet.

In der Analyse geht es nicht um das nähere Umfeld des Vorhabens, welches eher über Akteurs- oder Prozessanalysen angeschaut wird, sondern um das weitere Umfeld im Sinne des gesamtgesellschaftlichen, nationalen oder supranationalen (im Falle von überregionalen oder globalen Vorhaben) politischen Kontextes. Dieses weitere Umfeld wirkt auf das Vorhaben ein, mag aber vom Vorhaben kaum beeinflussbar sein.

Der gesellschaftliche Kontext eines Vorhabens kann über vier Perspektiven strukturiert betrachtet werden:

(1) Perspektive Gesellschaft
Unter dieser Perspektive wird auf Funktionen von Gesellschaft – etwa Kultur und Religion, Massenmedien, Bildung, Familie, Zivilgesellschaft – geschaut. Dabei spielen Faktoren wie Demografie, kulturelle Einstellungen, Werte, Lebensstil, Lebenserwartung oder Analphabetismus eine wesentliche Rolle.

(2) Perspektive Technologie
Diese Perspektive setzt sich aus den Bereichen Wissenschaft, Technologie und Forschung zusammen.

(3) Perspektive Wirtschaft
Unter dieser Perspektive werden Muster und Trends betrachtet zu Wirtschaftsmodell (z. B. Planwirtschaft, soziale Marktwirtschaft, Neoliberalismus), Steuerung wirtschaftlicher Entwicklung durch staatliche und private Akteure, finanzielle, manageriale und operationale Ressourcen des Privatsektors, Fähigkeit des Privatsektors zur Selbstorganisation (Verbände, Kammern etc.), Anteil des informellen Sektors, Verhältnis zwischen staatlichen und privatwirtschaftlichen Akteuren oder Zugang zu Finanzierung bzw. Krediten.

(4) Perspektive Staat
Diese Perspektive schaut auf Trends und Muster im politischen System, in politischen Verfahren zur Entscheidungsfindung, etwa: Aufbau der Verwaltung und Staatsverständnis, rechtlicher Rahmen, Gewaltenteilung, Durchsetzung rechtlicher Normen, Freiräume für die politische Teilhabe der Bevölkerung, innerstaatliche und Konflikte mit Nachbarländern, Fragilität, maßgebliche Entwicklungsstrategien des Staates. Unter diese Perspektive können auch Themen wie Umweltschutz, Klimaanpassung oder Nachhaltigkeit, Korruption, Gesundheit und Bildung als staatliche Leistungen subsumiert werden.

Vorgehen

Schritt 1: Muster und Trends identifizieren

In einem Brainstorming werden in den identifizierten Feldern beobachtete Trends und Muster gesammelt. Jede Idee wird in dem relevanten Feld festgehalten.

Soll das Brainstorming angeleitet und auch die Beobachtungen erhärtet werden, empfiehlt es sich, mit folgenden Fragen zu arbeiten:

Frage 1: Welche aktuellen Trends im gesellschaftlichen Kontext könnten relevant für das Vorhaben sein?

Frage 2: Welche Muster wirken im gesellschaftlichen Kontext?

Frage 3: Welche evidenten Geschehnisse erhärten die Relevanz der Trends und Muster? Wie volatil sind sie?

Am Ende dieses Schrittes sind die identifizierten Trends und Muster dokumentiert.

Schritt 2: Einflüsse von Muster und Trends auf das Vorhaben beschreiben

In Schritt 2 werden die identifizierten Muster und Trends mit Fragen beleuchtet, um die relevanten möglichen Einflüsse auf das Vorhaben zu beschreiben.

- Welche Wirkungen gehen von den Mustern und Trends aus, die relevant für das Vorhaben sein könnten?
- Welche behindernden oder fördernden Wirkungen sind zu erwarten?
- Welche Muster und Trends wirken neutral oder sind irrelevant, gleich welchen strategischen Weg das Vorhaben nimmt?

Schritt 3: Interdependenzen verstehen

Mit folgenden Fragen lassen sich Zusammenhänge zwischen Mustern und Trends identifizieren:

- Wie stehen die Muster bzw. Trends miteinander in Verbindung?
- Gibt es Widersprüche zwischen Mustern bzw. Trends?
- Welche verstärken sich gegenseitig?

Schritt 4: Auf relevante Einflüsse und Entwicklungen der Themen fokussieren

Falls die Analyse bisher eine Vielzahl von Mustern und Trends ergab, so sollte man sich nun auf wenige, aber für das Thema des Vorhabens sehr relevante konzentrieren.

Optional:
Um eine Prognose über die Entwicklung der relevanten Themen zu geben, ist es in der Regel erforderlich, sich mit den treibenden Kräften hinter dem Thema oder Muster auseinanderzusetzen. Welche Kräfte wirken treibend, welche beschränkend oder hinderlich? An dieser Stelle können Szenarien hilfreich sein.

Schritt 5: Ableitungen treffen

Die identifizierten Muster und Trends sind Rahmenbedingungen für das Vorhaben. Sie beschreiben Schlüsselherausforderungen, die in der strategischen Ausrichtung berücksichtigt werden sollten. Im Ergebnis lassen sie sich in einer SWOT als Stärken, Schwächen, Chancen oder Risiken darstellen (siehe Tool Schlüsselherausforderungen – SWOT).

Mögliche Reaktionen des Vorhabens darauf könnten als Alternativen formuliert werden. Solche Reaktionen könnten Ideen sein wie:

- XY als Partner vermeiden
- Thema XY vermeiden
- Auf jeden Fall Prozess XY im Sektor anschauen
- Trend gut beobachten
- Entscheidungsmuster in den Institutionen XY berücksichtigen

Tool 03
Szenarien

Anwendungshinweise

Zielsetzung/Funktion	Ziel des Tools ist es, durch einen Austausch von unterschiedlichen Perspektiven und Erfahrungen relevante Einflussfaktoren in ihren Wirkungen auf zukünftige Entwicklungen einzuschätzen und so eine bessere Grundlage für Entscheidungen zu schaffen.
Anwendung	Im Anschluss an das Tool Gesellschaftliche Muster und Trends werden Szenarien erarbeitet. Dieses beruht auf der aktuellen Betrachtungsweise des gesellschaftlichen Handlungsfeldes. Demgegenüber werden Szenarien eingesetzt, um anhand von Best- bzw. Worst Case-Szenarien den Raum möglicher Entwicklungen und den Grad der Wahrscheinlichkeit ihres Eintretens abzuschätzen. Szenarien können sowohl bei der Formulierung einer Gesamtstrategie als auch für Teilstrategien nützlich sein.
Setting	Workshop mit Schlüsselakteuren.
Hilfsmittel	Pinnwände, Moderationsmaterialien (Stifte, Karten usw.); vorbereitete Szenariotrichter; Handouts relevanter Unterlagen.
Hinweise	Günstig ist es, im Vorfeld eine Trendrecherche zu relevanten Einflussfaktoren durchzuführen. Man sollte sich jederzeit bewusst sein, dass selbst sehr differenzierte Szenarioanalysen nur ein Gefühl für die Eintrittswahrscheinlichkeit von Ereignissen vermitteln können. Es geht hauptsächlich darum, Einschätzungen unterschiedlicher Teilnehmer sichtbar und besprechbar zu machen. Für ein balanciertes Vorgehen ist es nützlich, sowohl sehr kritische als auch sehr optimistische Personen in die Erarbeitung einzubinden.

Beschreibung

Szenarien dienen dazu, verschiedene Entwicklungswege in die Zukunft zu beschreiben und sie miteinander zu vergleichen. Bilder und Modelle über mögliche zukünftige Entwicklungen sind dazu geeignet, verschiedene Handlungsmöglichkeiten auszuloten. Im Gegensatz zu Prognosen geht es bei Szenarien nicht darum, die Zukunft eindeutig vorauszusagen, sondern mögliche zukünftige Ereignisse und Entwicklungen darzustellen. Es geht um eine Annäherung auf der Grundlage des vorhandenen Wissens und der Erfahrung der Beteiligten, welche die Szenarien entwickeln. Szenarien verbinden also auf pragmatische Weise die Ungewissheit über die Zukunft mit der Notwendigkeit, heute Entscheidungen zu treffen.

Das Denken in Szenarien ist der bewusste Versuch, sich der prinzipiellen Unplanbarkeit der Zukunft zu stellen, Trends und Entwicklungen zu erkennen und die Konsequenzen für ein Vorhaben zu reflektieren. Szenarien beruhen auf der simplen Tatsache, dass die Zukunft ungewiss und mit

Risiken und Potenzialen verbunden ist, über die wir keine faktisch abgesicherten Aussagen machen können.

Szenarien verändern die Sichtweise der Beteiligten:

- Sie verschaffen den Beteiligten eine umfassende und differenzierte Sicht im gesellschaftlichen Handlungsfeld.
- Sie dienen in der Diskussion als Kristallisationspunkt und anregendes Moment.
- Sie unterstützen eine systemorientierte Sicht des gesellschaftlichen Handlungsfeldes.
- Sie erweitern die eigene Sicht der Dinge durch Einbeziehung unterschiedlicher Perspektiven.
- Sie strukturieren und fördern unter den Beteiligten den Austausch über Perspektiven und Erfahrungen.

Vorgehen

Schritt 1: Untersuchungsfeld und Zeithorizont abgrenzen

Das Festlegen des zu untersuchenden gesellschaftlichen Handlungsfeldes sowie des zu betrachtenden Zeithorizontes stehen zu Beginn.

Ausgangspunkt eines Szenarios ist immer die Gegenwart. Der Zeithorizont wird in Form einer Wegstrecke in die Zukunft festgelegt: z. B. von heute bis in vier oder zehn Jahren.

Schritt 2: Einflussfaktoren identifizieren

Im zweiten Schritt geht es darum, variable Faktoren, die die zukünftige Entwicklung des gesellschaftlichen Handlungsfeldes beeinflussen, zu identifizieren.

Kurze, prägnante Aussagen zu folgenden Gesichtspunkten werden gesammelt:

- Sozio-ökonomische und politisch-institutionelle Entwicklungen im gesellschaftlichen Handlungsfeld
- Wichtige Handlungsstrategien verschiedener Akteure
- Mögliche Ereignisse, welche in Zukunft die Entwicklung wesentlich beeinflussen können

Die gesammelten Aussagen werden unter folgenden Perspektiven systematisiert, um relevante Einflussfaktoren zu identifizieren (vgl. auch das Tool Gesellschaftliche Trends und Muster):

- Perspektive Gesellschaft
- Perspektive Technologie
- Perspektive Wirtschaft
- Perspektive Staat

Ergebnis ist eine Liste identifizierter Einflussfaktoren im gesellschaftlichen Handlungsfeld.

Schritt 3: Einflussfaktoren bewerten

Im nächsten Schritt werden die gesammelten Einflussfaktoren daraufhin analysiert, wie sie hinsichtlich ihrer Wichtigkeit und der Wahrscheinlichkeit ihres Eintretens zu bewerten sind. Dazu werden die einzelnen Faktoren jeweils einem Feld der nachfolgenden Matrix zugeordnet.

Wichtigkeit	Hoch	Volatile Trends und wichtige Einfluss- und Störfaktoren	Wichtige bekannte Einflussgrößen, die berücksichtigt werden müssen
	Niedrig	Volatile Trends, die zunächst wenig Einfluss haben	Heute weitgehend bekannte Faktoren ohne Einfluss
		Niedrig	Hoch
		Wahrscheinlichkeit	

Arbeitshilfe 1: Matrix Einflussfaktoren

Für das Vorgehen bieten sich verschiedene Möglichkeiten an. Die Bewertung der Einflussfaktoren kann individuell vorgenommen und anschließend zusammengeführt werden. Oder die Teilnehmerinnen und Teilnehmer eines Workshops einigen sich auf eine Bewertung.

Schritt 4: Hauptfaktoren festlegen

Nun kann festgelegt werden, welche Hauptfaktoren den zukünftigen Entwicklungsweg beeinflussen. Dazu konzentriert man sich auf diejenigen Einflussfaktoren, die in der vorhergehenden Bewertung in ihrer Wichtigkeit als hoch eingeschätzt wurden. Sollten mehr als sechs Faktoren vorliegen, sollten diese Faktoren zu vier bis sechs Hauptfaktoren gruppiert werden.

Schritt 5: Kontrast-Szenarien formulieren

Die Beteiligten formulieren in Bezug auf die ausgewählten Einfluss-/Hauptfaktoren zwei kohärente, plausible Zukunftsbilder in Form zweier Kontrast-Szenarien, einem Best Case- (Extrem-Szenario A) und einem Worst Case-Szenario (Extrem-Szenario B). Die Szenarien werden schriftlich festgehalten und wenn möglich mit Bildern und/oder einem prägnanten Titel illustriert. Die beiden Szenarien bilden den Rand eines Trichters, dessen Spitze in der Gegenwart liegt. Das heißt: Je weiter wir in die Zukunft blicken, umso größer wird auch die Ungewissheit.

Szenarien

- … beschreiben bildhaft alternative, konsistente, zukünftige Situationen. Jedes Szenario stellt ein mögliches Zukunftsbild dar, das plausibel (… der Fall kann eintreten!), kohärent (… das hat innere Logik!) und glaubwürdig (… das kann erklärt werden!) ist.

- ... sind Geschichten, die aus den feststellbaren Trends und Vorstellungen über die Zukunft gebaut werden.

- ... schärfen den Blick für Potenziale und Risiken. Sie decken unsere Annahmen über zukünftige Entwicklungen und damit verbundene treibende Kräfte auf.

- ... illustrieren komplexe Gegenstände und machen sie vorstellbar.

- ... schaffen ein kreatives Klima, fördern das Denken in Alternativen und schaffen Handlungsspielräume.

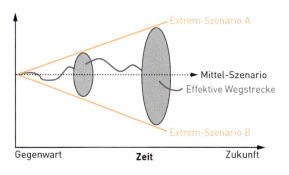

Abbildung 20: Kontrast-Szenarien

Eine mögliche Variation besteht darin, neben den Extrem-Szenarien ein drittes, „wahrscheinliches" Szenario zu entwickeln.

Schritt 6: Schlussfolgerungen ziehen

(1) Erkenntnisse für Schlüsselherausforderungen im gesellschaftlichen Handlungsfeld:
Die Szenario-Methode geht davon aus, dass durch das Bilden von Extrem-Szenarien ein gutes Gefühl für Bedingungen entsteht, die das politische Handlungsfeld im Zeitverlauf prägen. Neben der Analyse der gesellschaftlichen Muster und Trends generiert die Szenario-Methode somit Hinweise zu den Stärken, Schwächen, Chancen und Risiken im Feld, die im Tool Strukturierung von Schlüsselherausforderungen: SWOT verarbeitet werden können.

(2) Grundlage für das Erfinden und Beschreiben von Optionen:
Ebenso kann die Szenario-Technik als Vorlauf zur Erarbeitung von Optionen (vgl. Tool Erfinden von Optionen) genutzt werden. Die Akteure, die sich gemeinsam mit den Szenarien beschäftigt haben, haben eine gute Grundlage geschaffen, um Optionen zu erfinden, zu diskutieren und zu beschreiben.

(3) Kriterium in der Optionenbewertung: Resilienz
Ein wichtiger Schritt in der Strategieentwicklung ist die Bewertung vorliegender Optionen (vgl. Tool Auswahl einer Option). Die Entwicklung von Extrem-Szenarien kann als Kriterium für Resilienz in der Nutzwertanalyse herangezogen werden. Bspw. könnten die erarbeiteten Optionen bewertet werden, wie erfolgreich sie unter der Annahme Best Case-Szenario sowie unter der Annahme Worst Case-Szenario sind. Der Mittelwert drückt die Resilienz der bewerteten Optionen aus, d. h., er besagt, wie robust die jeweilige Option gegenüber Umwelteinflüssen ist.

Tool 04
Schlüsselherausforderungen: SWOT

Anwendungshinweise

Zielsetzung/Funktion	Ziel des Tools im Kontext der Strategieentwicklung ist es, die relevanten Herausforderungen des gesellschaftlichen Handlungsfeldes zu strukturieren, in dem das Vorhaben Veränderungen unterstützen soll. ▪ Analyse der Stärken und der Veränderungsenergie, die vom Vorhaben genutzt werden können ▪ Analyse der Schwächen, die durch das Vorhaben überwunden werden sollen ▪ Identifikation der Chancen im Umfeld, die für den Veränderungsprozess genutzt werden können ▪ Identifikation der Risiken, die den notwendigen Veränderungsbedarfen entgegenstehen
Anwendung	Gut geeignet, um sämtliche Ergebnisse der Analyse der Ist-Situation zu fokussieren und zu strukturieren. Das Tool unterstützt die gezielte Verdichtung der gesammelten Informationen und hilft, Wichtiges von Unwichtigem zu unterscheiden. Es hilft bei der anschließenden Entwicklung und Bewertung der strategischen Optionen.
Setting	Mit allen, die an der Strategieentwicklung beteiligt sind (in unterschiedlichen Settings denkbar).
Hilfsmittel	Pinnwände, Moderationsmaterialien (Stifte, Karten usw.); Handouts relevanter Unterlagen.
Hinweise	Die Ergebnisse aller vorherigen Aktivitäten des Strategieentwicklungsprozesses (z. B. Prozesslandkarte, Akteursanalyse, gesellschaftliche Muster und Trends, Hypothesen aus der bisherigen Analyse der Ist-Situation) sollten vorliegen bzw. vorab aufbereitet werden. Es kann sinnvoll sein, mit einem Vorschlag für die Stärken, Schwächen, Chancen und Risiken in die Diskussion zu gehen und diese im Rahmen eines Workshops zu ergänzen (z. B. wenn nicht alle Teilnehmenden auf dem gleichen Stand sind bzgl. der Analyse der Ist-Situation). Die Strukturierung der Schlüsselherausforderungen wird direkt vor der Entwicklung der strategischen Optionen durchgeführt. Diese beiden Schritte sollten zeitlich nicht getrennt voneinander bearbeitet, sondern als zusammenhängender Prozess gestaltet werden.

Beschreibung

Die Schlüsselherausforderungen im gesellschaftlichen Handlungsfeld geben Hinweise auf die Capacities im Kooperationssystem auf Dauer. Unter Capacities wird die Fähigkeit von Personen, Organisationen und Gesellschaften verstanden, ihre eigene Entwicklung nachhaltig zu gestalten. Hierzu gehört, Entwicklungsprobleme zu erkennen, Lösungsstrategien zu entwickeln und diese erfolgreich umzusetzen. Diese Fähigkeit kann auch als Handlungs- und Regiekompetenz bezeichnet werden, worunter insbesondere das wirksame Zusammenführen von politischem Willen, Interessen, Wissen, Werten und finanziellen Ressourcen gemäß eigener Veränderungsziele und -bedürfnisse verstanden wird.

Die Analyse der Capacities steht und fällt mit der Qualität der Informationen, die in der Analyse der Ist-Situation erarbeitet wurden. Diese sind die Grundlage für die weitere Arbeit und werden vor dem Hintergrund der gesellschaftlichen Muster und Trends betrachtet und gruppiert.

Ziel ist es, die in der Analyse der Ist-Situation gewonnenen Informationen entlang der Kategorien Stärken, Schwächen, Chancen und Risiken weiter zu verdichten und daraus Schlussfolgerungen für das (zukünftige) Vorhaben zu ziehen. Dies umfasst eine Einschätzung der Capacities im Kooperationssystem auf Dauer, damit in den nächsten Schritten sinnvolle strategische Optionen für ein Kooperationssystem auf Zeit abgeleitet und dessen Capacity Development-Strategie entwickelt werden kann.

Vorgehen

Für die SWOT-Analyse müssen bereits die Ergebnisse und Hypothesen aus der Analyse der Ist-Situation vorliegen. Je nach Art und Umfang der Beteiligten sollten die Informationen bereits vorab aufbereitet und gruppiert werden. In diesem Fall sind die Schritte 1 und 2 bereits in Vorarbeit zu leisten.

Schritt 1: „Capacities for what?"

Die Einschätzung von Capacities erfordert einen Vergleichsmaßstab („Kontrastmittel") und die Antwort auf die Frage „Capacities for what?". Dieses Kontrastmittel ergibt sich aus der Perspektive des Kooperationssystems auf Dauer: Wenn aus dieser Perspektive heute beschrieben werden müsste, in welche Richtung es entwickelt werden soll (also für welchen angestrebten Zielzustand Capacities aufgebaut werden sollen), wie könnte man dies kurz umreißen?

Sollen beispielsweise im Gesundheitssystem Aufklärungskampagnen zur Vorbeugung von bestimmten Krankheitsbildern durchgeführt werden, sind andere Capacities gefragt, als wenn die Leistungsfähigkeit staatlicher Krankenhäuser verbessert werden soll. Folglich variiert die Einschätzung der Capacities – wie auch am Ende die umzusetzenden CD-Strategien völlig unterschiedlich wären.

Um mit dem für diesen Schritt vorgeschlagenen Tool der SWOT-Analyse zielführende Ergebnisse zu erhalten, bedarf es eines klaren Fokus'. Die folgenden Blickrichtungen unterstützen die Fokussierung und stellen sicher, dass die weitere Diskussion nahe an der Veränderungsenergie des gesellschaftlichen Handlungsfeldes geführt wird:

- Gesellschaftlicher/politischer Konsens über die künftige Gestaltung des gesellschaftlichen Handlungsfeldes bzw. Sektors (basierend auf den Ergebnissen der Analyse der Ist-Situation)
- Von einer kritischen Masse an Akteuren getragene Veränderungsinitiativen

Die Hypothesen werden entsprechend den Ebenen des Capacity Development gegliedert und orientieren die weitere Diskussion als eine Art „Leitplanken". Unter der Voraussetzung, dass die Prozesslandkarte ein klares Bild von den Prozessen im gesellschaftlichen Handlungsfeld bzw. Sektor geliefert hat, könnten die Antworten auf die beiden Blickwinkel in der Prozesslandkarte visualisiert werden (z. B. Anpassung ausgewählter Steuerungs- oder Unterstützungsprozesse, Etablierung eines neuen Lernprozesses etc.).

Grobe Beschreibung aus heutiger Sicht des Kooperationssystems auf Dauer: Für welchen **angestrebten Zielzustand** sollen Capacities aufgebaut werden? *(für alle sichtbar visualisieren)*	Welcher **gesellschaftliche/ politische Konsens** über die Gestaltung des gesellschaftlichen Handlungsfeldes ist erkennbar und erscheint durchsetzungsfähig? (Basierend auf den Ergebnissen der Analyse der Ist-Situation, grobe Skizze der beobachtbaren Trends)	Welche von einer kritischen Masse von Akteuren getragenen **Veränderungsinitiativen** existieren bereits, deren Umsetzung von einem Vorhaben unterstützt werden könnten? (Kurze Beschreibung mit Thema, Kooperationspartner, finanzieller Rahmen, Einschätzung zur Umsetzbarkeit)
Ebene Gesellschaft – Rahmenbedingungen		
Ebene Gesellschaft – Kooperationen		
Ebene Organisation		
Ebene Person		

Arbeitshilfe 2: Capacities for what?

Schritt 2: SWOT-Analyse der Ergebnisse der Analyse der Ist-Situation

Nun geht es um die Konsolidierung und Verdichtung aller bisherigen Ergebnisse der Analyse der Ist-Situation. Die im Rahmen der Analyse der Ist-Situation gewonnenen Schlussfolgerungen werden entlang der Ebenen des Capacity Development gruppiert und den Kategorien Stärken, Schwächen, Chancen und Risiken zugeordnet. Dabei unterstützt eine Visualisierung analog zur folgenden Arbeitshilfe:

Stärken	
Welche Stärken sind für das gesellschaftliche Handlungsfeld erkennbar?	
Gesellschaft: Rahmenbedingungen	
Gesellschaft: Kooperationen	
Organisation	
Person	

Chancen	
Welche Chancen sind für das gesellschaftliche Handlungsfeld erkennbar?	
Gesellschaft: Rahmenbedingungen	
Gesellschaft: Kooperationen	
Organisation	
Person	

Schwächen	
Welche Schwächen sind für das gesellschaftliche Handlungsfeld erkennbar?	
Gesellschaft: Rahmenbedingungen	
Gesellschaft: Kooperationen	
Organisation	
Person	

Risiken	
Welche Risiken sind für das gesellschaftliche Handlungsfeld erkennbar?	
Gesellschaft: Rahmenbedingungen	
Gesellschaft: Kooperationen	
Organisation	
Person	

Arbeitshilfe 3: SWOT-Analyse

Schritt 3: Diskussion der Ergebnisse

Die Ergebnisse der SWOT-Analyse sollen eine Antwort geben auf die Fragen: Welche Schlüsselherausforderungen müssen wir bei der anschließenden Entwicklung und Bewertung der strategischen Optionen im Blick haben? Mit welchen Capacities im gesellschaftlichen Handlungsfeld können wir angesichts des gesellschaftlichen und politischen Konsenses sowie bestehender Veränderungsinitiativen rechnen? D. h., die beschriebenen Stärken, Schwächen, Chancen und Risiken sollten auch stets vor dem Hintergrund der Ergebnisse aus Schritt 1 „Capacities for what?" diskutiert werden. Falls die SWOT-Analyse in Vorarbeit geleistet wurde, wird vor der Diskussion der relevanten SWOT der gemeinsame Fokus „Capacities for what?" vorgestellt.

Die zusätzliche Unterteilung nach den Ebenen des Capacity Development unterstützt dabei, alle Dimensionen des gesellschaftlichen Handlungsfeldes im Blick zu behalten, und sollte in der Moderation entsprechend genutzt werden, um die Beteiligten zu orientieren, z. B. durch die folgenden Fragen:

- Welche Aspekte aus der Analyse befördern die angestrebte Veränderung auf der Ebene Gesellschaft im Hinblick auf die Rahmenbedingungen? (= Stärke oder Chance)
- Welche Aspekte aus der Analyse wirken sich auf Ebene der Gesellschaft im Hinblick auf die Rahmenbedingungen hemmend auf die angestrebte Veränderung aus? (= Schwäche oder Risiko)
- Welche Aspekte aus der Analyse auf der Ebene Organisation befördern die angestrebte Veränderung? (= Stärke oder Chance)
- etc.

Empfehlenswert ist, sofern die Gruppengröße und Systemkenntnis der Beteiligten dies zulassen, die Überprüfung einer bereits vorbereiteten SWOT nach der gemeinsamen Präsentation in Untergruppen diskutieren und ergänzen zu lassen. Ziel ist es, im Rahmen der Diskussion ein gemeinsames Bild von den Stärken, Schwächen, Chancen und Risiken im gesellschaftlichen Handlungsfeld zu erarbeiten – auf der Ebene Gesellschaft (mit Rahmenbedingungen und Kooperationen), auf der Ebene Organisation und auf der Ebene Person.

Tool 05
Erfinden von Optionen

Anwendungshinweise

Zielsetzung/Funktion	Ziel des Tools ist es, mögliche strategische Optionen für das (zukünftige) Vorhaben zu erfinden, die den Weg zum angestrebten Veränderungsziel im gesellschaftlichen Handlungsfeld beschreiben.
Anwendung	Notwendiger Schritt, um die Auseinandersetzung über die unterschiedlichen Wege zum Veränderungsziel anzustoßen und daraus gemeinsame Vorstellungen zu entwickeln, ohne vorschnell in „Blaupausen" zu denken. Das Tool unterstützt das Denken in Alternativen, um eine bewusste strategische Fokussierung herbeizuführen.
Setting	Workshop mit Schlüsselakteuren.
Hilfsmittel	Pinnwände, Moderationsmaterialien (Stifte, Karten usw.). Relevante Unterlagen: Die bisherigen Ergebnisse sollten in visualisierter Form zur Verfügung stehen (z. B. SWOT, Prozesslandkarte, Akteursanalyse, gesamtgesellschaftliche Muster und Trends).
Hinweise	Die Auseinandersetzung über strategische Optionen sollte unmittelbar an die Diskussion der Schlüsselherausforderungen (SWOT) anschließen, um die Ausgangslage des gesellschaftlichen Handlungsfeldes möglichst gut in Erinnerung zu haben. Wichtig sind eine kreative Atmosphäre und möglichst große Offenheit, damit die Optionenentwicklung gelingt. Wichtig ist im Rahmen dieses Schrittes, alle Optionen zu erfassen, die theoretisch denkbar sind.

Beschreibung

Strategieentwicklung umfasst die Identifizierung von strategischen Optionen, um im Sinne der Erzielung von Wirkungen den vielversprechendsten Veränderungsweg für das Vorhaben auszuwählen. Das Denken in Optionen, die anhand der Logik des gesellschaftlichen Handlungsfeldes durchgespielt werden, bedeutet, sich gedanklich von vorgefertigten Standardlösungen loszusagen und „out of the box" zu denken. Gesammelt werden alle Optionen, die im Rahmen der Erkenntnisse aus der Analyse der Ist-Situation möglich erscheinen.

Diese Vorgehensweise dient dazu, den kreativen Gestaltungsspielraum im Vorhaben auszuweiten und zweierlei zu vermeiden: (1) das Arbeiten mit nicht an die Realität angepassten Konzepten, auch wenn diese fachlich den State of the Art widerspiegeln („Blaupausen-Phänomen"); (2) das Arbeiten mit unterschiedlichen Optionen gleichzeitig, die kein klares Profil des Vorhabens erkennen lassen und letztlich der notwendigen Fokussierung von Ressourcen im Wege stehen („Bauchladen-Phänomen").

Vorgehen

Einige Überlegungen zur Formulierung von strategischen Optionen können hilfreich sein, um die Beteiligten auf die bevorstehende Kreativarbeit einzustimmen:

- Strategische Optionen beschreiben unterschiedliche Wege zum Ziel.
- Nur eine kritische Überprüfung der bisherigen Glaubenssätze und Annahmen über das Funktionieren des gesellschaftlichen Handlungsfeldes liefert den Stoff, den es braucht, um in einem kreativen Akt mögliche Zukunftsentwürfe zu entwickeln – und eben nicht mit dem Rückspiegel in die Zukunft zu schauen.
- Die sprichwörtliche Schere im Kopf sollte für die Entwicklung von Optionen beiseitegelegt werden. Jede Option, sei sie auf den ersten Blick auch noch so unrealistisch, sollte in Betracht gezogen werden.
- Erfolgreich ist die Optionenentwicklung dann, wenn es gelingt, einige Optionen zu entwickeln, die vor der Diskussion keiner der Beteiligten im Kopf hatte.

Schritt 1: Kreativgruppen bilden

Sofern die Gruppengröße es zulässt, sollten mehrere Kleingruppen gebildet werden. Die Beteiligten verfügen über unterschiedliches Hintergrundwissen zum Vorhaben und waren an den vorausgegangenen Diskussionen beteiligt (zwei bis vier Personen pro Gruppe).

- Die Gruppen haben den Auftrag, jeweils bis zu drei Optionen zu entwerfen.
- Persönliche Einstimmung: Jeder formuliert allein in wenigen Stichworten erste Ideen.

Schritt 2: „Walk & Talk" in Gruppen

Die Gruppen entwickeln erste, grobe Ideen während eines Spaziergangs. Dieser Schritt stellt eine Musterunterbrechung dar. Dies schafft Raum für einen kreativen Prozess, in dem assoziierend und spontan erste Ideen entworfen werden.

Schritt 3: Ideen visualisieren

Jede Gruppe erhält pro Idee ein Flipchart. Jede Idee wird durch Überschrift, Charakteristika und ein Symbol/Bild skizziert. Wichtige Elemente zur Charakterisierung einer Option sind Stichworte, z. B. zu Produkten oder zur Hauptstoßrichtung der Strategie.

Schritt 4: Präsentation in der „Galerie"

Alle Gruppen kommen zusammen und präsentieren prägnant ihre Ergebnisse. Eine Diskussion findet hier noch nicht statt, lediglich Verständnisfragen sind möglich.

Schritt 5: Verdichtung der Ergebnisse

In einem folgenden Schritt werden ähnliche Optionen zusammengefasst und die Ergebnisse so konsolidiert, dass die verbleibenden Optionen für alle nachvollziehbar beschrieben sind. Es sollte eine überschaubare Anzahl von Optionen (drei bis sieben) bestehen bleiben. Wichtig ist es, hier darauf zu achten, dass die strategischen Optionen einerseits auf einem angemessenen Niveau angesiedelt sind (z. B. gemessen an der Komplexität des Veränderungsziels), andererseits aber auch nicht zu kleinteilig oder abgehoben. Die verschiedenen Optionen sollten auf dem gleichen Abstraktionsniveau liegen, damit sie vergleichbar sind.

Schritt 6: Beschreibung der strategischen Optionen

Die entwickelten strategischen Optionen werden dann konkret beschrieben:

Was würde es bedeuten, wenn wir diese Option realisieren? Welche Leistungspakete würden hieraus entstehen? Welche Akteure wären die wichtigsten? An welchen Prozessen (Leistungs-, Kooperations-, Lern-, Unterstützungs- und/oder Steuerungsprozesse) würden wir ansetzen?

Die folgende Tabelle ist nützlich für eine einheitliche Darstellung der wichtigsten Charakteristika der Optionen:

Strategische Optionen	Beschreibung			
	Symbol/Bild	Leistungspakete	Wichtigste Akteure	Prozesse (Leistungs-, Kooperations-, Lern-, Unterstützungs- und/oder Steuerungsprozesse), die Ansatzpunkte bieten
Überschrift **Strategische Option 1**				
Überschrift **Strategische Option 2**				
Überschrift **Strategische Option 3**				
...				
...				

Arbeitshilfe 4: Beschreibung der strategischen Optionen

Die Beschreibung der strategischen Optionen ist eine Voraussetzung für die anschließende Bewertung und Auswahl.

Tool 06
Auswahl einer Option

Anwendungshinweise

Zielsetzung/Funktion	Ziel des Tools ist es, eine strukturierte Diskussion zur Bewertung strategischer Optionen zu führen und zu einer fundierten Entscheidung zu kommen.
Anwendung	Wird nach dem Erfinden von Optionen angewandt.
Setting	Workshop mit Schlüsselakteuren.
Hilfsmittel	Pinnwände, Moderationsmaterialien (Stifte, Karten usw.). Beschreibung/Visualisierung der strategischen Optionen. Materialien bzw. Visualisierung aus der Analyse der Ist-Situation (z. B. Akteurslandkarte, Prozesslandkarte, gesamtgesellschaftliche Muster und Trends).
Hinweise	Nur durch die Beteiligung der relevanten bzw. unterstützenden Akteure und einen gut gestalteten Prozess kann sich Ownership entwickeln und können Entscheidungen gemeinsam getragen werden. Die endgültige Entwicklung und Bewertung der Optionen sowie die Entscheidung für eine von ihnen müssen ausgehandelt werden. Die Diskussion kann kleinteilig und manchmal mühsam sein. Hier gilt es, achtsam zu bleiben für Tendenzen, sich einer ehrlichen Diskussion und dem Ringen um eine gemeinsame Entscheidung zu entziehen. Es ist hilfreich, bereits vorab Überlegungen zu möglichen Kriterien für die Diskussion und Bewertung der strategischen Optionen anzustellen.

Beschreibung

Nach der Entwicklung strategischer Optionen wollen die Beteiligten zu einer gemeinsamen Entscheidung gelangen. Folgende Fragen stellen sich:

- Nach welchen Kriterien soll die Bewertung der strategischen Optionen vorgenommen werden?
- Welche Vor- und Nachteile haben die einzelnen Optionen?
- Welche Wirkungen und welche Risiken erwarten wir für die einzelnen Optionen?
- Welche Option scheint am erfolgversprechendsten zu sein?

Vorgehen

Schritt 1: Vereinbarung der Bewertungskriterien

Um eine möglichst realistische Option auszuwählen, sollten alle bis zu diesem Zeitpunkt generierten Informationen aus der Analyse der Ist-Situation berücksichtigt werden. Falls diese in einer visualisierten Form vorliegen, sollten sie für alle Beteiligten sichtbar bzw. verfügbar sein. Gleichzeitig sollten alle Beteiligten eine gute Vorstellung von den wichtigsten Charakteristika der strategischen Optionen haben, die diskutiert werden sollen.

Die Bewertungskriterien variieren je nach Kontext und sollten zwischen den Beteiligten vereinbart werden. Mögliche Kriterien können bspw. sein:

- Hebelwirkung innerhalb des gesellschaftlichen Handlungsfeldes
- Die Veränderungsbereitschaft maßgeblicher Akteure
- Umsetzbarkeit der Option angesichts der identifizierten gesamtgesellschaftlichen Muster und Trends
- Umsetzbarkeit der Option angesichts der aktuellen Capacities auf den drei Capacity Development-Ebenen
- Passung zu strategischen Vorgaben für das Vorhaben
- Nachhaltigkeit der Wirkungen im Kooperationssystem auf Dauer
- Potenzial zur Breitenwirkung
- Risikowahrscheinlichkeit
- Resilienz (Wie robust gegenüber Umfeldeinflüssen?)
- Der notwendige Mitteleinsatz
- Synergie-Effekte mit anderen Akteuren
- Übereinstimmung mit der Expertise, die zur Verfügung steht
- Ggf. Übereinstimmung mit den Vorgaben eines Auftraggebers

Diese Kriterienliste ist lediglich ein allgemeiner Vorschlag, der eine gute Grundlage darstellt, um Ergänzungen und Anpassungen an den konkreten Fall vorzunehmen. Ein erster Vorschlag erleichtert es, Ideen zu entwickeln und eine Vorstellung davon zu bekommen, was mögliche Kriterien sein könnten. Weitere Kriterien werden gesammelt und ausgehandelt. Es empfiehlt sich, die Liste auf fünf bis sieben Kriterien zu beschränken. Denkbar ist auch eine Gewichtung der Kriterien.

Die folgende Arbeitshilfe wird am besten für alle sichtbar auf eine Pinnwand übertragen und mit den Bewertungskriterien bestückt:

	Bewertungskriterium A	Bewertungskriterium B	Bewertungskriterium C	Bewertungskriterium D	Bewertungskriterium E	Etc. ...
Strategische Option 1						
Strategische Option 2						
Strategische Option 3						
Etc. ...						

Arbeitshilfe 5: Kriterien zur Auswahl einer Option

Schritt 2: Bewertung der strategischen Optionen

Die identifizierten Optionen werden mit Hilfe der oben stehenden Matrix bewertet. Die Bewertung kann jeweils durch die Farben einer Ampel oder durch eine Skala (z. B. von 0 bis 10 oder von 1 bis 5) abgestuft werden. Wichtig ist, dass die Skala den Beteiligten funktional erscheint.

Alle Kriterien werden pro Option diskutiert und die Bewertung für alle sichtbar dokumentiert. Dieses Vorgehen schärft den gemeinsamen Blick auf die strategischen Optionen und macht Prioritäten, Gemeinsamkeiten sowie Unterschiede deutlich, die wichtig sind für eine gemeinsam getragene Entscheidung.

Schritt 3: Abwägung von Wirkungen und Risiken

Komplementär zu den differenzierten Einschätzungen der Bewertungsmatrix können die unterschiedlichen Optionen in einer Wirkungs-/Risiko-Matrix bewertet werden. Dazu werden die Optionen in einem Koordinatensystem platziert, dessen Achsen durch die Kategorien mögliche Wirkungen und Risiken gebildet werden. Die möglichen Kombinationen aus beiden Kategorien ergeben vier Quadranten:

Ideal: Hohe Wirkung mit niedrigem Risiko: ideale Konstellation

Riskant: Hohe Wirkung mit hohem Risiko: risikobehaftete Konstellation, die vorbeugende Maßnahmen des Risikomanagements und die Definition von Sollbruchstellen erfordert

Irrelevant: Niedrige Wirkung mit niedrigem Risiko: eher irrelevante Optionen, die jedoch umsetzbare Alternativen darstellen

No go: Niedrige Wirkung mit hohem Risiko: sogenannte No-Go-Optionen

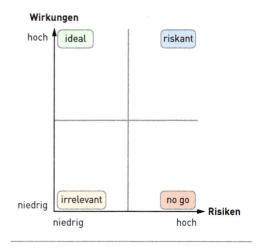

Arbeitshilfe 6: Wirkungs-/Risiko-Matrix

Die Platzierung der strategischen Optionen innerhalb der Quadranten ist ein Aushandlungsprozess, bei dem in der Diskussion auf die Ergebnisse aus der Bewertungsmatrix zurückgegriffen werden sollte. Die Beteiligten sollten sich in diesem Schritt gemeinsam auf eine Platzierung für jede Option einigen.

Schritt 4: Entscheidung für eine strategische Option

Auf Grundlage der kombinierten Bewertung in den vorherigen Schritten wird jene Option ausgewählt, die in der Summe der Kriterien am besten bewertet wurde.

Im Rahmen der Diskussion kann es sich auch als sinnvoll erweisen, Elemente unterschiedlicher Optionen miteinander zu verbinden, um beispielsweise identifizierte Risiken besser bearbeiten zu können.

Für den Fall, dass relevante Akteure an dem Prozess nicht aktiv beteiligt sind, ist es ratsam, eine Auswahl von vertretbaren Optionen zu identifizieren, um ggf. über eine bessere Grundlage für den dann noch notwendigen Aushandlungs- und Entscheidungsprozess zu verfügen.

Tool 07
Wirkungsmodell

Anwendungshinweise

Zielsetzung/Funktion	Das Tool beschreibt die ausgewählte strategische Option in einem Bild. Es unterstützt dabei, ein gemeinsames Verständnis des Veränderungsweges für alle Akteure nachvollziehbar zu dokumentieren.
Anwendung	Die Erarbeitung des Wirkungsmodells ist hilfreich im Rahmen eines Strategieentwicklungsprozesses bzw. immer dann, wenn im Kooperationssystem realistische Ziele auszuhandeln sind. Bei der Erarbeitung werden Maßnahmen vereinbart, die zu den intendierten Veränderungen beitragen sollen, und ebenso die jeweiligen Beiträge der einzelnen Akteure im Kooperationssystem.
Setting	Das Setting ist abhängig von der Gestaltung des Strategieentwicklungsprozesses.
Hilfsmittel	Pinnwände, Moderationsmaterialien (Stifte, Karten usw.). Beschreibung/Visualisierung der ausgewählten strategischen Option. Materialien bzw. Visualisierung der Analyse zur Ist-Situation.
Hinweise	Dieses Tool setzt voraus, dass bereits eine Entscheidung für eine strategische Option getroffen wurde, d. h. dass klar ist, an welchen Ansatzpunkten im gesellschaftlichen Handlungsfeld das Vorhaben ansetzen soll.

Beschreibung

Kooperationssysteme gewinnen ihre Energie aus den gemeinsam vereinbarten Zielen und der Unterschiedlichkeit der beteiligten Akteure. Ziele sind eingebettet in ein gemeinsames Verständnis der Akteure über das gesellschaftliche Handlungsfeld, in dem intendierte Wirkungen durch gemeinsame Aktivitäten erreicht werden sollen.

Die vereinbarten Ziele können in einem Wirkungsmodell verortet werden. Das Wirkungsmodell stellt aufeinander aufbauende und sich bedingende positive Veränderungen dar. Es macht einen Veränderungsprozess sichtbar, der durch gemeinsam vereinbarte Maßnahmen unterstützt werden soll. Das Wirkungsmodell ist ein *Modell*, und damit ein simplifiziertes Abbild der Wirklichkeit, das nicht den Anspruch erhebt, diese komplett abzubilden.

Die Arbeit mit dem Wirkungsmodell dient mehreren Funktionen. Es ...

- ... sorgt für Qualität in der strategischen Planung: Das Wirkungsmodell fasst die strategische Ausrichtung und die Konzeption eines Vorhabens zusammen.
- ... macht deutlich, an welchen Stellen Aktivitäten ansetzen.
- ... gibt Orientierung für die gemeinsame Steuerung: Die Akteure orientieren sich an dem zugrunde liegenden Wirkungsmodell und nutzen es als Basis für die Umsetzung.

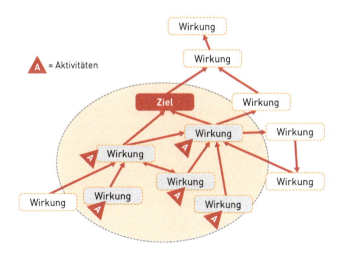

Das Wirkungsmodell bildet den gesamten Veränderungsprozess in einem Sektor ab und verdeutlicht darin die Ansatzpunkte einer Maßnahme.

Abbildung 21: Wirkungsmodell

- … ist die Grundlage für das wirkungsorientierte Monitoring.
- … dient der Berichterstattung bzgl. Wirkungen an relevante Akteure.
- … ist Referenzrahmen für Evaluierungen: Zum Nachweis von Wirkungen dient die Wirkungslogik als Bewertungsgrundlage für Evaluierungen (vor, während, gegen Ende oder nach Beendigung eines Vorhabens).

Das Wirkungsmodell ist durch folgende **Merkmale** gekennzeichnet:

- Das Wirkungsmodell beschreibt die eintretenden **Veränderungen (Wirkungen)**, die kausal miteinander in Beziehung stehen. Positive Veränderungen können sich gegenseitig beeinflussen. Dabei sind auch wechselseitige Feedbackschleifen möglich, die Veränderungsprozesse nachhaltig verstärken.

- Das Wirkungsmodell bildet einen intendierten **Veränderungsprozess** im gesellschaftlichen Handlungsfeld ab. Gemeinsam mit allen Schlüsselakteuren erarbeitet, sichert das Wirkungsmodell die Anschlussfähigkeit des Vorhabens an die Strukturen und Prozesse im gesellschaftlichen Handlungsfeld.

- Die Veränderungen, auf die durch Maßnahmen Einfluss genommen wird, sind nur eine Teilmenge des gesamten Veränderungsprozesses in einem gesellschaftlichen Handlungsfeld. Diese Teilmenge bezeichnet den **Aktionsradius** des Vorhabens, in dem die Maßnahmen gesteuert und durchgeführt werden. Ggf. sind andere Akteure in weiteren Bereichen des gesellschaftlichen Handlungsfeldes aktiv.

- Das umfassende Bild, das sich im Wirkungsmodell ergibt, zeigt alternative **Handlungsoptionen** auf, über die im Dialog diskutiert und entschieden wird.

- Durchzuführende **Aktivitäten** werden als Hebel identifiziert, um Veränderungen möglich zu machen. Aktivitäten setzen an unterschiedlichen Wirkungen an. Die Akteure nehmen durch die vereinbarten Maßnahmen Einfluss auf Veränderungen und damit auf die Zielerreichung.

- Veränderungsschritte, die **außerhalb des Aktionsradius** angesiedelt sind, sind wenig beeinflussbar, aber im Interesse des Vorhabens. Die Akteure im Vorhaben öffnen deshalb den Blick und beobachten auch diese Veränderungen. Damit werden Rahmenbedingungen und Risiken besser sichtbar. Mit der Auswahl flexibler Aktivitäten kann auf diese Risiken reagiert werden.

Vorgehen

Die Erarbeitung eines Wirkungsmodells erfolgt in fünf Schritten.

Die Schrittfolge dient der Arbeitserleichterung, ist aber nicht zwingend einzuhalten. Vielmehr handelt es sich um Themen und Fragestellungen, die ineinandergreifen. Die Schritte sind insoweit als Reflexionsschleifen zu verstehen. Es ist durchaus möglich, dass die Beteiligten zu einem späteren Zeitpunkt erneut auf bereits diskutierte Themen (Schritte) zurückkommen bzw. auch auf künftige Themen vorgreifen.

Schritt 1: Wer oder was muss sich ändern, damit übergeordnete Ziele bzw. ein positiv intendierter Zustand herbeigeführt werden kann?

Bei der Frage nach Veränderungen analysieren die Kooperationspartner das gesellschaftliche Handlungsfeld, auf das das Vorhaben einwirken will. Schwachstellen, Einflussfaktoren und Potenziale sind Teil der Diskussion. Die Akteure greifen dabei – falls vorhanden – auf die Ergebnisse aus einem Strategieentwicklungsprozess zurück (z. B. Prozesslandkarte, Akteurslandkarte, SWOT, Strategische Optionen).

Dann wird der (intendierte) Veränderungsprozess im Handlungsfeld konstruiert und abgebildet. Dabei geht man „von oben nach unten" vor, das heißt, man beginnt in der Regel bei einer übergeordneten angestrebten Wirkung (z. B. abgeleitet aus der Entwicklungsstrategie/-planung im gesellschaftlichen Handlungsfeld oder aus einer Sektorstrategie). Bei der Konstruktion des Veränderungsprozesses sind folgende Leitfragen hilfreich:

- Was muss sich ändern, d. h., was soll anders oder besser werden?
- Welche Akteure müssen sich anders verhalten, um einen positiv intendierten Zustand herbeizuführen?"

Notwendige Veränderungen werden positiv formuliert, es werden i. d. R. keine Aussagen mit „nicht" gebildet. Die identifizierten Veränderungen werden dann zueinander in Beziehung gesetzt. Es ergibt sich ein systemisches, nicht lineares Gefüge.

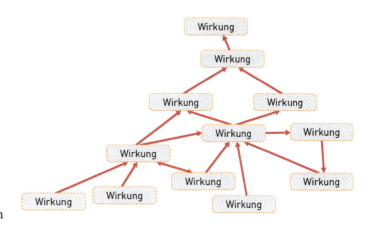

Abbildung 22: Wirkungsmodell – Schritt 1

Beim Wirkungsmodell geht es nicht um Details, sondern um den Gesamtblick und die Zusammenhänge. Wirkungsmodelle sollten deshalb vom Umfang übersichtlich bleiben.

Schritt 2: Auf welches Ziel können sich die Kooperationspartner verständigen?

Ziele können bei unterschiedlichen Wirkungen festgelegt werden. Damit ein Ziel realistisch ist und in einem zeitlich begrenzten Vorhaben erreicht werden kann, muss es von den Kooperationspartnern entsprechend festgelegt werden.

Die Festlegung des Ziels orientiert sich an der vereinbarten Strategie. Das Wirkungsmodell zeigt darüber hinaus alternative Handlungsoptionen auf, die von den Kooperationspartnern geprüft werden.

Folgende Fragen sind dabei hilfreich:

- Welche Handlungsoptionen ergeben sich aus dem Wirkungsmodell?
- Wo gibt es einen Bedarf?
- Wo sind andere Akteure bereits tätig?
- Welche Gründe und Interessen sprechen für die jeweiligen Handlungsoptionen?
- Sind die verschiedenen Handlungsoptionen realistisch?

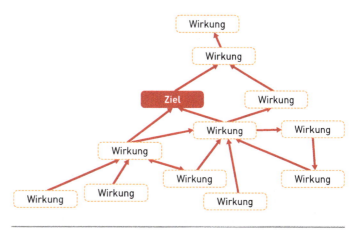

Abbildung 23: Wirkungsmodell – Schritt 2

- Auf welche Wirkung/welches Ziel möchten sich die Beteiligten und Schlüsselakteure fokussieren? Welches Ziel ist aus Sicht aller Beteiligten prioritär?
- Wie viele Ressourcen stehen im Vorhaben zur Verfügung?
- Können die Ziele mit den Ressourcen, die die Kooperationspartner einbringen können, tatsächlich erreicht werden?
- Ist das festgelegte Ziel realistisch?

Eine unter den jeweiligen Bedingungen realistisch zu erreichende Wirkung wird als Ziel definiert.

Schritt 3: Welches sind die internen und externen Schlüsselakteure im Vorhaben?

Das Wirkungsmodell und die flexible Erstellung der intendierten Wirkungen erleichtern die Erarbeitung einer Akteurslandkarte – falls diese nicht schon im Strategieprozess erarbeitet wurde – und geben Antworten auf diese Fragen:

- Wer soll in welcher Rolle in das Vorhaben einbezogen werden, um intendierte Wirkungen zu erzielen?
- Wer ist noch im gesellschaftlichen Handlungsfeld aktiv? Wer muss im Blickfeld bleiben?
- In welchem Rahmen wird das Vorhaben gesteuert und implementiert?

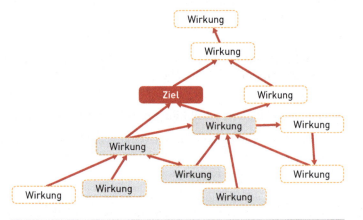

Abbildung 24: Wirkungsmodell – Schritt 3

Dieser Schritt geht einher mit der Ausrichtung auf den EF Kooperation: „Personen und Organisationen verbinden, um Veränderungen möglich zu machen!" Er ist wichtig, um den Blick zu öffnen. Neben den bereits einbezogenen Kooperationspartnern kann es andere Akteure geben, die bislang gedanklich noch nicht berücksichtigt waren, für den Erfolg jedoch von Relevanz sind und somit in den Blick genommen bzw. in das Vorhaben einbezogen werden müssen.

Schritt 4: Für welchen Aktionsradius übernimmt das Vorhaben Verantwortung?

An dieser Stelle lassen sich die Systemgrenzen und damit der Verantwortungsbereich des Vorhabens definieren. Die Kooperationspartner verständigen sich auf diesen Verantwortungsbereich und präzisieren damit nochmals die gewählte Strategie.

Folgende Leitfragen machen die Bedeutung des Aktionsradius deutlich:

- Wer muss bei der Steuerung des Vorhabens angesichts des Verantwortungsbereichs mit einbezogen werden?

- Wer muss außerhalb des Verantwortungsbereichs im Blickfeld bleiben?
- Welche Schlüsselakteure gibt es, die beim Prozess der Erarbeitung eines Wirkungsmodells jetzt nicht beteiligt sind? Wie kann eine Einbeziehung und Mandatierung erreicht werden?

Bei der Durchführung der Folgeschritte wird immer wieder überprüft, ob der Verantwortungsbereich richtig gewählt ist oder ggf. noch einmal angepasst werden muss.

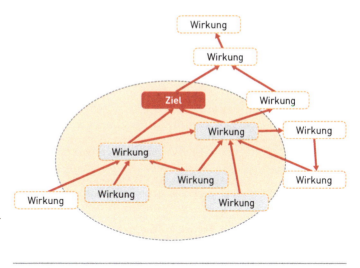

Abbildung 25: Wirkungsmodell – Schritt 4

Schritt 5: Welche Beiträge leisten die Kooperationspartner, um Wirkungen zu erzielen?

Zur Erreichung der intendierten Wirkungen erbringen die einzelnen Kooperationspartner Beiträge im Sinne von Aktivitäten.

Hierbei helfen folgende Leitfragen:

- An welchen Hebeln sollten gemeinsame Maßnahmen ansetzen, um die intendierten Wirkungen zu erzielen?
- Welche Aktivitäten sind sinnvoll und notwendig?
- Wie viele Ressourcen stehen zur Verfügung? Sind diese so am effizientesten eingesetzt?
- Welche Kooperationspartner sind für welche Aktivitäten verantwortlich?

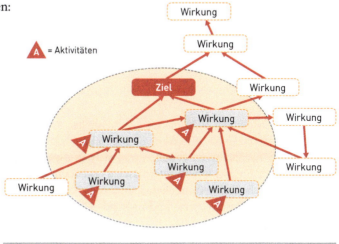

Abbildung 26: Wirkungsmodell

Im Wirkungsmodell werden die Aktivitäten nur skizzenhaft eingetragen. Entscheidend ist, an welcher Stelle die Aktivitäten ansetzen.

In ihrer Vollständigkeit werden Aktivitäten erst zu Beginn der Umsetzung im Rahmen der operativen Planung (Operationsplan) präzisiert.

Tool 08
Capacity Development-Strategie

Anwendungshinweise

Zielsetzung/Funktion	Das Tool[11] unterstützt dabei, Maßnahmen und ihr Zusammenspiel im Kontext einer gewählten strategischen Option auf den drei Ebenen des Capacity Development (CD) zu überprüfen und zu optimieren. Es hilft, die Wechselwirkungen zwischen den CD-Ebenen Gesellschaft (mit den Elementen Kooperationen und Entwicklung von Rahmenbedingungen), Organisation und Person zu erkennen und Synergieeffekte nutzbar zu machen.
Anwendung	Sinnvoll in allen Vorhaben, die Capacity Development unterstützen. Erfolgreiches Capacity Development ist die zentrale Voraussetzung, um nachhaltige Wirkungen in einem gesellschaftlichen Handlungsfeld zu erzielen.
Setting	Workshop mit Schlüsselakteuren.
Hilfsmittel	Pinnwand und Flipchart, Moderationsmaterialien (Stifte, Karten usw.), falls vorhanden: Strategie des Vorhabens (z. B. Wirkungsmodell), Handouts der Unterlagen.
Hinweise	Die Arbeit mit diesem Tool erfordert einen strategischen Prozess im Vorfeld. Die (Zwischen-)Ergebnisse dieses Prozesses sollten bei der Ausarbeitung der CD-Strategie vorliegen (z. B. SWOT-Analyse, Beschreibung der ausgewählten strategischen Option, Maßnahmen anderer Akteure im Sektor etc.) Das ausgearbeitete Wirkungsmodell der ausgewählten strategischen Option für die Umsetzung des Vorhabens ist eine gute Grundlage für die Erarbeitung einer CD-Strategie.

Beschreibung

Capacity Development (CD) ist als ganzheitlicher Prozess zu verstehen. Capacity meint in diesem Zusammenhang die Fähigkeit von Menschen, Organisationen und Gesellschaften, ihre eigene Entwicklung nachhaltig zu gestalten und sich an dynamische Rahmenbedingungen anzupassen. Hierzu gehört, Entwicklungshindernisse zu erkennen, Lösungsstrategien zu entwickeln und diese dann erfolgreich umzusetzen. Diese Handlungs- und Regiekompetenz verknüpft politischen Willen, Interessen, Wissen, Werte und finanzielle Ressourcen, um die eigenen Entwicklungsziele zu erreichen.

Die gezielte Unterstützung von CD-Prozessen erfordert eine Strategie, die an den gegebenen politischen, wirtschaftlichen und sozialen Kontextbedingungen im gesellschaftlichen Handlungsfeld ausgerichtet ist. CD-Maßnahmen müssen mit allen relevanten Akteuren im Vorhaben vereinbart werden, damit die Umsetzung der CD-Strategie von allen Beteiligten getragen wird. Die CD-Strategie leitet sich aus dem Zielsystem des Vorhabens ab.

Gute CD-Strategien erfüllen die folgenden **Qualitätskriterien**:

- **Eingebettet** in die Kontextbedingungen des gesellschaftlichen Handlungsfeldes
- **Angemessen** im Hinblick auf Veränderungsbereitschaft der Akteure
- **Gekoppelt** an bestehende Initiativen im gesellschaftlichen Handlungsfeld
- **Kohärente Verzahnung** von Impulsen und deren Wirkungen auf den unterschiedlichen Ebenen des CD (Gesellschaft, Organisation und Person)

Die CD-Strategie definiert die konkreten Maßnahmen im Rahmen der ausgewählten strategischen Option, die im Vorhaben umgesetzt werden soll.

Die nachfolgende Tabelle beschreibt die verschiedenen Ebenen des Capacity Development (Person, Organisation, Gesellschaft) mit den potenziellen Akteuren sowie methodischen Ansätzen und Maßnahmen. Da sich dies bei der Entwicklung von Maßnahmen bewährt hat, wird auf Ebene der Gesellschaft zusätzlich unterschieden zwischen der Entwicklung von Kooperationen und der Entwicklung von Rahmenbedingungen.

CD-Ebenen	Akteure	Methodische Ansätze oder Maßnahmen
Ebene Person **Kompetenzentwicklung** *Zweck:* Förderung von persönlichen und sozialen Kompetenzen, fachlichen Kompetenzen, Management- und methodischen Kompetenzen sowie Führungskompetenzen zur Entwicklung einer umfassenden Handlungskompetenz von Personen und ihrer Vernetzung über gemeinsame Lernprozesse	Individuen und Lerngemeinschaften	Weiterbildung, Training, Coaching und Knowledge Sharing: Steigerung der persönlichen Wirksamkeit, der Handlungskompetenz von Fachkräften, der Gestaltungskraft von Managern, Führungskräften, Change Agents und Prozessverantwortlichen, von Trainern und Beratern in ihrer Multiplikatorenrolle; Vernetzung von Menschen für gemeinsames und nachhaltiges Lernen, Wissensgenerierung und Dialog
Ebene Organisation **Organisationsentwicklung** *Zweck:* Organisationales Lernen und Erhöhung der Leistungsfähigkeit und Flexibilität einer Organisation	Organisationen und Teilorganisationen des Staates, der Zivilgesellschaft und des Privatsektors	Change-Management: Vereinbarung über Vision und Systemgrenzen, Strategieentwicklung, Stärkung der Selbstreflexivität der Organisation, Aufbau und Weiterentwicklung von Organisationen, Stärkung des Führungssystems, interne Regeln und Strukturen, Kundenorientierung, Marketing, Prozessoptimierung (z. B. der Leistungsprozesse), Personalentwicklungssysteme, Projektmanagement, Finanzen- und Ressourcenausstattung, Wissensmanagement

Ebene Gesellschaft **Entwicklung von Kooperationen** *Zweck:* Aufbau und Stärkung von Kooperationen zwischen Organisationen zur Koordination und Leistungserbringung sowie von Netzwerken für den Austausch von Wissen und Co-Kreation	Institutionen und Organisationen entlang geografischer oder thematischer Linien, Netzwerke	Beziehungen und Kooperationssysteme: Aufbau, Entwicklung und Steuerung von Kooperationssystemen und Netzwerken (z. B. kommunal, öffentlich-privat, sektoral, länderübergreifend, produktbezogen) zur Nutzung von Standortvorteilen und Skaleneffekten, Verbesserung der Kooperationsbeziehungen zur Steigerung der Leistungserbringung im Politikfeld; z. B. Entwicklung von sektor-spezifischen (Weiter-)Bildungskapazitäten
Ebene Gesellschaft **Entwicklung von Rahmenbedingungen** *Zweck:* Entwicklung von günstigen rechtlichen, politischen und sozioökonomischen Rahmenbedingungen, damit Menschen, Organisationen und Gesellschaften sich entfalten und ihre Leistungsfähigkeit steigern können	Institutionen und Organisationen (Staat, Zivilgesellschaft, Privatwirtschaft), die sich an der Erarbeitung und Verhandlung von Regeln beteiligen	Politikberatung: Verhandlungskultur, Beteiligungsmöglichkeiten der Institutionen und Organisationen, Anreize für Vereinbarungen, Agenda-Analysen, Runde Tische und andere Beteiligungsformen bei der Verhandlung von Regeln, Interessen, Grundrechten, Politiken und ihrer Durchsetzung, Rule of Law, Checks and Balances der Machtkontrolle, Transparenz, Mediation und Prozessgestaltung von Verhandlungen

Abbildung 27: Beschreibung der Capacity Development-Ebenen

Wechselwirkungen zwischen den Ebenen

Eine gute CD-Strategie setzt nicht nur Impulse auf den unterschiedlichen Ebenen des Capacity Development, sondern verknüpft diese miteinander, sodass ein kohärentes Ganzes entsteht.

Langjährige Erfahrungen aus Vorhaben weisen deutlich darauf hin, dass die Konzentration auf eine Ebene nur dann sinnvoll ist, wenn die anderen Ebenen anderweitig (z. B. durch andere Akteure) versorgt oder zumindest nicht ausgeblendet werden.

Die Vernachlässigung einer Ebene führt zu Ungleichgewichten und Risiken. Umgekehrt trägt ein klug gesetzter Impuls auf einer Ebene oft zu Wirkungen auf den anderen Ebenen bei. Die folgende Matrix illustriert beispielhaft die Defizite, die aus der Vernachlässigung einer Ebene entstehen. In der Erarbeitung eines gemeinsamen Verständnisses zum CD-Konzept ist es hilfreich, diese möglichen Defizite mit konkreten Beispielen aus dem Vorhaben zu illustrieren. Im Umkehrschluss weisen die genannten Defizite auf Chancen hin, die sich aus dem Zusammenspiel von Maßnahmen der verschiedenen Ebenen ergeben können.

Tool 08 | Capacity Development-Strategie

Capacity Development auf den drei Ebenen				
	Maßnahmen auf den CD-Ebenen			
Vernachlässigen von ... ... hat Wirkungen auf	Person	Organisation	Gesellschaft	
	Kompetenz-entwicklung	Organisations-entwicklung	Entwicklung von Kooperationen	Entwicklung von Rahmen-bedingungen
Person: Kompetenz-entwicklung		Kompetenzdefizit: Individuelle Fähigkeiten und Fertigkeiten fehlen für das Initiieren und die nachhaltige Umsetzung von organisatorischen und fachlichen Veränderungen. Unzureichende Multiplikatorenkompetenzen.	Defizit in Verhandlungsführung: Fähigkeiten zur horizontalen Zusammenarbeit fehlen. Vertrauensdefizit: Engagement und persönliche Beziehungen bleiben unterentwickelt.	Leadership- und Artikulationsdefizit: Akteure bringen ihre Interessen nicht in Verhandlungen ein. Sie können die Strategieentwicklung nicht vorantreiben.
Organisation: Organisations-entwicklung	Transferdefizit: Eingeschränkte Anwendung des individuell Gelernten in der Organisation.		Defizit an Regeln: Definition von internen Strukturen und Prozessen fehlt.	Defizit an Kontinuität: Vereinbarungen über Regeln und Prozessführung fehlen.
Gesellschaft: Entwicklung von Kooperationen	Wissensdefizit: Horizontaler Wissenstausch und Weiterlernen werden vernachlässigt.	Allianzdefizit: Kooperationspotenziale bleiben ungenutzt, Insellösungen und Autarkiewahn.		Defizite der Kooperation: Unklarheit über die Rollen und die Zusammenarbeit zwischen verschiedenen Akteuren.
Gesellschaft: Entwicklung von Rahmenbedingungen	Defizit an Breitenwirkung: Erworbene Fähigkeiten und Fertigkeiten können nicht ausreichend in den politischen Dialog eingebracht werden.	Fehlende/unangepasste Rahmenbedingungen: Entwickelte Potenziale liegen brach.	Defizit an Verbindlichkeit: Kooperationen und Netzwerke bleiben instabil.	

Risiken bei Vernachlässigung eines Aspekts

Abbildung 28: Wechselwirkungen von Capacity Development-Maßnahmen

Vorgehen

Schritt 1: Capacity Development-Konzept verstehen

Bevor die Arbeit an der CD-Strategie begonnen wird, sollte sichergestellt werden, dass alle Beteiligten das gleiche Grundverständnis zum Capacity Development-Konzept teilen. Die Beschreibung in Abbildung 27 kann als Grundlage dienen, um dieses gemeinsame Verständnis herzustellen.

Schritt 2: Fokus der CD-Strategie bestimmen

In diesem Schritt wird der Fokus für die CD-Strategie geklärt (Gesamtvorhaben, einzelne Handlungsfelder, o. Ä.). Bei komplexen Vorhaben macht es Sinn, eine CD-Matrix für Ausschnitte des Vorhabens zu entwickeln, um das Tool nicht zu überfrachten.

Capacity Development-Matrix Fokus: (Gesamtvorhaben, Handlungsfeld etc.)				
Laufzeit **von xxx bis xxx**	**Ebene Person**	**Ebene Organisation**	**Ebene Gesellschaft**	
	Kompetenz-entwicklung	Organisations-entwicklung	Entwicklung von Kooperationen	Entwicklung von Rahmen-bedingungen
Stärken, Schwächen, Chancen, Risiken (SWOT) im gesellschaftlichen Handlungsfeld				
Intendierte Capacities				
Maßnahmen und ihre Wirkungs-hypothesen				
Wechselwirkungen mit den anderen Ebenen				
Komplementäre Maßnahmen anderer Vorhaben/Akteure im gleichen Handlungsfeld				

Arbeitshilfe 7: Capacity Development-Matrix

Schritt 3: Aktuelle und intendierte Capacities definieren

Dieser Schritt wird durch die ersten beiden Zeilen der oben beschriebenen Capacity Development-Matrix strukturiert. In die erste Zeile werden die relevanten Ergebnisse des Strategieprozesses (Analyse der Ist-Situation im gesellschaftlichen Handlungsfeld, derzeitige Capacities, d.h. SWOT auf den CD-Ebenen) für den gewählten Fokus aufgenommen.

In die zweite Zeile werden die intendierten Capacities für jede CD-Ebene eingetragen. Dazu wird das Wirkungsmodell als Ausgangspunkt genutzt und die dort beschrieben Wirkungen im Sinne der intendierten Capacities für jede Ebene übersetzt. Möglicherweise sind die intendierten Capacities schon im Rahmen der Strategieentwicklung erarbeitet worden.

Ansonsten leitet hier die Fragestellung: Welche Fähigkeiten, welches Wissen, welcher politische Wille bzw. welche Voraussetzungen sollten erfüllt sein, damit das Vorhaben erfolgreich sein kann? Welche Veränderungen werden dann eingetreten sein?

Häufig ist dabei eine Ausdifferenzierung der Wirkungen im Wirkungsmodell erforderlich. Dies ist in der Regel dann der Fall, wenn Maßnahmen auf verschiedenen CD-Ebenen nötig sind, um bestimmte Wirkungen zu erzielen.

Schritt 4: Maßnahmen und Wirkungshypothesen ableiten

Die Maßnahmen und Wirkungshypothesen leiten sich ebenfalls aus dem Wirkungsmodell ab: Mit welchen Aktivitäten und Leistungen unterstützt das Vorhaben den Capacity Development-Prozess im gesellschaftlichen Handlungsfeld? Welche Wirkungshypothesen liegen dahinter?

Folgende Fragen können helfen, sinnvolle Maßnahmen zu entwickeln:

- Was können wir im Vorhaben tun, um die Stärken auf den verschiedenen Ebenen auszubauen bzw. zu erhalten?
- Was können wir tun, um die Chancen, die darin liegen, zu ergreifen?
- Was können wir tun, um die Schwächen zu neutralisieren?
- Was können wir tun, um die Risiken zu vermeiden oder mit ihnen umzugehen?
- Wie können Impulse auf einer Ebene auf den jeweils anderen zwei Ebenen wirken?

Es ist darauf zu achten, dass sich die vom gemeinsamen Vorhaben ausgehenden Impulse komplementär zu Maßnahmen verhalten, die von anderen Vorhaben/Akteuren im gleichen Handlungsfeld durchgeführt werden. Dies wird in einem eigenen Schritt (Schritt 6) entsprechend reflektiert.

Schritt 5: Wechselwirkungen der drei CD-Ebenen diskutieren

In diesem Schritt wird die Matrix mit den beispielhaft illustrierten Defiziten (Abbildung 28) im Lichte der bisherigen Ergebnisse besprochen.

Im Zuge der Diskussion kann deutlich werden, dass über die geplanten Aktivitäten hinaus weitere Maßnahmen notwendig sind, um ein kohärentes und sich verstärkendes Zusammenspiel sicherzustellen. Die Chance sollte genutzt werden, durch ergänzende Maßnahmen auf anderen Ebenen das Wirkungspotenzial insgesamt zu verbessern und dabei die Nachhaltigkeit der Wirkungen zu sichern.

Sollte Handlungsbedarf bestehen, sollten entsprechende Maßnahmen entwickelt und ergänzt werden. Wichtig ist, die Ergebnisse dieser Diskussion mit dem Wirkungsmodell abzugleichen und dort ggf. entsprechende Anpassungen vorzunehmen. Zur Dokumentation sollten die Ergebnisse in der vorliegenden Zeile notiert werden.

Schritt 6: Komplementäre Maßnahmen anderer Vorhaben/Akteure diskutieren

Die Maßnahmen anderer Akteure im gesellschaftlichen Handlungsfeld (wie z. B. Maßnahmen nationaler Veränderungsinitiativen, die in anderen Vorhaben organisiert sind) auf den verschiedenen Ebenen des CD stellen Beiträge dar, die die Maßnahmen des Vorhabens ergänzen können. Diese sollten hier aufgeführt und im Hinblick auf ihre Komplementarität diskutiert werden. Wird dabei offensichtlich, dass auf bestimmten Ebenen des Capacity Development Maßnahmen fehlen, die auch durch das Vorhaben nicht abgedeckt werden können, sollte das Potenzial anderer Vorhaben/Akteure sondiert werden.

Erfolgsfaktor Kooperation

Tool 09
Akteurslandkarte

Anwendungshinweise

Zielsetzung/Funktion	Dient der Identifikation und Darstellung der für das Vorhaben relevanten Akteure und ihrer Beziehungen.[12]
Anwendung	In Situationen, in denen es wichtig ist, sich ein Bild über die involvierten Akteure zu machen; Monitoring der Akteursbeziehungen im Zeitverlauf.
Setting	Gruppen unterschiedlicher Größen. Bei größeren Gruppen ist eine Teilung in Untergruppen sinnvoll.
Hilfsmittel	Pinnwände, Flipcharts, Moderationsmaterialien (Stifte, Karten, Nadeln usw.); evtl. visualisierte Blanko-Akteurslandkarte auf Pinnwand.
Hinweise	Häufig wird statt Akteurslandkarte auch von Akteursanalyse oder Stakeholdermapping gesprochen. Ausgangspunkt sollte eine klar definierte Fragestellung sein. Die Akteurslandkarte ist eine Momentaufnahme. Die Konstellationen der Akteure und ihre Beziehungen verändern sich im Zeitablauf. Die Akteurslandkarte stellt einen zentralen Ausgangspunkt für viele weitere Planungs- und Beratungsschritte dar und kann zu unterschiedlichen Zeitpunkten im Vorhaben nützlich sein. Sie ist eine hilfreiche Vorarbeit für andere Tools, insbesondere für das Tool Steuerungsstruktur.

Beschreibung

Akteure mit zumindest potenziellen Interessen an Veränderungen, die beispielsweise durch ein Vorhaben umgesetzt werden sollen, können auch als Anspruchsgruppen (Stakeholder) bezeichnet werden. Sie verfügen aufgrund ihrer materiellen Ressourcen, ihrer Stellung und ihres Wissens über besondere Einflussmöglichkeiten und üben auf Konzept, Planung und Durchführung eines Vorhabens maßgeblichen Einfluss aus.

Je nach Fragestellung, die wir mit der Erstellung einer Akteurslandkarte verfolgen, können die verschiedenen Akteure eines Kooperationssystems entsprechend ihrer Bedeutung unterschieden werden. So kann es z. B. primäre Akteure, sekundäre Akteure, Schlüsselakteure und Vetoplayer geben, wobei die Grenzen dieser Unterscheidung meist fließend sind. **Primäre Akteure** sind jene Akteure, die unmittelbar vom Vorhaben betroffen sind, sei es als Begünstigte oder als diejenigen, die Macht und Privilegien hinsichtlich des Vorhabens gewinnen möchten oder abgeben müssen. Auch jene Akteure, die durch das Vorhaben benachteiligt werden, zählen dazu. **Sekundäre Akteure** indes sind jene, die nur mittelbar oder vorübergehend am Vorhaben beteiligt sind, z. B. durch Dienstleistungen.

Akteure, die durch ihre Fähigkeiten, ihr Wissen und ihre Machtstellung ein Vorhaben signifikant beeinflussen können, werden als **Schlüsselakteure** bezeichnet. Sie sind in der Regel an den Entscheidungen innerhalb des Vorhabens beteiligt. Akteure, ohne deren Unterstützung und Beteiligung die erhofften Wirkungen eines Vorhabens nicht erreicht werden können oder die ein Vorhaben komplett blockieren können, sind **Vetoplayer**. Vetoplayer können entweder Schlüssel-, primäre oder sekundäre Akteure sein. Je stärker und einflussreicher ein Akteur ist, umso eher neigt er dazu, sich selbst als alleinigen Beteiligten zu sehen und andere Akteure zu repräsentieren oder ausschließen zu wollen. Das heißt: Im Prozess des Aushandelns der Beteiligung positionieren sich die Akteure nicht nur über ihre Beziehung zum Thema, aufgrund ihrer institutionellen Stellung oder ihrer Ressourcen, sondern auch hinsichtlich ihrer Macht, auf die Beteiligung anderer Akteure Einfluss nehmen.

Eine Akteurslandkarte entsteht, indem die Beziehungen der für ein Kooperationssystem relevanten Akteure sowie die Art ihrer Beziehungen identifiziert und grafisch dargestellt werden. Die Darstellung vermittelt einen Überblick über das gesamte Spektrum der Akteure. Sie erlaubt Aussagen und Hypothesen über den Einfluss derselbigen auf Themen und Veränderungsziele eines Vorhabens sowie über Beziehungen, Machtkonstellationen und Abhängigkeiten zwischen den Akteuren. Welche Unterscheidungen bezüglich der Akteure dabei von Bedeutung sind (primäre, sekundäre, Schlüsselakteure), entscheidet sich an der konkreten Fragestellung. Die Landkarte führt zu Einsichten über tatsächliche und potenzielle Allianzen und Konflikte. Die Diskussion über die Akteurslandkarte kann genutzt werden, um strategische Optionen und akteursspezifische Hypothesen zu formulieren.

In der Regel deckt die Akteurslandkarte auch Informationslücken und Beteiligungsdefizite auf (weiße Flecken). Sie weist darauf hin, über welche Akteure und Akteursbeziehungen keine oder wenig Kenntnisse vorliegen, wo zusätzliche Informationen eingeholt werden müssen und welche Akteure notwendigerweise in das Vorhaben eingebunden werden sollten. Die Akteurslandkarte korrigiert auch voreilige Annahmen über einzelne Akteure und deren Beziehungsgeflecht: Vermeintlich wichtige Akteure werden im Feld der anderen Akteure relativiert, scheinbar unbedeutende Akteure rücken ins Rampenlicht.

Um eine aussagekräftige Akteurslandkarte zu erstellen, sollten drei Punkte beachtet werden:

Definition und Eingrenzung des Geltungsbereichs

Die grafische Darstellung sollte aufgrund einer klar definierten Fragestellung erfolgen, um die Anzahl der Akteure einzugrenzen und Übersichtlichkeit zu gewährleisten.

Festlegung des Zeitpunkts und der Periodizität

Die Akteure bilden ein dynamisches System von wechselseitigen Abhängigkeiten. Dieses Beziehungsnetz kann sich schnell verändern. Aus diesem Grund ist der Zeitpunkt einer Analyse von Akteursbeziehungen von Bedeutung.

Perspektiventrennung

Jeder Akteur hat seine eigene Perspektive. Eine Akteurslandkarte stellt daher immer nur die Perspektive der an der Erstellung beteiligten Personen oder Gruppen dar.

Schlüsselfragen zur Akteurslandkarte:

- Was wollen wir mit der Akteurslandkarte erreichen? Was ist unsere konkrete Fragestellung?
- Zu welchem Zeitpunkt erstellen wir die Akteurslandkarte, und wann aktualisieren wir sie?
- Wen wollen wir an der Erstellung der Akteurslandkarte beteiligen?
- Gibt es Akteurslandkarten aus einer früheren Phase des Vorhabens, die wir zum Vergleich nutzen wollen?

Vorgehen

Schritt 1: Formulierung der Schlüsselfrage

Auf welche Frage zum aktuellen Zeitpunkt unseres (künftigen) Vorhabens wollen wir mit der Erstellung einer Akteurslandkarte eine Antwort erarbeiten, die uns in der Steuerung weiterhilft? Es empfiehlt sich, diese Frage auf einem Flipchart zu visualisieren, damit sie im gesamten Verlauf der Bearbeitung sichtbar ist.

Schritt 2: Identifikation der Akteure

Zunächst sind alle für das Vorhaben oder eine bestimmte Fragestellung relevanten Akteure zu identifizieren. Diese werden drei Gruppen zugeordnet, nämlich erstens den Schlüsselakteuren, zweitens den primären Akteuren und drittens den sekundären Akteuren.

Wichtig für eine aussagekräftige Landkarte ist es, die wesentlichen Akteure zu erfassen, ohne aber die Grafik mit zu vielen Darstellungselementen zu überladen.

Schritt 3: Auswahl der Darstellungsform

Für die grafische Darstellung der Akteurslandkarte bieten sich zwei unterschiedliche Darstellungsformen an, die Zwiebel-Darstellung und die Regenbogen-Darstellung.

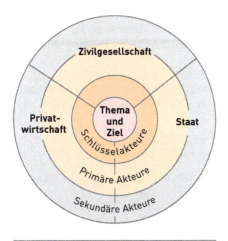

Arbeitshilfe 8: Akteurslandkarte Zwiebel

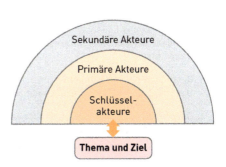

Arbeitshilfe 9: Akteurslandkarte Regenbogen

In beiden Darstellungen können die Akteure den drei Sektoren Staat (Öffentlicher Sektor), Zivilgesellschaft oder Privatwirtschaft zugeordnet werden (fallspezifisch können sich andere Unterscheidungen anbieten).

Schritt 4: Visualisierung der Akteure

In der grafischen Darstellung empfiehlt es sich, die gleiche Form, z. B. Kreise für die Schlüsselakteure und die primären Akteure (beide mit direktem Einfluss auf das Vorhaben), zu verwenden. Die Größe des Kreises steht für den Einfluss in Bezug auf die Fragestellung bzw. das Veränderungsziel. Handelt es sich um einen Vetoplayer, so kann man dies mit einem V kennzeichnen. Sekundäre Akteure (keine direkte Beteiligung, aber potenzieller Einfluss) können z. B. mit einem Rechteck dargestellt werden.

●	Schlüssel- bzw. primärer Akteur mit geringem Einfluss
⬤	Schlüssel- bzw. primärer Akteur mit hohem Einfluss
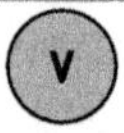 Ⓥ	Vetoplayer
▬	Sekundärer Akteur

Abbildung 29: Symbole für Akteure

Nun können die einzelnen Akteure vor dem ausgewählten Hintergrund (Zwiebel bzw. Regenbogen) positioniert werden. Dabei ist es hilfreich, Akteure, zwischen denen engere Beziehungen bestehen, näher zueinander zu positionieren. Der Abstand zwischen Akteuren kann auf diese Weise die Intensität ihrer Beziehung symbolisieren.

Schritt 5: Visualisierung der Beziehungen zwischen Akteuren

Im nächsten Schritt werden die Beziehungen zwischen den Akteuren dargestellt. Für die unterschiedlichen Arten und Qualitäten von Beziehungen ist eine grafische Unterscheidung sinnvoll.

———	Durchgezogene Linien symbolisieren enge Beziehungen bezüglich Informationsaustausch, Frequenz der Kontakte, Interessenübereinstimmung, Koordination, gegenseitiges Vertrauen etc.
- - -?- - -	Gestrichelte Linien symbolisieren schwache oder informelle Beziehungen. Das Fragezeichen wird hinzugesetzt, wenn die Beziehung ungeklärt ist.
═══	Doppellinien symbolisieren Allianzen und Kooperationen, die vertraglich oder institutionell geregelt sind.

———▶	Pfeile symbolisieren die Richtung der Dominanzbeziehung.
——⚡——	Linien, unterbrochen mit Blitz, symbolisieren Beziehungsspannungen, Interessengegensätze und konflikthaltige Beziehungen.
——‖——	Querstriche symbolisieren unterbrochene oder zerstörte Beziehungen.

Abbildung 30: Symbole für Beziehungen zwischen Akteuren

Je nach Auswahl der Darstellungsform – Zwiebel oder Regenbogen – kann am Ende dieses Arbeitsschrittes das Ergebnis so aussehen wie in den beiden folgenden Abbildungen dargestellt:

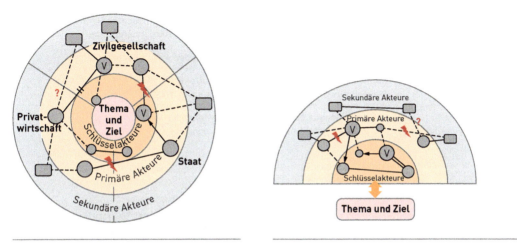

Abbildung 31: Beispiel für Akteurslandkarte Zwiebel   Abbildung 32: Beispiel für Akteurslandkarte Regenbogen

Schritt 6: Auswertung des Ergebnisses

Im letzten Arbeitsschritt geht es an die gemeinsame Auswertung des Ergebnisses: Entspricht die Visualisierung unserem aktuellen Bild der Wirklichkeit? Sind alle relevanten Akteure berücksichtigt? Was fällt uns auf den ersten Blick auf? Wie wirkt das Bild? Fehlen wichtige Elemente im Bild? Etc.

Es empfiehlt sich, die wichtigsten Ergebnisse der gemeinsamen Diskussion in Form von Arbeitshypothesen und möglichen Handlungsoptionen in Bezug auf die eingangs gewählte Fragestellung (Schritt 1) auf einem Flipchart festzuhalten.

Tool 10
Handlungsprofil der Akteure (4-A-Matrix)

Anwendungshinweise

Zielsetzung/Funktion	Ziel ist, die Einstellungen relevanter Akteure zum Vorhaben zu eruieren. Dabei werden unterschiedliche Gruppierungen, z. B. Förderer und (Ver-)Hinderer, deutlich. Die Akteursprofile sind eine Grundlage, um Strategien sowie Optionen zu diskutieren und zu vergleichen.[13]
Anwendung	In Situationen, in welchen die Einstellung der relevanten Akteure in Bezug auf das Vorhaben sichtbar gemacht werden soll. Nützlich im Rahmen einer Akteursanalyse (z. B. kombiniert mit dem Tool Akteurslandkarte).
Setting	Bis zu 25 Teilnehmende, eher in Kleingruppen, evtl. Gruppenräume.
Hilfsmittel	Pinnwände, Moderationsmaterialien (Stifte, Karten usw.); Handouts der Bewertungskriterien; vorbereitete Akteursmatrix auf Pinnwand (s. u.).
Hinweise	▪ Relativ genaue Kenntnis der zu beurteilenden Akteure erforderlich! ▪ Bewertung stellt naturgemäß ein subjektives Urteil dar.

Beschreibung

Die strategische Orientierung in einem Vorhaben ist das Ergebnis eines Aushandlungsprozesses. Um die unterschiedlichen Perspektiven und Interessenlagen der beteiligten Akteure darzustellen und zu vergleichen, sind folgende Fragen sinnvoll:

- Welches Mandat, welche strategischen Ziele und Interessen verfolgen die Akteure (Agenda)?
- Wo handeln sie, in welchem Wirkungsfeld und mit welcher Reichweite (Arena)?
- Welche Bindungen zu anderen Akteuren haben sie (Allianzen)?

Akteursprofile mit verschiedenen Kriterien bieten eine nützliche Grundlage, um die relative Wichtigkeit der Akteure sichtbar zu machen und zu entscheiden, welche Akteursbeziehungen aufgebaut und vertieft werden sollten. Die Profile weisen auch auf die Möglichkeit zur Bildung von Gruppierungen von Akteuren mit ähnlichem Profil hin. Für das Veränderungsmanagement sind solche Gruppierungen bedeutend, weil sich Akteure mit ähnlich gelagerten Profilen in ihrer unterstützenden oder ablehnenden Haltung gegenüber dem Veränderungsziel gegenseitig verstärken.

Vorgehen

Schritt 1: Akteure identifizieren

In einem ersten Schritt werden diejenigen Akteure, die zum Thema und zum Veränderungsziel einen Bezug haben, aufgelistet. Die 4-A-Grafik (Akteure, Agenda, Arena und Allianzen) verdeutlicht, wo Informationslücken geschlossen werden müssen, und verschafft eine erste Übersicht.

Fragestellung und Veränderungsziel:			
Akteure Name, Kernfunktion	**Agenda** Mandat/Mission, strategische Ziele	**Arena** Wirkungsfeld, Reichweite	**Allianzen** Beziehungen mit anderen Akteuren
Akteur 1			
Akteur 2			
Akteur n			

Arbeitshilfe 10: 4-A-Matrix

Je nach gewünschter Detailtiefe der Analyse kann es hilfreich sein, die Allianzen qualitativ noch weiter zu unterscheiden, z. B. entlang der folgenden Abgrenzung:

- A Institutionell geregelte Abhängigkeit
- B Kontinuierlicher Informationsaustausch
- C Koordiniertes Handeln
- D Koproduktion mit gemeinsamen Ressourcen
- …

Die Matrix eignet sich auch als periodisch anzuwendendes Monitoringinstrument, um Veränderungen der Akteurslandkarte im Laufe der Zeit zu beobachten.

Schritt 2: Übertragung der Ergebnisse in ein Akteursprofil

In einem zweiten Schritt werden für die wichtigsten Akteure die Erkenntnisse aus der 4-A-Matrix in die folgende Arbeitshilfe übertragen. Die zehn Kriterien können selbstverständlich angepasst und erweitert werden. Die Verbindung der eingetragenen Werte ergibt das jeweilige Akteursprofil.

Kriterien	--	-	+	++
Entwicklungsvision: Der Akteur vertritt eine konstruktive, auf Demokratie und Interessenausgleich gründende Entwicklungsvision.				
Operative Wirkungsorientierung: Der Akteur handelt ziel- und wirkungsorientiert und überprüft periodisch die Zielerreichung.				
Flexibilität und Innovation: Der Akteur ist gegenüber neuen Ideen offen und passt seine Organisation an neue Herausforderungen an.				
Vertragstreue: Der Akteur hält sich an Vereinbarungen und erfüllt die darin enthaltenen Anforderungen zeitgerecht.				
Kommunikation: Der Akteur informiert aktiv über seine Tätigkeit, beteiligt sich am Informationsaustausch und beantwortet Anfragen zeitgerecht.				
Beziehungen: Der Akteur ermöglicht Kontakte, schafft Begegnungsräume und passt sein Handeln an die Leistungsfähigkeit seiner externen Partner an.				
Management: Der Akteur handelt aufgrund transparenter Leitlinien und Strategien sowie geklärter Rollen und Verantwortlichkeiten.				
Vertrauen: Der Akteur informiert proaktiv über seine Absichten, Ziele und Erwartungen und zeigt Verständnis für andere Interessenlagen.				
Konflikte: Der Akteur weist frühzeitig auf Spannungen und Konflikte hin und ist bereit, diese konstruktiv, offen und schnell anzugehen.				
Erfahrungskapitalisierung: Der Akteur wertet seine Erfahrungen aus, ist gegenüber Kritik offen und zeigt Lern- und Veränderungsbereitschaft.				
-- / ++ = Grad der Übereinstimmung mit der Aussage				

Arbeitshilfe 11: Akteursprofil

Schritt 3: Vergleich der Akteure und Ableitung von Implikationen

Der Erkenntnisgewinn der Darstellung ergibt sich aus dem relativen Vergleich verschiedener Akteure. Mitunter werden auch soziokulturelle Verhaltensmuster erkennbar (z. B. Klientelismus, Autoritarismus, religiöse Orientierungen), die sowohl in der öffentlichen Verwaltung als auch in privaten Organisationen eine große Rolle spielen können.

Schritt 4: Mit strategischen Optionen abgleichen

Die Akteursprofile sind im nächsten Schritt eine solide Grundlage, um Hypothesen zu Handlungsprofilen zu formulieren und daraus akteursbezogene Schlüsselherausforderungen abzuleiten. Diese helfen beispielsweise, strategische Optionen zu diskutieren und zu vergleichen.

Tool 11
Interessen von Schlüsselakteuren

Anwendungshinweise

Zielsetzung/Funktion	Identifikation von Schlüsselakteuren und ihren Interessen an dem Veränderungsziel des Vorhabens.[14]
Anwendung	Geeignet für Coaching oder Selbstreflexion verantwortlicher Akteure oder für Reflexionsarbeit innerhalb eines Kernteams zur Hypothesenbildung.
Setting	Workshop.
Hilfsmittel	Handouts der Unterlagen.
Hinweise	Voraussetzung ist, dass die Teilnehmenden die Schlüsselakteure gut kennen und einschätzen können. Da das Tool Interessen von Schlüsselakteuren bewertet, erfordert eine Anwendung unter Einbeziehung der Schlüsselakteure große Offenheit und Vertrauen. Anwendung idealerweise nach Erstellung der Akteurslandkarte.

Beschreibung

Das Tool beleuchtet die unterschiedlichen Interessen, welche die wichtigsten Akteure an der beabsichtigten Veränderung haben. Es setzt also voraus, dass diese bereits identifiziert wurden (z. B. mit Hilfe der Akteurslandkarte und/oder der 4-A-Matrix). Schlüsselakteure sind durch die folgenden Aspekte charakterisiert:

Legitimität: Institutionelle Stellung des Schlüsselakteurs, zugeschriebene oder erworbene Rechte, die beispielsweise durch das Gesetz, ein Mandat oder die öffentliche Zustimmung abgesichert sind und für rechtmäßig gehalten werden. Dazu gehören auch Schlüsselakteure, ohne deren explizite Zustimmung das Vorhaben undenkbar ist. Diese Vetoplayer können entscheidende Impulse und Freiräume schaffen, sie können das Vorhaben aber auch blockieren.

Ressourcen: Wissen, Sachverstand und Fähigkeiten sowie materielle Ressourcen, die es dem Schlüsselakteur erlauben, gestaltenden Einfluss auf das Veränderungsziel auszuüben oder den Zugang zu diesen Ressourcen zu steuern und zu kontrollieren.

Vernetzung: Anzahl und Festigkeit der Beziehungen zu anderen Akteuren, die dem Schlüsselakteur verpflichtet oder von ihm abhängig sind. In der Regel sind Schlüsselakteure stark vernetzt, d. h., sie verfügen über eine Vielzahl von institutionell geregelten und informellen Beziehungen zu anderen Akteuren. Schlüsselakteure üben deshalb einen wesentlichen Einfluss auf die Beteiligung anderer Akteure aus, sie strukturieren die Beteiligung im Spannungsfeld zwischen Einbezug und Ausschluss.

Die Interessen der Schlüsselakteure stimmen nicht immer vollständig mit dem Veränderungsziel überein. Dies ist natürlich, wenn man bedenkt, dass Vorhaben in der Regel innovativen Charakter haben. Jede Veränderung weckt auch Skepsis und Widerstand. Die Akteure stellen die Dissonanz zwischen ihren Interessen und dem Veränderungsziel spätestens dann fest, wenn sie aufgefordert sind, alte Gleise zu verlassen und Neues zu lernen. Daraus erwächst stiller oder ausdrücklicher Widerstand in verschiedenen Formen: Zurückhaltung, skeptische Distanz, Widerspruch und offen organisierter Widerstand gegen die angestrebten Veränderungen.

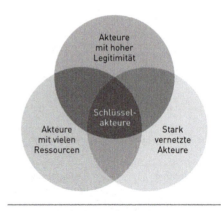

Abbildung 33: Definition Schlüsselakteure

Das Vorhaben muss diesen Widerstand bearbeiten. Die Voraussetzung dazu ist, dass er klar artikuliert wird. Die Motive für den Widerstand können vielfältig und eng mit der Prozessgestaltung der Veränderung verknüpft sein, z. B. durch Eigeninteressen, Ängste der Akteure vor Machtverlust oder Misstrauen gegenüber anderen Akteuren. Konfuse oder nicht transparente Informationen über das Vorhaben tragen weiter dazu bei, dass sich Widerstand aufbaut. Bleibt der Widerstand im Bereich der Vermutungen und Spekulationen, weil er nicht ausgedrückt werden kann oder nicht ernst genommen wird, verstärkt er sich. Verbale Zustimmung zu Beginn kann sich im Laufe der Zeit in Zurückhaltung oder gar Widerstand wandeln.

Um zu verhindern, dass ein angestrebtes Vorhaben blockiert wird, ist es notwendig, sich die Interessen der Akteure zu vergegenwärtigen. Verleihen die Schlüsselakteure ihrer Perspektive Ausdruck, können Unsicherheit und Widerstand frühzeitig bearbeitet und abgebaut werden. So wird ein verhandlungsorientiertes, offenes Klima für die angestrebten Veränderungen geschaffen.

Vorgehen

Schritt 1: Übereinstimmung mit dem Veränderungsziel

Bei der Analyse der Einstellungen der Schlüsselakteure zum Veränderungsziel stehen die folgenden Fragen im Vordergrund:

- Welche Interessen haben die Schlüsselakteure am Veränderungsziel?
- Wie groß ist die Übereinstimmung mit dem Veränderungsziel?
- Welche Auswirkungen hat die Übereinstimmung bzw. Nichtübereinstimmung auf das Veränderungsziel?
- Welche strategischen Optionen zur Erweiterung der Handlungsspielräume sind zu entwickeln, um die Unterstützung der Akteure zu gewinnen bzw. Hindernisse abzubauen (z. B. in Bezug auf Information und Kommunikation, Strukturierung der Beteiligung, Stärkung von Akteursbeziehungen, Zugang zu neuem Wissen, Unterstützung von Verhandlungsprozessen)? Wie muss der Veränderungsprozess gestaltet werden, damit die Schlüsselakteure wirkungsvoll eingebunden sind?

Diese vier Dimensionen werden für jeden relevanten Schlüsselakteur anhand der unten stehenden Tabelle diskutiert und in kurzer Form eingetragen.

Thema und Veränderungsziel des Vorhabens				
Schlüsselakteure	**Interessen** in Bezug zu Thema und Veränderungsziel	**Übereinstimmung** mit dem Veränderungsziel von −− bis ++	**Mögliche Auswirkungen** der Harmonie/ Dissonanz/Indifferenz	**Was tun?** Optionen zur Erweiterung der Handlungsspielräume
Akteur 1				
Akteur 2				
Akteur n				

Arbeitshilfe 12: Übereinstimmung mit dem Veränderungsziel des Vorhabens

Schritt 2: Darstellung des Zielkonflikts

Zielkonflikte-Matrix			
Schlüsselakteure	**Übereinstimmung** mit dem Veränderungsziel von −− bis ++	**Veränderung** bezüglich: ▪ Legitimität ▪ Ressourcen ▪ Vernetzung	**Befürchtungen und zu erwartende Nachteile**
Akteur 1			
Akteur 2			
Akteur n			

Arbeitshilfe 13: Zielkonflikte-Matrix

Um einen Zielkonflikt mit dem Vorhaben genauer zu beleuchten, wird die Übereinstimmung mit dem Veränderungsziel für jeden Akteur in Bezug gesetzt zu den Fragen:
- Inwieweit verändert das Vorhaben möglicherweise Legitimität, Zugang zu Ressourcen und Vernetzung des Schlüsselakteurs?
- Welche Befürchtungen und zu erwartenden Nachteile leiten das Verhalten des Schlüsselakteurs?

Schritt 3: Diskussion der Zielkonflikte-Matrix

Anhand der vereinfachten Matrix zu den Zielkonflikten kann im nächsten Schritt eine gemeinsame Diskussion der Situation erfolgen, die nützliche Hinweise liefert:

- um Gemeinsamkeiten zwischen den Akteuren zu erkennen. Beispielsweise Akteure der öffentlichen Zentralverwaltung, die bei einem Dezentralisierungsprozess einen Verlust an Legitimität und Einflussmöglichkeiten befürchten,
- um den Zielkonflikt frühzeitig mit den Schlüsselakteuren anzusprechen und zu bearbeiten. Beispielsweise dass ihnen aus dem Dezentralisierungsprozess neue Aufgaben der Regulierung, Aufsicht und Unterstützung von Gemeinden zuwachsen.

Die graduell unterschiedliche Übereinstimmung mit dem Veränderungsziel wirkt sich auf das Vorhaben aus und sollte, wo immer möglich, frühzeitig bei der Entwicklung und Auswahl strategischer Optionen berücksichtigt werden.

Schritt 4: Konflikte bearbeiten

Vorhaben sind in der Regel auch mit **Beziehungs- und Interessenkonflikten** zwischen den Akteuren konfrontiert. Zunächst stellt sich die Frage, ob der Konflikt überhaupt aufgegriffen und thematisiert werden soll. Diese Frage ist zentral, denn Spannungen und Konflikte haben auch ihre positiven Seiten. Soll der Konflikt aufgegriffen werden, kann die Klärung dazu beitragen, auch inhaltliche Fragen zu bearbeiten. So kann beispielsweise bei Rollenkonflikten die Rollenteilung zwischen den Akteuren thematisiert werden.

Jeder Beziehungs- und Interessenkonflikt besteht grundsätzlich aus **drei Elementen**: den beiden Konfliktparteien und dem Konfliktthema bzw. dem Inhalt, um den gestritten wird. Die beiden Konfliktparteien nehmen in der Regel eine gegensätzliche Position ein: Sie ärgern sich über den anderen Akteur, versuchen seine Position zu schwächen und die eigene zu stärken. Wird der Konflikt bearbeitet, so gilt es, die Konfliktakteure zum Thema in Beziehung zu setzen. Dies hat zum Ziel, die Positionen in unterschiedliche Interessenlagen zu transformieren. Das sieht, in drei Phasen zerlegt, wie folgt aus (s. oben).

Phase 1:
Wir haben gegensätzliche Positionen. Der andere ist das Problem, er ist stur und uneinsichtig. Wir halten an unserer Position fest, denn wir sehen das richtig.

Phase 2:
Wir rücken das Thema, den strittigen Inhalt ins Zentrum. Wir beurteilen das Thema unterschiedlich und erkennen an, dass wir am Thema unterschiedliche Interessen haben.

Phase 3:
Wir untersuchen das Thema genauer. Der Austausch über unterschiedliche Sichtweisen und die Verhandlung der Interessen führen zu einem Kompromiss oder zu einer tragfähigen Vereinbarung.

Abbildung 34: Phasen in Beziehungs- und Interessenkonflikten

Tool 12
Strukturmerkmale von Kooperationen

Anwendungshinweise

Zielsetzung/Funktion	Anhand von elf Strukturmerkmalen wird die Qualität der Kooperation reflektiert, es werden alternative Gestaltungsformen der Kooperation besprechbar und konkrete Maßnahmen abgeleitet. Die Strukturmerkmale fokussieren weniger auf Eigenschaften einzelner Akteure als vielmehr auf die Beziehungen zwischen den Kooperationspartnern.
Anwendung	Das Tool kann sowohl in der Startphase (z. B. zur Abgrenzung des Kooperationssystems auf Zeit) als auch in der regelmäßigen Reflexion des Vorhabens angewandt werden.
Setting	Kleine Gruppe, zwei bis zehn Teilnehmende.
Hilfsmittel	Handout: Liste der Strukturmerkmale (Selbstcheck), Pinnwand und Flipchart, Moderationsmaterialien (Stifte, Karten usw.), falls vorhanden: Akteurslandkarte.
Hinweise	Gutes Verständnis der Strukturmerkmale ist wichtig. Eine vorab gemeinsam erstellte Akteurslandkarte ist für die Anwendung des Instruments hilfreich.

Beschreibung

Jedes Kooperationssystem entwickelt spezifische Formen der Zusammenarbeit, die durch elf Strukturmerkmale geprägt sind.[15] Diese lassen sich folgenden vier Bereichen zuordnen:

- **Akteursstruktur**
- **Bindung zwischen den Akteuren**
- **Qualität der Kommunikation**
- **Regeln und Rollen**

Akteursstruktur: Die Anzahl der Akteure und deren Unterschiedlichkeit beeinflussen die Form der Zusammenarbeit. Ein Kooperationssystem mit wenigen, gleichartigen Akteuren ohne wesentliches Machtgefälle ist einfach steuerbar, doch oftmals wenig innovativ und effektiv. Je größer die Zahl der Akteure und deren Unterschiedlichkeit sind, desto höher werden die Steuerungsansprüche.

Die Strukturmerkmale sind:

- Anzahl der Akteure
- Heterogenität der Akteure
- Einfluss einzelner Akteure

Bindung zwischen den Akteuren: Die Zielsetzung eines Vorhabens bestimmt die notwendige Intensität der Kooperation. Es macht einen Unterschied, ob lediglich Informationen ausgetauscht werden sollen oder ob sich die Akteure durch die Zusammenlegung von Ressourcen für gemeinsame Strategien aneinander binden (Koproduktion). Der Zeithorizont der Kooperation sowie die Möglichkeit, die Kooperation verlassen zu können bzw. neue Partner aufzunehmen, müssen mit der Zielsetzung des gemeinsamen Vorhabens und der Kooperationsbereitschaft der Akteure übereinstimmen.[16]

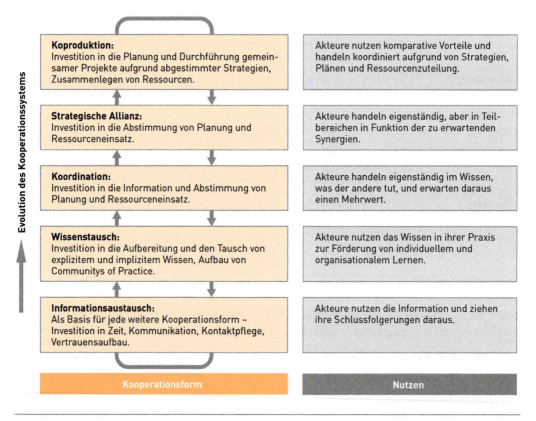

Abbildung 35: Entwicklungsstufen in Kooperationssystemen

Die Strukturmerkmale sind:

- Offenheit (Flexibilität) der Kooperation
- Zeithorizont der Bindung
- Intensität der Kooperation

Qualität der Kommunikation: Die Qualität der Kommunikation zwischen den Kooperationspartnern ist nicht nur durch persönliche Beziehungen und Häufigkeit des Austausches geprägt, sondern auch wesentlich von der Qualität der sozialen Räume, in denen sie stattfindet. Es gibt unterschiedliche Typen von sozialen Räumen, hier eine Auswahl:

- Gremien wie „Steuerungsgruppen", „Monitoringgruppen", „Sekretariate" sind Teil der formalen *Steuerungsstruktur* (siehe Erfolgsfaktor Steuerungsstruktur). Sie dienen der Koordination und Entscheidungsfindung in einem Kooperationssystem und sind durch hohe Verbindlichkeit gekennzeichnet.

- „Fokusgruppen" oder „Sounding Boards" sind Kommunikationsräume, in denen *formalisierter Austausch* mit jenen Akteuren gepflegt werden kann, die nicht unmittelbar in die Entscheidungsfindung einbezogen sind. Sie haben meist das Ziel, zusätzliche Informationen als Grundlage für Steuerungsentscheidungen zu erschließen bzw. Rückmeldungen zu erfolgten Entscheidungen zu erhalten.

- „Runde Tische" werden *anlassbezogen* einberufen und dienen meist der Klärung akuter Konfliktfragen.

- „Arbeitsgruppen" oder „Jour Fixe" dienen der Koordination und Umsetzung operativer Maßnahmen, sie finden *regelmäßig* statt.

- Netzwerke sind eine Besonderheit, denn sie bieten die Möglichkeit, im Bedarfsfall rasch und effizient Beziehungen zu anderen Akteuren aufzunehmen (siehe Erfolgsfaktor Kooperation). Unter „Networking" versteht man den gezielten Aufbau von Kontakten – d.h. *Beziehungsmöglichkeiten* – durch Veranstaltungen, Konferenzen und direkte Kontaktaufnahme. Ein Vorhaben kann Netzwerke aufbauen und stärken oder auch Anschluss an bestehende Netzwerke suchen.

- Informelle Gesprächsräume (z.B. Arbeitsessen, Kamingespräche, …) bieten eine gute Basis für *Vertrauensaufbau* und spielen oft eine wichtige Rolle in der Entscheidungsvorbereitung.

Die Strukturmerkmale sind:

- Persönliche Beziehungen
- Intensität der Abstimmung
- Qualität der „sozialen Räume"

Regeln und Rollen: Kooperationen brauchen eine Balance zwischen formalisierten Regelungen und informeller Flexibilität. Oft ist es eine Gradwanderung, den passenden Formalisierungsgrad zu finden. Einerseits gilt es, Transparenz und Verbindlichkeit zu sichern, andererseits müssen die Transaktionskosten im Aufbau von Regeln und Rollen gering gehalten werden (Gefahr von „Selbstbeschäftigung"). Die Ausdifferenzierung von Rollen im Kooperationssystem hilft, Effizienz zu steigern und Konflikte zu minimieren. Kooperationspartner können aus einer Vielzahl unterschiedlicher Rollen wählen (siehe Abbildung 36).[17]

Rollen	Symbol	Kurzbeschreibung
Knoten	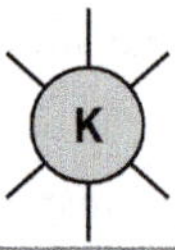	Der Knoten beinhaltet die Kernaufgaben: Koordinationsstelle und Kommunikation, Netzwerkbildung unter den Akteuren, Initiierung von Projekten, an denen mehrere Akteure beteiligt sind.
Manager	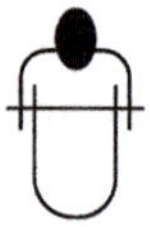	Als Manager plant und implementiert der Akteur gemeinsam mit anderen Akteuren einzelne Projekte, die vom Kooperationssystem insgesamt beschlossen und getragen werden.
Sprecher/ Lobbyist		Als Sprecher oder Lobbyist vertritt der Akteur die Interessen und Anliegen des Kooperationssystems und der Projekte gegenüber der Öffentlichkeit oder politisch relevanten Stellen.
Verhandler	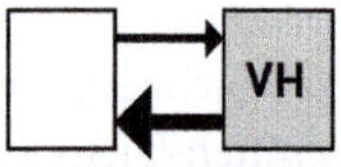	Als Verhandler hat der Akteur ein Mandat, um die Anliegen des Kooperationssystems gegenüber Dritten zu vertreten und zu verhandeln.
Prozessmanagement und Moderation	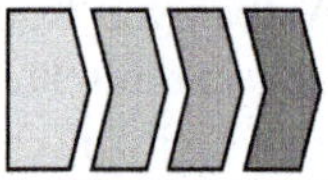	Der Akteur gestaltet die Prozessarchitektur, organisiert den Prozess und moderiert Verhandlungen im Kooperationssystem.
Berater	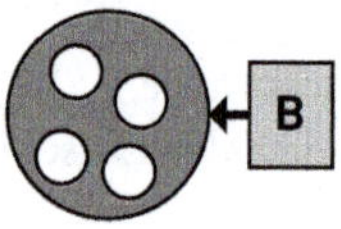	Als Berater bringt der Akteur Wissen und Erfahrung ein und fördert die Selbstreflexion im Kooperationssystem. Er wird vom Kooperationssystem beauftragt und kann auch Coachingfunktionen für andere Akteure übernehmen.
Verbinder	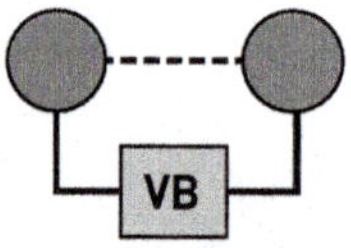	Der Akteur als Verbinder stellt Verbindungen her, die für ein bestimmtes Projekt wichtig sind, sowie Verbindungen zum Umfeld, z. B. zu staatlichen Stellen.
Supporter/Service		Als Supporter steht der Akteur für verschiedene unterstützende Tätigkeiten zur Verfügung, z. B. Unterstützung und Fachberatung oder Backoffice für kleinere Projekte.
Beteiligter	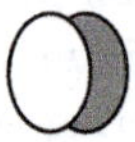	Der Akteur beteiligt sich an einem Projekt, z. B. als Leistungserbringer oder Geldgeber.
Beobachter/ Feedbackgeber		Der Akteur beobachtet die Aktivitäten anderer und gibt gezielt die Beobachtungen und Wahrnehmungen weiter. Er ist professioneller Feedbackgeber.

Abbildung 36: Kooperationsformen und Rollen

Die Strukturmerkmale sind:

- Formalisierungsgrad
- Rollenteilung

Vorgehen

Dieses Tool dient dazu, bestehende oder künftige Kooperationssysteme anhand gemeinsamer Strukturmerkmale qualitativ einzuschätzen. Es kann für das gesamte Kooperationssystem oder für Ausschnitte davon („Teilsysteme") verwendet werden.

Schritt 1: Selbstcheck anhand der Strukturmerkmale

Schätzen Sie die Qualität des Kooperationssystems anhand folgender Strukturmerkmale ein. Die Frage lautet: Ist das entsprechende Strukturmerkmal dem Thema und dem Ziel des Kooperationssystems angemessen und passend gestaltet?

🟢 Angemessen, passend

🟡 Teils, teils

🟠 Nicht zufriedenstellend

A) Akteursstruktur

Merkmal			
Anzahl der Akteure: Mit der Anzahl der Akteure steigen die Anforderungen an die Verhandlungsführung und Steuerung exponentiell. Gruppen von Trittbrettfahrern, thematische Satellitengruppen und Machtzirkel bilden sich. Ist die Anzahl der Akteure dem Thema und dem Ziel des Kooperationssystems angemessen?	🟢	🟡	🟠
Heterogenität der Akteure: Homogene Akteursgruppen (z. B. hinsichtlich Branche, Tätigkeitsfelder, Größe, Lebenszyklus, Herkunftsregion) sind i. d. R. wenig innovativ oder neigen zu konkurrierendem Verhalten. Heterogene Gruppen haben ein hohes Innovationspotenzial, aber sie zerfallen, wenn die Unterschiede nicht in Wert gesetzt werden. Ist die Heterogenität der Akteure hinsichtlich Thema und Ziel des Kooperationssystems angemessen?	🟢	🟡	🟠
Einfluss einzelner Akteure: Einzelne oder einige wenige Schlüsselakteure können großen Einfluss auf die Kooperation nehmen und sie sogar dominieren. Die Partner können aber auch weitgehend gleichwertig in ihrem Einfluss sein. Ist die Gewichtung der Akteure hinsichtlich Thema und Ziel des Kooperationssystems angemessen?	🟢	🟡	🟠

B) Bindung zwischen den Akteuren

Offenheit (Flexibilität) der Kooperation: Die Beteiligten können mehr oder weniger interessiert an der Mitwirkung neuer Partner sein. Für neue Partner kann es leicht oder schwer sein, in die Kooperation einzusteigen. Zu viel Offenheit kann das Kooperationssystem überfordern; es muss sich ständig mit der Integration neuer Partner herumschlagen. Zu wenig Offenheit kann das Wachstum und die Innovationsfähigkeit blockieren. Ist die Offenheit hinsichtlich Thema und Ziel des Kooperationssystems angemessen?	🟢 🟡 🟠
Zeithorizont der Bindung: Die Dauer der Kooperation kann kurz-, mittel- oder langfristig geplant sein. Kooperationssysteme auf Zeit (Vorhaben) können auf Dauer institutionalisiert werden (Beispiel: Dezentralisierung als neues Kooperationssystem zwischen Zentralstaat und Gemeinden); sie können aber auch einschlafen und absterben, wenn der Nutzen für die Beteiligten nicht ersichtlich ist und eine gemeinsame strategische Orientierung fehlt. Ist der Zeithorizont der Bindung dem Thema und Ziel des Kooperationssystems angemessen?	🟢 🟡 🟠
Intensität der Kooperation: Die fünf Entwicklungsstufen von Kooperation (siehe Abbildung 35) erfordern ein zunehmendes Ausmaß an gegenseitiger Verbindlichkeit: Informationsaustausch, Wissenstransfer, Koordination, strategische Allianz, Koproduktion. Die (Bereitschaft zur) Bindung muss dem Ambitionsniveau der Kooperation entsprechen. Ist sie zu schwach, können höhere Entwicklungsstufen nicht erreicht werden. Ist die Intensität der Kooperation dem Thema und Ziel angemessen?	🟢 🟡 🟠

C) Qualität der Kommunikation

Persönliche Beziehungen: Die Ebene der persönlichen Beziehungen ist im besten Fall von gegenseitigem Respekt und professionellem Interesse geprägt. Mangelnde Beziehungsqualität (z.B. in Form von Misstrauen oder mangelnder Wertschätzung), aber auch eine Überbetonung der persönlichen Beziehungsebene (z.B. in Form von Klüngel) kann die Zielerreichung im Kooperationssystem erheblich behindern. Ist die persönliche Beziehung dem Thema und Ziel des Kooperationssystems angemessen?	🟢 🟡 🟠
Intensität der Abstimmung: Inwieweit ist es notwendig, dass sich die Akteure häufig sehen und abstimmen müssen? Der Aufwand für Koordination und Abstimmung muss in einem vernünftigen Verhältnis zum erwartbaren Nutzen stehen. In der Regel brauchen Kooperationssysteme die direkte Begegnung unter den Akteuren. Dadurch wird die Zahl möglicher Schnittstellen begrenzt. Ist die Intensität der Abstimmung dem Thema und Ziel des Kooperationssystems angemessen?	🟢 🟡 🟠
Qualität der „sozialen Räume": Kommunikation kann bilateral oder in „runden Tischen", in einmaligen Großgruppenereignissen oder laufenden Arbeitsgruppen, schriftlich oder mündlich, face-to-face oder virtuell organisiert werden. Sind die verfügbaren „sozialen Räume" unpassend gestaltet, wird die Kooperation ineffizient und wenig innovativ. Ist die Qualität der „sozialen Räume" dem Thema und Ziel des Kooperationssystems angemessen?	🟢 🟡 🟠

D) Regeln und Rollen

Formalisierungsgrad: Vereinbarungen, die Entscheidungs- und Geschäftsabläufe zwischen den Akteuren können stärker auf formalisierte (schriftlich festgehaltene) Grundlagen gestellt sein oder mehr auf mündlichen Absprachen und persönlichen Beziehungen beruhen. Wenn die Balance zwischen dem notwendigen Minimum an Strukturregeln und dem Maximum an informeller Flexibilität nicht gefunden wird (strukturierte Informalität), steigen die Transaktionskosten. Leistungs- und Produktorientierung werden durch Selbstbeschäftigung ersetzt, und das Vertrauen der Akteure in das Kooperationssystem schwindet. Ist der Formalisierungsgrad dem Thema und Ziel des Kooperationssystems angemessen?	🟢 🟡 🟠
Rollenteilung: In Kooperationen stehen zahlreiche Rollen zur Verfügung (z. B. Knoten, Managerin, Verhandler, Sprecherin, Moderator; siehe Abbildung 36). Ausdifferenzierte Rollen ermöglichen ein hohes Maß an Effizienz. Nicht angesprochene Rollenkonflikte können die Kooperation beträchtlich behindern. Ist die Rollenteilung dem Thema und Ziel des Kooperationssystems angemessen?	🟢 🟡 🟠

Arbeitshilfe 14: Checkliste Strukturmerkmale von Kooperationen

Schritt 2: Verbesserungsmöglichkeiten erarbeiten

Im Anschluss gilt es, Maßnahmen zur Verbesserung des Kooperationssystems zu entwickeln. Dabei helfen folgende Hinweise:

- Defizite im Bereich der **Akteursstruktur** können durch eine angepasste „Abgrenzung" im Sinne der internen und externen Kooperation bearbeitet werden: Es kann versucht werden, zusätzliche Akteure in den inneren Kreis der Kooperation aufzunehmen bzw. eine klarere Unterscheidung zwischen „intern" und „extern" herzustellen. Hilfreich ist dazu die Akteurslandkarte.
  Herausfordernde Machtstellungen einzelner Akteure können durch strukturelle Maßnahmen (z. B. Trennung zwischen strategischer und operationaler Ebene, siehe Erfolgsfaktor Steuerungsstruktur) und Rollenklärung besser integriert werden.

- Handlungsbedarf in der **Bindung zwischen Akteuren** weist auf mangelnde Zielklärung oder Konflikte zwischen den Akteuren hin. Es ist hilfreich, die gemeinsame Basis der Kooperation zu stärken, etwa durch vertrauensstärkende Maßnahmen (siehe „Vertrauensbildung" und „Verhandeln"), Zielklärung oder durch die Bewusstmachung der gemeinsamen Geschichte (z. B. durch Story-Telling: Akteure erzählen die Erfolge, Heldentaten und überwundenen Hindernisse der Kooperation aus ihrer Perspektive).

- Die Qualität der **Kommunikation zwischen Akteuren** kann oft nur indirekt beeinflusst werden. Hilfreiche Maßnahmen können die Identifizierung und Bearbeitung etwaiger Konflikte sein, die gezielte Gestaltung von Kommunikationsorten (ausreichend Zeit, Ungestörtheit, Vertraulichkeit etc.) oder die Stärkung der eigenen Kooperations- und Kommunikationsfähigkeiten.

- Die Klärung von **Regeln und Rollen**, d.h. eine stärkere Formalisierung der Kooperation, kann diesbezügliche Defizite oft relativ einfach beheben. Achtung: Eine zu hohe Regelungsdichte ist kontraproduktiv – wenn bestehende Regeln nicht eingehalten werden, bringen zusätzliche Regeln meist keinen Mehrwert.

Für jeden identifizierten Handlungsbedarf (Schritt 1) werden folgende Fragen beantwortet:

- **Einschätzung:** Wie stark beeinflusst der identifizierte Handlungsbedarf die Zielerreichung im Vorhaben?
- **Hypothesen:** Worin könnte die Ursache für bestehende Defizite liegen? Wo liegen die Potenziale im identifizierten Handlungsbedarf?
- **Sammlung möglicher Maßnahmen:** Welche Maßnahmen würden die Kooperation (bezüglich des identifizierten Handlungsbedarfs) verbessern?
- **Bewertung der Maßnahmenvorschläge:** Als wie wirksam wird die Maßnahme eingeschätzt? Wie innovativ ist die Maßnahme im Kooperationssystem (anstatt „mehr derselben" Lösungsvorschläge)? Wie realistisch ist die Maßnahme? Wie weit sind die Akteure des Kooperationssystems bereit, sich auf die Maßnahme einzulassen?

Schritt 3: Schlussfolgerungen und Vereinbarungen

Abschließend werden Maßnahmen vereinbart und deren Umsetzung initiiert. Einige Wochen nach erfolgter Umsetzung sollte die Veränderung nochmals überprüft und reflektiert werden.

Tool 13
Sichtweisen der Akteure (PIANO-Analyse)

Anwendungshinweise

Zielsetzung/Funktion	Dient der raschen Bewertung von Kooperationssystemen zu fünf relevanten Aspekten aus der Sicht der unterschiedlichen Akteure sowie der Ableitung entsprechender Maßnahmen.[18]
Anwendung	Eignet sich sowohl für kritische Situationen in der Entwicklung von Kooperationssystemen als auch zu deren periodischer Beobachtung bzw. Evaluierung. Die fünf Gestaltungsfelder der PIANO-Analyse können im Bedarfsfall um weitere Gestaltungsfelder ergänzt werden.
Setting	Workshop mit Schlüsselakteuren.
Hilfsmittel	Flipcharts, Moderationsmaterial, Pinnwand mit vorbereitetem PIANO-Raster.
Hinweise	Klarheit über die Ziele des Kooperationssystems und daraus abgeleitete Erwartungen an die Kooperationspartner erforderlich.

Beschreibung

Kooperationssysteme entscheiden in Aushandlungsprozessen und sind nicht hierarchisch organisiert. Dies erfordert eine leistungsfähige, zweckmäßig strukturierte Kommunikation zwischen den beteiligten Akteuren. Zielorientiertes Kooperationsmanagement erfordert einen klaren Blick auf die wechselseitigen Abhängigkeiten zwischen den Akteuren sowie auf die Interessen, Anreize und Werte, die sie leiten.

Zu den Anreizen zählen insbesondere:

- Ökonomische Anreize: Zugang zu neuen Ressourcen, Marktzugang, Zugang zu Know-how, Nutzung von Wettbewerbsvorteilen, Nutzung von Effizienzpotenzialen etc.
- Politische Anreize: Machtgewinn, Verbesserung und Vermehrung sozialer Beziehungen, Zugang zu Informationen etc.

Kooperationssysteme funktionieren auf der Basis von erfolgreicher Verhandlung und Vereinbarung. Die Fähigkeit der beteiligten Akteure, miteinander zu verhandeln und gemeinsam zu entscheiden, ist die zentrale Voraussetzung für den gemeinsamen Kooperationserfolg. Eine wesentliche Herausforderung ist daher die Entwicklung der Verhandlungs- und Entscheidungskompetenz der beteiligten Kooperationspartner.

Es bedarf der Einsicht der beteiligten Akteure, dass aufgrund wechselseitiger Abhängigkeiten keiner von ihnen in der Lage ist, allein tragfähige Lösungen zu entwickeln. Diese Einsicht ist alles andere als selbstverständlich, denn verschiedene Akteure aus dem öffentlichen Sektor, aus Zivilgesellschaft und Privatwirtschaft bringen in der Regel höchst unterschiedliche Kommunikations- und Entscheidungskulturen in ein Kooperationssystem ein. Die Abstimmung zwischen den unterschiedlichen Systemlogiken sollte umso besser gelingen, je größer das wechselseitige Verständnis für die unterschiedlichen Partikularinteressen, Anreizstrukturen, Kommunikationsmuster und Werteorientierungen ist. Dieses Tool dient dem Kennenlernen der unterschiedlichen Sichtweisen der Akteure auf das Kooperationssystem. Es eignet sich sowohl für kritische Situationen in allen Entwicklungsphasen von Kooperationssystemen als auch zu deren periodischer Beobachtung bzw. Evaluierung. Es zielt darauf, die folgenden Elemente eines Kooperationssystems zu verstärken:

- Funktionale und aktive Beteiligung der Akteure
- Stärkung der gemeinsamen Vision und Orientierung
- Vertrauensbildung und Vertiefung der Beziehungen unter den Akteuren
- Transparenz hinsichtlich der unterschiedlichen Einflussmöglichkeiten und Durchsetzungsstrategien von Akteuren
- Stärkung der Zugehörigkeit und Motivation der Akteure
- Gleichberechtigter Zugang zu Information
- Möglichst hohe Lerngeschwindigkeit durch Wissenstausch
- Darstellung und Anerkennung des Kooperationssystems nach außen
- Verringerung der Transaktionskosten für Koordination und Kooperationsmanagement

Ein Kooperationssystem wird von den beteiligten Akteuren, je nach Perspektive und Interessenlage, unterschiedlich gesehen und beurteilt. Um diese unterschiedlichen Perspektiven sichtbar und verhandelbar zu machen, ist es zweckmäßig, wenn das Tool von verschiedenen Akteursgruppen getrennt angewendet wird. Die vorgeschlagene Schrittfolge kann daher bei Bedarf je Akteursgruppe separat durchgeführt werden.

Vorgehen

Schritt 1: Festlegung und Beschreibung der PIANO-Felder

Im ersten Schritt werden die einzelnen Felder des PIANO-Modells festgelegt und diskutiert. In seiner Basisvariante enthält das Tool fünf elementare Gestaltungsfelder für die Steuerung von Kooperationssystemen: Products, Incentives, Actors, Negotiations, Orientation (PIANO). Die fünf Gestaltungsfelder der PIANO-Analyse können im Bedarfsfall um weitere Gestaltungsfelder ergänzt werden. Das Tool hat den Charakter einer Bestandsaufnahme. Da es ein vergleichsweise niedriges Anforderungsniveau hat, eignet es sich gut zur wiederholten Anwendung.

Im PIANO-Modell werden also zunächst die Felder Produkte, Anreize, Akteure, Verhandlungen und Orientierung ausgefüllt. Dies geschieht, indem die in der jeweiligen Spalte angeführten Schlüsselfragen beantwortet und diese Antworten schriftlich auf einer Pinnwand mit derselben Struktur festgehalten werden.

P Products (Produkte)	I Incentives (Anreize)	A Actors (Akteure)	N Negotiations (Verhandlungen)	O Orientation (Orientierung)
Ist-Stand				
Was wollen wir erreichen? Welche Produkte bzw. Dienstleistungen wollen wir für wen anbieten? Welche Zwischenergebnisse wollen wir im nächsten Schritt erreichen? Was sind die Beiträge der einzelnen Partner dazu?	Was bewegt uns dazu, an der Kooperation langfristig mitzuwirken? Welchen Nutzen bzw. Mehrwert erhoffen wir uns davon? Inwieweit decken sich oder widersprechen sich unsere Vorstellungen vom erwarteten Nutzen?	Welche strategischen Ziele haben wir? Inwieweit decken oder widersprechen sich unsere Interessen und Zielsetzungen?	Welche Spielregeln für die interne Kommunikation und Zusammenarbeit brauchen wir für unsere Kooperation? Wie sorgen wir dafür, dass die Vereinbarungen eingehalten werden?	Welche Visionen verbinden wir mit den vereinbarten Zielsetzungen? Weichen unsere Visionen nicht, kaum oder stark voneinander ab? Haben wir eine gemeinsame Vision? Wo sehen wir in naher Zukunft die stärksten Divergenzen?
Verbesserungsmöglichkeiten				
Sind die Leistungsprozesse gut aufeinander abgestimmt? Welche Akteure außerhalb unseres Kooperationssystems benötigen wir für die Herstellung der geplanten Produkte bzw. Dienstleistungen?	Welche Möglichkeiten gäbe es, die Motivation der Akteure an der gemeinsamen Kooperation zu steigern?	Von welchen Akteuren hängt es ab, ob wir den erhofften Nutzen und Mehrwert schaffen können? Sind Veränderungen in der Zusammensetzung der Kooperationspartner erforderlich – und falls ja, welche? Benötigen wir zusätzliche Expertise (fachlich, beratend) für die Erreichung unserer Ziele?	Nutzen wir das Know-how der beteiligten Akteure in optimaler Weise? Sind unsere Kommunikationsstrukturen geeignet, die Ziele wirksam und effizient zu erreichen? Wie zufrieden sind wir mit unseren Entscheidungsstrukturen und Entscheidungsmustern?	Gibt es Möglichkeiten, die gemeinsame Orientierung zu stärken?
Maßnahmen				
...	...	...	...	...

Arbeitshilfe 15: Das PIANO-Modell

Schritt 2: Verbesserungsmöglichkeiten identifizieren

Im nächsten Schritt werden auf der Basis der vorhandenen Synergiepotenziale und Defizite im Kooperationssystem gemeinsam Verbesserungsmöglichkeiten identifiziert und in die einzelnen Spalten der PIANO-Tabelle eingetragen.

Schritt 3: Maßnahmen ableiten

Im letzten Schritt werden aus den Ergebnissen der vorhergehenden Schritte die wichtigsten Maßnahmen für die weitere Umsetzung bzw. Änderung (Feintuning) bereits geplanter Maßnahmen abgeleitet und vereinbart. Aus der PIANO-Tabelle werden Spalte für Spalte Maßnahmen abgeleitet. Hat man einmal die PIANO-Tabelle eines Kooperationssystems angefertigt, so empfiehlt es sich, diese in passenden Intervallen zur prüfenden Diskussion heranzuziehen.

Tool 14
Netzwerke: Beziehungspotenziale stärken

Anwendungshinweise

Zielsetzung/Funktion	Dieses Tool dient der Entscheidungsfindung, ob Maßnahmen zum Aufbau bzw. zur Stärkung von Netzwerken durchgeführt werden sollten. Hilft bei der Planung konkreter Maßnahmen durch Qualitätskriterien von Netzwerken und Maßnahmenbeispiele.
Anwendung	In der Vorbereitung von Maßnahmen zur Stärkung von Netzwerken.
Setting	Drei bis zwölf Teilnehmende.
Hilfsmittel	Flipchart, Handouts der Unterlagen.
Hinweise	Klarheit über die Ziele des Vorhabens und daraus abgeleitete Erwartungen an das Netzwerk erforderlich. Das Tool ermöglicht eine erste Einschätzung, ob und wie ein Netzwerk zur Erreichung der gemeinsamen Zielsetzungen dienen kann.

Beschreibung

Soziale Netzwerke verbinden Menschen bzw. Organisationen in einem losen Beziehungsgefüge. Netzwerke bestehen genau genommen aus den **Beziehungsmöglichkeiten** zwischen Menschen bzw. Organisationen mit ähnlichen Interessen. Je besser die Möglichkeiten sind, miteinander im Bedarfsfall rasch und unkompliziert Kontakt aufzunehmen und konkrete Kooperationen anzubahnen, desto stärker ist das Netzwerk[19].

Verbindungen zwischen Kooperationssystem und Netzwerk. Entgegen dem täglichen Sprachgebrauch unterscheidet Capacity WORKS klar zwischen Kooperationssystemen und Netzwerken (siehe auch Erfolgsfaktor Kooperation). Ein Kooperationssystem ist normalerweise in verschiedene soziale Netzwerke aus Beziehungen zu Akteuren in Politik, Verwaltung, Wirtschaft und Zivilgesellschaft eingebettet. Vielleicht ist das Kooperationssystem sogar unmittelbar aus einem dieser Netzwerke entstanden. Umgekehrt kann es für ein Kooperationssystem sinnvoll sein, bestehende Netzwerke zu stärken oder neue Netzwerke aufzubauen. Ein Netzwerk kann dabei unterstützen, innovative Ideen zu entwickeln und zu verbreiten. Netzwerke können bewirken, dass wichtige Akteure voneinander lernen und gemeinsam neues Wissen generieren. Ein Netzwerk kann hilfreich sein, Entscheidungsträger zu erreichen und neue Kooperationspartner zu gewinnen. Der Aufbau und die Pflege von hilfreichen Netzwerkkontakten – etwa durch gezieltes Community Building – ist daher eine wesentliche Aufgabe im Beziehungsmanagement eines Kooperationssystems. Es geht darum, die Vernetzung potenzieller Beziehungen aktiv mitzugestalten, um sie im Bedarfsfall in operative Kooperationsbeziehungen umwandeln zu können.

Die folgenden drei Schritte unterstützen die konkrete Entscheidungsfindung dazu, ob Maßnahmen zum Aufbau bzw. zur Stärkung von Netzwerken durchgeführt werden sollten.

Vorgehen

Schritt 1: Das Ziel klären

Der Aufbau bzw. die gezielte Stärkung von Netzwerken erfordert meist eine hohe Investition von Zeit und Geld ohne Erfolgsgarantie. Bevor Maßnahmen entwickelt werden, ist daher zu klären, welche konkrete Zielsetzung damit verfolgt wird und ob der Aufbau eines Netzwerks tatsächlich geeignet ist, diese Zielsetzung zu erreichen.

Folgende Checkliste unterstützt die Zielklärung:

Zielgruppe					
Die Zielgruppe ist klar definiert, es handelt sich um wenige, ausgewählte Personen bzw. Organisationen.	1	2	3	4	Ein breiter Kreis von (vielfältigen) Akteuren soll angesprochen werden.
Verbindlichkeit					
Die beteiligten Akteure sollen sich auf ein verbindliches Ziel verständigen und dieses nachvollziehbar umsetzen.	1	2	3	4	Den beteiligten Akteuren soll primär die Möglichkeit zu gegenseitigem Austausch und Anregung zu einem definierten Themenfeld geboten werden.
Erfolgsdruck					
Wesentliche Akteure erwarten, dass möglichst rasch greifbare Ergebnisse vorliegen.	1	2	3	4	Im Vordergrund steht der Kontaktaufbau, erst mittel- bis langfristig werden greifbare Ergebnisse in Form von Innovationen und konkreten Vorhaben erwartet.
Beitrag der Akteure					
Die Umsetzung der Zielsetzung erfordert kontinuierliche und einforderbare Beiträge der Akteure.	1	2	3	4	Die Beteiligung soll mit geringem Aufwand möglich und eher unverbindlich sein.

Arbeitshilfe 16: Checkliste Zielklärung Netzwerke

Auf Basis der ausgefüllten Checkliste gilt es, folgende Fragen zu beantworten:

Wie lautet die Zieldefinition? Welches Ziel soll durch den Aufbau bzw. die Stärkung eines Netzwerks erreicht werden? Woran wird man erkennen, dass dieses Ziel erreicht ist?

Welche Alternativen bestehen? Sind Maßnahmen zum Aufbau bzw. der Stärkung eines Netzwerks am besten geeignet, um dieses Ziel zu erreichen? Je mehr Punkte in der Checkliste erreicht wurden, desto mehr entspricht die Zielsetzung dem Aufbau bzw. der Stärkung von Netzwerken. Eine geringe Punktezahl deutet darauf hin, dass die Zielsetzung eher in Form eines Kooperationssystems mit klaren Systemgrenzen umgesetzt werden sollte. In diesem Fall können netzwerkstärkende Maßnahmen zwar begleitend eingesetzt werden, für die konkrete Gestaltung des Kooperationssystems bieten sich jedoch andere Capacity WORKS-Tools an (z. B. „Strukturmerkmale von Kooperationen").

Schritt 2: Qualitäten eines Netzwerks

Soziale Netzwerke sollen in erster Linie effizient sein (d. h. rasch und mit geringem Aufwand die Kontaktaufnahme ermöglichen) und robust (d. h. gegenüber Störungen wie z. B. bilateralen Konflikten unempfindlich) sowie klare Mehrwerte für ihre Mitglieder schaffen. Folgende Checkliste kann genutzt werden, um Hypothesen zur Effizienz, Robustheit und zum Mehrwert eines bestehenden Netzwerks zu entwickeln:

Qualitätskriterium	Anmerkungen und Hypothesen
„**Diversität**": Im Netzwerk sind unterschiedliche Perspektiven zur gemeinsamen Themenstellung miteinander verbunden, beispielsweise durch Akteure aus öffentlichem und privatem Sektor.	
„**Triangulierung**": Miteinander direkt verbundene Akteure sind auch über gemeinsame Dritte verbunden. Auf diese Weise entsteht ein dichtes Beziehungsnetz, das auch bei Konflikten in bilateralen Beziehungen funktioniert.	
„**Jeder kennt jeden**": Eine geringe durchschnittliche Entfernung zwischen den Beteiligten. Die Entfernung wird in „Schritten" gemessen (A ist in Kontakt mit B, dieser wiederum mit C, Person A und C sind also in zwei „Schritten" verbunden).	
„**Keine isolierten Akteure oder Akteursgruppen**", d. h., alle sind (zumindest über viele „Schritte") mit allen verbunden.	
„**Die zentralen Akteure sind direkt miteinander verbunden**" (d. h., es gibt keine polarisierende Lagerbildung).	
„**Klare Mehrwerte für Mitglieder**": Das Netzwerk erzeugt für seine Mitglieder klare Werte. Dies sind typischerweise neue Lösungen, neues Wissen, neue oder sich festigende Beziehungen, Prestige, Deutungsmacht, Autonomie, Teilhabe an gemeinsamen Produkten sowie Motivation durch Reziprozität und gleichberechtigten Austausch.	

Arbeitshilfe 17: Checkliste Qualitäten eines Netzwerks

Unterstützende Methoden in der Hypothesenbildung:
Die „Soziale Netzwerkanalyse" ist ein empirisches Verfahren, in dem aufgrund von Beobachtungen (z. B. Zahl der gemeinsamen Projekte, gemeinsame Auftritte etc.) bzw. Befragungen (z. B. „Mit wem kooperieren Sie?" oder „An wen sollten wir uns in dieser Frage hier im Land wenden?") grafische Darstellungen von Netzwerkakteuren und deren Beziehungen erstellt werden. Oben genannte Qualitätskriterien können mit der Netzwerkanalyse und/oder weiteren Tools quantifiziert werden. So lassen sich auch komplexe Netzwerke verlässlich analysieren. Es gibt mehrere Software-Tools (z. B. Visione.info), mit denen die technische Umsetzung recht einfach möglich ist. Die Wahl geeigneter Eingangsdaten und der adäquaten Interpretation setzt allerdings viel Erfahrung voraus!

Als einfacheres Hilfsmittel kann eine Akteurslandkarte zur groben Analyse eines Netzwerks dienen. In diesem Fall wird nicht zwischen Primär-, Sekundär- und Schlüsselakteuren unterschieden. Im Zentrum der Landkarte steht die Themenstellung des Netzwerks. Die erarbeitete Landkarte kann als Basis für die Einschätzung der Qualitätskriterien und die Ableitung von Hypothesen genutzt werden.

Schritt 3: Maßnahmen planen

Auf Basis der Zielsetzung und der Hypothesen werden zunächst in einem Brainstorming mögliche Maßnahmen zum Aufbau bzw. zur Stärkung des Netzwerks überlegt.

Netzwerk-Maßnahmen bestehen im Kern immer darin, Gelegenheiten zu schaffen, um neue Beziehungen zu knüpfen oder bestehende Beziehungspotenziale zu aktivieren bzw. aufzufrischen. Dies umfasst beispielsweise:

- Veranstaltungen, die darauf ausgelegt sind, möglichst viel Kontaktmöglichkeit zwischen den Teilnehmenden herzustellen. Beliebte Veranstaltungsformate sind hierfür etwa die „Open Space Conference", in der die Teilnehmenden selbst das Konferenzprogramm bestimmen, oder das „World Cafe", in dem die Teilnehmenden das Veranstaltungsthema in wechselnden Kleingruppen intensiv untereinander diskutieren.
- Gezielter Abbau von Kommunikationsbarrieren, z. B. durch Konfliktmediation, durch das Schaffen von (informellen) Kommunikationsgelegenheiten (z. B. Kamingespräche, Studienreisen), durch Informationsmaterial (z. B. Newsletter, Studien).
- Anreize für Kooperationen setzen (z. B. Kleinprojektefonds, Aufbau gemeinsamer Wissensprodukte) oder potenzielle Kooperationspartner miteinander in Kontakt bringen.
- Elektronische Soziale-Netzwerk-Plattformen ermöglichen eine Reihe von weitergehenden Vernetzungsmöglichkeiten. Man kann Kontakte über digitale Steckbriefe pflegen, sich in virtuellen Expertengruppen gegenseitig flexibel beraten und durch virtuelle Konferenzen und Lern-Plattformen voneinander lernen. Voraussetzung ist, dass die Mitglieder des Netzwerks Zugang und Anwendungswissen zur jeweiligen Vernetzungstechnologie haben.
- Institutionalisierte Netzwerksekretariate (z. B. „Clustermanagement") können eingesetzt werden, um die Netzwerkarbeit mit mehr Kontinuität voranzutreiben. Sowohl elektronische Plattformen als auch Sekretariate sind jedoch unter Umständen – besonders in der Aufbauphase – zeit- und kostenintensiv und können andere Maßnahmen nicht gänzlich ersetzen.

Die Maßnahmenplanung sollte sich an den vier Grundmerkmalen von Netzwerken ausrichten, nämlich Bedürfnisorientierung, Praxisorientierung, Lernorientierung und Umgangskultur. Weitere Hinweise dazu liefern die Tools Wissensgemeinschaft und Lernnetzwerke von Multiplikatoren und Trainern.

Schritt 4: Umsetzung und Wirkungsbeobachtung

Netzwerke, die keine elektronische Netzwerkplattform nutzen, sind oft nur schwer greifbar. Sie können durch soziale Netzwerkanalysen und/oder Value Creation-Analysen zielgerichtet beobachtet werden. Für Vernetzungen, die über soziale Online-Plattformen ablaufen, gibt es dagegen eine Reihe von Aktivitäts- und Vernetzungsindikatoren, die oft sogar automatisiert von den jeweiligen Technologien miterfasst werden. In jedem Fall ist es wichtig, bereits bei der Planung zu überlegen, woran man die Zielerreichung (d.h. den Aufbau oder die Stärkung eines Netzwerks) konkret erkennen wird (s. Schritt 1), und diese Indikatoren zu beobachten. Nach einer Startphase (von maximal einem halben Jahr) gilt es, auch die Zielsetzung erneut zu überprüfen.

Tool 15
Vertrauensbildung

Anwendungshinweise

Zielsetzung/Funktion	Dient der Einschätzung der bestehenden Vertrauensbasis in einem Kooperationssystem und der Entwicklung von vertrauensbildenden Maßnahmen.[20]
Anwendung	Bei Störungen im Kooperationsklima.
Setting	In einer Kleingruppe mit maximal zwölf Teilnehmenden; ausgewählte Schritte können auch im Rahmen einer Befragung genutzt werden.
Hilfsmittel	Pinnwand mit vorbereitetem Auswertungsraster, Handouts der Unterlagen.
Hinweise	Hohes Maß an Offenheit in der Gruppe erforderlich! Auswertung bzw. Besprechung der Ergebnisse erfordert Offenheit. Empfehlung: Grundsätzlich nur in geschütztem Rahmen bzw. kleinen Gruppen durchführen. Das Vorgehen kann sowohl als Drittbeobachtung von Außenstehenden als auch zur Förderung der Selbstreflexion der Akteure sinnvoll angewendet werden. Dabei ist Taktgefühl angezeigt. Niemand soll gezwungen werden, über Vertrauensbildung und seine Zweifel über investiertes Vertrauen zu reden.

Beschreibung

„Vertrauen ist die Kraft, die alles verändert."[21]

Vertrauen ist ein merkwürdiger Stoff, weil es nicht eingefordert werden kann. Es stellt sich langsam ein, wird gewährt und vertieft, unter Umständen verspielt und lautlos entzogen. Es entsteht aufgrund von Kooperationserfahrungen und Annahmen über das zukünftige Verhalten der jeweils anderen Akteure im Prozess des Zusammenwirkens. Bei großer Übereinstimmung zwischen Annahmen und Erfahrung wächst Vertrauen im Sinne eines prognostizier- und berechenbaren Verhaltens, das auf den anderen Akteur projiziert wird. Vertrauen ist in Kooperationssystemen eine wertvolle soziale und ökonomische Ressource. Es fördert den Informations- und Wissenstausch, vereinfacht und beschleunigt Kooperationsprozesse und senkt Transaktionskosten.

Vertrauensbildung ist in Kooperationssystemen eine grundlegende Voraussetzung für die wirkungsvolle Zusammenarbeit. Da die Akteure im Hinblick auf das Veränderungsziel voneinander abhängig sind, stellen abwartende Skepsis, Misstrauen, Spannungen und Konflikte große Hindernisse für eine wirkungsvolle und effiziente Zusammenarbeit dar.

Vertrauen verspricht zwar großen Nutzen, birgt aber auch das Risiko eines Vertrauensbruchs. In der Spieltheorie wurde intensiv nach Strategien gesucht, mit diesem Dilemma umzugehen. Als eine der erfolgreichsten Strategien hat sich in Experimenten die sehr einfache Tit-for-Tat-Regel erwiesen: Gehe grundsätzlich vertrauensvoll in eine Kooperation, zögere aber nicht, nicht-kooperatives Verhalten unmittelbar mit ebenso nicht-kooperativem Verhalten zu beantworten[22]. Blindes Vertrauen oder grundsätzliches Misstrauen („Vertrauen ist gut, Kontrolle ist besser") sind dagegen wenig Erfolg versprechende Kooperationsstrategien.

Vertrauensbildung ist ein komplexer Kommunikationsprozess, in den ein erheblicher Zeitaufwand und damit auch Geld investiert werden muss. Für die Vertrauensbildung sind weniger die expliziten Interessen der beteiligten Akteure ausschlaggebend als vielmehr ihre wechselseitigen Wahrnehmungen und Annahmen. Auch Akteure mit übereinstimmenden Interessen stehen sich mitunter misstrauisch gegenüber. Aufgebautes Vertrauen kann leicht aufs Spiel gesetzt und schnell zerstört werden. Einmal zerstörtes Vertrauen ist das größte Hindernis für erneute Vertrauensbildung.

Vertrauen wird über vier Wege gebildet:

- **Vertrauen durch persönliche Erfahrung:** Zurückliegende positive und negative Interaktionserfahrungen werden genutzt, um Annahmen über das zukünftige Verhalten des anderen Akteurs zu machen. Erscheint das beobachtete Verhalten berechenbar und schadensfrei, wird dem anderen Akteur Vertrauen geschenkt, er erwirbt Vertrauenskapital. Vertrauensbildung ist ein dynamisches Spiel gegenseitiger Annahmen, in dem große Teile der akteursspezifischen Absichten und Handlungsmöglichkeiten zunächst unsichtbar, sozusagen im Hintergrund, bleiben. Missverständnisse können große Wirkung haben, Vertrauensbildung erfordert hohe Achtsamkeit. Wenn ein Akteur durch Kommunikation, Offenheit und Einflussnahme in die Vertrauensbildung investiert, ohne dass dies vom anderen Akteur erwidert wird, wird er sich in der Folge wieder zurückziehen, mitunter wird sein Misstrauen sogar stärker sein als zuvor.

- **Vertrauen durch Reputation:** Die Beobachtungen bzw. Erfahrungen Dritter werden genutzt, um Annahmen über das zukünftige Verhalten des anderen Akteurs zu machen. Reputation beschleunigt den Prozess der Vertrauensbildung, da anstatt persönlicher Erfahrungen auf die Erfahrungen Dritter zurückgegriffen werden kann. Virtuelle Verkaufsplattformen (z. B. Amazon, Ebay) nutzen diese Ressource, indem sie die Beteiligten auffordern, ihre individuellen Interaktionserfahrungen zu bewerten und so für Dritte transparent zu machen. Die Einbeziehung Dritter bietet damit gleichzeitig eine Informationsquelle über die Vertrauenswürdigkeit eines Partners und unmittelbaren Anreiz, die eigene Reputation durch vertrauenswürdiges Handeln zu stärken.

- **Vertrauen durch Zugehörigkeit:** Die Vertrautheit mit Verhaltensregeln und Werten erleichtert es, rasch Annahmen über das zukünftige Verhalten eines anderen Akteurs zu treffen. Persönliche Eigenschaften (z. B. Alter, Geschlecht, kulturelle Orientierung, Charisma oder die Zugehörigkeit zu einer Berufsgruppe oder sozialen Schicht) beeinflussen die Zuschreibung von Vertrauenswürdigkeit. Mit dem Gefühl der gemeinsamen Zugehörigkeit zu einer Gruppe, Organisation, Kultur geht oft ein Vertrauensvorschuss einher. Vertrauensbildung wird durch die Sichtbarkeit von Gemeinsamkeiten (auch gemeinsame Ziele und private Gemeinsamkeiten) gestärkt, durch die gemeinsame Vereinbarung von Verhaltensregeln und auch durch ein gemeinsames Verständnis von Verbindlichkeit und Fairness.

- **Vertrauen durch anerkannte Regeln bzw. Institutionen:** Überparteilich anerkannte Dritte können Vertrauensbildung maßgeblich unterstützen, indem sie Kooperationsregeln vorgeben oder als Schlichtungsstelle agieren. Das Vertrauen richtet sich in diesem Fall nicht direkt an die jeweiligen Kooperationspartner, sondern an festgelegte und erprobte Verfahrensregeln, die die Vertrauensrisiken absichern. Misslingt die Kooperation, so interveniert eine anerkannte Schlichtungsstelle bzw. setzt ein anerkannter Klärungsprozess ein. Die Vertrauenswürdigkeit einer solchen Institution begründet sich in Unparteilichkeit und Regeltreue, Transparenz der Entscheidungsfindung, Fairness und Rechenschaftslegung.

Vertrauen stärkende Maßnahmen können auf drei Ebenen gesetzt werden:

- **Personenebene:** Vertrauen beruht nicht unbedingt auf Sympathie, sondern zunächst auf der grundsätzlichen Annahme von Wohlwollen dem anderen Akteur gegenüber, mindestens aber der Schadensfreiheit seines Handelns für den Vertrauenden. Eine Vielzahl von Faktoren beeinflusst das Ausmaß des Vertrauens, das Kooperationspartner einander zeigen. Gute Kommunikationsfähigkeiten (Zuhören, Verstehen und Klarheit in den eigenen Interessen), eine wertschätzende Haltung (Offenheit, Interesse am Gegenüber) sowie Transparenz und Konsistenz im eigenen Handeln sind elementar, um Vertrauen zu stärken.

- **Organisationsebene:** Personen werden meist von ihren jeweiligen Organisationen in ein Kooperationssystem entsandt, d. h., sie vertreten nicht (primär) ihre eigenen Interessen, sondern repräsentieren Organisationsinteressen. Es gilt, diese Interessen und Erwartungen der beteiligten Organisationen zu erkennen und auf dieser Ebene einen Interessenausgleich zu ermöglichen („Allparteilichkeit"). Werden Organisationsinteressen nicht erkannt, wird das Verhalten der Beteiligten unberechenbar. Für vertrauensvolle Kooperation ist es wichtig, mit den „richtigen" Personen zu kommunizieren. Diese besitzen das Vertrauen ihrer Organisation und die Fähigkeit, Kooperationsspielräume zu erkennen und in der eigenen Organisation zu vertreten.

- **Ebene des Kooperationssystems:** Schon bei der Grenzziehung des Kooperationssystems gibt es Möglichkeiten, vertrauensbildende Maßnahmen zu setzen. Überparteilich anerkannte Dritte können im Fall von (latenten) Konflikten als zusätzliche Partner wertvoll sein. Für die Kommunikation nach außen muss eine Balance zwischen Transparenz und Vertraulichkeit gefunden werden. Vertrauen beruht auch auf dem transparenten und symmetrischen Informationstausch über Ziele, Absichten und Pläne. Die Strukturen und Prozesse des Kooperationssystems müssen daher direkte Kommunikation, transparente Regeln und ein gemeinsames Verständnis über Rollen und Vorgehensweise ermöglichen. Das gemeinsame Verständnis des Ziels der Kooperation ist eine weitere Grundlage für gegenseitiges Vertrauen!

Werden neue Kooperationsbeziehungen aufgebaut, hat die umsichtige Vertrauensbildung einen zentralen Stellenwert im Kooperationsgefüge. Informelle Kontakt- und Begegnungsmöglichkeiten spielen dabei eine ebenso große Rolle wie transparent strukturierte Arbeitsprozesse. Eine gemeinsame Reise verschiedener Repräsentanten von Organisationen, bei der das Eis des Misstrauens zwischen den Akteuren aufgetaut wird, kann ein ebenso wichtiger Beitrag sein wie eine einvernehmliche Vereinbarung über Rechte, Pflichten und Leistungen der Akteure.

Vorgehen

Das Instrument ist mit viel Bedacht anzuwenden. Vertrauen wird vollzogen, nicht besprochen. Die direkte Frage nach der Vertrauenswürdigkeit eines Akteurs kann mehr Schaden als Nutzen anrichten, ebenso die Frage nach den Gründen und Hintergründen für angenommenes Vertrauen oder Misstrauen. Das Tool dient nicht dazu, Tabus (über Beziehungskonflikte) zu brechen, sondern Ideen zur Stärkung des gegenseitigen Vertrauens zu gewinnen. Paradoxerweise erfordert diese Arbeit ein hohes Maß an vertrauensvoller Diskretion!

Es sollte daher schon vorab gut überlegt werden, welche Akteure in die Anwendung dieses Tools einbezogen werden. Keinesfalls soll durch die Anwendung eine Cliquenbildung unterstützt werden, indem „vertrauenswürdige" Partner im Geheimen eingeladen werden, um über „schwierige" Partner zu urteilen! Dies würde im schlimmsten Fall die Partnerschaft zerstören.

Schritt 1: Fokus der Betrachtung festlegen

In einem breit angelegten Kooperationssystem wird es nicht möglich sein, alle Beziehungen zwischen den Akteuren zu betrachten. In einem ersten Schritt ist daher zu entscheiden, für welche Kooperationsbeziehung das Tool verwendet werden soll. Soll das Vertrauensklima zwischen allen Partnern des Kooperationssystems betrachtet werden? Stehen bestimmte (bilaterale) Beziehungen innerhalb des Kooperationssystems im Fokus? Soll eine Beziehung zwischen dem Kooperationssystem und einem wichtigen externen Akteur beleuchtet werden?

Schritt 2: Einschätzung des „Kooperationsklimas"

Die folgende Analyse einer ausgewählten Akteursbeziehung konzentriert sich auf acht Aspekte. Summe, Durchschnitt und Varianz der Bewertung (1 bis 4) können Hinweise für strategische Optionen und die Kommunikationsförderung liefern. Alle an der Analyse Beteiligten können für alle beleuchteten Aspekte den ihrer Ansicht nach zutreffenden Punktewert bekannt geben.

Positive Kooperationserfahrungen in der Vergangenheit					
Keine oder nur negative Kooperationserfahrungen	1	2	3	4	Wesentliche, positive und nützliche Kooperationserfahrungen
Transparenz und Berechenbarkeit von Absichten und Zielen					
Absichten und Ziele sind unklar und werden verschleiert	1	2	3	4	Absichten und Ziele werden mitgeteilt und sind klar
Kommunikation zwischen den Akteuren					
Es gibt kaum Begegnungs- und Kommunikationsmöglichkeiten	1	2	3	4	Regelmäßige Begegnungen und intensive Kommunikation

Einhaltung der Vereinbarungen und Verträge					
Vereinbarungen werden ignoriert und kaum eingehalten	1	2	3	4	Vereinbarungen werden offen verhandelt und eingehalten
Faire Verteilung von Vorteilen und Gewinnen					
Einseitige Aneignung von Vorteilen und Gewinnen	1	2	3	4	Verteilung wird offen verhandelt und einer fairen Lösung zugeführt
Vertrauen in die Repräsentanten des anderen Akteurs					
Verhalten der Repräsentanten ist unberechenbar und wechselhaft	1	2	3	4	Repräsentanten kennen sich und pflegen die Beziehung
Konfliktbearbeitung					
Spannungen und Konflikte bleiben unausgesprochen und unbearbeitet	1	2	3	4	Konflikte werden frühzeitig offen und konstruktiv bearbeitet
Außendarstellung der Beziehung					
Die Darstellung ist einseitig und für uns unvorteilhaft	1	2	3	4	Die vereinbarte Darstellung stärkt unsere Beziehung und ist positiv

Arbeitshilfe 18: Einschätzung des Kooperationsklimas

Schritt 3: Ableitung von Hypothesen

Auf Grundlage der Einschätzung des bestehenden Kooperationsklimas werden Hypothesen zu folgenden Fragen gesammelt:

- An welchen Stärken der Beziehungen kann die Vertrauensbildung anknüpfen?
- Welche (latenten) Konflikte könnten die Vertrauensbildung erschweren? Könnte ein Vertrauensbruch stattgefunden haben?
- Welchen Einfluss hat die persönliche Beziehung zwischen den Akteuren auf (bestehendes bzw. mangelndes) Vertrauen?
- Welchen Einfluss haben unterschiedliche Organisationsinteressen?
- Welchen Einfluss haben bestehende (bzw. fehlende) Vereinbarungen im Kooperationssystem?

Schritt 4: Merkmale erfolgreicher Partnerschaften einschätzen (Optional)

Um weitere Ansatzpunkte zur Bildung von Hypothesen zu gewinnen, kann es hilfreich sein, die Arbeitshilfe 19 zu bearbeiten. Sie enthält Hinweise auf latente Konfliktsituationen oder mangelhafte Gestaltung des Kooperationssystems. Wenn diese Mängel nicht erkannt und die daraus resultierenden Konflikte ausschließlich den handelnden Personen zugeschrieben werden, so zielen vertrauensbildende Maßnahmen ins Leere!

Merkmale erfolgreicher Partnerschaften	Einschätzung		
	trifft zu	trifft teils zu	trifft nicht zu
Individualität Alle Kooperationspartner bringen etwas ein, das für die anderen von Wert ist, bleiben aber eigenständig.			
Bedeutung der Kooperation Die Kooperationsbeziehung ist für die beteiligten Akteure (die handelnden Personen und deren Organisationen) wichtig.			
Interdependenz Die Kooperationspartner ergänzen sich und brauchen einander; keiner kann allein erreichen, was alle zusammen erreichen können.			
Investitionen Die beteiligten Partner mobilisieren entsprechend ihren Möglichkeiten Ressourcen und demonstrieren damit ihr Interesse an der Partnerschaft.			
Kommunikation Die Kooperationspartner informieren sich gegenseitig und nehmen Austauschmöglichkeiten wahr. Spannungen und Konflikte werden frühzeitig bearbeitet.			
Integration Die Kooperationspartner gleichen Ungleichgewichte der Information und Beteiligung aus.			
Lernen Periodische Erfahrungsauswertung und gemeinsame Erfolge werden sichtbar gemacht.			
Institutionalisierung Die Kooperationsbeziehung wird mit einem Minimum an vereinbarten nützlichen Regeln gefestigt.			
Integrität Die Kooperationspartner verhalten sich redlich, informieren sich gegenseitig offen und vertiefen damit das gegenseitige Vertrauen.			

Arbeitshilfe 19: Merkmale erfolgreicher Partnerschaften

Schritt 5: Vertrauensbildende Maßnahmen planen

Auf Grundlage der gewonnenen Hypothesen werden vertrauensbildende Maßnahmen geplant. Ziel ist es, mit diesen Maßnahmen ein Kooperationsklima zu stärken, in dem gerne und erfolgreich gemeinsam gearbeitet wird!

Die Leitfrage lautet: Was braucht es, um vertrauensvoll miteinander kooperieren zu können?

In der Regel helfen Bewusstmachung und aktives Bemühen der relevanten Akteure dabei, eine deutliche Verbesserung herbeizuführen. Allenfalls ist zu prüfen, ob nicht ein schwelender Konflikt die Vertrauensbildung vereitelt.

Folgende Arbeitshilfe kann genutzt werden, um geplante Maßnahmen in unterschiedlichen Maßnahmenfeldern festzuhalten.

Maßnahmenfelder	Geplante Maßnahmen
Personenebene, z. B. ■ Gelegenheiten für persönliches (informelles) Gespräch schaffen ■ Vermittlung durch außenstehende („dritte") Person ■ Unterstützung durch Coaching/Trainings ■ Änderung personeller Zuständigkeiten	
Organisationsebene, z. B. ■ Zielklärung mit betroffenen Organisationen ■ Kenntnis über bestehende Interessen und Erwartungen verbessern ■ Interessenausgleich stärken ■ Einbeziehung anderer oder zusätzlicher Repräsentanten einer (oder mehrerer) Organisation(en)	
Ebene des Kooperationssystems, z. B. ■ Eine gemeinsame Koordinationsplattform etablieren ■ Verbindliche Prozessstandards definieren ■ Gemeinsame Meilensteine festlegen ■ Regeln zur Konfliktbearbeitung formulieren ■ Gemeinsame Aktivitäten zur wechselseitigen Vertrauensbildung ■ Periodisch Erfahrungen auswerten und gemeinsame Erfolge sichtbar machen	

Arbeitshilfe 20: Maßnahmen zur Entwicklung der Partnerschaft

Schritt 6: Vertrauensbildende Maßnahmen umsetzen und Wirkungen reflektieren

In jedem Fall gilt es, gemeinsam besprochene Maßnahmen auch gemeinsam umzusetzen bzw. verbindliche Umsetzungsrollen zu vereinbaren. Weiter ist zu vereinbaren, wie mit den Informationen aus der Anwendung des Tools umgegangen wird (Vertraulichkeit) und wie die Wirkung der umgesetzten Maßnahmen beobachtet und reflektiert wird.

Tool 16
Hinterbühne und Lernverhalten

Anwendungshinweise

Zielsetzung/Funktion	Dient dem vertieften Verständnis von Handlungsmustern innerhalb eines Kooperationssystems (implizite Regeln, Problemlösungsverhalten, Lernverhalten) und erlaubt Schlussfolgerungen über mögliche Schwerpunkte zu dessen Stärkung.[23]
Anwendung	Bringt vertiefte Erkenntnisse über das Kooperationssystem; kann helfen, Verhaltensmuster zu verstehen bzw. zu bearbeiten, für die vordergründig keine Erklärung gefunden wird.
Setting	Workshop.
Hilfsmittel	Großzügiger Raum (nach Gruppengröße), Stuhlkreis oder Tischgruppen (Kaffeehaussetting), Raum für mehrere Arbeitsgruppen; Pinnwand, Flipchart, Moderationsmaterial, Handout der Unterlagen.
Hinweise	Die Bearbeitung in einem Workshopsetting erfordert hohe Bereitschaft der Teilnehmenden, sich auf kritische Reflexion ihrer Handlungsmuster einzulassen! In diesem Fall ausreichend Zeit vorsehen. Der unten beschriebene Ablauf ist eine von vielen Möglichkeiten. Vorher klären: Was soll und wird mit den Ergebnissen/Erkenntnissen bewirkt werden? Alternativ: Verwendung als Dokumentationsbogen, um Handlungsmuster des Kooperationssystems zu beschreiben.

Beschreibung

Die Kooperation als Theaterinszenierung

Es bringt neue Einsichten, wenn man sich ein Kooperationssystem mit einer Vielzahl von beteiligten Akteuren als Theaterinszenierung vergegenwärtigt. Auf der Vorderbühne spielen Akteure ihre Rollen, vertreten ihre Interessen und gestalten ihre Beziehungen zu anderen Akteuren. Sie bauen vertrauensvolle Beziehungen auf, verhandeln über gemeinsame Projekte, setzen mühsam aufgebautes Vertrauen aufs Spiel und stürzen sich unerwartet in abgrundtiefe Konflikte. Sie handeln aufgrund ihrer Rollen, Skripte, Erwartungen, Einflussmöglichkeiten, Ressourcen und mit Blick auf die anderen Akteure und deren Beziehungen. Sie bilden ein Netz gegenseitiger Abhängigkeiten. Macht und Einfluss der Akteure verändern sich. Vieles wird undurchsichtig gehalten und versteckt, weil es das gewünschte Außen- und Erscheinungsbild stören würde. Informationen werden ausgetauscht, unterschlagen und kolportiert. Es wird souffliert, Kulissen werden geschoben, und auf der Hinterbühne wird über die Rollenverteilung verhandelt. Man verkleidet sich, Requisiten werden verteilt, das Skript wird umgeschrieben, Hinterlist und Intrige greifen Raum, vom Schnürboden aus wird an Fäden gezogen. Die Scheinwerfer richten sich auf einzelne Akteure, andere bleiben eher im Schatten.

Die schier unbegrenzten Gestaltungsmöglichkeiten werden von den Akteuren selbst eingeschränkt und gesteuert: Sie sind es, die auf der Bühne ihre Beziehungen gestalten und dafür die strukturellen Bedingungen schaffen. Theaterinszenierungen und Kooperationssysteme schaffen sich eine Innenwelt von impliziten Regeln, die den Akteuren nur zum Teil bewusst sind, obwohl sie sie selbst geschaffen haben. Die Innenwelt und die Leistungsfähigkeit des Kooperationssystems werden zudem entscheidend vom Problemlösungsverhalten ihrer Akteure sowie den Möglichkeiten, zu lernen und Veränderungen zu gestalten, beeinflusst und geprägt.

Das Verständnis von Kooperationssystemen als Theaterinszenierung setzt Distanz, selbstkritische Reflexion und Übersicht voraus, weil die Wahrnehmung kein rein technisch-rationaler Vorgang ist. Wahrnehmung erfolgt selektiv, projektiv, ordnend sowie sinn- und gestaltgebend.

Selektion der Wahrnehmung

Unsere Aufmerksamkeit richtet sich vor allem auf das, was uns bestätigt, was in unser Weltbild passt, keine Dissonanzen zu unseren Überzeugungen und kulturellen Orientierungen hervorruft und uns nützlich erscheint. Geleitet von Nützlichkeitsüberlegungen, sind wir geneigt zu glauben, dass Menschen etwas lernen, um das Gelernte später anzuwenden. Das muss nicht so sein. Menschen können die Lernveranstaltung als willkommene Begegnungsmöglichkeit genießen und gleich wieder zur Tagesordnung übergehen, wenn das Gelernte nicht in ihren Horizont passt.

Projektion

Wir übertragen pausenlos Wünsche und Sinngebungen auf unsere Wahrnehmung. Wir schließen von uns auf andere und sind erstaunt, wenn diese das nicht kümmert. Dies wird bei der Interpretation von Symptomen besonders deutlich. Symptome sind beobachtbare und spürbare Signale, die auf den Zustand und die Dynamik schließen lassen, in dem sich das Kooperationssystem befindet. Symptome müssen nicht zwingend einen Mangel oder eine Schwäche signalisieren. Sie können sich auch auf Stärken und Potenziale beziehen. Die Vielfalt von Eindrücken, die wir in einem Kooperationssystem antreffen, zwingt uns dazu, aus unvollständigen Daten und Signalen Muster und Trends herauszulesen. Träger von Symptomen sind die Menschen im Kooperationssystem, die Abläufe, die Struktur oder die Produkte. Einzelne Symptome sind nicht aussagekräftig: Das Symptom „Orientierungslosigkeit und Führungsschwäche" kann in einem Kooperationssystem unbeabsichtigt vorteilhafte Auswirkungen auf die Entfaltung der explorativen Initiative der Akteure haben. Das gleiche Symptom kann in einem anderen Fall die Zersplitterung der Kräfte beschleunigen oder dazu führen, dass vorteilhafte Möglichkeiten verschlafen werden. Symptome und Analyseergebnisse müssen deshalb mit den Akteuren des Kooperationssystems überprüft werden. Diese Spiegelung erlaubt es, die unterschiedliche Wertigkeit von Symptomen einzuschätzen, denn dasselbe Symptom kann unterschiedlich interpretiert werden: Präzision kann als Pedanterie empfunden werden, Übersicht als Kontrollwahn, Kreativität als Chaos, Disziplin als Sturheit, Zuverlässigkeit als Perfektionismus, Unzuverlässigkeit als fröhliche Flexibilität und Diskretion als üble Vertuschung.

Ordnung, Sinn und Gestalt

Wahrnehmungsinhalte werden zueinander in Beziehung gesetzt. Dieser Vorgang ist wesentlich durch die Unterscheidungen geprägt, die eine Sprache anbietet. Wahrnehmung und Erwartungen, Interpretationen und Intentionen sind aufeinander abgestimmt und formen eine stabile Lebenswelt, die es uns erlaubt, uns über das Handeln zu verständigen. Diese tragfähigen Grundüberzeugungen bilden ein Reservoir von Selbstverständlichkeiten, die sich zu einem sozialen Horizont fügen, in dem sich der Sinn der Dinge konstituiert. Neu auftretende Erfahrungen werden an diesen Horizont angeschlossen. Menschen haben die Fähigkeit, selbst aus unvollständigen, bruchstückhaften Informationen ein Muster herauszulesen und daraus ein Gesamtbild zu konstruieren. Die Fähigkeit, dergleichen zu erfassen, beruht auf assoziativen Denkvorgängen aus der Lebenswelt und folgt einem ökonomischen Prinzip: Wir brauchen nicht alles zu wissen, um den Sinn von verschiedenen Informationen und Daten zu erfassen und entsprechend handeln zu können.

Vorgehen

Um sich den unterschiedlichen Wirklichkeiten eines Kooperationssystems zu nähern, ist es nützlich, verschiedene vergleichende Perspektiven anzuwenden. Wir beschränken uns hier auf drei:

- Die Frage nach den impliziten Regeln auf der Hinterbühne des Kooperationssystems
- Das Problemlösungsverhalten im Kooperationssystem
- Das Lernverhalten im Kooperationssystem

Schritt 1: Implizite Regeln analysieren

Es gibt keinen Königsweg zu den impliziten Regeln. Der Weg auf die Hinterbühne führt über die Vorderbühne, über das also, was explizit sichtbar und greifbar ist bezüglich Prioritätensetzung, Präferenzen, Beziehungsgestaltung und Einflussnahme. Um sich der mikropolitischen Innenwelt eines Kooperationssystems anzunähern, ist es sinnvoll, sich den Unterschied zwischen einem alteingesessenen und einem neuen Mitglied eines Kooperationssystems vorzustellen. Neue Mitglieder kennen die impliziten Regeln nicht. Diese werden nicht auf Einführungsveranstaltungen verkündet und stehen auch nicht in Handbüchern und Leitlinien. Neue Mitglieder einer Organisation oder eines Netzwerks brauchen viel Zeit, um zu verstehen, wie es wirklich funktioniert.

Im individuellen Gespräch oder in Arbeitsgruppen führen folgende Schlüsselfragen zu den impliziten Regeln:

Präferenzen

- Welches sind die drei wichtigsten sichtbaren und messbaren Aspekte unseres Kooperationssystems? – Beispiele: die effiziente Kommunikation, hohe Transaktionskosten oder sichtbare Produkte.
- Auf welche Bedürfnisse oder Themen müsste das Kooperationssystem verstärkt eingehen?

Beziehungen

- Was wurde im Kooperationssystem entschieden, aber nie oder nur zögerlich umgesetzt?
- Wer hält die Koordination im Kooperationssystem für kompetent, und wer ist mit ihr unzufrieden?

Subtext auf der Hinterbühne

- Was würden Sie raten, was ein neues Mitglied des Kooperationssystems besser nicht tun und besser nicht sagen sollte?
- Was würden Sie raten, was ein neues Mitglied des Kooperationssystems tun und sagen sollte, wenn es akzeptiert sein möchte und sich möglichst schnell und unkompliziert eingliedern will?

Schritt 2: Problemlösungsverhalten einschätzen

In der Praxis hat sich das Problemlösungsverhalten von Kooperationssystemen als ein besonders wichtiger Schlüsselfaktor entpuppt. Eine Analyse, die das berücksichtigt, wird deshalb die folgenden drei Kernfragen zu beantworten suchen:

- Über welche praktischen Erfahrungen mit Veränderungen verfügen die Akteure im Kooperationssystem? – Beispiele: interne Umstrukturierung und Prozessbeschleunigung, Beziehungsaufbau zu anderen Organisationen und Kooperationsmanagement, Entwicklung neuer Produkte und Dienstleistungen.
- Über welche Methoden der Problemlösung verfügen die Akteure? – Beispiele: Problemlösungsgruppen, Wissensmanagement, kollegiale Beratung, Workshops.
- Mit welchen Einstellungen gehen die Akteure daran, Probleme zu lösen und neue Aufgaben wahrzunehmen? – Beispiele: Routine, Neugier, Offenheit, Zurückhaltung.

Schritt 3: Lernverhalten analysieren

Im Zusammenwirken unterschiedlicher Akteure schaffen Kooperationssysteme grundsätzlich ein günstiges Lernklima durch den Informations- und Wissenstausch sowie die horizontale Zusammenarbeit unterschiedlicher Akteure. Diese Lernorientierung kann aber durch Blockaden behindert werden.

In Schritt 3 geht es daher darum, mögliche Blockaden zu identifizieren und gezielte Maßnahmen zu ihrer Behebung zu ergreifen. Hilfreich können dabei die Items der unten stehenden Tabelle sein, welche sowohl individuell als auch in der Gruppe bearbeitet werden können. Man kann auch festhalten, an welchen Alltagsbeobachtungen sich die Bewertung orientiert.

Blockade 1: Silobildung					
Wenig Kontakt unter den Akteuren, hohe Spezialisierung von Kleingruppen, die in Geheimsprachen (Codes) kommunizieren	1	2	3	4	Akteure arbeiten gleichzeitig in verschiedenen Gruppen, sind horizontal vernetzt und arbeiten an gemeinsamen Projekten
Alltagsbeobachtung:					

Blockade 2: Konfuse Innovationsarchitektur					
Keine klar kommunizierten Innovationsthemen, Verzettelung in viele unkoordinierte Initiativen und Werkstätten mit Einzeltüftlern	1	2	3	4	Klare Prioritätensetzung der Innovation in wenigen Themen, Bündelung der Initiativen, Mainstreaming hat hohe Priorität, alle ziehen mit
Alltagsbeobachtung:					

Blockade 3: Autoritäre und ideologische Scheuklappen					
Feste Glaubenssätze werden ständig wiederholt, abweichende Meinungen gelten als abwegig, Kritik ist riskant	1	2	3	4	Einladung zum Widerspruch, Kritik wird eingefordert und belohnt, Akteure sind experimentierfreudig
Alltagsbeobachtung:					

Blockade 4: Zeit- und Arbeitsdruck					
Hohe Regeldichte frisst Zeit auf, Akteure leiden unter hohem Zeit- und Arbeitsdruck	1	2	3	4	Akteure erledigen Routineaufgaben leichtfüßig, Freiräume werden geschaffen und genutzt für Beziehungspflege und neue Aufgaben
Alltagsbeobachtung:					

Blockade 5: Kommunikationsdefizite					
Akteure sind schlecht informiert und nutzen Informationsdefizite als Machtressource, wenig Austauschmöglichkeiten	1	2	3	4	Akteure sind gut informiert und kommunizieren proaktiv
Alltagsbeobachtung:					

Blockade 6: Ungenutzte Erfahrung					
Erfahrungsauswertung ist lästige Pflicht und Spezialaufgabe, niemand interessiert sich für Ergebnisse und Wirkungen	1	2	3	4	Erfahrungsauswertung ist in die Leistungsprozesse eingebaut, Akteure werten Erfahrungen periodisch aus und nutzen sie
Alltagsbeobachtung:					

Arbeitshilfe 21: Analyse des Lernverhaltens

Schritt 4: Analyse und Ableitungen treffen

Die Analyse der drei Perspektiven – implizite Regeln, Problemlösungsverhalten, Lernverhalten – führt zu einem vertieften Verständnis des Kooperationssystems. In einem nächsten Schritt können entsprechende Schlussfolgerungen zu möglichen Entwicklungspfaden und potenziellen Ansatzpunkten zur Förderung und Stärkung abgeleitet werden:

- Von einzelnen Akteuren, z. B. durch Integration und Beteiligung, verbesserte Konfliktfähigkeit, gesteigerte Leistungsfähigkeit in Projekt- und Finanzmanagement oder für die Zusammenarbeit mit anderen Akteuren des Kooperationssystems
- Von einzelnen Beziehungen zwischen den Akteuren, z. B. durch die Förderung des Informations- und Wissensaustausches, vertrauensbildende Begegnungsformen, Communities of Practice, Nutzung von Informations- und Kommunikationstechnologien, Anreize für neue Kooperationsformen
- Des Kooperationssystems als Ganzes, z. B. durch Unterstützung und Mediation von Verhandlungsprozessen über Normen, Regeln, Leitlinien der Zusammenarbeit, gesteigerte Leistungsfähigkeit von Koordinationskernen und verbesserte Erfahrungsauswertung

Tool 17
Bedarfsanalyse

Anwendungshinweise

Zielsetzung/Funktion	Dient der Feststellung, in welchen Bereichen ein Vorhaben Bedarf an komplementärer Zusammenarbeit hat und mit welchen möglichen internen oder externen Kooperationspartnern eine Zusammenarbeit angebahnt werden sollte.[24]
Anwendung	Wenn Bedarf an ergänzenden Kooperationsleistungen besteht.
Setting	Workshop mit Schlüsselakteuren.
Hilfsmittel	Flipchart, Pinnwand, Moderationsmaterial.
Hinweise	Gute Kenntnis des Vorhabens und des Kooperationssystems auf Dauer erforderlich.

Beschreibung

Der Blick auf mögliche komplementäre Partner führt in der Regel zu einer Öffnung der Systemgrenzen eines Vorhabens. Die Frage, welche Ergänzungen und Partnerschaften für das Vorhaben besonders wünschenswert sind, steht dabei im Mittelpunkt.

Um den Bedarf genauer zu definieren, muss das Leistungsprofil des Vorhabens klar sein. Nur wenn eine realistische Einschätzung der (beschränkten) Leistungsfähigkeit – in Bezug zu den vereinbarten Zielen und Wirkungen – vorliegt, können Überlegungen angestellt werden, was fehlt und wo bspw. eine komplementäre Partnerschaft weiterhilft.

Um den Bedarf an ergänzender Unterstützung zu untersuchen, werden verschiedene Kriterien definiert und ein konkretes Leistungsprofil des Vorhabens erstellt. Die grafische Darstellung dieses Profils weist dann auf mögliche Lücken hin und liefert konkrete Hinweise dazu, was potenzielle komplementäre Partner auszeichnet.

Vorgehen

Schritt 1: Beurteilung des Vorhabens

Das Verfahren geht beispielhaft von fünf Kriterien aus, mit denen das Vorhaben beurteilt wird. Diese Kriterien sind austauschbar und können selbstverständlich umformuliert werden. Zu jedem der Kriterien wird eine Aussage formuliert (Item) und anhand einer Skala von 0–3 beurteilt:

- 0 = trifft überhaupt nicht zu
- 1 = trifft teilweise zu
- 2 = trifft weitgehend zu
- 3 = trifft voll zu

Finanzielle Ressourcen: Das Vorhaben verfügt über ausreichend finanzielle Ressourcen, um die formulierten Ziele zu erreichen – insbesondere auch um die Anwendung der Lösungsansätze in anderen Kontexten und ihre Nutzung im politischen Dialog sicherzustellen. – Beurteilung: z. B. 2,2

Fachwissen und Expertise: Das Vorhaben verfügt über den notwendigen Zugang zu aktuellem Wissen, um die Ziele zu erreichen. – Beurteilung: z. B. 1,8

Zugang zu Meinungsführern und politischen Entscheidungsträgern: Das Vorhaben kann sich auf tragfähige Verbindungen zu den relevanten Meinungsbildnern und politischen Entscheidungsträgern stützen. – Beurteilung: z. B. 1,6

Scaling-up und/oder regionale Verbreitung: Das Vorhaben bringt die entwickelten Lösungsansätze wirkungsvoll in den politischen Dialog ein, und die Lösungsansätze werden auch in anderen Kontexten angewendet. – Beurteilung: z. B. 2,1

Umsetzungskompetenz: Das Vorhaben verfügt über ausreichende Umsetzungskompetenz. – Beurteilung: z. B. 2,2

Schritt 2: Grafische Darstellung der Resultate

Die beschriebenen Werte werden auf der Linie des jeweiligen Kriteriums eingetragen, und die Punkte werden miteinander verbunden. Auf diese Weise entsteht ein Leistungsprofil des Vorhabens (Ist-Profil).

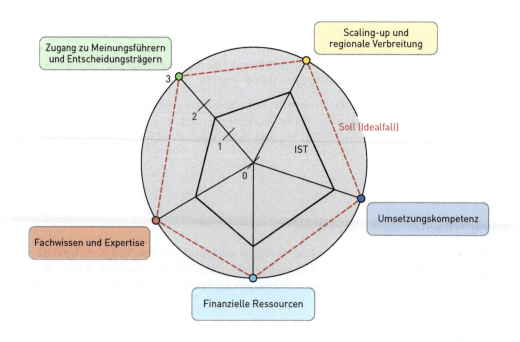

Abbildung 37: Leistungsprofil des Vorhabens

Schritt 3: Interpretation der Resultate

Die grafische Darstellung zeigt die Differenz zwischen einem idealen Soll- und dem Ist-Profil eines Vorhabens. Die Diskussion der Ergebnisse führt im dargestellten Beispiel zu folgenden Schlussfolgerungen:

- Es besteht Bedarf an zusätzlichem Fachwissen und Expertise
- Es braucht Unterstützung bei der Anwendung von konkreten Lösungsansätzen (regionale Verbreitung)
- Es fehlt der Zugang zu Meinungsbildnern und politischen Entscheidungsträgern
- Es braucht keine zusätzliche finanzielle Unterstützung
- Bei der Umsetzung ist das Vorhaben stark, da braucht es keine zusätzlichen Partner

Anschlussfrage: Mit welchen potenziellen komplementären Partnern könnten die beobachteten Bedarfe erfüllt werden? Zum Beispiel:

- Um zusätzliches Fachwissen und Expertise zu erschließen, ist eine Partnerschaft mit verschiedenen staatlichen und privaten Forschungsinstituten oder einem globalen Netzwerk denkbar. Eventuell kann dieses Wissensmanagement auch ausgelagert werden.
- Um den Zugang zu relevanten Meinungsbildnern und politischen Entscheidungsträgern zu verbessern und die Hebelwirkung unseres Vorhabens zu vergrößern, ist die Schaffung eines Beirates denkbar, der sich aus Vertreterinnen verschiedener Institutionen zusammensetzt und als Politiknetzwerk genutzt werden kann.

Tool 18
Komparative Vorteile

Anwendungshinweise

Zielsetzung/Funktion	Dient der strukturierten Beschreibung komparativer Vorteile, die das Vorhaben zu einem attraktiven Partner für weitere Akteure machen.[25]
Anwendung	In Situationen, in denen das Vorhaben in motivierender Weise zusätzliche externe oder interne Partner ansprechen will; in Vermarktungssituationen.
Setting	Workshop mit Schlüsselakteuren.
Hilfsmittel	Platz für Kleingruppenarbeit, Pinnwände, Flipcharts und Moderationsmaterialien.
Hinweise	Hohe Anforderung an eine nutzenorientierte Sichtweise auf Vorhaben und interne Kompetenzen. Dient nicht der Identifikation, sondern der strukturierten Beschreibung komparativer Vorteile.

Beschreibung

Ein Vorhaben ist für einen potenziellen Kooperationspartner nur interessant, wenn dieser den Eindruck hat, dass er für seinen Beitrag zur Kooperation etwas erhält, das seinen eigenen Beitrag aufwiegt.

Dazu muss das Vorhaben sich Klarheit darüber verschaffen, über welche komparativen Vorteile es verfügt und wie es diese sichtbar machen kann. Es nützt nichts, selbst zu wissen, dass in einigen Bereichen besondere Kompetenzen bestehen, wenn dies außerhalb des Vorhabens unbekannt ist.

Vorgehen

Schritt 1: Komparative Vorteile diskutieren

Das Tool dient dazu, eine Reflexion über die eigenen Kernkompetenzen im Vorhaben anzuregen. Die Darstellung soll sich von den üblichen Absichtserklärungen abheben. Um zu einem Profil der Kernkompetenzen im Vorhaben zu gelangen, sind drei Themen bzw. die dazugehörigen Schlüsselfragen zu diskutieren:

A. Strategien und Konzepte

- Welche Strategien und Konzepte unterscheiden uns von anderen?
- Wie sind diese Strategien und Konzepte mit übergreifenden Debatten verknüpft?
- Wie tragen diese Strategien und Konzepte zur wirksamen Zusammenarbeit bei?

B. Management und Steuerung

- Welche Instrumente und Verfahren der Steuerung von Vorhaben und Kooperationen können wir anbieten?
- Wodurch zeichnen sich diese Instrumente und Verfahren aus?
- Wo verfügen wir über solides Fachwissen und Prozesserfahrung in unterschiedlichen Kontexten?

C. Erfahrungsauswertung und Lernen

- Über welche partizipativen Verfahren für Monitoring und Erfahrungsauswertung verfügen wir?
- Wie gestalten wir Evaluierungs- und Lernprozesse, die einen authentischen Rückfluss von Erfahrungen in die strategische Ausrichtung des Vorhabens erlauben?
- Wie unterstützen wir Lern- und Veränderungsprozesse in Organisationen?

Schritt 2: Skizze der komparativen Vorteile erstellen

Anhand der Antworten zu den drei Themen wird eine kurze Skizze der Kernkompetenzen des Vorhabens erstellt, die auf einer Seite Platz hat. Schlüsselfrage dabei ist: Was können wir anbieten? Die Frage soll möglichst konkret beantwortet und wenn möglich mit Beispielen untermauert werden.

Die folgende Skizze eines Dezentralisierungsvorhabens in der Entwicklungszusammenarbeit dient als Beispiel.

Strategien und Konzepte

Wir strukturieren und beraten den Politikdialog über die Agenda der Dezentralisierung. Bei der Verhandlung und Abstimmung von Interessen zwischen interdependenten öffentlichen und privaten Akteuren sowie zwischen nationalen Reformprogrammen und Gebern achten wir auf drei Punkte:
- Zugang zu neuem Wissen über praktische Modelle der dezentralen Verwaltung
- Unterstützung bei Konsultationen von Akteuren auf verschiedenen Ebenen, insbesondere bei Fiskalfragen
- Einbindung der institutionellen politischen Beteiligungsorgane: Parlament, Kommissionen, Verbände, Parteien, Gewerkschaften

Wir legen besonderen Wert darauf, dass die Entscheidungsebenen klar definiert werden und sowohl in der Zentralverwaltung als auch in den Provinzen und Gemeinden Kenntnisse und Fähigkeiten zur ergebnisorientierten Führung und Steuerung von Entwicklungsvorhaben gestärkt werden. Zudem fördern wir die Harmonisierung unter den Gebern in spezifischen Inhalten: öffentliches Finanzmanagement inklusive der öffentlichen Einnahmen und Rechnungshof.

Management und Steuerung

Wir haben partizipative, verhandlungsorientierte Entscheidungsmechanismen unter Partnern und Gebern eingeführt, um das Vorhaben gemeinsam zu steuern. Wir fördern insbesondere die Partizipation von staatlichen und nicht-staatlichen Akteuren an politischen Prozessen, um die Eigenverantwortung auf allen Ebenen zu stärken. Wir verfügen über solides Fachwissen und Prozesserfahrung in:
- Einführung eines erprobten Instrumentes des partizipativen Gemeindehaushaltes
- Stärkung im Kooperations- und Netzwerkmanagement in und zwischen Gemeinden
- Beratung bei internen Managementfragen auf allen Ebenen der Verwaltung (Personalentwicklung, Finanzmanagement etc.)
- Straffung und Beschleunigung interner Verwaltungsprozesse
- Stärkung von sektorfachlichen Kompetenzen und Leadership

Erfahrungsauswertung und Lernen

Wir legen besonderen Wert auf die Nutzung und Inwertsetzung der lokalen Erfahrungen in den Gemeinden, um dem politischen Verhandlungsprozess authentische Informationen zuzuführen. Wir unterstützen die Partner beim Aufbau eines Portfolio-Managements ihrer Projekte und eines Monitoringsystems.

Wir fördern Aufsichts- und Kontrollmechanismen zur Verbesserung der gesellschaftlichen Rechenschaftspflicht und Verantwortlichkeit.

Schritt 3: Vermarktungsbezogene Darstellung anfertigen

Die kurze Liste der Kernkompetenzen vermittelt eine Übersicht über die möglichen Anreize für externe Partner, mit dem Kooperationssystem eine Partnerschaft einzugehen. Sie gehört zum Grundbestand jeder Kontaktaufnahme mit möglichen externen Partnern.

Tool 19
Gestaltung von Aushandlungsprozessen

Anwendungshinweise

Zielsetzung/Funktion	Dient der Vorbereitung und Durchführung von Verhandlungen, in denen unterschiedliche Interessen, Arbeitsweisen und Erwartungen aufeinandertreffen.
Anwendung	In allen Situationen, in denen bilateral oder multilateral Vereinbarungen und Entscheidungen getroffen werden müssen.
Setting	Zwei bis 20 Teilnehmende.
Hilfsmittel	Platz für Kleingruppenarbeit, Pinnwände, Flipcharts und Moderationsmaterialien.
Hinweise	Hohes Maß an Offenheit und Diplomatie erforderlich! Instrument kann nicht mechanisch umgesetzt werden. Die Kunst des Verhandelns erwirbt man in aller Regel nur durch entsprechende Ausbildung und Erfahrung.[26]

Beschreibung

Aushandlung in Kooperationssystemen

In Kooperationssystemen werden Entscheidungen grundsätzlich in Aushandlungsprozessen zwischen den Kooperationspartnern getroffen. Es gibt, anders als in Organisationen, keine vorgesetzte Führungsebene, die im Falle von Meinungsverschiedenheiten oder Unklarheiten den Kooperationspartnern eine Entscheidung abnehmen kann.

In der Verfolgung eines gemeinsamen Ziels sind die Kooperationspartner voneinander abhängig. Dies gilt für alle Formen der informellen und formell-vertraglichen Partnerschaften. Gleichzeitig verfolgen die einzelnen Beteiligten auch ihre eigenen Ziele und verfügen über eigene Verfahren der Leistungserbringung, die für die anderen Beteiligten nur zum Teil erschließbar sind. Erfolgreiches Verhandeln ist daher eine Grundvoraussetzung erfolgreicher Kooperation.

Im Kooperationssystem finden laufend Aushandlungsprozesse statt, daher kann der Erfolg einer einzelnen Verhandlungssituation nicht allein daran gemessen werden, inwieweit ein Verhandlungspartner seine Position durchsetzen konnte. Erfolgreiche Verhandlungen haben hier immer auch die Funktion, die gemeinsame Zielorientierung zu stärken, die beteiligten Einzelinteressen besser zu verstehen und allgemein die Kooperationsbeziehung zu stärken. Selbst wenn mit einem Kooperationspartner nur ein einziges Mal verhandelt wird, kann der Vorwurf „unfairer" Verhandlung zu einem generellen Reputationsverlust als Kooperationspartner führen. Es ist also mehr als „nur" Durchsetzungskraft gefragt.

Die Gestaltung interdependenter Kooperationsbeziehungen beruht wesentlich darauf, wie die Beteiligten verhandeln, wie sie Wissen austauschen und Lösungen erarbeiten, die für alle Beteiligten oder wenigstens einen größeren Teil der Beteiligten einen Nutzen darstellen. Ungleichgewichte bei der Nutznießung führen zu einer erhöhten Erwartung derjenigen, die bei der Verhandlung leer ausgehen oder sich benachteiligt fühlen. Das heißt, dass die Partnerschaft über eine längere Zeitspanne an Stabilität gewinnt, wenn die Verhandlungen auf einen Ausgleich des Nutzens hinführen. Zu denken, dass jede Verhandlung zu einer Win-Win-Situation umgeformt werden kann und muss, ist ein Irrglaube. Es gibt Gewinner und Verlierer. Wesentlich ist, dies anzuerkennen und zu fragen, wie damit in einem größeren Zeithorizont umgegangen wird.

In Verhandlungen zwischen Kooperationspartnern treffen unterschiedliche, jedoch aus Sicht der Beteiligten legitime Interessen aufeinander. Die Kommunikationskultur sollte deshalb so beschaffen sein, dass die Kooperationspartner auch nach der Verhandlung weiterhin gute Beziehungen miteinander pflegen wollen und können. Dies kann erreicht werden, indem Verhandlungen so geführt werden, dass verhärtete Verhandlungspositionen aufgeweicht, Interessen offengelegt und neue, kreative Einigungspotenziale geschaffen werden. Ausgangspunkt dafür ist die Anerkennung legitimer Anliegen und unterschiedlicher Interessen. Werden nun die Anliegen und Interessen aller Beteiligten präzisiert, besteht die Chance, neue Einigungspakete zu schnüren. Das Erschließen dieser Möglichkeiten beruht unter anderem darauf, dass im Verhandlungsprozess laufend neue Gesichtspunkte und Verhandlungselemente entdeckt und aufgenommen werden.

Zusammengefasst handelt es sich um folgenden Vorgang:

- Anerkennung unterschiedlicher Interessen der Beteiligten
- Ausweitung der Systemgrenzen im Verhandlungsprozess, indem neue Gesichtspunkte aufgenommen werden
- Präzisierung der Interessenlagen und der Vor- und Nachteile verschiedener Lösungen
- Entwicklung von Lösungen, die für die Beteiligten besser sind als keine Lösung, oder die Verabschiedung aus der Kooperation

Grundprinzipien des Verhandelns

Obwohl dies einleuchtend sein mag, findet keine reale Verhandlung genau nach diesem Muster statt. Verhandlungen werden beeinflusst von Ort und Zeit, vor allem aber von den Beteiligten selbst, die mit ihren unterschiedlichen kulturellen Orientierungen, Fähigkeiten und mit mehr oder weniger transparenten Strategien den Prozess beeinflussen. Der Verlauf ist davon abhängig, ob es gelingt, den Prozess mit den Beteiligten übersichtlich zu strukturieren. Es findet immer auch eine Verhandlung über die Verhandlungsführung statt. Je unübersichtlicher aber der Prozess abläuft, umso dringlicher ist es, sich einige Grundprinzipien des Verhandelns von Partnerschaften in Erinnerung zu rufen:

Sachbezogenheit

Die beteiligten Kooperationspartner neigen in der Regel dazu, das Problem (knappe Ressourcen, unklare Zuständigkeiten, Zielkonflikt etc.) entweder der Position eines Akteurs oder der Beziehung zwischen Beteiligten zuzuschreiben.

Diese Zuschreibung hat den Nachteil, dass die Verhandlung sich mit Personen und deren Positionen statt mit Inhalten beschäftigt und dass das Verhandlungsziel darin besteht, den anderen Kooperationspartner in seinem Verhalten zu verändern. Dies widerspricht aber dem Grundgedanken der Verhandlung zwischen Kooperationspartnern, die unterschiedlich sind und legitim unterschiedliche Interessen verfolgen. Erfolgreiches Verhandeln in Kooperationssystemen muss daher versuchen, den Gegenstand, um den es geht, ins Zentrum der Aufmerksamkeit zu rücken, beispielsweise die knappen Ressourcen oder die unklaren Zuständigkeiten. Auf dem Weg dahin müssen auch Umwege in Kauf genommen werden. Es kann sich als notwendig erweisen, dass die beteiligten Partner zunächst ihre gegenseitigen Wahrnehmungen mitteilen und ihrem Ärger Ausdruck geben.

Erkennen und Anerkennen der unterschiedlichen Interessen

Die beteiligten Kooperationspartner neigen oft dazu, unterschiedliche Interessen nicht deutlich zu formulieren. Kulturelle Orientierungen und Harmonisierungsbedürfnisse können dazu beitragen, dass so getan wird, als ob alle Beteiligten dieselben Interessen hätten. Die Erkenntnis, dass unterschiedliche Kooperationspartner unterschiedliche Interessen und das Anrecht haben, diese bei Verhandlungen zu vertreten, muss im Verhandlungsprozess selbst erst aufgebaut werden. In der Regel überlegen sich die Beteiligten im Voraus, ob sie eine Alternative zu der Verhandlung haben und ab welchem Punkt sie unter Umständen aus dem Verhandlungsprozess aussteigen wollen. Dieser Punkt der möglichen Zugeständnisse ist aber nicht fix; er wird durch die Anerkennung der Interessen und wesentlich durch die gemeinsame Erarbeitung neuer Gesichtspunkte zugunsten des Verhandelns verschoben.

Erweiterung von Wahl- und Lösungsmöglichkeiten

Je genauer der Gegenstand der Verhandlung von verschiedenen Seiten beleuchtet wird, umso mehr neue Informationen fließen in die Verhandlung ein. Dafür ist es nützlich, Drittpersonen anzuhören und deren externe Expertenmeinung einfließen zu lassen. Dadurch werden die Wahl- und Lösungsmöglichkeiten erweitert, die Fixierung auf die angeblich einzig denkbare Lösung wird aufgebrochen, sodass neue Optionen und Sichtweisen entstehen – im Idealfall verschiedene Lösungsvarianten, die die Verhandlungspartner zumindest als solche anerkennen.

Vereinbarung über Beurteilungskriterien

Um die verschiedenen Lösungsvarianten zu bewerten, kann sich die Verhandlung auf die Vereinbarung von Beurteilungskriterien konzentrieren. Dabei sollen der mögliche Nutzen für die Kooperationspartner und die längerfristigen Folgen der Lösung beleuchtet werden. Die transparente Darstellung ermöglicht schließlich auch die Erwägung von Kompensationen, um zu einem Interessenausgleich zu kommen.

Vorgehen

In Anlehnung an die oben skizzierten Grundprinzipien haben sich in der Praxis sechs Schritte des Verhandelns als nützlich erwiesen.

Schritt 1: Beschäftigung mit den unterschiedlichen Positionen und Interessen

Zunächst ist es im Sinne von Fairness und Kooperation hilfreich, wechselseitig eine Trennung von Position und Gegenstand vorzunehmen. Dazu werden in einem ersten Schritt die mit einem Verhandlungsgegenstand verbundenen Interessen offengelegt. Es ist für einen guten Verhandlungsprozess notwendig, dass alle Parteien die eigene Position klar und nachvollziehbar darstellen und entsprechende Begründungen für ihre Sichtweise geben.

Schritt 2: Beschäftigung mit dem Gegenstand

Im zweiten Schritt geht man dazu über, den Gegenstand gemeinsam im Detail zu analysieren. Es kann durchaus sinnvoll sein, in diesem Schritt weitere Informationen einzuholen oder auch Experten anzuhören. Das Gefühl, gemeinsam neue Informationen erschlossen zu haben, bereitet den nächsten Schritt vor.

Schritt 3: Gemeinsame Interessen ausloten

Um zu wirklich guten Verhandlungsergebnissen zu kommen, ist es hilfreich, sich mit dem gemeinsamen Interesse zu beschäftigen. Was wollen die Beteiligten gemeinsam erreichen? Welche Zukunftsbilder teilen die Parteien? In diesem Schritt wird die Basis für wechselseitiges Vertrauen gelegt.

Schritt 4: Wahl- und Lösungsmöglichkeiten entwickeln

Im nächsten Schritt sollte man noch nicht voreilig zu Lösungen kommen, sondern alle neuen Informationen über den Gegenstand nutzen, um alternative Wahl- bzw. Lösungsmöglichkeiten zu finden. Es lohnt sich sogar, die Kreativität eigens dafür zu fördern, denn mit dem Entstehen von Wahlmöglichkeiten wird auf beiden Seiten das Gefühl geschaffen, dass nur noch geeignete Beurteilungskriterien für die Auswahl entwickelt werden müssen.

Schritt 5: Beurteilungskriterien vereinbaren

Anschließend werden Kriterien vereinbart, nach denen Lösungsvarianten zu bewerten sind. Die gemeinsame Bewertung und Auswahl der Lösungsoptionen kann an allen Stellen, die ein Restunbehagen offen lassen, durch den geschickten Einbau von Kompensationen abgerundet werden.

Schritt 6: Auswahl der Option

Auf Basis der Bewertung wird zum Abschluss die für die beteiligten Parteien geeignete Option ausgewählt. Anschließend werden weitere Maßnahmen zur Umsetzung vereinbart.

Die nachstehende Checkliste unterstützt den skizzierten sechsstufigen Verhandlungsprozess.

Gegenstand der Aushandlung	Maßnahme
Trennung von Position und Gegenstand: Interessen offenlegen, Begründungen für die eigene Position nennen	
Gemeinsam neue Information über den Gegenstand erschließen: Gegenstand im Detail analysieren, Experten anhören	
Gemeinsame Interessen suchen, Vertrauen aufbauen, gegenseitige Erwartungen klären	
Wahl- und Lösungsmöglichkeiten entwickeln: neue Information über den Gegenstand nutzen, Kreativität fördern	
Beurteilungskriterien vereinbaren: Lösungsvarianten bewerten und Kompensationen einbauen	
Lösungsoption auswählen, Maßnahmen vereinbaren	

Arbeitshilfe 22: Checkliste Verhandlungsprozess

Erfolgsfaktor Steuerungsstruktur

Tool 20
Steuerungsstruktur

Anwendungshinweise

Zielsetzung/Funktion	Das Tool hilft bei der Entwicklung, Auswahl und Entscheidung für die passende Steuerungsstruktur eines Vorhabens.
Anwendung	Die Steuerungsstruktur sorgt für Transparenz und Klarheit über Verantwortlichkeiten und Rollen und ist die Grundlage für Ownership. Idealerweise sollte die Entscheidung für eine Steuerungsstruktur zu Beginn eines Vorhabens oder im Rahmen einer neuen strategischen Ausrichtung getroffen werden. Der Aufbau einer Steuerungsstruktur ist eine starke Intervention in das Vorhaben und das Kooperationssystem auf Dauer. Zeitpunkt des Aufbaus und Tiefe der Ausgestaltung sollten deshalb zum Entwicklungsstand des Vorhabens passen. Zu Beginn eines Vorhabens reichen möglicherweise einfache Steuerungsstrukturen aus, bei einer späteren Entwicklung mit höherem Entscheidungsbedarf können tiefgreifendere Strukturbildungen notwendig sein.
Setting	Workshop mit den Schlüsselakteuren.
Hilfsmittel	Pinnwand und Flipchart, Moderationsmaterialien (Stifte, Karten usw.), falls vorhanden: Akteurslandkarte, Handouts der Unterlagen.
Hinweise	Gute Kenntnisse der Akteure im gesellschaftlichen Handlungsfeld erforderlich, damit die Richtigen einbezogen werden. Braucht meistens vorbereitende Aktivitäten, damit die Kooperationspartner in ihre Rolle finden können.

Beschreibung

Jedes Vorhaben als Kooperationssystem auf Zeit braucht eine eigene, maßgeschneiderte Steuerungsstruktur, die das Vorhaben mit Entscheidungen versorgt. Es gibt dafür keine Blaupausen, denn die Vorhaben sind in unterschiedliche, gewachsene Strukturen und Koordinationsmechanismen eingebettet, die bei der Entwicklung der Steuerungsstruktur berücksichtigt werden sollten.

Beim Design einer Steuerungsstruktur können Vorhaben auf schon bewährte und in den jeweiligen Organisationskulturen akzeptierte Modelle zurückgreifen und sie ihrem spezifischen Bedarf anpassen. Die Steuerungsstruktur muss sich in oftmals sehr diverse Organisationslandschaften einfügen (z. B. in Vorhaben, die gemeinsam durch staatliche, private und zivilgesellschaftliche Akteure gestaltet werden). Gleichzeitig sollte versucht werden, durch die Wahl der Steuerungsstruktur innovative Impulse zu setzen. Da sie den inneren Kern des Vorhabens gestaltet, setzt die Wahl der Steuerungsstruktur richtungsweisende Akzente. Mit der Steuerungsstruktur wird der Rahmen und damit die Begrenzung dafür gesetzt, wie und was in dem Vorhaben gelernt werden kann. Dies betrifft: Kommunikationsmuster und Interaktionsschemata, partizipative Prozesse, Konsultations- und Entscheidungsprozesse ebenso wie das Wissensmanagement und lernfördernde Arbeitsgestaltung.

In der Praxis hat es sich bewährt, zwischen der politisch-normativen, der strategischen und der operativen Steuerungsebene zu unterscheiden. Diese Differenzierung entlastet beispielsweise hochrangige Entscheidungsträger von Entscheidungen, die auf der sachnächsten Ebene informierter getroffen werden können. Sie sorgt außerdem für mehr Akzeptanz der Steuerungsstruktur bei den beteiligten Akteuren.

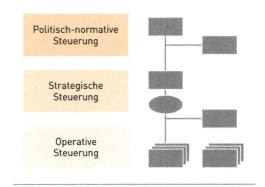

Abbildung 38: Steuerungsebenen

Vorgehen

Schritt 1: Mögliche Beteiligte an der Steuerungsstruktur identifizieren

In einem ersten Schritt sollten im Rahmen einer Akteursanalyse die an einer Steuerungsstruktur möglicherweise Beteiligten identifiziert werden. Aus der Perspektive eines Kooperationssystems ist es wünschenswert, dass möglichst viele Steuerungsthemen partizipativ unter Einbeziehung der relevanten Akteure verhandelt werden. In der Praxis ist dies nur zum Teil möglich.

Im Vordergrund stehen Beteiligte, die

- politische Richtungsentscheide fällen
- Verantwortung für die Erreichung der Ziele bzw. Teilziele übernehmen
- wichtige Leistungen für die Erreichung von Teilzielen erbringen

Es liegt nahe, in die Steuerungsstruktur zunächst die Schlüsselakteure einzubinden, die in einer Akteursanalyse identifiziert worden sind (vgl. Erfolgsfaktor Kooperation). Die Diskussion kann durch eine Visualisierung erleichtert werden. Die Größe der Kreise kann dazu verwendet werden, das Steuerungsgewicht bzw. den Einfluss auf Steuerungsentscheide darzustellen.

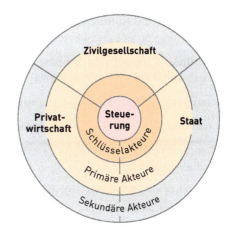

Arbeitshilfe 23: Mögliche Beteiligte an der Steuerung identifizieren

Schritt 2: Steuerungsaufgaben identifizieren

Um Klarheit über sinnvolle Beteiligungsformen der verschiedenen Akteure zu erhalten, ist es sinnvoll, die Funktionen der Steuerungsstruktur zu betrachten und ggf. als Steuerungsaufgabe zu bündeln: Strategie, Planung, Koordination, Kontrolle, Monitoring, Ressourcenmanagement, Konfliktmanagement müssen in der Steuerungsstruktur gut verortet und mit entsprechenden Verantwortlichkeiten und Ressourcen hinterlegt werden.

Je nachdem, ob die Steuerungsaufgaben auf der politisch-normativen, strategischen oder operativen Ebene angesiedelt sind, können unterschiedliche Beteiligungsformen angemessen sein. Eine wichtige Aufgabe ist deshalb die Festlegung und Beschreibung der anstehenden Steuerungsaufgaben.

Schritt 3: Beteiligungsform an der Steuerungsstruktur bestimmen

In einem nächsten Schritt sind unterschiedliche Intensitäten und Formen von Beteiligung zu entwickeln, die der Komplexität der Aufgabe im Vorhaben entsprechen. Wird die zugedachte Beteiligungsform nicht angemessen entwickelt und kommuniziert, so wähnen sich die Beteiligten meist auf einer höheren Intensitätsstufe als von den zur Beteiligung einladenden Kooperationspartnern zugedacht. Das heißt, anstatt die Information über eine Entscheidung zur Kenntnis zu nehmen, wird sie hinterfragt; anstatt sich mit einer Erklärung zufriedenzugeben, werden gute Ratschläge gegeben, welche Lösung besser gewesen wäre usw.

Folgende Beteiligungsformen an der Steuerungsstruktur lassen sich unterscheiden:

- **Information** zu Entscheidungen über die normalen Informationskanäle (z. B. Newsletter, Website, Projektberichte)
- **Information und Kommunikation**: Gründliche Information über und Erläuterung bzw. Begründung von Entscheidungen (z. B. Projektpräsentationen, Veranstaltungen)
- **Konsultation** vor der Entscheidung bzw. Beteiligung an der Entscheidungsvorbereitung (z. B. Fokusgruppen oder Sounding Board)
- **Beteiligung** an der inhaltlichen Erarbeitung von Entscheidungen (z. B. Arbeitsgruppen)
- Formal festgelegte **direkte Verantwortung** für Entscheidungen (z. B. Steuerungssitzungen)

Pro Steuerungsaufgabe (aus Schritt 2) können den Akteuren unterschiedliche Beteiligungsformen zugeordnet werden.

In der Matrix sind Hinweise auf die Periodizität, d.h. die Häufigkeit der Beteiligung und den zeitlichen Aufwand, sinnvoll (z. B. wöchentliche Jour fixe, zwei Steuergruppentreffen pro Jahr, einmalige Befragung). Sie lenken die Aufmerksamkeit auf die Opportunitätskosten der Steuerung: Steuerung braucht Zeit und Energie.

Steuerungsaufgabe:					
Mögliche Beteiligte an der Steuerung	Beteiligungsstufe				
	Information	Information +	Konsultation	Beteiligung	Verantwortung
Akteur 1					
Akteur 2					
...					
Akteur n					

Arbeitshilfe 24: Beteiligungsstufen

Schritt 4: Bestimmung der politisch-normativen Ebene

Auf der politisch-normativen Ebene werden die Ziele und grundlegenden Werte bzw. Verhaltensregeln in der Kooperation ausgehandelt und geregelt. Die Zielerreichung wird überwacht und notwendige Zielanpassungen vereinbart. Grundlegende Interessenkonflikte bzw. Verstöße gegen gemeinsame Wertvorstellungen werden auf dieser Ebene behandelt.

Jedes Vorhaben ist eingebettet in ein gesellschaftliches Handlungsfeld, in dem i.d.R. bereits ein Gremium auf der politisch-normativen Ebene eingerichtet ist. Das Vorhaben sollte an diese bereits existierenden Strukturen anknüpfen, um die Kooperation auf Zeit mit dem gesellschaftlichen Handlungsfeld nachhaltig zu verbinden.

Für den Fall, dass es kein Gremium gibt, sollten sich die Beteiligten auf ein eigenes Gremium verständigen. Für den Fall, dass bestehende Gremien nicht leistungsfähig sind, sollten sich die beteiligten Akteure darauf verständigen, diese Gremien zu verbessern. Von der Einrichtung eines eigenständigen Gremiums für das Vorhaben ist abzuraten, denn jedes zusätzliche Gremium schwächt die bestehenden Steuerungsstrukturen.

Schritt 5: Bestimmung der strategischen Ebene

Die strategische Ebene legt fest, welcher Weg zur Zielerreichung eingeschlagen wird. Ein Überblick über Fortschritte und Abweichungen in der Umsetzungsarbeit wird hergestellt, strategische Optionen werden reflektiert und Meilensteine für die weitere Umsetzung vereinbart. Das heißt, auf dieser Ebene werden in der Regel die Managementherausforderungen im Vorhaben bearbeitet.

Die Einigung über die Zusammensetzung der Steuerungsstruktur für die strategische Ebene sollte sich nicht ausschließlich an der Beteiligung der Schlüsselakteure orientieren. Auf der strategischen Ebene laufen die Fäden eines Vorhabens zusammen. Diese Ebene erfüllt häufig eine wichtige Scharnierfunktion, um die Passung zwischen politischen Vorgaben, strategischen Entscheidungen und der operativen Umsetzung sicherzustellen. Die Mitglieder eines Gremiums sollten deshalb Managementkompetenzen – insbesondere in strategischer Hinsicht – und genügend Zeit mitbringen, um das Vorhaben mit den Entscheidungen zu versorgen, die zur Erreichung der Ziele und Wirkungen notwendig sind.

Schritt 6: Bestimmung der operativen Ebene

Die operative Ebene übernimmt die Verantwortung für all jene alltäglichen Entscheidungen, die im vorgegebenen strategischen Rahmen für die Maßnahmenumsetzung notwendig sind. Sie liefert der strategischen Ebene Entscheidungsgrundlagen, indem sie über Fortschritte und Abweichungen in der Umsetzung informiert.

Die Gestaltung der operativen Ebene ist abhängig von der Art und Weise, wie ein Vorhaben durchgeführt werden soll. Folgende Alternativen sind denkbar, Mischformen möglich:

- **Thematische Strukturierung**
  Die operative Ebene ist nach den unterschiedlichen Themen strukturiert, die das Vorhaben prägen (z. B. könnte die operative Ebene in einem Vorhaben im Bereich Nachhaltige Wirtschaftsentwicklung nach den Interventionsbereichen Mikrofinanzierung, Wertschöpfungsketten, Berufsbildung, u. Ä. strukturiert werden).

- **Regionale Strukturierung**
  Die Strukturierung der operativen Ebene folgt den regionalen Einsatzgebieten eines Vorhabens, um die verschiedenen Interventionen integriert zu steuern (z. B. eine operative Einheit für Provinz A, eine für Provinz B etc.).

- **Strukturierung nach Phasen**
  Die operative Ebene wird nach den Anforderungen unterschiedlicher Phasen eines Vorhabens gebildet (z. B. sieht die Konzeption eines Vorhabens eine Pilotphase mit anschließendem Scaling-up vor, dann bietet es sich an, die operative Ebene für die Pilotphase anders zu gestalten als für die Phase des Scaling-up).

- **Strukturierung nach Lernbedarf**
  Eine Variation der zeitlichen Strukturierung ergibt sich aus dem Rapid Results-Ansatz. Es werden kleinere und kürzere Lernprojekte aufgesetzt, die es erlauben, Lernerfahrungen auf der operativen Ebene zu sammeln, die auf der strategischen Ebene für die weitere Gestaltung eines Vorhabens genutzt werden können. So folgt die Strukturierung der operativen Ebene dem Rhythmus der Lernprojekte.

Schritt 7: Beschreibung von Rollen und Verantwortlichkeiten sowie Prozessen

Ist die Steuerungsstruktur in ihren Grundelementen vereinbart, sollten Rollen und Verantwortlichkeiten der einzelnen Gremien auf den verschiedenen Ebenen genau beschrieben werden. In komplexen Steuerungsstrukturen ist es zum Verständnis aller Akteure, die im Kooperationssystem arbeiten, extrem wichtig zu wissen, wer auf welchen Ebenen, mit welchem Mandat und welcher Rolle in Entscheidungsprozesse involviert ist. Deshalb empfiehlt es sich, zu jeder Steuerungsebene bspw. schriftlich festzuhalten, wie häufig die entsprechenden Gremien tagen, welche Entscheidungen dort getroffen werden, wer mit welchem Mandat und welcher Rolle in einem Gremium vertreten ist und wie die Schnittstellen zu den anderen Steuerungsebenen gestaltet sind.

Tool 21
Anforderungen an die Qualität der Steuerungsstruktur

Anwendungshinweise

Zielsetzung/Funktion	Hilft bei der Reflexion, Entwicklung und Optimierung einer passenden Steuerungsstruktur. Es stellt neun Anforderungen vor, anhand derer die Funktionalität und Angemessenheit einer bestehenden oder geplanten Steuerungsstruktur bewertet werden kann.
Anwendung	Anwendung sowohl in der Planung als auch in der Reflexion eines bestehenden Vorhabens. Macht Kommunikations- und Entscheidungsstrukturen im Vorhaben sichtbar und thematisiert die Qualitätsanforderungen der beteiligten Akteure.
Setting	Workshop mit Schlüsselakteuren.
Hilfsmittel	Pinnwand und Flipchart, Moderationsmaterialien (Stifte, Karten usw.).
Hinweise	Die gemeinsame Anwendung im Vorhaben erfordert Verständnis und Erfahrung in Projektsteuerung sowie ausreichende Offenheit in der Gruppe.

Beschreibung

Jedes Vorhaben braucht eine Steuerungsstruktur, in der Kommunikations- und Entscheidungsprozesse stattfinden. Es gibt dafür keine Blaupausen, denn Vorhaben sind in unterschiedlich gewachsene Strukturen und Koordinationsmechanismen eingebettet. Zu beachten ist, dass Steuerungsstrukturen für Kooperationssysteme auf Zeit sich so weit wie möglich an bestehende Strukturen oder Entscheidungsgremien des Kooperationssystems auf Dauer anlehnen, um Parallelstrukturen zu vermeiden. Letztlich ist die Qualität einer Steuerungsstruktur nur über zwei Kriterien zu bewerten: Die optimale Steuerungsstruktur muss hinsichtlich der angestrebten Ziele und Wirkungen funktional sein, und sie muss der Komplexität, Varietät und dem Umfang der Aufgabe angemessen sein.

In der Praxis bestehen für jedes Vorhaben zumindest implizite Vorstellungen darüber, wie die Steuerungsstruktur aussehen sollte. Oftmals aber unterscheiden sich selbst bei laufenden Vorhaben die Vorstellungen der Akteure darüber, welche Strukturen, Regeln und Rollen tatsächlich im Vorhaben kommuniziert und entschieden werden sollen, beträchtlich.

Dieses Tool gibt die Gelegenheit, die Vorstellungen der Akteure sichtbar und anhand von neun Anforderungen systematisch besprechbar zu machen.

Vorgehen

Schritt 1: Die Steuerungsstruktur skizzieren

Die Teilnehmer werden aufgefordert, die bestehende bzw. geplante Steuerungsstruktur grafisch darzustellen. Wenn wesentliche Unterschiede in der Wahrnehmung der bestehenden Struktur oder in den Interessen an der Struktur vermutet werden, wird die erste Darstellung in Kleingruppen bzw. einzeln erarbeitet und erst in einem zweiten Arbeitsschritt verglichen und zusammengeführt.

- Es ist zu vereinbaren, ob die bestehende Struktur skizziert werden soll oder der Zielzustand, den die Teilnehmenden erreichen wollen. Im Zweifelsfall ist zunächst die bestehende Struktur darzustellen.
- Dargestellt werden die gemeinsamen Kommunikations- und Entscheidungsstrukturen des Vorhabens, d.h., der Fokus liegt auf der Kommunikation zwischen den Kooperationspartnern und nicht in einzelnen Organisationen.
- Je nach Ausgangsfragestellung ist zu entscheiden, ob auch informelle Teile der Struktur dargestellt werden. Die Vorgehensweise wäre dann, zuerst eine Liste jener „sozialen Räume" (d.h. formale Gremien, aber auch informelle Treffen beim Mittagessen o.Ä.) zu erstellen, in denen für das Vorhaben wesentliche Kommunikation stattfindet. Die größeren Möglichkeiten (Einbeziehung tabuisierter oder bisher unreflektierter Steuerungsstrukturen) sind gegen das Risiko eines Tabubruchs schon in der Vorbereitung abzuwägen!
- Es können unterschiedliche Darstellungsformen genutzt werden, z.B.
  - Organigramm: Darstellung der formalen Gremien wie Steuerungsgruppe, Sounding Board, Arbeitsgruppen als hierarchisch verbundene Kästchen. Dies ist die übliche Darstellungsform, sie hat den Vorteil, leicht verstanden zu werden. Ihr Nachteil besteht darin, dass sie die zeitliche Dimension (und Dynamik in der Struktur) sowie informelle Elemente ausblendet.
  - Darstellung der „Orte" von Kommunikation und Entscheidung über einen Zeitverlauf (siehe Tool Interventionsarchitektur).
  - Matrix: Darstellung der Rollen im Vorhaben (staatliche Akteure, NGO-Vertreter, privatwirtschaftliche Akteure etc.) und deren Aufgaben in Teilprojekten bzw. Strukturelementen.
  - Kommunikationsfluss: Darstellung der Kommunikationsflüsse zwischen Strukturelementen und/oder Rollen im Vorhaben.

Schritt 2: Reflexion der Steuerungsstruktur

Neun Anforderungen ermöglichen eine umfassende Reflexion der Steuerungsstruktur. Sie können nicht alle gleichzeitig in vollem Umfang erfüllt werden. So führt beispielsweise eine hohe Perspektivenvielfalt in der Steuerung zwar vielleicht zu höherer Konfliktsensitivität, aber auch zu geringerer Effizienz. Ebenso kann ein sehr hohes Maß an Transparenz in der Steuerung auch negative Auswirkungen auf die Verantwortungsübernahme zeigen.

Die Diskussion der neun Anforderungen kann bei Bedarf vorstrukturiert werden, indem nur jene Anforderungen ausgewählt werden, die eine Hebelwirkung zur Verbesserung der Steuerungsstruktur versprechen.

Anforderung	Die Steuerungsstruktur …	++	+	−	−−
Verantwortungsübernahme	… stärkt Ownership und Selbstständigkeit der Beteiligten auf den verschiedenen Arbeitsebenen. Dies wird vor allem durch die Beteiligung und Verhandlungsorientierung erreicht.				
Transparenz	… stärkt das Vertrauen in die Steuerung durch eine breit angelegte Kommunikation über die Entscheidungen und nachvollziehbare Kriterien, die zu ihnen geführt haben.				
Effizienz	… ist einfach und erlaubt es, bei niedrigen Transaktionskosten für Abstimmung, Verhandlung und Koordination zu Entscheidungen zu kommen.				
Perspektivenvielfalt	… berücksichtigt unterschiedliche Wahrnehmungen und Perspektiven der Akteure. Sie kombiniert sowohl harte Daten als auch Erfahrungsberichte und die unterschiedlichen Interpretationen dieser Daten.				
Konfliktsensitivität	… ermöglicht es, dass frühzeitig Spannungen und Konflikte erkannt und bearbeitet werden können. Dies wird vor allem durch die Berücksichtigung des Do-No-Harm-Ansatzes gewährleistet.				
Flexibilität	… ist offen für zeitnahe Anpassungen auf Veränderungen z. B. im Umfeld, bei strategischen Umorientierungen, bei finanziellen Restriktionen.				
Einbettung	… nutzt bestehende Strukturen und Abstimmungsprozesse im gesellschaftlichen Handlungsfeld.				
Lernen von Handlungsmustern	… ermöglicht den Akteuren, neue Rollen einzunehmen. Sie unterstützt dabei, neue Handlungsmuster im Management einzuüben, so beispielsweise in der Art der Kommunikation und Entscheidungsfindung.				
Modell für Organisation	… setzt modellhaft innovative Impulse in den beteiligten Organisationen. Elemente der Steuerungsstruktur werden auch außerhalb des Vorhabens angewendet.				

Arbeitshilfe 25: Checkliste neun Anforderungen

Schritt 3: Schlussfolgerungen

In einem letzten Schritt sollten Maßnahmen bzw. Optionen zur Weiterentwicklung der Steuerungsstruktur aus der Diskussion abgeleitet und vereinbart werden. Hier kann eine Dokumentation der Ergebnisse helfen, nicht beteiligte Akteure im Nachgang zu informieren.

Tool 22
Wirkungsorientiertes Monitoringsystem

Anwendungshinweise

Zielsetzung/Funktion	Das Tool gibt einen Überblick über die erforderlichen Schritte zum Aufbau eines Wirkungsorientierten Monitoringsystems.
Anwendung	Ein System für ein Wirkungsorientiertes Monitoring (WoM) sollte für die Steuerung eines Vorhabens so früh wie möglich zur Verfügung stehen. Das Tool kann zu Beginn eines Vorhabens für den Aufbau eines WoM-Systems angewendet werden und gibt Anleitung für den Betrieb.
Setting	Für den Aufbau: zwei- bis dreitägiger Workshop einer internen Arbeitsgruppe mit Schlüsselakteuren, die Erfahrungen im Aufbau und Betrieb von Monitoring- und Evaluierungssystemen mitbringen. Sinnvoll ist der Einsatz einer externen Moderation mit Monitoring- und Evaluierungserfahrung.
Hilfsmittel	Flipchart, Pinnwand, Moderationsmaterial.
Hinweise	Gute Kenntnis des Vorhabens, seiner Zielsetzungen und Kontextbedingungen erforderlich. Das Wirkungsmodell sollte vorliegen. Im günstigsten Fall liegen ebenfalls die Ergebnisse einer Akteurslandkarte sowie einer Prozesslandkarte des Vorhabens vor. Idealerweise sollte die Steuerungsstruktur des Vorhabens bereits arbeitsfähig sein.

Beschreibung

Wirkungsorientiertes Monitoring (WoM) ist eine der zentralen Steuerungsaufgaben in einem Vorhaben. Das WoM-System unterstützt dabei, den Stand der Erreichung gemeinsam vereinbarter Ziele und Wirkungen laufend zu überprüfen und im Bedarfsfall erforderliche Korrekturmaßnahmen einzuleiten. Es ist ein unverzichtbarer Bestandteil der operativen Umsetzung des Vorhabens. Steuerung ohne WoM ist ein Blindflug!

Jedes Vorhaben braucht ein WoM, um jederzeit:

- … auskunftsfähig über die Fortschritte im Vorhaben zu sein (Wirkungsnachweis).
- … zu wissen, was gut läuft und wo Anpassungen notwendig sind (Lernen).
- … auf Basis der Monitoringdaten strategische Entscheidungen zu treffen (Steuerung).
- … einen Dialog über die eingeschlagene Strategie und die Operationsplanung mit den beteiligten Akteuren anzuregen (Kommunikation).
- … eine Grundlage für eine verlässliche Rechenschaft zu haben (Berichterstattung, Evaluierung).

Das Tool beschreibt in sechs Prozessschritten den Aufbau und die Nutzung eines Wirkungsorientierten Monitoringsystems. So gibt es praxisorientierte und methodische Hinweise zur Operationalisierung eines WoM-Systems.

Die Prozessschritte 1 bis 4 lassen sich am besten in einem gemeinsamen Monitoring-Planungsworkshop mit den relevanten Akteuren erarbeiten. Ziel des Workshops ist die operative Planung der Monitoringaktivitäten, die dann in einem Monitoringinstrument zu dokumentieren sind.

Wirkungsorientiertes Monitoring und Capacity WORKS

Capacity WORKS und ein Wirkungsorientiertes Monitoringsystem sind eng miteinander verbunden. Das Monitoring liefert Erkenntnisse über die Wirkungen von Maßnahmen und ermöglicht damit Rückschlüsse auf Stärken und Schwächen der umgesetzten Maßnahmen. Um zu verstehen, warum Wirkungen auftreten oder ausbleiben, ist ein Blick auf die Erfolgsfaktoren hilfreich.

Zudem helfen die Erfolgsfaktoren, Indikatoren zu formulieren, die Aufschluss über die Qualität der Zusammenarbeit geben und zeigen, ob sich das Vorhaben auf dem „richtigen" Veränderungsweg befindet.

- Strategie: Teilen die beteiligten Akteure ein gemeinsames Verständnis der Vorhabenstrategie als Veränderungsweg? Können die Kooperationspartner die gemeinsam anvisierten Ziele und Wirkungen mittragen?
  Möglicher Indikator: Verbindlichkeit und finanzielles Engagement der Schlüsselakteure

- Kooperation: Welche Akteure müssen wie zur Erreichung der Ziele und Wirkungen in das Vorhaben eingebunden sein? Wer übernimmt welche Rolle und Verantwortlichkeit?
  Möglicher Indikator: Regelmäßige Überprüfung der Akteurslandkarte in einer Steuerungsgruppensitzung

- Steuerungsstruktur: Welche Akteure sind unverzichtbar für die Steuerung des Vorhabens, um die gemeinsam vereinbarten Ziele und Wirkungen letztlich erreichen zu können? Wie werden Entscheidungen getroffen?
  Möglicher Indikator: Qualität der Steuerungsentscheide im Konfliktfall aus Sicht aller Akteure oder Meilensteine aus dem Operationsplan

- Prozesse: Auf welche Kernprozesse im gesellschaftlichen Handlungsfeld muss die Aufmerksamkeit gerichtet werden, um die höchstmögliche Hebelwirkung zu erzielen? Wie sind die Prozesse des gemeinsamen Vorhabens (Kernprozesse, Steuerungsprozesse, Unterstützungsprozesse) aufeinander optimal abzustimmen, damit die gewünschten positiven Veränderungen im Sektor erzielt werden?
  Möglicher Indikator: Qualität interner Leistungsprozesse

- Lernen und Innovation: Wer muss was auf welcher Ebene lernen, damit die Ziele und Wirkungen erreicht werden und die notwendigen Entwicklungskapazitäten nachhaltig im gesellschaftlichen Handlungsfeld verankert sind?
  Möglicher Indikator: Durchführung regelmäßiger Lernevents im Vorhaben, z. B. viermal im Jahr.

Schritt 1: Wirkungsmodell erstellen, überprüfen, anpassen

Im ersten Schritt wird das Wirkungsmodell des Vorhabens erstellt bzw. falls es bereits vorliegt überprüft und überarbeitet (siehe auch Tool Wirkungsmodell).

Schritt 2: Anforderungen an das WoM-System klären

Im zweiten Schritt werden die Anforderungen an das Monitoringsystem geklärt. Dabei geht es darum, das Monitoringsystem in die Steuerungsstruktur des Vorhabens so einzubetten, dass es die Beteiligten mit entscheidungsrelevanten Informationen zum Vorhabensfortschritt versorgen kann.

Folgende Fragestellungen sind hilfreich zur Klärung der Anforderungen:

- Welche Akteure sind in die wesentlichen Strategie- und Steuerungsentscheidungen des Vorhabens einzubinden?
- Wie werden wesentliche Steuerungsentscheidungen getroffen, und welche Informationen sind dafür notwendig?
- Welche Interessen, Erwartungen und welchen Informationsbedarf haben die verschiedenen Akteure am gemeinsamen Monitoring?
- Welche Informationen aus dem Monitoring müssen zu welchen Zeitpunkten vorliegen?
- Welche Akteure sind in das Monitoring einzubeziehen, und wer ist für welche Aspekte des Monitoring zuständig?
- Verfügen die Partner im Kooperationssystem möglicherweise bereits über Monitoringsysteme, die für das gemeinsame Vorhaben genutzt bzw. verbessert werden können?
- Welche personellen und finanziellen Ressourcen braucht es für den Aufbau und Betrieb des Monitoringsystems? Welche Ressourcen sind verfügbar?

Schritt 3: Wirkungen messbar machen

Im dritten Schritt geht es darum, die im Wirkungsmodell definierten Wirkungen messbar zu machen. Dazu werden die zugrunde gelegten Wirkungshypothesen geprüft und gegebenenfalls angepasst und ergänzt. Weiter müssen Indikatoren festgelegt werden, damit gemessen werden kann, ob die geplanten Ziele und Wirkungen der Maßnahmen erreicht werden.

Indikatoren sind ein zentrales Element jedes Monitoringsystems. Der Nutzen eines Monitoringsystems hängt wesentlich von der Qualität der festgelegten Indikatoren ab. Indikatoren sind Hilfsgrößen, die komplexe Sachverhalte konkretisieren und messbar machen. Sie zeigen an, ob und inwieweit eine geplante quantitative oder qualitative Veränderung eingetreten ist. Bei der Formulierung von Indikatoren gilt es, folgende Qualitätskriterien zu beachten:

- Indikatoren müssen objektiv nachprüfbar sein, d.h., sie müssen spezifisch, messbar, erreichbar, relevant und zeitlich begrenzt sein (SMART-Kriterien: specific, measurable, achievable, relevant, time-bound)

- Indikatoren sind ergebnisbezogen und dürfen keine Mittel-Ziel-Beziehung enthalten, d. h., sie beschreiben, was erreicht wird, aber nicht, wie es erreicht wird
- Indikatoren müssen mit einer überprüfbaren Ausgangssituation (Baseline) sowie einem Zielwert versehen sein (Wertbestückung)
- Indikatoren müssen Informationen über die Datenquellen oder Datenerhebungsmethoden so konkret und nachvollziehbar wie möglich enthalten, auf die bei der Bestimmung des Indikators zurückgegriffen werden soll (Nachweis)

Schritt 4: Detaillierte Monitoringplanung und Monitoringinstrument erstellen

Im vierten Schritt wird eine detaillierte Monitoringplanung für die gesamte Projektlaufzeit erstellt sowie die Ergebnisse der Prozessschritte 1 bis 3 in ein Monitoringinstrument (z. B. Excel- oder webbasiert) überführt.

Der Monitoringplan enthält alle erforderlichen Prozesse, Arbeitsschritte, Methoden (z. B. für die Datenerhebung), Fristen (z. B. Zeitplan für Datenerhebung/Messintervalle) und Zuständigkeiten für das laufende Monitoring.

Das Monitoringinstrument dient der Strukturierung der Prozesse der Datenerhebung und der systematischen Dokumentation der erhobenen Daten. Damit erleichtert es auch die Interpretation und Nutzung der Daten für die Steuerung des Vorhabens.

Schritt 5: Datenerhebung und Datenanalyse (regelmäßig) durchführen

Im fünften Schritt geht es um die laufende Datenerhebung und -auswertung.

Die folgenden Punkte sind für alle Indikatoren zu erheben und im Monitoringinstrument einzutragen:

- Baselinedaten/Zielwert/Meilensteine
- Ist-Werte (in den vereinbarten Zeitintervallen)
- Auswertung im Sinne des Grades der Erreichung der Ziele bzw. Indikatoren

Schritt 6: WoM-Ergebnisse nutzen

Im sechsten Schritt geht es um die Nutzung der WoM-Ergebnisse

- für die laufende Steuerung (Strategie-, Management-, Budgetentscheidungen etc.) sowie für die Einbettung des WoM in die Entscheidungsmechanismen der Steuerungsstruktur und der beteiligten Akteure.
- für Rechenschaftslegung, Wirkungsnachweis- und Evaluierungspflichten sowie für Berichte.
- für das vorhabensinterne Wissensmanagement, für Dokumentation und Kommunikation sowie für die Unterstützung von nachhaltigen Lernprozessen.

Tool 23
Interventionsarchitektur

Anwendungshinweise

Zielsetzung/Funktion	Das Anfertigen einer Interventionsarchitektur ist ein hilfreiches Element in der Planung und Steuerung von Interventionen. Die Interventionsarchitektur zeigt auf der Zeitachse an, welche Akteure sich in welchem Format treffen werden, um an den gemeinsamen Themen zu arbeiten.[27]
Anwendung	Hilft, eine transparente Planung für die Implementierung vereinbarter Interventionen zu ermöglichen, geplante Prozesse zu dokumentieren, mit anderen besprechbar zu machen sowie in regelmäßigen Abständen zu prüfen und anzupassen.
Setting	Alleine oder idealerweise auch zu zweit mit einer an der Intervention beteiligten Person mit Prozesserfahrung oder einem externen Berater; kann bei straffer Moderation auch in einer kleinen Gruppe gemacht werden.
Hilfsmittel	Notizblock; evtl. Flipchart oder Pinnwand und Kärtchen.
Hinweise	Möglichst klares Bild von den inhaltlichen Anforderungen des Vorhabens sowie genaue Kenntnis der involvierten Akteure und Rahmenbedingungen sind erforderlich. Idealerweise wurde zuvor eine Akteurslandkarte angefertigt. Nicht geeignet für die Planung eines gesamten Vorhabens, eher nützlich auf der Ebene einzelner, überschaubarer Teilprojekte oder Aktionslinien.

Beschreibung

Während der Operationsplan eine detaillierte Beschreibung liefert, wer welche Aktivitäten wann übernimmt, liefert die Interventionsarchitektur eine Übersicht: Hier werden die sachlich-inhaltlichen, sozialen, zeitlichen, räumlichen und symbolischen Dimensionen der geplanten Interventionen auf einer Seite strukturiert und damit in einen Zusammenhang gebracht.

Diese Übersicht sollte mit der Meilensteinplanung korrespondieren.

Sachlich-inhaltliche Dimension

Im Rahmen der Strategie eines Vorhabens (Capacity Development-Strategie, Wirkungsmodell) wird vieles implizit entschieden, wie z. B. die voraussichtliche Dauer des Vorhabens, die Arten der Beteiligungen und dergleichen. Wesentlich ist auch, wer sachliches Wissen in das Vorhaben einbringen soll.

Soziale Dimension

Für die Architektur selbst ist diese Dimension am bedeutendsten. Durch sie wird definiert, wer an welchen Interventionen in welcher Form beteiligt sein soll. Die Beteiligung orientiert sich an den

Vereinbarungen im Rahmen der Erfolgsfaktoren Kooperation (Kooperationsformen) und Steuerungsstruktur (Ebenen der Steuerungsstruktur).

Das Ausmaß des politischen Integrationsbedarfs (unterschiedliche Interessen) bestimmt zum Teil das Ausmaß der Treffen, die Anzahl der unterschiedlichen sozialen Räume und deren Größe. Veränderungsenergie entsteht an den Grenzen von Systemen. In der Interventionsarchitektur sorgen die Verantwortlichen dafür, dass Menschen und Organisationen in neuen Zusammensetzungen beieinandersitzen und zusammenarbeiten.

Mögliche Gestaltungselemente im Sinne der sozialen Dimension sind:

Symbol	Interventionsart	Funktionen
⬡	Steuerungsgruppensitzungen	Entscheidung, Strategie, Planung, Koordination, Kontrolle, Monitoring, Ressourcenmanagement, Konfliktmanagement, Reflexion, Katalysator (für neue Ideen, Initiativen), Adressat (für Fragen, Auskünfte)
⬤	Arbeitsgruppensitzungen auf operativer Ebene	Erarbeitung von Konzepten, Entscheidungsgrundlagen und deren Umsetzung, Priorisierung, Informationsplattform, Erweiterung der Beteiligung
△	Workshops (z. B. Kick-off, Diagnose-/Monitoring-/Evaluierungsworkshops)	Auswertung, Erfolgskontrolle, Vertiefung von Vertrauensbeziehungen, Schaffung einer Basis für gemeinsame Entscheidungen zum weiteren Vorgehen (z. B. verschiedene Arbeitsgruppen bzw. Umsetzungsbeteiligte)
▽	Beratung/Coaching von Führungskräften	Entlastung des Systems durch Stabilisierung Einzelner (Führungskräfte haben Vorbildwirkung), Steigerung der Glaubwürdigkeit durch Einbeziehung und Stärkung der Führungsebene
▭	Dialoggruppen	gegenseitige Abstimmung von zentralen Akteuren, wechselseitiger Informations- und Kommunikationsbedarf, Abbau von Misstrauen, Missverständnissen und Fehlentwicklungen
⁙	Dialog-Meetings mit anderen Akteuren (Großveranstaltungen)	Aufbau eines Wir-Gefühls, Sinnstiftung, Einbeziehung wichtiger Know-how-Träger und Perspektiven durch Dialog, neue Impulse für das System
◇	Qualifizierungseinheiten	Aufbau notwendiger Kompetenzen, Erzeugung von Verbindlichkeit, je nach Zusammensetzung: Förderung des Austauschs bzw. Teambildung, Stabilisierung des Systems durch Know-how-Aufbau

	Sounding Boards	Rückmeldung der Wahrnehmungen bzgl. des Vorhabens aus der jeweiligen Perspektive, Resonanz auf die Arbeit der Steuergruppe und ihrer operativen Arbeitsgruppen, Information zu Fortschritten und Implementierungsstand, Multiplikatorenfunktion
	Marketing und Kommunikation	Schaffung von Gehör, Sichtbarkeit und Akzeptanz für den Veränderungsprozess, Information

Abbildung 39: Mögliche Gestaltungselemente einer Interventionsarchitektur (nach Königswieser)

Zeitliche Dimension

Je nach Aufgabenstellung werden die Arbeits- und die Entscheidungsphasen in einen zeitlichen Ablauf gebracht und durch die Beteiligung der entsprechenden sozialen Systeme bereichert. Der zeitliche Ablauf ermöglicht auch die Beschleunigung und Verlangsamung von Prozessen. Für Interventionen gilt eine Faustregel: Innerhalb eines Halbjahres müssen sich entscheidende Dinge tun (Konzept steht, Finanzierung gesichert, Spezialfragen geklärt und dergleichen), ansonsten bröckeln die Motivation und die Erinnerungsfähigkeit (Energiepegel) ab. Die Interventionsarchitektur orientiert sich in der zeitlichen Dimension an der Meilensteinplanung.

Räumliche Dimension

Die räumliche Dimension ist eine meist vernachlässigte Dimension, die aber implizit eine den Kontext gestaltende Wirkung hat. Sie bezieht sich auf den Ort von Veranstaltungen (innerhalb oder außerhalb der Örtlichkeit des arbeitenden Systems), auf die Sitzordnungen bzw. Ermöglichung oder Nichtermöglichung der spontanen Gestaltung von Sitzordnungen, festliche oder nüchterne Gestaltung von Räumen.

Symbolische Dimension

Symbole sind die Aktivierung mentaler Landkarten, die Bedeutung geben und handlungsorientierend wirken. Der Umgang mit Symbolik ergänzt das sprachliche Repertoire, daher wird sie auch Symbolsprache genannt. Menschen beobachten meist auch, ob sich die Verbal- und die Symbolsprache decken oder widersprüchliche Botschaften senden. Sind sie widersprüchlich, wird der Symbolsprache eher mehr Glauben geschenkt, weil (oft zu Recht) angenommen wird, dass sie den unbewussten Teil repräsentiert. Deshalb ist die Herstellung dieser Stimmigkeit besonders wichtig. Die bewusste symbolsprachliche Gestaltung ist vor allem bei Beginn oder zum Abschluss von Vorhaben sehr wichtig. Auch bei Übergängen von einer Phase in eine andere oder bei der Gestaltung von Würdigung und Wertschätzung ist sie als Medium nicht zu überbieten. Zu symbolsprachlichen Inszenierungen zählt auch die Einführung von Ritualisierungen, mit denen Organisationswissen tradierungsfähig gemacht wird.

Einige Beispiele dazu sind:

- Bedeutung: Am Beginn eines wichtigen Prozesses kommt die oberste Steuerungsebene, um dessen Bedeutung zu unterstreichen, und bleibt auch einen halben Tag anwesend. Vor dem Verlassen gibt er/sie ein kurzes Feedback, was wahrgenommen wurde.
- Der Abschluss einer Teilaufgabe wird symbolisch hervorgehoben (Bergfest etc.).

Vorgehen

Schritt 1: Abstecken des Gestaltungskontextes

Bevor man mit dem Design einer Interventionsarchitektur beginnen kann, sollte man sich nochmals die wesentlichen Aspekte der Ausgangslage vor Augen führen:

- Welche Zielsetzung gibt es? Welche Erwartungen an die zeitliche Gestaltung sind vorhanden?
- Wer ist mit welchen Interessen am Prozess beteiligt und/oder von den Wirkungen betroffen?
- An welchen Orten kann mit welchen relevanten Personen gearbeitet werden?
- Welche Akteure müssen wann und wie zusammenkommen?
- Welche Aufgaben müssen erledigt und welche Funktionen im Prozess ausgeübt werden, um das Ziel zu erreichen?
- Welche Hypothesen zur Konzeption und Umsetzung gibt es?

Erst wenn ein scharfes Bild davon gewonnen wurde, in welchem Rahmen ein Ziel verfolgt wird, ist es sinnvoll, sich über die Ausgestaltung des Prozesses Gedanken zu machen. Es ist ratsam, nicht gleich mit einer detaillierten Interventionsarchitektur zu starten, wenn weitere Klärungen nötig sind.

Schritt 2: Kernelemente der Architektur festlegen

Ausgehend von dieser Kurzanalyse der Ausgangslage kann ein grober Rahmen für die Interventionsarchitektur aufgestellt werden. Dazu ist es hilfreich zu überlegen, welche Schlüsselakteure sich zur Diskussion und Bearbeitung der Kernthemen treffen müssen. Häufig hilft es auch, bestimmte Meilensteine bzw. Zeitpunkte mit besonderer Bedeutung (Zwischenergebnisse, Veranstaltungen, Entscheidungs- bzw. Verhandlungstermine) grob auf der Zeitachse zu verankern. Damit spannt man den zeitlichen Bogen und bekommt Zeitfenster, die nun zweckmäßig gestaltet werden können.

Es ist sinnvoll, bei der Erstellung einer Interventionsarchitektur nach dem Prinzip „vom Groben ins Detail" vorzugehen. Ebenso ist es in diesem Schritt nützlich, sich darüber im Klaren zu sein, dass neben den Prozesselementen für die eigentliche inhaltliche Gestaltung auch entsprechende Steuerungselemente sowie Elemente für die Unterstützung des Vorhabens zu berücksichtigen sind.

Um die Interventionsarchitektur zu dokumentieren und für andere darzustellen, ist es zweckmäßig, sie auf einer Zeitachse mit Symbolen für die jeweiligen Prozesselemente darzustellen (vgl. Abbildung 40). Zur besseren Übersichtlichkeit der Grafik werden die unterschiedlichen Arten der Prozesselemente in visuell voneinander unterscheidbaren Zeilen aufgetragen.

Die folgende Interventionsarchitektur ist eine beispielhafte Darstellung:

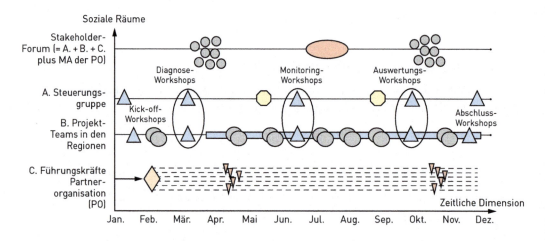

Abbildung 40: Beispiel für eine Interventionsarchitektur

Hierbei können auch neue Gestaltungselemente geschaffen bzw. die hier vorgeschlagenen an den eigenen Kontext angepasst werden. Die Symbole drücken jeweils aus, welche Intervention für welchen sozialen Raum zu welcher Zeit angedacht ist. Für das grobe Festlegen der Interventionsarchitektur sind daher folgende Schlüsselfragen zu beantworten:

- Wie sieht das Kernteam bzw. die zentrale Arbeitsgruppe aus? In welchen Intervallen sollte sie sich zu Arbeitssequenzen treffen? Welche wesentlichen Veranstaltungen sollen stattfinden?

- Wie wird der Prozess gesteuert? Wer sind die Akteure, die an der Steuerungsstruktur teilhaben, wesentliche Entscheidungen treffen und den Prozess mit der nötigen Legitimation und den nötigen Mitteln ausstatten?

Schritt 3: Details in die Architektur einbauen

Erst wenn es gelungen ist, eine schlüssige Grobarchitektur aufzusetzen, ist es sinnvoll, die Details der Planung vorzunehmen. So empfiehlt es sich beispielsweise, vor und nach den definierten Schlüsselelementen des Prozesses entsprechende Begleitmaßnahmen einzubauen. Vor Großgruppenveranstaltungen sollten beispielsweise entsprechende Kommunikations- und Informationsprozesse eingebaut werden. Nach Veranstaltungen sollte Raum für die Auswertung und das Treffen von Ableitungen sein. Zu wesentlichen Entscheidungszeitpunkten müssen vielleicht die Stimmen eines Sounding Board gehört werden. Arbeitsaufwändige Phasen oder Schritte benötigen eventuell passende Unterstützung oder die Berücksichtigung eines erweiterten Ressourcenrahmens. Auf diese Weise kann man die Interventionsarchitektur so lange mit sinnvollen Gestaltungselementen anreichern, bis man das Gefühl hat, einen ausreichend soliden Prozess entworfen zu haben.

Um zu prüfen, ob der Prozess ausreichend solide ist, können folgende Schlüsselfragen nützlich sein:

- Gibt es ausreichend Arbeitssequenzen für die inhaltliche Gestaltung?
- Sind die geplanten Elemente zur Steuerung ausreichend?
- Werden die Betroffenen frühzeitig und günstig integriert?
- Enthält die Architektur notwendige Elemente zur Unterstützung der inhaltlichen Arbeit?
- Gibt es Elemente, die eine qualitätssichernde Funktion erfüllen?

Schritt 4: Ständiges Prüfen und Anpassen der Architektur

Ein wesentlicher Schritt besteht auch darin, eine einmal angefertigte Interventionsarchitektur nicht nur mechanistisch umzusetzen, sondern sie zu relevanten Zeitpunkten auf ihre Aktualität zu prüfen. Häufig ändern sich während eines Vorhabens die Voraussetzungen. Neue Akteure kommen ins Spiel, Restriktionen fallen weg, oder die Strategie verändert sich aufgrund geänderter Rahmenbedingungen. Für diesen Fall ist es ratsam, sich die Interventionsarchitektur in regelmäßigen Abständen anzusehen und sie gegebenenfalls anzupassen.

Tool 24
Operationsplan

Anwendungshinweise

Zielsetzung/Funktion	Dieses Tool hilft, nach der Festlegung der Strategie des Vorhabens, konkrete Umsetzungsabsprachen im Kreis der beteiligten Akteure zu vereinbaren.
Anwendung	Für Situationen, in denen konkrete Aktionen und Maßnahmen für die Umsetzung von Vorhaben entwickelt und dokumentiert werden sollen.
Setting	Workshop mit Schlüsselakteuren sowie den an der Umsetzung von Maßnahmen beteiligten Akteuren.
Hilfsmittel	Pinnwände, Moderationsmaterialien (Stifte, Karten usw.).
Hinweise	Voraussetzung für das Tool ist Klarheit über die strategische Ausrichtung eines Vorhabens. Diese wurde gemeinsam mit den relevanten Akteuren erarbeitet und wird von diesen mitgetragen.

Beschreibung

Ein Operationsplan identifiziert die für einen spezifischen Zeitraum – bewährt hat sich ein jährlicher Rhythmus – wesentlichen Aufgabenpakete, notwendigen Entscheidungen, Verantwortlichkeiten und Meilensteine für die Umsetzung einer Strategie: Wer macht was wann?!

Operationsplanung ist Managementaufgabe und umfasst elementare Entscheidungen über die Leistungsprozesse im Vorhaben. Operationsplanung heißt, die Leistungsprozesse zu gestalten und zu planen, d.h. knappe Ressourcen in effiziente Abläufe, Leistungen und Arbeitspakete zu überführen.

In der Steuerungsstruktur des Vorhabens werden strategische Ausrichtung, Commitment und Zusammenwirken der Leistungen des Vorhabens koordiniert und im Rahmen der Operationsplanung entschieden.

Die besondere Herausforderung einer Operationsplanung in einem Vorhaben besteht darin, dass alle beteiligten Akteure die (Planungs-)Logiken ihrer Heimatorganisationen im Hintergrund ihrer Überlegungen mitbringen. Von Zielkonflikten zwischen den repräsentierten Organisationen und dem Vorhaben ist auszugehen. Die Operationsplanung im Vorhaben ist deshalb Chance und Herausforderung zugleich:

- Die strategischen **Prioritäten** tatsächlich in Leistungen und Arbeitspakete zu übersetzen
- Die Kooperation der Akteure durch die gemeinsame **Herangehensweise** zu manifestieren
- **Transparenz und Balance** zwischen vorhabenbezogener und organisationsbezogener Planung aller Kooperationspartner herzustellen

- Eine gelungene, verbindliche und vertrauensvolle Entscheidung über **Ressourcenallokation** herbeizuführen
- **Synergien** zu den Handlungsstrategien der Kooperationspartner herzustellen

Vorgehen

Die Operationsplanung ist ein iteratives und rekursives Verfahren. Bewährt hat sich die Arbeit in einem Workshop-Format, an dem die Schlüsselakteure des Vorhabens beteiligt sind.

Akteure, die auf der strategischen Ebene eines Vorhabens tätig sind, sollten auf jeden Fall einbezogen werden. Hilfreich sind zudem Akteure der operativen Ebene, die für die Umsetzung der vereinbarten Arbeitspakete zuständig sind. Die Beteiligten sollten sehr umsichtig ausgewählt werden, da mit der Anzahl der Personen auch die Komplexität des Prozesses zunimmt.

Die folgenden Schritte sind für ein Vorhaben insgesamt oder – falls dies den Rahmen sprengen würde – für Ausschnitte eines Vorhabens (z. B. Aktionslinien) anwendbar.

Schritt 1: Bilanz der Vorperiode

Soweit vorhanden, werden die Ergebnisse der periodischen Monitoring- und Evaluierungsaktivitäten besprochen und ausgewertet: Was wurde erreicht, was ist noch offen?

Es hat sich bewährt, diesen ersten Schritt der Operationsplanung mit dem Prozess im Wirkungsorientierten Monitoring (WoM-Workshop) zu verzahnen.

Schritt 2: Strategie-Check

Die strategische Ausrichtung des Vorhabens wird überprüft und ggf. weiterentwickelt. Hierzu dienen die folgenden Leitfragen:

- Was wollen wir erreichen?
  Mit dieser Frage wird Bezug auf die Ziele, die beabsichtigten Wirkungen (z. B. im Wirkungsmodell) und die Capacity Development-Strategie genommen. Die strategische Ausrichtung wird auf ihre Aktualität hin überprüft, die strategischen Prioritäten (ggf. für einzelne Aktionslinien) der zu planenden Periode festgehalten sowie die Risiken betrachtet.
- Wie kann dies gelingen?
  Mit dieser Frage wird Bezug auf die strategischen Themen in den Erfolgsfaktoren Kooperation, Prozesse, Lernen und Innovation sowie Steuerungsstruktur genommen. Die Perspektive der fünf Erfolgsfaktoren unterstützt dabei, in der Operationsplanung die managerialen Aspekte in der Durchführung des Vorhabens in den Blick zu bekommen.

Zum Abschluss dieses Schritts werden Schlussfolgerungen für die Planung gezogen, ausgehend von der Bilanz der Vorperiode und vom Strategie-Check: Wie lauten die strategischen Ziele für den aktuellen Planungszeitraum (z. B. ein Jahr)? Welche Indikatoren helfen uns zu erkennen, wenn wir erfolgreich waren?

In die Arbeitshilfe 26 können Ziele und Arbeitspakete des zu planenden Zeitraums eingetragen werden, um einen groben Überblick über die anstehenden Aufgaben zu erhalten.

Strategische Planung	
Strategische Ziele mit Indikatoren	Arbeitspakete

Arbeitshilfe 26: Strategische Planung: Ziele und Arbeitspakete

Schritt 3: Meilensteine mit Aktivitäten planen

In diesem Schritt werden die Arbeitspakete aus Schritt 2 weiter ausgearbeitet und in Aktivitäten übersetzt, die in den jeweiligen Arbeitspaketen während der kommenden Planungsperiode durchgeführt werden sollen. D.h., es werden:

- Aktivitäten geplant
- Meilensteine vereinbart (Zeitpunkt, zu dem die Aktivität abgeschlossen sein sollte)
- Verantwortliche benannt
- Ressourcen und Budget grob zugeordnet

Meilensteinplan				
Arbeitspakete	Aktivitäten	Meilenstein (Zeitpunkt)	Verantwortlichkeit	Ressourcen und Budget

Arbeitshilfe 27: Meilensteinplanung

Schritt 4: Operationsplan mit Ressourcenzuteilung

In manchen Fällen reicht die Meilensteinplanung als Grundlage der Umsetzung bereits aus. Die für die Umsetzung Verantwortlichen übernehmen dann die weitere, detaillierte Planung in ihrem jeweiligen Arbeitsbereich.

In anderen Fällen ist es hilfreich, noch eine detailliertere Operationsplanung anzuschließen. Dazu werden die einzelnen Aktivitäten aus der Meilensteinplanung nochmals genauer ausdifferenziert. Die nachfolgende Arbeitshilfe 28 (s. nächste Seite) kann dazu genutzt werden.

Schritt 5: Dokumentation und Aufnahme der Ergebnisse in das Wirkungsorientierte Monitoring

Die gesamte Operationsplanung wird in den genannten Schritten dokumentiert. Dies dient als wichtige Grundlage für die Umsetzung und für das Wirkungsorientierte Monitoring des Vorhabens:

- Bilanz der Vorperiode
- Strategischer Plan (einschließlich Strategie-Check)
- Meilensteinplan
- Operationsplan

Insbesondere die Meilensteine sollten im WoM-System aufgenommen und damit regelmäßig gemonitort werden.

Toolbox | Erfolgsfaktor Steuerungsstruktur

Operationsplan – Planungsperiode:

Vorhaben/Aktionslinie/Arbeitspaket
Ergebnis:

#	Aktivität	Indikator/ Zwischen- ergebnis	Zeitplan												Verant- wort- lichkeit	Ressourceneinsatz				
																Personal – aus dem Vorhaben – weiteres Personal		Material- kosten	Sonstige Kosten	Bemer- kungen
			J	F	M	A	M	J	J	A	S	O	N	D		Vor- haben	Zusätz- liches Personal			
	⋮																		⋮	

Arbeitshilfe 28: Operationsplan

Erfolgsfaktor Prozesse

Tool 25
Prozesslandkarte

Anwendungshinweise

Zielsetzung/Funktion	Dient der Visualisierung der relevanten Prozesse innerhalb eines Kooperationssystems.
Anwendung	Das Tool unterstützt bei der Strategieentwicklung, indem es das Kooperationssystem auf Dauer im Sinne einer Bestandsaufnahme abbildet. Zur Steuerung des Vorhabens oder als Vorbereitung einer Operationsplanung hilft die Darstellung des Kooperationssystems auf Zeit.
Setting	Workshop mit relevanten Akteuren.
Hilfsmittel	Pinnwände, Moderationsmaterialien (Stifte, Karten usw.).
Hinweise	Gute Kenntnisse des Kooperationssystems auf Dauer sind zur Identifikation und Einschätzung der Prozesse erforderlich. Für die Abbildung der Prozesse im Vorhaben ist eine abgeschlossene Strategiebildung Voraussetzung. Die Ziele des Vorhabens müssen bereits klar sein. Die Prozesslandkarte ist eine modellhafte Darstellung, die hilft, eine Bestandsaufnahme zu machen und die Prozesse in Kooperationssystemen zu sortieren. Es ist kein Tool, um Prozessdesign im engeren Sinn zu betreiben. Eingesetzt für die Prozessdarstellung im Vorhaben, kann sie aber als Basis für weiteres Prozessdesign genutzt werden.

Beschreibung

Die Arbeit mit der Prozesslandkarte beginnt immer mit der Entscheidung für einen Fokus: Soll das Kooperationssystem auf Dauer (gesellschaftliches Handlungsfeld) dargestellt werden oder das Kooperationssystem auf Zeit (Vorhaben)?

Die Erstellung einer Prozesslandkarte für ein Kooperationssystem auf Dauer dient der Ist-Analyse des gesellschaftlichen Handlungsfeldes:

- Identifikation bzw. Klärung des „raison d'être" des gesellschaftlichen Handlungsfeldes (im Sinne der Erbringung von Dienstleistungen für eine Gesellschaft)
- Einschätzung der Zielerreichung im Kooperationssystem auf Dauer (Zugang, Kosten, Qualität)
- Identifikation von Zuständigkeiten und Mandaten im gesellschaftlichen Handlungsfeld
- Überblick und Bestandsaufnahme der Prozesse im Kooperationssystems auf Dauer
- Identifizierung der Veränderungsbedarfe im gesellschaftlichen Handlungsfeld
- Ableitung von möglichen Ansatzpunkten für ein Vorhaben

Für ein Kooperationssystem auf Zeit wird eine Prozesslandkarte erstellt,

- zur Identifikation von Zuständigkeiten und Mandaten im Vorhaben.
- zur Bestandsaufnahme der bestehenden Prozesse und der Schnittstellen zwischen den verschiedenen Prozessen im Vorhaben.
- zur Erarbeitung von Indikatoren, die auf die Qualität der Kooperation im Vorhaben ausgerichtet sind.
- zur Identifizierung der Optimierungspotenziale des Vorhabens.

Die Visualisierung einer Prozesslandkarte hat sich in folgender Weise bewährt: Ausgehend von den Zielen des gesellschaftlichen Handlungsfeldes bzw. des Vorhabens werden die Steuerungs-, Kern- und Unterstützungsprozesse identifiziert und abgebildet.

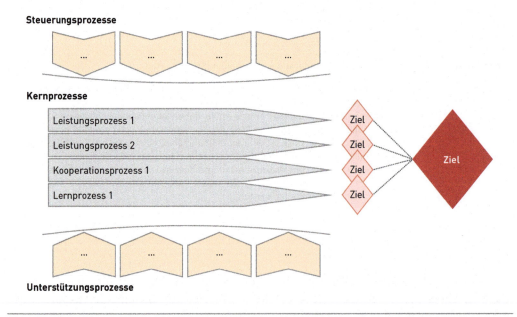

Arbeitshilfe 29: Prozesslandkarte

Direkt oder indirekt tragen alle Prozesse im Kooperationssystem auf Dauer dazu bei, dass die Nutzer von einer Leistung (Ziel) profitieren, beispielsweise vom Zugang der Bevölkerung zu Gesundheitsdienstleistungen. Bezieht sich die Prozesslandkarte auf ein Vorhaben, leisten die identifizierten Prozesse einen direkten oder indirekten Beitrag, um das vereinbarte Veränderungsziel zu erreichen.

Die Unterscheidung verschiedener Prozesstypen ist sowohl im Kooperationssystem auf Dauer sinnvoll wie auch im Vorhaben:

Leistungsprozesse

Unter Leistungsprozessen werden Prozesse verstanden, die zu einem Mehrwert, d. h. sichtbaren Nutzen für einen Leistungsempfänger führen.

Kooperationsprozesse

Unter dem Begriff Kooperationsprozesse werden alle Prozesse zusammengefasst, die der Abstimmung und Koordination von Aktivitäten in Zeit und Raum sowie der Kooperation zwischen verschiedenen Akteuren im Kooperationssystem dienen (z. B. Gremien, Arbeitsgruppen). Gut gestaltete und strukturierte Kooperationsprozesse ermöglichen es, arbeitsteilig und gleichzeitig koordiniert zu handeln, die vorhandenen Ressourcen effizient zu nutzen, Doppelstrukturen zu vermeiden oder Kommunikationsbarrieren zu überwinden.

Lernprozesse

Die Lernprozesse sind notwendig, damit sich die Akteure mit der Qualität der Leistungserbringung auseinandersetzen und notwendige Veränderungen vornehmen. Gut gestaltete Lernprozesse ermöglichen es den Beteiligten, im Kooperationssystem aus Erfahrungen zu lernen und ihre Leistungen kontinuierlich zu verbessern. Individuelles Lernen ist dabei genauso wichtig wie organisationales Lernen und Lernen im Kooperationssystem.

Kernprozesse

Leistungs-, Kooperations- und Lernprozesse sind sehr eng miteinander verbunden und wirken sich direkt auf die Qualität der Leistungserbringung im Kooperationssystem aus. Darum werden sie auf einer übergeordneten Ebene als Kernprozesse bezeichnet.

Unterstützungsprozesse

Unterstützungsprozesse beschreiben Aufgabenpakete, die die restlichen Prozesstypen abstützen. Sie haben keinen direkten Kontakt mit der Leistungserbringung und zeichnen sich häufig dadurch aus, dass man sie auch an externe Dienstleister auslagern könnte. Langfristig wird damit das Angebot von Leistungsprozessen aufrechterhalten (z. B. Wissensmanagement, Durchführung von Fortbildungsmaßnahmen etc.).

Steuerungsprozesse

Steuerungsprozesse sind jene Prozesse, mit denen der rechtliche, politische und strategische Rahmen für die restlichen Prozesstypen gesetzt wird. Sie schaffen Orientierung durch Zielvorgaben, Ressourcenallokation und Regelsetzung (z. B. Gesetze, Strategien, Öffentlicher Haushalt etc.). Durch Steuerungsprozesse wird das Kooperationssystem mit Entscheidungen versorgt.

Vorgehen

Schritt 1: Ziele benennen

Die Ziele ergeben sich aus dem Zielsystem des gesellschaftlichen Handlungsfeldes oder den angestrebten Zielen und Wirkungen des Vorhabens. Unabhängig von der Perspektive, die betrachtet werden soll, findet der Einstieg über die Verständigung zum Ziel statt: aus Sicht des Kooperationssystems auf Dauer oder aus Sicht des Vorhabens.

Es kann vorkommen, dass sich keine klar formulierten Ziele für das Kooperationssystem auf Dauer finden lassen oder dass mehrere Ziele existieren, die sich im Widerspruch zueinander befinden. Diese Information ist hochgradig relevant, um ein gesellschaftliches Handlungsfeld zu verstehen, und liefert Anhaltspunkte dafür, warum beispielsweise einzelne Prozesse ins Leere laufen. Daher sollte diese Information ebenfalls dokumentiert werden.

Im Fall der Prozesslandkarte für ein Vorhaben gehört die Verständigung auf gemeinsame Ziele zum Aushandlungsprozess zwischen den beteiligten Akteuren im Kooperationssystem auf Zeit. Die Prozesslandkarte für ein Vorhaben sollte daher erst nach der Strategiebildung erstellt werden.

Schritt 2: Kernprozesse identifizieren

Das Vorgehen im Rahmen der nächsten Schritte ist immer gleich, egal ob an einer Prozesslandkarte für das Kooperationssystem auf Dauer gearbeitet wird oder an einer für das Kooperationssystem auf Zeit. Die Ziele stehen jeweils im Fokus und orientieren die Perspektive. Zur Identifikation und Strukturierung der Prozesse hilft es, sich folgende Fragen vor Augen zu führen:

- Geben die Ziele des Kooperationssystems bereits Anhaltspunkte für bestehende Kernprozesse?
- Welche Leistungsprozesse tragen dazu bei, die Ziele zu erreichen?
- Welche Prozesse stellen sicher, dass Kooperation und Koordination zwischen den beteiligten Akteuren des Kooperationssystems stattfinden?
- Welche Prozesse unterstützen das gemeinsame Lernen und das Generieren von Innovationen? Wie werden Erfahrungen ausgetauscht und Qualität sichergestellt?

Zur Identifizierung der Kernprozesse kann es hilfreich sein, zunächst eine Liste aller Teilprozesse zu erstellen und diese anschließend den entsprechenden Prozesstypen zuzuordnen.

Schritt 3: Unterstützende Prozesse identifizieren

Zur Identifizierung der Unterstützungsprozesse sind folgende Fragen zu beantworten:

- Welches sind die wesentlichen unterstützenden Prozesse, die für den reibungslosen Ablauf der Kernprozesse sorgen?
- Welche Unterstützungsprozesse helfen, die Leistungen zu erbringen, die zur Leistungserbringung im Kooperationssystem erforderlich sind?
- Welche Unterstützungsprozesse tragen zum Funktionieren des Kooperationssystems bei?
- Welche Unterstützungsprozesse ermöglichen das einfache und qualitätsvolle Lernen im Kooperationssystem?

Schritt 4: Steuerungsprozesse identifizieren

Bei der Identifikation der Steuerungsprozesse geht es darum herauszufinden, welche strategischen und rechtlichen Rahmenbedingungen (durch Zielvorgaben, Ressourcenallokation und Regelsetzung) für die Kernprozesse bereits existieren. Welche Prozesse tragen dazu bei, dass ein Rahmen zur Verfügung gestellt wird, der Orientierung schafft und zu Entscheidungen führt?

Schritt 5: Prozesslandkarte anfertigen

Sobald alle wesentlichen Kern-, Unterstützungs- und Steuerungsprozesse identifiziert wurden, kann man diese in die Prozesslandkarte übertragen. Damit steht eine übersichtliche Skizze zur Verfügung, die hilft, Hypothesen zur Ist-Situation im gesellschaftlichen Handlungsfeld oder im Vorhaben zu bilden.

Bei der Erstellung einer Prozesslandkarte kommt es weniger auf die exakte Zuordnung zu einzelnen Prozesstypen an, sondern auf die Diskussion und die Herstellung eines gemeinsamen Bildes zu den relevanten Prozessen. Zunächst werden die Ziele und Prozesse nur dargestellt, ohne Wertungen vorzunehmen. Nach der Bestandsaufnahme geht es darum, dass die beteiligten Akteure feststellen, wo Prozesse fehlen, nicht aufeinander abgestimmt sind oder schlecht funktionieren. Daraus kann abgeleitet werden, welcher Veränderungsbedarf existiert.

Tool 26
Prozesshierarchie

Anwendungshinweise

Zielsetzung/Funktion	Die wichtigsten Prozesse werden immer weiter in ihre Teilprozesse heruntergebrochen, ihre Inhalte spezifiziert. Dies ist hilfreich, wenn die Prozesse der Prozesslandkarte detaillierter beschrieben werden sollen.
Anwendung	In Situationen, die eine detaillierte Prozessbeschreibung erfordern: Welche Teilschritte gibt es? Welche Akteure sind beteiligt? Welche Schnittstellen sind zu beachten? Was ist das Ziel des Prozesses? Die Prozesshierarchie ist ein nützlicher Schritt bei der Übersetzung strategischer Diskussionen zwischen hochrangigen Kooperationspartnern auf die operationale Ebene, z. B. bei der Erarbeitung eines Operationsplans für ein Vorhaben.
Setting	Workshop mit Prozessbeteiligten.
Hilfsmittel	Pinnwände, Flipcharts, Stifte, PowerPoint und Videobeamer.
Hinweise	Es ist nicht notwendig, alle Prozesse in diesem Stil detailliert darzustellen. Ausgangspunkt ist die Fragestellung, die bearbeitet werden soll. Der Fokus sollte auf die strategisch wichtigsten Prozesse gelegt werden. Eine Prozesslandkarte sollte vorliegen. Fundierte Kenntnisse über die betroffenen Prozesse und Zugang zu Informationen über Kosten sind erforderlich. Hier sind nicht die Entscheidungsträger, sondern die Umsetzer gefragt.

Beschreibung

Das Tool ermöglicht es, auf einer strategischen Ebene analysierte Prozesse auf konkrete Prozessschritte herunterzubrechen. Wenn es sich z. B. um Prozesse handelt, die im Rahmen von strategischen Planungen entwickelt wurden, so unterstützt das Tool das Management von Vorhaben dabei, diese Schritt für Schritt in ihre Bestandteile und Teilprozesse zu zerlegen. Die Prozesshierarchisierung kann bis auf die Ebene der operationalen Planung durchgeführt werden. Auf diese Weise hat man eine logische Verbindung zwischen der strategischen Analyse und der detailliert operationalen Planung hergestellt.

Die Prozesshierarchisierung ist ggf. auch für die Prozesslandkarte eines gesellschaftlichen Handlungsfeldes interessant. Sie ermöglicht die Analyse ausgewählter Prozessschritte und schafft bei Bedarf ein größeres Verständnis der Ist-Situation im Handlungsfeld.

Vorgehen

Schritt 1: Fragestellung klären

Die Prozesshierarchie sollte ausgehend von einer Fragestellung bearbeitet werden: Welchen Erkenntnisgewinn verspricht man sich von der Hierarchisierung? Ausgehend davon bestimmt man, welche Prozessschritte einer genaueren Analyse unterzogen werden sollen.

Schritt 2: Prozesshierarchien ausarbeiten

Zunächst werden einer oder wenige zentrale Prozessschritte ausgewählt, die analysiert werden sollen. Diese werden als eigene Prozesse dargestellt und in Einzelschritte unterteilt. Dieses Verfahren wird so lange fortgeführt, bis der gewünschte, für die Fragestellung erforderliche Detaillierungsgrad erreicht ist.

Es ist darauf zu achten, dass man nicht zu umfassend vorgeht, da die Komplexität der Prozesse rasch zu unübersichtlich werden kann. Besser ist es, sich auf die strategisch wichtigsten oder für die Fragestellung bedeutsamsten Prozesse zu konzentrieren.

Die folgende Grafik veranschaulicht das Prinzip:

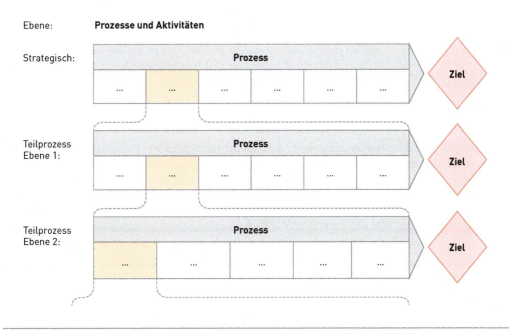

Arbeitshilfe 30: Prozesshierarchie

Nachfolgend ein Beispiel aus dem Watershed Management (WSM) (Management des Wassereinzugsgebiets) in der Mekong-Flussregion:

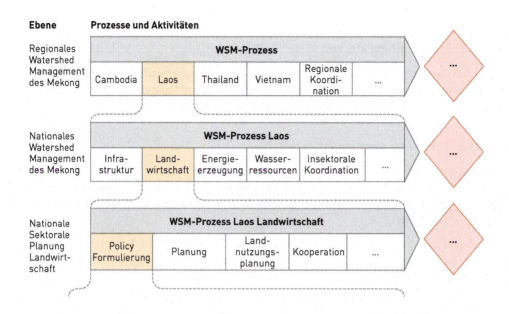

Ebene 1: Ein regionales Bewirtschaftungssystem von Wassereinzugsgebieten setzt ein Zusammenwirken von WSM-Prozessen in den beteiligten Ländern voraus.
Ebene 2: Wie diese WSM-Prozesse für einzelne Länder aussehen, kann beschrieben werden.
Hier beispielhaft für Laos.
Ebene 3: Landwirtschaft ist dabei ein entscheidender Pfeiler; zentrale Prozesse können beschrieben werden.

Abbildung 41: Beispiel Prozesshierarchie Watershed Management

Schritt 3: Schlussfolgerungen ziehen

Die Erstellung der Prozesshierarchie sollte sich auf die strategisch wichtigsten oder für die Fragestellung bedeutsamsten Prozesse konzentrieren. In der Regel werden nicht mehr als drei Ebenen benötigt, um einen angemessenen Grad der Operationalisierung zu erreichen.

Wendet man dieses Tool auf ein Vorhaben an, entsteht die Grundlage für die Operationsplanung: Wer macht was wann und mit welchen Ressourcen?

Wird die Prozesshierarchie angewendet auf ein gesellschaftliches Handlungsfeld, werden Teilprozesse detaillierter beschrieben. Das erlaubt tiefergehende Einsichten zur Ist-Situation im Kooperationssystem auf Dauer. Hieraus können z. B. konkrete Ansatzpunkte für ein (zukünftiges) Vorhaben abgeleitet werden.

Tool 27
Prozessdesign

Anwendungshinweise

Zielsetzung/Funktion	Dieses Tool ist hilfreich bei der Entwicklung und Präzisierung eines einzelnen Prozesses.
Anwendung	In Situationen, in denen ein neuer (Teil-)Prozess entwickelt oder ein bestehender Prozess in den Details neu beschrieben werden soll.
Setting	In Kleingruppen mit den Prozessbeteiligten.
Hilfsmittel	Pinnwände, Flipcharts, Stifte, PowerPoint und Videobeamer sinnvoll.
Hinweise	Fundierte Kenntnisse über die betreffenden Prozesse sind erforderlich. Die Tools Prozesslandkarte und/oder Prozesshiercharchie stellen eine gute Grundlage dar, um eine sinnvolle Auswahl der detailliert zu beschreibenden Prozesse zu treffen.

Beschreibung

Dieses Tool unterstützt beim Design und Aufsetzen von Prozessen unterschiedlicher Konkretisierungsgrade. Ausgehend von einem Überblick über den zu präzisierenden Prozess werden zunächst der Gesamtprozess und dann die einzelnen Schritte detaillierter beschrieben. Bei Bedarf können auch noch einzelne Aktivitäten für jeden Schritt konkretisiert und festgehalten werden.

Vorgehen

Schritt 1: Prozess skizzieren

Der für das (Neu-)Design ausgewählte Prozess wird im Überblick entsprechend der Arbeitshilfe 31 skizziert. Dabei werden Ziele des Prozesses, das Management, Schritte und Verantwortlichkeiten des Prozesses definiert.

Name des Prozesses:						
Kurzbeschreibung:						
Management						
Schritte						
Ziel						
Verantwortlichkeiten						

Arbeitshilfe 31: Prozessdesign

Zusätzliche Vereinbarungen zum Prozess sollten ebenfalls dokumentiert werden.

Schritt 2: Prozess detailliert beschreiben

In einem nächsten Schritt wird zum einen der Prozess detaillierter beschrieben, zum anderen werden für die einzelnen Aktivitäten des Prozesses folgende Informationen dokumentiert: Start, Dauer, Abhängigkeit vom vorhergehenden Schritt, Verantwortung und notwendige Arbeitstage.

Beschreibung des Prozesses					**Datum:**		
Name des Prozesses: Prozess-Manager:					Verteiler: Betroffene Prozessverantwortliche:		
Start: Dauer:					Kooperationspartner:		
Prozessziel (mit Indikatoren):							
Prozessübergreifende Management-/Support-Aktivitäten							
Nr.	Schritt	Start	Dauer	Abhängigkeit vom vorhergehenden Schritt (Zeit, Qualität)?	Verant-wortung	Arbeitstage	
1.							
2.							
n							
Prozessvoraussetzungen:							
Schnittstelle mit sonstigen Prozessen? (Information bei Bedarf)							
Personalkosten:			Reise-/Workshop-Kosten		Sachkosten		Sonst. Kosten
Risiken und Maßnahmen zur Vermeidung:							
Berichte (mit Abgabefrist):							

Arbeitshilfe 32: Prozessdefinition und Prozessschritte

Schritt 3: Schritte detailliert beschreiben

Beschreiben Sie (bei Bedarf) jeden einzelnen Prozessschritt des Gesamtprozesses in analoger Form. Dafür können Sie das obige Arbeitsblatt entsprechend anpassen und folgende Aspekte aufnehmen: Name des Schrittes, Ziel, Aktivitäten, Verantwortlichkeit, Kooperation, Kosten.

Nr. des Schrittes Beschreibung des Schrittes						Datum:		
Name des Schrittes: Verantwortliche:						Verteiler: Betroffene Schrittverantwortliche:		
Start: Dauer:						Kooperationspartner:		
Schrittziel (mit Indikatoren):								
Management-/Support-Aktivitäten für den Schritt:								
Nr.	Aktivität	Start	Dauer		Abhängigkeit von vorhergehender Aktivität	Verantwortung		Arbeitstage
1.								
2.								
n								
Voraussetzungen für den Schritt:								
Schnittstelle mit anderen Schritten? (Information bei Bedarf)								
Personalkosten:		Reise-/Workshop-Kosten:			Sachkosten:			Sonstige Kosten:
Risiken und Maßnahmen zur Vermeidung:								
Berichte (mit Abgabefrist):								

Arbeitshilfe 33: Prozessschritte

Schritt 4: Dokumente operativ verwenden

Diese Dokumente dienen in der weiteren Folge als Bausteine für das Prozessmanagement, u. a. für Planung, Budgetierung und Umsetzung.

Tool 28
Prozessoptimierung

Anwendungshinweise

Zielsetzung/Funktion	Dient der Verbesserung von Prozessen zur effizienten und effektiven Erreichung von Zielen.

Anwendung	Für das laufende Monitoring von Prozessen nach den Kriterien:
	- Effizienz:
	  Können wir sie schneller, günstiger oder mit höherer Qualität durchführen?
	- Wirkung:
	  Sind sie noch immer relevant für das Ziel oder sind neue Prozesse erforderlich?

Setting	In Kleingruppen mit den Prozessbeteiligten.
Hilfsmittel	Moderationsmaterial.
Hinweise	Gute Kenntnis der Prozesse notwendig. Hilfreich ist die Einordnung der Prozesse in einer Prozesslandkarte.

Beschreibung

Prozessoptimierung bedeutet einerseits, bestehende Prozesse zu straffen, andererseits auf wenige relevante Prozesse zu reduzieren. Es stellt sich also nicht nur die Frage nach den Verbesserungsmöglichkeiten bei einem Prozess, sondern auch, ob es einen Prozess überhaupt braucht bzw. ob dieser Prozess nicht besser weggelassen, mit einem anderen zusammengelegt oder an eine externe Stelle ausgelagert wird. Es gibt verschiedene Möglichkeiten, wie Prozesse optimiert werden können:

Prozesse vereinfachen

Die Komplexität von Prozessen wird reduziert, um unnötige Prozessschlaufen zu eliminieren und den Prozess flüssiger zu gestalten. Beispiele: Neuzuordnung von Verantwortlichkeiten für schnellere Entscheidungsfindung, Vereinfachung administrativer Abläufe, Einbau von Steuerung und Qualitätssicherung in die Tätigkeit etc.

Prozesse zusammenlegen

Prozesse werden zusammengelegt, um die Anzahl der Schnittstellen zu verringern und den Koordinationsaufwand bzw. die Transaktionskosten zu senken. Beispiele: Zentralisierung von administrativen Tätigkeiten, Zusammenlegen von Zuständigkeiten in der Steuerung etc.

Prozesse weglassen

Überflüssige, nicht wertschöpfende Prozesse werden weggelassen. Beispiele: Zusammenlegen von verschiedenen Sitzungen in einen monatlichen Mikro-Workshop, Auflösung von Arbeitsgruppen bei verändertem Kontext etc.

Prozessabfolge ändern

Die Abfolge von Prozessen wird verändert, um die Leistungserstellung zu optimieren und Transaktionskosten zu senken. Beispiel: Partizipation von lokalen Stakeholdern zu einem früheren Zeitpunkt in der Planung eines Vorhabens anstatt zum Ende der Konzeptionsphase.

Prozesse neu steuern

Um Lücken in der Wertschöpfungskette zu füllen, werden neue Prozesse bzw. Teilprozesse eingeführt. Beispiel: Design von Monitoring- und Evaluationsprozessen, Einführung von Qualitätssicherungsmaßnahmen.

Prozesse standardisieren

Prozesse werden standardisiert und vereinfacht, um den Koordinations- und Kommunikationsaufwand zu senken. Beispiel: Einheitliche Formate für das Vertragswesen, Pauschalisierung von Abrechnungen, Produktdesign für Wissensprodukte (Reports, Strategien, Evaluationen).

Prozesse auslagern (Outsourcing)

Prozesse oder Teilprozesse werden an andere Unternehmen oder Organisationen abgegeben, um sich auf die Kernprozesse zu konzentrieren. Unterstützungsprozesse – d.h. Prozesse, die keinen wertschöpfenden Anteil an der Leistungserbringung des Kooperationssystems haben und ohne Qualitätseinbuße extern erledigt werden können – bieten sich für eine Auslagerung an. Die Auslagerung findet vor allem dann statt, wenn die betroffenen Prozesse extern effizienter durchgeführt werden können. Dies setzt allerdings voraus, dass man weiß, wie viel die eigenen Prozesse kosten. Beispiele: Unterhalt von Infrastruktur, Beschaffungswesen, Qualifizierung, Buchhaltung etc.

Die beschriebenen Optimierungsmöglichkeiten sollen bei der Analyse von Prozessen als Inspiration dienen. Welche Option die passende ist, muss entschieden werden.

Vorgehen

Die Ermittlung und Umgestaltung von Prozessen erfolgt in den folgenden vier Schritten. Gearbeitet wird in kleinen Teams mit den beteiligten Akteuren. Eine externe Unterstützung ist empfehlenswert.

Schritt 1: Prozess auswählen

Im ersten Schritt geht es darum, sich darauf zu verständigen, welche(r) Prozess(e) überhaupt optimiert werden soll(en). Dabei stellen sich die Beteiligten jeweils folgende Fragen:

- An welchen Prozessen bin ich beteiligt?
- Welcher dieser Prozesse erscheint mir verbesserungsbedürftig?

Sind die relevanten Prozesse identifiziert, so empfiehlt sich eine kurze Beschreibung des Prozesses und eine Begründung der Auswahl. Dazu können folgende Fragen beantwortet werden:

- Was soll durch die Verbesserung erreicht werden?
- Wird den Bedürfnissen der Stakeholder durch die Prozessoptimierung besser entsprochen?
- Wo und wie soll der Prozess optimiert werden?

Schritt 2: Prozess analysieren

In einem zweiten Schritt wird der Prozess im Detail analysiert. Dazu helfen die Beantwortung der folgenden Fragen und eine grafische Darstellung des Prozesses:

- Wer macht was in welcher Abfolge (Workflow)?
- Was ist das Ergebnis der einzelnen Prozessschritte?
- Welche kritischen Schnittstellen/Ereignisse sind von der Prozessoptimierung betroffen?

Im Folgenden wird eine häufig verwendete Variante aufgezeigt, mit der der Arbeitsablauf (Workflow) dargestellt werden kann.

Tätigkeit und Verantwortlichkeit	Notwendige Ressourcen und Unterstützungsprozesse	Ergebnis/Produkt	Betroffene	Kritisches Ereignis, Engpass, Störung

- Erste Spalte: einzelne Tätigkeit, die von einer Person oder einer Organisationseinheit vollständig erledigt wird
- Zweite Spalte: Ressourcen und Unterstützungsprozesse, die für die Tätigkeit notwendig sind
- Dritte Spalte: Ergebnis oder Produkt der Tätigkeit
- Vierte Spalte: interne oder externe Betroffene
- Fünfte Spalte: Kritische Ereignisse, Engpässe und Störungen

Arbeitshilfe 34: Ablaufdiagramm

Für die Durchführung der Prozessanalyse ist es hilfreich, die Arbeitshilfe 35 heranzuziehen und diese zur Entwicklung von Optimierungsideen zu verwenden.[28]

Kritische Muster	Lösungsmöglichkeiten
Mehrgleisigkeiten, parallele Formen von Leistungsprozessen	Zusammenlegen, vernetzen, standardisieren
Viele Schnittstellen, Prozesse fließen holprig, Staus an Schnittstellen	Aufgaben zusammenlegen, eine Person (ein Team) erledigt Aufgaben durchgängig, Mehrplatzfähigkeit
Schnittstellen statt Nahtstellen, mangelnde Anschlussfähigkeit	Vereinbarungen treffen, partnerschaftliche Klientenbeziehungen anstreben, Feedback
Prozessschritte ohne Wertschöpfung, ursprünglicher Sinn ist verloren gegangen	Prozessschritte ersatzlos streichen
Kontrollschleifen, die zu Scheinkontrollen geworden sind	Beseitigen, wo Kontrolle nur formal wahrgenommen wird,
Sequenzielle Prozessschritte, zu lange Durchlaufzeiten	Parallele, überlappende Aufgaben erledigen, Simultaneous Engineering
Viele zeit- und kostenkritische Prozessschritte	Unterstützung durch Standardisierung, EDV, Suboptimierung vermeiden
Räumlich lange Wege zwischen einzelnen Prozessschritten (Maschinen, Arbeitsplätze), Anordnung nach funktionalen Kriterien	Arbeitsplätze und Geräte nach Kriterien der Leistungsprozesse als Gliederungs- und Gestaltungskriterien
Beteiligte kennen das Endergebnis des Prozesses, in dem sie tätig sind, nicht oder unzureichend	Beitrag zur fertigen Leistung bzw. zum Funktionieren des Ganzen jedem Beteiligten deutlich machen. Prozessbewusstsein und -vertrauen schaffen
Selbstbeschäftigung, unklare Aufgabenverteilung, Erstes Parkinson'sches Gesetz	An der Unternehmenskultur arbeiten, übergeordnete Ziele und Wirkungen klarer herausstellen, klare Aufgaben- und Kompetenzverteilungen

Arbeitshilfe 35: Checkliste kritische Muster und Schwachstellen

Schritt 3: Festlegen des Soll-Prozesses

In der Analysephase entstehen meist schon viele Ideen zur Verbesserung. Diese werden nun zusammengefasst, ergänzt und zu einem Soll-Konzept verdichtet (vgl. auch Tool Prozessdesign):

- Der neue Prozess wird beschrieben und Verantwortlichkeiten werden festgelegt. Ein Prozessdesign wird erstellt.
- Vereinbarungen zu kritischen Schnittstellen zwischen Prozessschritten werden getroffen.
- Alle Maßnahmen (Schritte, Aktivitäten) werden definiert und wo nötig werden Entscheidungen herbeigeführt.
- Die Messgrößen für den neuen Prozess werden festgelegt (Zeit, Kosten, Qualität ...).

Schritt 4: Den verbesserten Prozess einführen

Für die Einführung des neuen Prozesses wird konkret eine verantwortliche Person definiert (der sogenannte Prozesseigentümer). Dieser sorgt dafür, dass der Prozess dokumentiert wird, er weist neue Beteiligte in den Prozess ein und trainiert sie, wenn dies erforderlich ist. Er steht in laufender Verbindung mit den Stakeholdern und sorgt für die Verbesserung des Prozesses, entsprechend den sich ändernden Anforderungen. Tipps für die Einführungsphase:

- Klare und umfassende Information aller Betroffenen
- Visualisierung der Abläufe, sodass Beteiligte im Zweifelsfall nachsehen können
- Genaue Beobachtung des Prozesses: Werden die Ziele erreicht?
- Regelmäßige Aktualisierung der Prozessbeschreibungen und Überprüfung der Einhaltung von Standards
- Anregung von Wissensplattformen (z. B. Qualitätszirkel), um auftretende Schwachstellen zu beseitigen

Tool 29
Gestaltung von Schnittstellen

Anwendungshinweise

Zielsetzung/Funktion	Dient der Analyse und Optimierung prozessinterner Schnittstellen.
Anwendung	Jede Schnittstelle ist eine potenzielle Fehlerquelle. Aus diesem Grund und insbesondere dann, wenn eine Schnittstelle zwischen Kooperationspartnern entsteht, sollte diese von Zeit zu Zeit auf ihre Funktionalität hin überprüft werden.
Setting	Kleingruppen, am besten mit den Prozessbeteiligten.
Hilfsmittel	Pinnwände, Moderationsmaterialien (Stifte, Karten usw.), Handouts der Unterlagen.
Hinweise	Idealerweise liegt sowohl die Prozesslandkarte vor wie auch Beschreibungen der zu untersuchenden Prozesse. Steht in engem Zusammenhang mit dem Tool Prozessoptimierung.

Beschreibung

An den Schnittstellen eines Prozesses geht die Verantwortung von einer Person auf eine andere über oder von einer Organisationseinheit auf eine andere oder von einer Organisation auf eine andere. Bei der Optimierung von Prozessen geht es in erster Linie darum, den Wertschöpfungsprozess effizienter zu gestalten. Das heißt die Kosten bei gleich bleibender oder erhöhter Leistung zu senken.

Große Anzahl von Schnittstellen: Struktur

Bei hoher Arbeitsteilung steigt der Kommunikations- und Koordinationsaufwand aufgrund der großen Anzahl der Schnittstellen. Mit jeder Schnittstelle erhöhen sich die Kosten, weil sich die beteiligten Akteure verständigen und koordinieren müssen. Damit steigt der Aufwand für Planung und Vereinbarungen.

Bevor man mit der Analyse der einzelnen Schnittstellen beginnt, ist es daher hilfreich – ausgehend von einem Blick auf die Prozesslandkarte –, die Verhältnismäßigkeit der Anzahl der Schnittstellen einzuschätzen.

Unzureichendes Management von Schnittstellen: Prozess

An Schnittstellen entstehen häufig Reibungsverluste in Form von Verzögerungen, Missverständnissen und ähnlichen Irritationen. Um diese zu minimieren, ist die optimale Steuerung und Koordination der Schnittstellen ein wichtiger Faktor zur Effizienzsteigerung. Anhand des vorliegenden

Tools soll untersucht werden, wie die Schnittstellen optimiert werden können. Folgende Dimensionen werden in den Blick genommen:

- Zeit: Schnittstellen können den Prozessfluss behindern bzw. überflüssige Prozesse verursachen: Verlängerung von Entscheidungsprozessen, Kommunikationsstörungen, Doppelarbeit
- Qualität der Leistungen: Schnittstellen können zu Qualitätseinbußen bei den produzierten Leistungen führen: Unterschiedliche Qualitätsauffassungen der Beteiligten, Koordinationsprobleme bei der Leistungserstellung
- Kosten/Preis: Unterschiedliche Zeit- und Qualitätsdimensionen können zu massiven Mehrkosten führen

Schnittstellen in Kooperationssystemen sind i. d. R. Schnittstellen zwischen Organisationen. Die Herausforderungen der Arbeit an derartigen Schnittstellen sind Teil der Kooperationslogik: Die Organisationen müssen zugunsten einer gemeinsamen Zielerreichung zu Teilen auf ihre Autonomie als Organisation verzichten. Das Ziel des Schnittstellenmanagements ist es, so gut es geht, unter Wahrung größtmöglicher Autonomie, die Schnittstellen entlang der o. g. Dimensionen (Zeit, Qualität, Kosten/Preis) zu optimieren.

Folgende Rahmenbedingungen unterstützen die Gestaltung von Schnittstellen:

Infrastruktur: Es braucht eine angemessene Kommunikation und Koordination. Dazu muss die nötige Infrastruktur vorhanden sein (Telefon, Internet etc.), und gemeinsame Kommunikationsabläufe müssen etabliert sein (regelmäßige Sitzungen etc.).

Verfügbarkeit der Schnittstellenakteure: Die beste Kommunikations- und Koordinations-Infrastruktur ist nutzlos, wenn die relevanten Akteure nicht verfügbar sind. Die Disponibilität der Akteure ist daher eine weitere Grundvoraussetzung für die Aufrechterhaltung der notwendigen Kommunikation und Koordination.

Gemeinsame Sprache: Um an Schnittstellen effizient koordinieren zu können, müssen die beteiligten Akteure die gleiche Sprache sprechen. Das heißt, es sollte klar sein, von was gesprochen wird und wie etwas gemeint ist. Dabei ist die gemeinsame Zielkenntnis und Zielverfolgung der Akteure ein zentraler Faktor des Schnittstellenmanagements.

Gegenseitige Kompetenzvermutung: An Schnittstellen soll ein Akteur die Verantwortung für eine Sache oder einen Prozess an einen anderen Akteur abtreten. Um dies tun zu können, muss den Fähigkeiten und Kompetenzen der anderen Stelle vertraut werden. Dieses Vertrauen muss aufgebaut und gepflegt werden.

Vorgehen

Schritt 1: Schnittstellen identifizieren und Probleme erkennen

Um Schnittstellen optimieren zu können, muss zuerst klar sein, wo in dem zu untersuchenden Prozess Schnittstellen sind. Anschließend gilt es, diejenigen herauszufiltern, bei denen Probleme festgestellt wurden.

Schritt 2: Schnittstellenprobleme untersuchen

Anhand der Arbeitshilfe 36 wird nun untersucht, wo die Gründe für die Probleme liegen könnten:

Rahmenbedingungen	Schlüsselfragen
Infrastruktur	Besteht die technische Möglichkeit, den notwendigen Kommunikationsfluss aufrechtzuerhalten? (Telefon, Internet etc.) Sind die betroffenen Personen/Organisationseinheiten/Organisationen ausreichend instruiert, wie und in welchem Rahmen sie die vorhandenen Kommunikationsmittel nutzen können und sollen? Bestehen Mechanismen, um den Informationsfluss zu garantieren? (regelmäßige Sitzungen, Reports etc.)
Verfügbarkeit der betroffenen Personen	Ist die Schnittstelle immer besetzt? Sind die für die Koordination der Schnittstelle zuständigen Personen grundsätzlich verfügbar und erreichbar? Wechseln die Ansprechpartner ständig, oder hat man es in Bezug auf die Schnittstellenkoordination immer mit der gleichen Person zu tun?
Einheitliche Kommunikation/ gemeinsame Sprache	Sprechen die für die Koordination relevanten Personen eine gemeinsame Sprache? Verfolgen sie die gleichen Ziele im Hinblick auf den Gesamtprozess? Wollen sie diese Ziele auf dem gleichen Weg erreichen?
Kompetenzvermutung	Gibt es Strukturen, die eine gleichberechtigte Schnittstellenkooperation erschweren? Vertrauen sich die relevanten Schnittstellenakteure und schreiben sie sich gegenseitig Kompetenz zu? Passt die Kompetenzverteilung zur Struktur des Gesamtprozesses?

Arbeitshilfe 36: Checkliste für die Problemanalyse bei Schnittstellen

Schritt 3: Mögliche Problemlösungen diskutieren und Ergebnisse dokumentieren

Auf Basis der gewonnenen Erkenntnisse werden erste Lösungsansätze diskutiert. Die Ergebnisse der Diskussion können mit Hilfe der Arbeitshilfe 37 dokumentiert werden.

Schnittstelle:			
Beschreibung der Schnittstelle	**Beteiligte Personen/ Organisationen**	**Schnittstellen- Probleme**	**Lösungsansätze**

Arbeitshilfe 37: Gestaltung von Schnittstellen

Schritt 4: Lösungsansätze umsetzen

Häufig ist es zweckmäßig, den/die relevanten Prozesseigentümer mit der Verbesserung des Schnittstellenproblems zu betrauen.

Erfolgsfaktor Lernen und Innovation

Tool 30
Scaling-up

Anwendungshinweise

Zielsetzung/Funktion	Verbreitung und Verankerung von Erfahrungen, Lernprozessen, Wissen und Lösungen mit dem Ziel, strukturbildende Wirkung und Breitenwirkung von innovativen Pilotmaßnahmen und neuen Ansätzen zu fördern.
Anwendung	Gestalten von innovativen Pilotvorhaben und neuen Ansätzen mit einer strategischen Ausrichtung zum Scaling-up. Nach erfolgreich implementierten oder erprobten Innovationen und Veränderungsprozessen zur Replikation und/oder Verbreitung.
Setting	Diskussionen können im Rahmen einer Konzept- oder Strategieentwicklung, im Rahmen einer Planung oder Evaluierung geführt werden; Schlüsselakteure sollten eingebunden sein.
Hilfsmittel	Ausdrucke oder Visualisierung der Checkliste, abhängig vom Setting.
Hinweise	Ausgangspunkt sollte eine möglichst präzise Darstellung der zu verbreitenden Innovation sein. Das Scaling-up von innovativen Lösungsansätzen erfordert einen eigenen Strategieentwicklungsprozess, der durch dieses Tool unterstützt werden kann.

Beschreibung

Es ist eine zentrale Frage von Veränderungsprozessen in gesellschaftlichen Handlungsfeldern, wie möglichst flächendeckende Wirkungen erzielt werden können. Eine Antwort darauf bietet das Scaling-up, die Verbreitung von innovativen und erprobten Lösungsansätzen. Legt man den Lernzyklus von Variation, Selektion und Re-Stabilisierung zugrunde, entstehen die innovativen Lösungsansätze oftmals im Rahmen der Variation, d. h. durch kleinere oder größere Abweichungen zu den eingespielten Routinen im gesellschaftlichen Handlungsfeld. Diese können eine reichhaltige Quelle darstellen, erprobte und innovative Lösungsansätze zu identifizieren, die als Gegenstand für das Scaling-up geeignet sind. Damit hier eine fundierte Auswahl getroffen werden kann (Selektion), sollte es sich um Lösungsansätze handeln, die das Potenzial und die Capacities aufweisen, repliziert zu werden (Capacities im Sinne der Verknüpfung von politischem Willen, Interessen, Wissen, Werten und finanziellen Ressourcen). Das Scaling-up im relevanten gesellschaftlichen Handlungsfeld umfasst schließlich die Beschreibung des innovativen Lösungsansatzes in Standards und Handbüchern sowie die Entwicklung einer Capacity Development-Strategie für den Verbreitungsprozess (Re-Stabilisierung). Dies kann gelingen über die schrittweise Ausweitung von Pilotansätzen (horizontales Scaling-up) oder über Verankerung neuer Konzepte in Gesetzen, Strategien und Politiken (vertikales Scaling-up). Das Scaling-up-Potenzial sollte von Anfang an bei der Entwicklung innovativer Ansätze und Pilotmaßnahmen einbezogen werden.

Folgende Schlüsselfaktoren sind wichtig, um Breitenwirkung zu erzielen:

Schlüsselfaktoren	Maßnahmen
Scaling-up in der Planung	Scaling-up von Anfang an mitdenken und mitplanen: Ziele setzen, Akteure identifizieren, Capacities und Risiken prüfen und Finanzierungskonzepte ausloten.
Ownership der Schlüsselakteure	Wichtige Schlüsselakteure verschreiben sich der breitenwirksamen Umsetzung und sichern politischen Rückhalt.
Mehrebenenansatz	Die Verknüpfung von Politikberatung mit der exemplarischen Umsetzung in ausgewählten lokalen oder regionalen Anwendungskontexten.
Wirkungsnachweis	Wirkung der innovativen Ansätze im Rahmen des Monitoring belegen.
Standards und Handbücher	Notwendige Prozessschritte und Tools in Handbüchern und Standards beschreiben.
Verbreitungsstrukturen und Anreizmechanismen	Institutionen müssen fähig sein, die Veränderungsprozesse zu gestalten (Qualifizierung und Organisationsentwicklung). Anreiz- und Verbreitungsmechanismen werden entwickelt, die über ordnungspolitische Ansätze hinausgehen.
Kommunikation und Netzwerkbildung	Wichtige Akteure und Bevölkerungsgruppen durch Information, Kommunikation und Netzwerkbildung einbinden.
Zeit- und Finanzierungshorizont	Angemessene Finanzierung und ausreichendes Zeitbudget werden bereitgestellt.

Abbildung 42: Scaling-up – Schlüsselfaktoren

Vorgehen

Schritt 1: Gegenstand auswählen

Welche Innovation können wir verbreiten und verankern? Zunächst geht es um eine präzise und prägnante Darstellung des Lösungsansatzes, der für das Scaling-up ausgewählt wird:

- Welche Praktiken sind gut und wirkungsvoll? Z. B. Ziele, Risiken, Standards, Handbücher
- Ist der Gegenstand verallgemeinerbar und in einen anderen Kontext überführbar? Z. B. kulturell, gesellschaftlich, finanziell und institutionell

Um einzuschätzen, welche Fragestellungen im Scaling-up-Prozess bearbeitet werden sollen, kann die folgende Checkliste verwendet werden.

Prozessschritte	Schlüsselfragen	++	+	-	--
Erfahrungsauswertung	Sind die innovativen Lösungsansätze und guten Praktiken präzise und strukturiert dargestellt?				
	Sind die finanziellen und institutionellen Bedingungen für das Scaling-up hinreichend bekannt?				
	Sind die Rechte am Innovationswissen so gestaltet, dass Dritte die Neuerungen nutzen und weiterentwickeln können?				
Akteure	Wurde eine Akteursanalyse erstellt und mit verschiedenen Akteuren diskutiert?				
	Verfügen die Schlüsselakteure über die für das Scaling-up relevanten Capacities?				
Scaling-up-Strategie	Sind die Hypothesen für das Scaling-up mit den wichtigsten Akteuren diskutiert?				
	Wurden Meilensteine und Sollbruchstellen mit den relevanten Akteuren diskutiert und festgelegt?				
	Wurden unterschiedliche Verbreitungsoptionen diskutiert und eine fundierte Entscheidung für eine davon getroffen?				
Ressourcen	Stehen ausreichende personelle und finanzielle Ressourcen für die Startphase zur Verfügung?				
	Ist die Verankerung der Innovation finanziell gesichert, oder gibt es dazu ein Finanzierungsmodell?				
Monitoring und Qualitätssicherung	Können die relevanten Akteure auf bestehende Tools und Strukturen zurückgreifen, um den Scaling-up-Prozess zu beobachten und zu steuern?				
	Ist der innovative Kern des Scaling-up den relevanten Akteuren bekannt?				

Arbeitshilfe 38: Checkliste Scaling-up

Aus der Beantwortung der Schlüsselfragen werden Handlungslinien abgeleitet, die für die Strategieentwicklung vorzubereiten sind oder in die Formulierung der Strategie einfließen.

Schritt 2: Strategie formulieren

Bei der Erarbeitung einer Scaling-up-Strategie sind mehrere zentrale Aspekte zu beleuchten und in einer geeigneten Form darzustellen. Das detaillierte Vorgehen für die Strategiebildung ist im Tool Strategiesuite im entsprechenden Erfolgsfaktor näher beschrieben. Die folgenden Fragen umreißen grob, welche Aspekte dabei näher beleuchtet werden sollten:

- In welchem gesellschaftlichen Kontext findet Scaling-up statt?
- Welche Akteure sind betroffen? Was ist ihre Rolle und Ownership? Welche Akteure müssen wie eingebunden oder informiert werden?
- Welche Capacities sind notwendig und vorhanden? Welche Anreize und finanziellen Möglichkeiten bestehen?
- Welche Verbreitungsoptionen sind denkbar? Welche Kriterien sollten bei der Auswahl einer geeigneten Option zugrunde gelegt werden?
- Welche Wirkungen sollen erzielt werden? (Wirkungsmodell und Wirkungshypothesen)

Die Ergebnisse werden in eine Capacity Development-Strategie überführt und bilden die Grundlage für den Operationsplan.

Schritt 3: Ressourcen bereitstellen

Die finanziellen und personellen Ressourcen der beteiligten Akteure für die Verbreitung und nachhaltige Verankerung der Strategie werden kalkuliert und ausgehandelt.

Schritt 4: Scaling-up umsetzen

Schließlich wird der Scaling-up-Prozess entlang der Capacity Development-Strategie umgesetzt. Unter Umständen nehmen neue Akteure Einfluss, dann müssen Aushandlungsprozesse neu aufgenommen werden. Das gemeinsame Monitoring der Wirkungen und des Operationsplans dient der Qualitätssicherung und der Steuerung des Prozesses.

Tool 31
Lernkompetenz in Kooperationssystemen

Anwendungshinweise

Zielsetzung/Funktion	Überprüfen der Lernkompetenz eines Kooperationssystems, d.h. der Fähigkeit, Impulse eigenständig zur weiteren Entwicklung aufzunehmen.
Anwendung	Immer dann, wenn es darum geht, die Nachhaltigkeit eines Kooperationssystems zu stärken.
Setting	Workshop mit Schlüsselakteuren.
Hilfsmittel	Bogen zur Bewertung der Lernkompetenz (als Hardcopy oder als Übertrag auf eine Pinnwand).
Hinweise	Gute Kenntnis des Kooperationssystems und seiner Akteure erforderlich.

Beschreibung

Je mehr ein Kooperationssystem über gefestigte Strukturen, Prozesse, Regeln und Rituale verfügt, desto zielgerichteter und effizienter kann es agieren. Kooperationssysteme erreichen ihre strategischen Ziele und Wirkungen nachhaltiger, je stärker sie für ihr Lernen die Mechanismen von Variation, Selektion und Stabilisierung nutzen.

Vorgehen

Schritt 1: Grenzen des Kooperationssystems verdeutlichen

Zuerst werden die Grenzen des Kooperationssystems als Gegenstand der Beobachtung und Bewertung festgelegt. Werden sie zu weit gezogen, kann es rasch zu unzutreffenden Negativbewertungen kommen. Sind die Grenzen zu eng, stellen sich einige Dimensionen der Beobachtung vielleicht positiver dar, als es der Fall ist.

Schritt 2: Lernkompetenz anhand von Fragen bewerten

Der folgende Bogen schlägt sieben Faktoren zur Bewertung der Lernkompetenz eines Kooperationssystems vor. Je positiver die Bewertung der Fragen ausfällt, umso höher ist die Lernkompetenz einzustufen.

Faktoren der Lernkompetenz	Fragen	++	+	-	--
Legitimation des Kooperationssystems	Wie hoch ist die Verbindlichkeit der Akteure im Kooperationssystem hinsichtlich der Mitwirkung an gemeinsamen Veränderungsprozessen? (Stabilisierung)				
	Wie klar sind den beteiligten Akteuren die Ziele sowie die Bereitschaft, für deren Erreichung Verantwortung zu übernehmen? (Selektion)				
Eingebrachte Ressourcen	Bringen die Akteure neue Ideen und Initiativen für Aktivitäten ein? (Variation)				
	Werden Ideen und Initiativen von unterschiedlichen Akteuren eingebracht? (Variation)				
	Stellen die beteiligten Akteure ausreichend Ressourcen für das Kooperationssystem zur Verfügung, d. h., sind Personen benannt, die für das Mitwirken verantwortlich sind? (Stabilisierung)				
Umgang mit Problemen	Identifizieren verschiedene Akteure Hindernisse auf dem Weg zum Ziel und bringen diese in die weitere Arbeit ein? (Variation)				
	Werden neue Herausforderungen und Lösungen im Kooperationssystem aufgenommen und verarbeitet? (Selektion)				
Kommunikation	Wie verbindlich und zuverlässig ist die Kommunikation zwischen den Akteuren im Kooperationssystem? (Stabilisierung)				
	Hat sich Regelkommunikation etabliert, ist sie materiell festgehalten und wird beachtet? (Stabilisierung)				
Kooperation	Sind die gewählten Kooperationsformen angemessen für eine qualitative Zusammenarbeit? (Variation, Selektion, Stabilisierung)				
	Sind die Regeln der Kooperation etabliert, dokumentiert und werden beachtet? (Stabilisierung)				
	Investieren die teilnehmenden Akteure ausreichend in den Faktor Vertrauen? (Selektion, Stabilisierung)				

Faktoren der Lernkompetenz	Fragen	++	+	−	− −
Systemgrenzen	Wie ist die Balance von Kohäsion und Offenheit im Kooperationssystem, d. h., die Balance von Zusammenhalt nach innen und gleichzeitiger Offenheit gegenüber neuen Akteuren? (Variation, Selektion)				
	Ist die Suche nach und die Integration von neuen Akteuren an den strategischen Zielen orientiert? (Variation, Selektion)				
Qualitätsmanagement	Werden Strukturen, Prozesse, Regeln und Rituale innerhalb des Kooperationssystems periodisch thematisiert und ggf. zugunsten der Zielerreichung angepasst? (Variation, Selektion)				

Arbeitshilfe 39: Checkliste Lernkompetenz von Kooperationssystemen

Schritt 3: Maßnahmen zur Stärkung der Lernkompetenz ableiten

Der Bewertungsbogen trägt die Stärken und Schwächen des Kooperationssystems hinsichtlich seiner Lernkompetenz zusammen und identifiziert Ansatzpunkte, um mit geeigneten Maßnahmen die Lernkompetenz zu fördern.

Tool 32
Innovationsfähigkeit von Kooperationssystemen

Anwendungshinweise

Zielsetzung/Funktion	Dient der Einschätzung der Innovationsfähigkeit eines Kooperationssystems.[29]
Anwendung	Wenn das Entstehen und Durchsetzen von Innovationen im Kooperationssystem gestärkt werden soll.
Setting	Eignet sich sowohl als Checkliste für eine schnelle Einschätzung als auch als Grundlage für eine vertiefende Diskussion der Schlüsselakteure.
Hilfsmittel	Kopien der Bewertungstabelle; es kann sinnvoll sein, sie auf eine Pinnwand zu übertragen und mit Punkten zu arbeiten.
Hinweise	Gute Kenntnis des Kooperationssystems erforderlich. Bei der Bearbeitung in einer größeren Gruppe ist auf eine praktikable Auswertung der individuellen Einschätzungen zu achten. Das Tool kann auch auf einzelne Organisationen angewendet werden.

Beschreibung

Innovationsfähigkeit ist die Fähigkeit von Individuen, Gruppen, Organisationen, Kooperationen oder Netzwerken, Innovationen hervorzubringen. Dabei geht es um viel mehr als das bloße Erzeugen neuer Ideen. Denn Innovationen resultieren erst dann aus Ideen, wenn diese in Produkte, Dienstleistungen oder Verfahren umgesetzt werden, die tatsächlich erfolgreich zur Anwendung kommen.

Es gibt umfangreiche empirische Studien dazu, welche Faktoren die Innovationsfähigkeit begünstigen. Die Antworten sind dabei sehr vielfältig. Beispielsweise wird dem Zusammenspiel folgender Faktoren häufig ein positiver Einfluss auf die Innovationsfähigkeit beigemessen:

- Kontinuierliche Kompetenzentwicklung
- Ganzheitliches Innovationsmanagement
- Lernfreundliche Arbeitskultur (Fehlertoleranz)
- Innovative Formen der Arbeitsorganisation wie z. B. Teamarbeit, Verkürzung von Informationswegen
- Integration und Wertschätzung von Verschiedenheit (Diversity Management)

Das Tool startet mit einer Reflexion über die Fähigkeit eines Kooperationssystems zur Umsetzung der drei Evolutionsprinzipien (Variation, Selektion, (Re-)Stabilisierung) und untersucht darauf aufbauend die Innovationsfähigkeit anhand der folgenden vier Kriterien:

- Innovationskultur
- Innovationsstrategie
- Innovationsressourcen
- Innovationsstruktur

Vorgehen

Schritt 1: Einstimmende Diskussion

Als Vorbereitung auf den detaillierten Innovations-Check werden, ausgehend von den drei Evolutionsprinzipien (Variation, Selektion, Re-Stabilisierung), zunächst die folgenden Fragen diskutiert:

- Wie variationsfreundlich ist das Kooperationssystem? Wie einfach oder schwierig ist es in dem Kooperationssystem, Variationen vom Regelbetrieb zuzulassen?
- Wie selektionsfreundlich ist das Kooperationssystem? Ist das Kooperationssystem in der Lage, Entscheidungen zugunsten von innovationsträchtigen Variationen und ihrer Umsetzung zu treffen?
- Wie stabilisierungsfreundlich ist das Kooperationssystem? Inwieweit ist es in der Lage, innovative Veränderungen auf Produkt-, Dienstleistungs- und Verfahrensebene nachhaltig im Regelbetrieb zu verankern?

Die ausführliche Reflexion dieser Fragen hilft in der Regel, das Bild für die nachfolgende Bewertung zu schärfen.

Schritt 2: Innovationsfähigkeit bewerten

Die Innovationsfähigkeit des Kooperationssystems wird mittels jeweils drei Aussagen zu vier Kriterien bewertet. Die Gewichtung reicht von 0 (trifft überhaupt nicht zu) bis 5 (trifft völlig zu). Die Arbeitshilfe 40 ist beispielhaft ausgefüllt.

Kriterien	Schlüsselaussagen	Rating (1–5) *zum Beispiel*
Innovationskultur	Innovationen genießen im Wertesystem einen hohen Stellenwert.	3
	Es wird eine positive Fehlerkultur gelebt.	1
	Es bestehen konkrete Anreize für innovatives Denken und Handeln: Anerkennung, Belohnung etc.	4
Punktesumme		8

Kriterien	Schlüsselaussagen	Rating (1–5) *zum Beispiel*
Innovationsstrategie	Es ist klar festgelegt und kommuniziert, in welchen Themenfeldern und Aktionslinien Innovation angestrebt wird.	5
	Es besteht Klarheit darüber, über welche Evolutionsmechanismen die Innovationsfähigkeit gestärkt werden soll.	2
	Die Zusammensetzung der Gremien auf strategischer und operativer Ebene erfolgt unter dem Gesichtspunkt der Perspektivenvielfalt.	4
Punktesumme		**11**
Innovationsressourcen	Finanzmittel für Innovationen stehen zur Verfügung.	0
	Beteiligte Personen verfügen über eine hohe Innovationsfähigkeit.	3
	Beteiligte Organisationen verfügen über eine hohe Innovationsfähigkeit.	2
Punktesumme		**5**
Innovationsstruktur	Bei der Gestaltung der Kommunikationsstrukturen wird auf Funktionalität, Transparenz und Vielfalt geachtet.	4
	Im Kooperationssystem bestehen Strukturelemente und Freiräume für kreatives Denken (z. B. Lernwerkstätten, Learning Journeys).	4
	Beziehungen zu externen Akteuren werden unter dem Gesichtspunkt des Ausbaus der Innovationsfähigkeit gestaltet.	4
Punktesumme		**12**

Arbeitshilfe 40: Tabelle zur Bewertung der Innovationsfähigkeit

Schritt 3: Ergebnisse interpretieren

Die Ergebnisse werden in einem Spinnendiagramm abgebildet. Dabei kann sowohl die Ist- als auch die Soll-Innovationsfähigkeit des Kooperationssystems eingetragen werden. Auf diese Weise entsteht ein einfacher Innovations-Check, der Hinweise auf Stärken und Schwächen der Innovationsfähigkeit liefert. Auf dieser Grundlage können die Ergebnisse interpretiert werden.

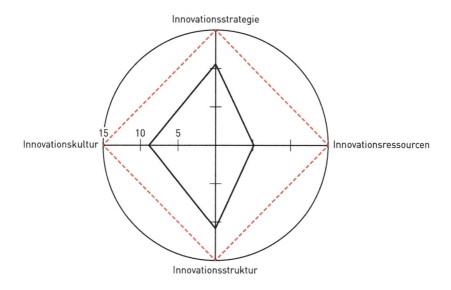

Abbildung 43: Beispielhafte Auswertung der Innovationsfähigkeit

Mögliche Interpretationen für die Innovationsfähigkeit des Kooperationssystems im genannten Beispiel:

Das Kooperationssystem möchte zwar innovativ sein – was sich in der Verankerung des Innovationsaspektes in Strategie und Struktur manifestiert –, es werden dafür jedoch nicht ausreichend Ressourcen bereitgestellt. Das könnte auch der Grund dafür sein, dass die Innovationskultur schwach ausgebildet ist: Man redet nur von Innovation, handelt aber nicht danach, weil es nichts kosten darf. Für die Kooperationspartner ist das ein negativer Anreiz, denn Innovation bedeutet für sie Mehraufwand bei geringer Motivation für innovatives Denken und Handeln.

Schritt 4: Entwicklungsmaßnahmen ableiten

Um das Kooperationssystem in seiner Innovationsfähigkeit zu stärken, werden Maßnahmen vereinbart.

Tool 33
Wissensmanagement in Vorhaben

Anwendungshinweise

Zielsetzung/Funktion	Identifikation und Sicherung von relevantem und erfahrungsbasiertem Wissen sowie dessen Aufbereitung für den späteren Austausch mit anderen.
Anwendung	Während der Jahresplanung werden Wissensziele vereinbart, die Erstellung von Wissensprodukten und die dazu nötigen Ressourcen geplant.
Setting	Workshop mit relevanten Akteuren.
Hilfsmittel	Dokumente des Vorhabens, die die Darstellung wesentlicher Erfahrungen unterstützen.
Hinweise	Der Fokus des Tools liegt auf der Erstellung von Wissensprodukten und weniger auf dem systematischen Aufbau von Wissensmanagement. Es ist realistisch, sich auf ein bis zwei wesentliche Themenbereiche im Vorhaben zu konzentrieren. Diese sind aus der Perspektive der späteren Nutznießer des Wissensproduktes aufzubereiten.

Beschreibung

Lernen und Innovation beruht auf Wissen – Wissen über das Vorhaben, über beteiligte Personen, Organisationen und das Umfeld. Dieses Wissen entsteht in einem Vorhaben an verschiedenen Orten und wird in der Regel in verdichteter, expliziter Form dargestellt, z. B. als Strategie und Konzept, Verfahren und Problemlösung, Methode und Instrument.

Das Wissensmanagement auf der Ebene von Vorhaben hat einen doppelten Zweck: Zum einen sind Erkenntnisse und Erfahrungen, die im Rahmen der Umsetzung von Vorhaben gemacht werden, für die beteiligten Akteure ein wichtiger Impuls zum gemeinsamen Lernen. Zum anderen dient es dazu, das in den Vorhaben entstandene Wissen in die beteiligten Organisationen einzufüttern und damit die Organisationen als Akteure im Kooperationssystem auf Dauer für eine nachhaltige Verankerung von Innovationen fit zu machen.

Wissensmanagement antwortet auf folgende Schlüsselfragen:

- Welche Strategien und Verfahren haben sich in der Praxis bewährt und zu einer wirkungsvollen Zusammenarbeit beigetragen? Was kann das Vorhaben, was können aber auch andere davon lernen?
- Welches Wissen ist für die beteiligten Akteure auch zukünftig von Nutzen? Welches Wissen hat sich bewährt? Welches Wissen ist nicht mehr relevant?

Auf der Ebene von Vorhaben geht es darum, mit den beteiligten Akteuren relevantes Wissen zu identifizieren, zu erarbeiten und zu verbreiten. Im Prozess der Zusammenarbeit entwickeln und verwenden die beteiligten Akteure unterschiedliche Wissensprodukte, zum Beispiel:

- (a) Eine **Strategie** (Vorhabenkonzept, Leitlinie, Regel, Politik), die eine Orientierung darstellt und sich als wirkungsvoll und wirtschaftlich erwiesen hat
- (b) Ein **Erklärungsmodell**, um eine Situation, eine Interessenlage besser zu verstehen, abzubilden und zu interpretieren
- (c) Einen **Problemlösungsweg**, der aufzeigt, wie man schrittweise ein Problem löst
- (d) Eine **Lerngeschichte**, die zeigt, wie aus Fehlern gelernt wurde und wie Fehler in Zukunft vermieden werden können
- (e) Eine **Prozessbeschreibung** für einen Veränderungsprozess, in dem die Beteiligten ihre unterschiedlichen Interessen abstimmen und ihr Ziel erreichen konnten
- (f) Ein **Werkzeug** oder Verfahren, das bei einer konkreten Fragestellung weiterhilft und zu einem handfesten Ergebnis führt
- (g) Verfahren zur Darstellung und Transferierung von **Wissen** in andere Kontexte

Nützliche Wissensprodukte zeichnen sich durch folgende Eigenschaften aus:

- Sie beschleunigen und vereinfachen Verfahren und ermöglichen ihre Replizierung, wenn sie in geeigneter Form aufbereitet an neue Kontexte angepasst werden
- Sie erleichtern die Zusammenarbeit im Vorhaben und steigern die Leistungsfähigkeit einzelner Akteure
- Sie machen die eigenen „blinden Flecken" deutlich, ermöglichen den Zugang zu externen Wissensquellen und verdichten extern gewonnenes Wissen in verständlicher Form
- Sie sind einfach, verständlich und prägnant dargestellt
- Sie schärfen den Blick für ungenutzte Potenziale und Lernbedarfe
- Sie verschaffen den beteiligten Organisationen ein konturenscharfes Profil, beispielsweise im Austausch mit anderen bi- und multilateralen Agenturen

Je nach Zielgruppe sollte auf „klassische" Formen der Wissensaufbereitung (Broschüren, Flyer etc.) oder auf webbasierte Austauschformate (z. B. Blogs, Webinars, Communities of Practice) zurückgegriffen werden. Gerade die zuletzt genannten Formate bieten die Möglichkeit, Inhalte schnell und „just-in-time" zu aktualisieren. Verständlichkeit und Nachvollziehbarkeit haben Vorrang. Eine Mischung aus Text, Bildern, Grafiken, prägnanten Geschichten/Beispielen sowie ein passender Medienmix erleichtern den Austausch und die Verbreitung.

Vorgehen

Schritt 1: Wissensziele planen

Wissensmanagement ist Aufgabe aller Akteure im Vorhaben. Es ist daher naheliegend, wenn sich Akteure im Vorhaben im Rahmen ihrer Jahresplanung die Frage stellen, zu welchen Themen Wissensprodukte erstellt werden sollen.

- Welches Wissen wollen die Kooperationspartner für sich aufbereiten und dokumentieren?
- Welches Wissen soll für das Vorhaben aufbereitet und dokumentiert werden?
- Welches Wissen soll für den Austausch mit anderen aufbereitet und dokumentiert werden?

Schritt 2: Beobachtungsfelder identifizieren

In den Vorhaben wird ohnehin regelmäßig über die Arbeit reflektiert (Strategisches Controlling, Monitoring und Evaluation), um aus den Erfahrungen zu lernen. Im Rahmen der Jahresplanung oder der Auswertung der Evaluationen identifizieren die Beteiligten im Rahmen der vereinbarten Wissensziele die Beobachtungsfelder, zu denen ein Wissensprodukt hergestellt wird:

- Welche Fragen und Probleme standen im letzten Jahr im Mittelpunkt?
- Wo wurde eine Lösung entwickelt, die auch für andere wichtig sein könnte?
- Wo ist die gewählte Herangehensweise gescheitert, und was kann daraus für die Zukunft gelernt werden?
- Wer außer den Akteuren im Vorhaben könnte sich dafür interessieren? Wer sollte diese Informationen erhalten?

Schritt 3: Fokus der Wissensprodukte festlegen

Wichtige Kriterien für die Festlegung sind:

- Der mögliche Nutzen des Produkts, z. B. die Vereinfachung oder Beschleunigung eines Verfahrens
- Die Zielgruppe des Produkts
- Die Abgrenzbarkeit und Darstellbarkeit des Produkts, damit es vermittelt werden kann
- Der Innovationsgrad und damit verbunden die Möglichkeit, sich zu unterscheiden und zu profilieren
- Die Möglichkeit, die Anwendung des Produktes zu unterstützen

Schritt 4: Wissensprodukte herstellen

Die Produkte des Wissensmanagements können von beteiligten Akteuren im Vorhaben oder externen Beratern bzw. Experten erarbeitet werden. Sie können in Einzelarbeit (z. B. Erfahrungsberichte) oder in Workshops (z. B. sog. Lessons Learned-Workshops) unter Einbeziehung der an der Erfahrung beteiligten Personen erstellt werden. Sie können in Netzwerkstrukturen, d. h. in einer hierarchiefreien, selbstorganisierten und offenen Wissensgemeinschaft (sog. Communities of Practice) entstehen oder auch in eher standardisierten Verfahren (z. B. Debriefing) entwickelt werden.

Wer auch immer das Produkt erarbeitet und in welcher der genannten oder auch nicht genannten Formen es hergestellt wird – zur Erarbeitung und Darstellung des Produkts kann die folgende Arbeitshilfe genutzt werden:

Titel des Wissensproduktes (möglichst griffiger Name)	**Kurzbeschreibung** (auf Nachvollziehbarkeit, Einfachheit, Verständlichkeit, Praxisnähe achten)
Thema und Kontext • Worum geht es? • Was muss eine interessierte Person über den Kontext wissen?	
Inhaltliche Beschreibung • Auf welche Frage gibt das Produkt eine Antwort? • Wie sind wir vorgegangen? Mit wem? • Was war dabei besonders hilfreich? Welches waren die Erfolgsgeheimnisse? • Wo lagen die Stolpersteine, wo sind wir auf Hürden gestoßen? Wie haben wir sie überwunden? • Auf welche Risiken sollte man achten? • Welche Minimalvoraussetzungen müssen erfüllt sein? • Wie anpassungsfähig ist das Wissensprodukt in verschiedenen Kontexten?	
Nützlichkeit und Wirkung • Für wen ist das Wissensprodukt nützlich? • Welche Wirkungen sind mit dem Wissensprodukt intendiert? • Was war das Innovative, Neue, Ungewohnte daran? • Geschätzter Aufwand und Kosten der Anwendung	
Kontakte und Unterstützung • Wer steht für weitere Informationen zur Verfügung? • Wer wird die Anwender unterstützen?	

Arbeitshilfe 41: Erarbeitung und Darstellung von Wissensprodukten

Schritt 5: Wissensprodukte austauschen und verbreiten

Die Produkte können auf unterschiedliche Art und Weise ausgetauscht und verbreitet werden:

- Über thematisch nahe stehende Gruppen (Peer Groups)
- Über Internet- und Intranet-Plattformen

- In Foren, auf Kongressen und bei Fachverbänden
- Als gedruckte Publikation
- In Communities of Practice, Microblogs oder ähnlichen webbasierten, gemeinsamen Plattformen
- Informell (z. B. in der Cafeteria …)

Hier geht es allerdings nicht nur um den Austausch mit anderen Akteuren und die Verbreitung der Produkte außerhalb des Vorhabens, sondern ebenso auch um die Verbreitung des gemeinsam Gelernten bei den Akteuren des Vorhabens selbst. Wie übernehmen diese für sich das Gelernte und stabilisieren es innerhalb ihrer Organisationen sowie im Kooperationssystem auf Dauer? Gerade der Dialog zu und über Produkte eröffnet neue Chancen des gegenseitigen Lernens und Teilens von Wissen und lässt neues Wissen entstehen.

Tool 34
Debriefing

Anwendungshinweise

Zielsetzung/Funktion	Dient dem Lernen aus Erfolgen und Fehlern und der Sicherung von Erkenntnissen für (zukünftige) Vorhaben.[30]
Anwendung	Zur Auswertung eines abgeschlossenen Vorhabens, bei Wechsel von Beteiligten und nach besonderen Ereignissen oder Meilensteinen zur strukturierten Reflexion.
Setting	Workshop mit den relevanten Beteiligten oder strukturiertes Gespräch.
Hilfsmittel	Pinnwände, Moderationsmaterialien (Stifte, Karten usw.).
Hinweise	Gute Vorbereitung zur Darstellung des Vorhabenverlaufs ist hilfreich. Die Moderation muss sicherstellen, dass die Dinge weder schön- noch schlechtgeredet und auch keine Schuldzuschreibungen vorgenommen werden.

Beschreibung

Im Zuge eines Vorhabens werden wertvolle Erfahrungen gesammelt. Einiges gelingt gut, an anderen Stellen werden Fehler gemacht. Bekanntlich wird aus eigenen Erfahrungen am meisten gelernt. Das Debriefing ist ein gemeinsamer produktiver Lernprozess auf der Grundlage gewonnener Erkenntnisse und einer Rückschau der Beteiligten.

Der Nutzen des Debriefing ist vielfältig. Zu den wesentlichen Vorteilen zählen:

- Erfolge können repliziert werden
- Begangene Fehler können in Zukunft vermieden werden
- Ressourcenengpässe und Gefahrenbereiche werden besser vorhergesehen
- Standardprozesse können optimiert werden
- Die Planungsqualität wird durch Erfahrungswerte erhöht
- Einzelerfahrungen werden zu neuen Gruppenkompetenzen und gemeinsamen Erkenntnissen kombiniert
- Neue Beteiligte profitieren von vorhandenen Erfahrungen
- Übergabeprozesse können auf eine standardisierte Vorgehensweise zurückgreifen
- Es entsteht eine produktive, gemeinschaftliche Lernkultur, in der Fehler als Chance für Verbesserungen begriffen werden

Obwohl ein Debriefing-Workshop keine übermäßigen Anforderungen an Vorbereitung oder Infrastruktur stellt, gibt es doch eine Reihe von Hindernissen und Stolpersteinen, auf die geachtet werden sollte, damit aus einem Vorhaben nachhaltig gelernt werden kann:

- Wichtig ist die richtig formulierte Einladung, weil sie die Haltung der Teilnehmenden beeinflusst. Wird ein Debriefing als Vorhaben-Evaluation oder Beurteilung der Beteiligten beschrieben, ist dies eine schlechte Voraussetzung, um eine offene Fehlerkultur zu fördern.
- Die Qualität eines Debriefing-Workshops steht und fällt mit der Qualität der Moderation. Die dafür ausgewählte Person sollte möglichst neutral, unbefangen und erfahren sein. Das bedeutet, dass nur in Ausnahmefällen direkt am Vorhaben Beteiligte diese Rolle übernehmen sollten.
- Bei schlechter Vorbereitung oder Moderation kann ein Debriefing zu einer oberflächlichen „Lobhudelei" oder einer demotivierenden Schuldzuschreibung werden. Damit die genannten Vorteile realisiert und entsprechende Risiken vermieden werden, braucht es eine bewährte Methode sowie die Offenheit der beteiligten Personen.
- Findet das Debriefing in großer zeitlicher Distanz zur gemachten Erfahrung statt, sind die Erfahrungen möglicherweise nicht mehr präsent, oder die Motivation der Beteiligten an einer entsprechenden Diskussion ist gesunken. Auch wird die direkte Umsetzbarkeit des Gelernten dadurch schwieriger. Es empfiehlt sich, Debriefing-Veranstaltungen kurz vor dem Wechsel einer Person durchzuführen oder in die Planung des Vorhabens zu integrieren, idealerweise direkt nach wichtigen Meilensteinen im Vorhaben oder in Teilprojekten.
- Je nach Größe eines Vorhabens ist es sinnvoll, frühzeitig alle ins Vorhaben involvierten Akteure in den Debriefing-Prozess einzubeziehen, um so möglichst viele Perspektiven auf das Geschehen integrieren zu können.

Vorgehen

Schritt 1: Anlass und Fragestellung für das Debriefing festhalten

Tiefe und Gestaltung eines Debriefing sind abhängig vom Anlass bzw. der vorgegebenen Fragestellung. Schon mit der Einladung sollte deshalb für alle Teilnehmenden transparent dargestellt werden, welchem Nutzen das Debriefing dienen soll. Möglicherweise gibt es auch eine bestimmte Fragestellung, mit der sich das Debriefing beschäftigen soll. Je konkreter Anlass und Fragestellung kommuniziert werden, umso ergiebiger wird das Debriefing sein.

Schritt 2: Erfolge und Fehler sammeln

Die Auswahl der Vorgehensweise hängt von der zur Verfügung stehenden Zeit, der Komplexität des Vorhabens und der Gruppe ab.

In Einzelarbeit vergegenwärtigen sich die Teilnehmer wichtige Erfolge und Fehler im Verlauf des Vorhabens und schreiben diese (jeder für sich) auf Kärtchen. Bei komplexen Vorhaben kann das Debriefing für Ausschnitte des Vorhabens (z. B. Aktionslinien, Arbeitspakete) durchgeführt werden.

Es ist hilfreich, die Kärtchen entlang einer Zeitlinie zu visualisieren, in die wichtige Meilensteine des Vorhabens eingetragen sind. Die Kärtchen werden unter den jeweiligen Meilenstein platziert. Beim Anbringen der Kärtchen können die Teilnehmenden den Erfolg bzw. Fehler vor dem Plenum kommentieren, oder sie können ihn unkommentiert bzw. anonym einreichen und ihn von der Moderation platzieren lassen.

Als alternatives Vorgehen können die Teilnehmerbeiträge bereits im Vorfeld des Workshops per E-Mail von der Moderation eingesammelt werden. Durch diesen Schritt ergibt sich eine interessante Erfolgs- und Fehlerlandschaft, welche bereits rein visuell kritische Phasen oder Ereignisse deutlich macht. Zudem zeigt sich, ob die Teilnehmenden die gleichen Ereignisse als wichtige Erfolge bzw. Fehler wahrgenommen haben.

Es hat sich bewährt, die Sammlung der Erfolge und Fehler offen vorzunehmen. Als Alternative zur offenen Vorgehensweise bietet es sich an, die Sammlung durch folgende Fragen zu strukturieren.

- Wie sahen das **Zielsystem und das Wirkungsmodell** zu Anfang aus? Was hat sich im Verlauf daran verändert?
- Was konnte davon erreicht werden? Welche **Ergebnisse** gibt es? Was waren Schlüsselmomente? Welches war der größte Erfolg?
- Was waren **erfolgreiche Schritte** bzw. Strategien im Hinblick auf die Zielerreichung? Welche Schritte oder Strategien sollten auch in Zukunft fortgesetzt werden?
- Was hätte im Rückblick besser laufen können im Hinblick auf die Zielerreichung? Was hat sich nicht bewährt? Was hat die **Zielerreichung behindert** oder erschwert?

Schritt 3: Erfolge und Fehler gruppieren und Lessons Learned ableiten

Die Moderation gruppiert gemeinsam mit den Teilnehmenden in einem nächsten Schritt die gesammelten Erfolge und Fehler nach Ähnlichkeit. Dies geschieht zum Beispiel über folgende Fragen:

- Was haben die Erfolge bzw. Fehler gemeinsam?
- Wie ist es zu diesen Erfolgen bzw. Fehlern gekommen?

Die Teilnehmenden visualisieren ihre Beobachtungen und Hypothesen und leiten Erkenntnisse, d. h. Lessons Learned ab.

- Was können wir aus diesen Erfolgen und Fehlern generell ableiten bzw. lernen?
- Welche Personen und Organisationen waren wichtig bei diesen Erfolgen und Fehlern?
- Wie können wir sicherstellen, dass ähnliche Vorhaben zukünftig besser laufen?
- Gibt es im Vorhaben Erfahrungen, die sich besonders dafür eignen würden, als gute Beispiele aus der Praxis aufbereitet zu werden?

Falls besonders folgenschwere Fehler herausgearbeitet wurden, können diese genauer untersucht werden. Diese vertiefende Debriefing-Methode besteht aus der gemeinsamen Rekonstruktion eines

Entscheidungsverlaufs: „Wer bzw. welches Gremium hat wann welche Entscheidung getroffen?" Sie hilft dabei, Schlüsselentscheidungen, die sich nachträglich als falsch oder sub-optimal erwiesen haben, zu identifizieren und in Zukunft zu vermeiden.

Schritt 4: Schlussfolgerungen ziehen und Maßnahmen ableiten

Im Anschluss stellt sich die Frage, welche Schlussfolgerungen sich für den Ansatz des Vorhabens ergeben, um dem Zielsystem gerecht zu werden. Die bisherige Diskussion liefert Empfehlungen an die Steuerung(sstruktur) im Vorhaben, die entlang der fünf Erfolgsfaktoren dokumentiert werden. Es bietet sich eine Visualisierung auf einer Pinnwand an, die die Ziele und Wirkungen in den Mittelpunkt stellt und alle fünf Erfolgsfaktoren umfasst:

Mit Blick auf die bisherigen Ergebnisse werden alle Teilnehmenden zur Diskussion und Entwicklung von Maßnahmen und Empfehlungen eingeladen.

Zur Unterstützung dieses Schritts empfiehlt es sich, die bereits ausgearbeiteten Dokumente des Vorhabens zu Zielen und Wirkungen (z. B. Wirkungsmodell) bzw. zu den Erfolgsfaktoren (z. B. Akteurslandkarte, Prozesslandkarte, Capacity Development-Strategie, strategische Optionen, Steuerungsstruktur, Lernarchitektur) im Vorfeld des Debriefing zu sammeln und für die Diskussion zur Verfügung zu halten. Folgt dem Debriefing eine Übergabe, können diese Dokumente mit übergeben werden.

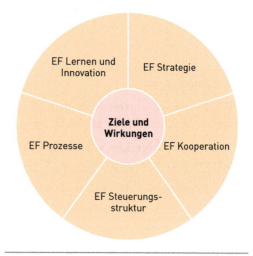

Arbeitshilfe 42: Debriefing – Visualisierung von Maßnahmen

Schritt 5: Dokumentation

Die Ergebnisse sollten anschließend von der Moderation dokumentiert und an das Vorhaben übergeben werden. Sie dienen als Vorlage, um gemeinsam mit den relevanten Akteuren über die zukünftige Ausrichtung des Vorhabens zu entscheiden und dabei aus den Erfahrungen, Erfolgen und Fehlern der Vergangenheit zu lernen.

Als Darstellungsformen zur Erfassung und Dokumentation der Erkenntnisse (sogenannten Lessons Learned) haben sich folgende Formate bewährt:

- Mikroartikel (lebendige Kurzartikel über ein Projekt)
- Fallstudien (kontextreiche Projektchronologien)
- Learning Histories und Project Maps (grafische Methoden zur Darstellung von Projektverläufen)
- Wissensprodukte als strukturierte Formate im Wissensmanagement (siehe Tool Wissensmanagement in Vorhaben)

Tool 35
Lernnetzwerke von Multiplikatoren und Trainern

Anwendungshinweise

Zielsetzung/Funktion	Dient dem Aufbau und der Gestaltung von Netzwerken von Multiplikatoren und Trainern zum Austausch von Good Practices, zur Generierung neuen Wissens und zum Aufbau von Handlungskompetenzen.
Anwendung	Gut geeignet, um Institutionen zu methodisch-didaktischen und fachlichen Fragestellungen auch über Länder hinweg zu vernetzen. Insbesondere geeignet, um Trainingsmaterialien breit verfügbar zu machen und dauerhafte Kompetenzentwicklung in Weiterbildungs-, Bildungs- und Trainingsinstitutionen zu sichern. Unterstützt eine nachhaltige Stärkung von Multiplikations-Kapazitäten (Capacity to build Capacity) sowie institutionen-übergreifendes Knowledge Sharing.
Setting	Je nach Anforderung in den unterschiedlichen Phasen der Vernetzung und Wissensproduktion.
Hilfsmittel	Virtuelle Tools, die gemeinsame Wissensproduktion ermöglichen (etwa Wikis, Etherpads, weitere Read-write-Tools).
Hinweise	Voraussetzung ist eine hinreichend große Anzahl an teilnehmenden Organisationen, die Interesse daran haben, sich über methodisch-didaktische Fragestellungen, Fachthemen und die gemeinsame Wissensgenerierung auszutauschen. Sie sollten nicht in einer direkten Konkurrenz-Situation zueinander stehen.

Beschreibung

Lernnetzwerke von Multiplikatoren und Trainern ermöglichen ein mit- und voneinander Lernen im Sinne einer gemeinschaftlichen und gleichberechtigten (peer-to-peer) Wissenskooperation. Sie können als wichtige Wissensressource einzelne Vorhaben bereichern und infolgedessen zur Stärkung von Capacities und Kompetenzen im gesellschaftlichen Handlungsfeld im Sinne des Ansatzes Capacity to build Capacity beitragen (z. B. durch die Stärkung von Weiterbildungsinstitutionen, die ihrerseits dann qualifizierte und nachhaltige Lernbegleitung für die Zielgruppen von Vorhaben anbieten).

Dabei muss Folgendes beachtet werden:

- Wissen muss kontextualisiert, d. h. an Realitäten angepasst werden
- Wissen erschließt sich nicht durch die bloße Vermittlung, z. B. durch Input von Multiplikatoren und Trainern
- Wissen entsteht in einem kollektiven Lernprozess unter Beteiligung verschiedener (Experten-)Gruppen

Solch kollektiv entwickeltes Wissen gehört im Regelfall der Gruppe, die es erstellt hat. Als ein solches „Almende-Gut" kann es über entsprechende offene „Lizenzen" der Gruppe und ggf. auch weiteren Interessenten frei zur Weiterbearbeitung zur Verfügung gestellt werden. Dies erleichtert die dezentrale Aktualisierung und freie Verbreitung von Wissensprodukten und ermöglicht neuartige lokale Geschäftsmodelle

Eine gemeinsame Wissensproduktion hebt die Einbindung der Lernenden als Experten mit unterschiedlichem Wissens- und Erfahrungshintergrund hervor und stellt in sich einem gemeinsamen Lernprozess dar, der ein großes Augenmerk auf Ownership und die Selbsterschließung von Wissen im Rahmen der Lernnetzwerke legt.

Lernnetzwerke von Multiplikatoren und Trainern weisen Merkmale von Communities of Practice auf, wie z. B. die „Kultur der Freiheit". Sie legen den Fokus jedoch explizit auf die Optimierung der Multiplikations- und Trainingsprozesse.

Vorgehen

Schritt 1: Zielsetzung des Lernnetzwerks definieren

Wenn auch ein maßgebliches Strukturelement von Lernnetzwerken die gemeinsame Haltung ist, muss dennoch zu Beginn eine klare Definition der Zielsetzung erfolgen. Diese richtet sich an den methodisch-didaktischen und/oder fachlichen Bedarfen z. B. der lokalen Weiterbildungseinrichtungen, -einheiten und der von ihnen bedienten sektoralen Zielgruppe(n) aus.

Schritt 2: Peer-to-Peer-Lernprozesse initiieren

Lernnetzwerke entstehen aus gemeinsam durchlaufenen Lernprozessen. Hierzu gilt es, eine geeignete Lernbegleitung zu identifizieren, die die gemäß der definierten Zielsetzung bestehenden Bedarfe aufgreift und die Erschließung entsprechenden Wissens strukturiert. Die Lernbegleitung wird mit der Organisation und Moderation der gemeinsamen Wissensproduktion betraut, z. B. der Erstellung von Trainingsmaterial durch die Teilnehmenden für einen Training-of-Trainer-Zyklus.

Anschließend werden Auswahlkriterien für die teilnehmenden Peer Learners definiert. Hierbei wird besonderes Augenmerk auf den Wirkungsradius der einzelnen Personen und deren „Heimat"-Institutionen gerichtet, um von Beginn an die Multiplikation des Lernprozesses und seiner Erkenntnisse anzulegen. Die Berücksichtigung der institutionellen Verankerung soll ihrerseits die Nachhaltigkeit des Lernprozesses wie auch des zu etablierenden Netzwerkes begründen. Werden hierfür die entsprechenden Voraussetzungen innerhalb der teilnehmenden Institutionen geschaffen (z. B. Verknüpfung bestimmter Funktionen/Stellenprofile mit der Teilnahme am Lernnetzwerk), ist es möglich, dass die gemeinsame Arbeit auch Fluktuation und Rotation von Personal überdauert.

Die Auswahl der Teilnehmenden erfolgt in einem offenen Bewerbungsprozess, um die bestgeeigneten Teilnehmenden bzw. Institutionen zu erreichen, auch jene, die bisher noch nicht bekannt waren.

Schritt 3: Peer-to-Peer-Lernveranstaltung durchführen

Typischerweise werden Peer-to-Peer-Lernveranstaltungen als Mix aus Online- und Präsenzphasen (z. B. Online-Vorbereitung und Vorvernetzung, Training-of-Trainer als Präsenz, Online-Follow-up mit Ziel des Community Building) durchgeführt. Gemäß einer gemeinsamen Wissensproduktion werden die Teilnehmenden in allen Phasen der Entwicklung wie auch Weiterentwicklung der Materialien und Produkte eingebunden. In allen Phasen richtet sich besonderes Augenmerk auf:

- Den gleichberechtigten Austausch von Erfahrungen und Perspektiven
- Die Stärkung der Multiplikationskompetenz und der tatsächlichen breitenwirksamen Multiplikation vor Ort, um Wissensverbreitung über ein Individuum hinaus zu gewährleisten
- Die Vermittlung von Methodenkompetenz (z. B. peer-to-peer orientierte Erwachsenendidaktik, Moderationsmethoden, Veränderungskompetenz)
- Die gemeinsame Kontextualisierung von Erkenntnissen und Erfahrungen (z. B. Entwicklung von kontextspezifischen Curricula, Trainer-Handbücher und Trainings-Materialien)

Die gemeinsame Wissensproduktion wird von den folgenden wichtigen Kerngruppen vorangetrieben:

- Content Community: Expertengruppe, die über einen entsprechenden fachlichen Hintergrund verfügt und für die Aufbereitung der Trainingsinhalte zuständig ist (besonders in der Kick-off-Phase)
- Trainer Community: Gruppe von Multiplikatoren und Trainern, die über den spezifischen lokalen Hintergrund verfügt und für die methodisch-didaktische Ausgestaltung zuständig ist. Repräsentanten dieser Gruppe sind mit der Durchführung von Trainings im gesellschaftlichen Handlungsfeld betraut. Sie formen den Kern des Peer-to-Peer-Lernnetzwerks
- Community of Practice der Praktiker und Trainingsteilnehmenden: Ein erweiterter Kreis von Praktikern und Teilnehmenden an Trainings, die das Material mit fortschreiben, aktualisieren und evaluieren

Grundprinzip der Wissensproduktion ist beständiger Input und Feedback zwischen diesen drei Kerngruppen. Output der Abstimmung ist das an den lokalen Kontext angepasste und für alle verfügbare Trainingsmaterial. Dieses wird im Verlauf des Trainings durch Erfahrungen der Teilnehmenden ergänzt und angepasst und somit weiterentwickelt. So entsteht ein selbstorganisierter Prozess des Peer-Lernens, der sich rund um die Aktualisierung des Trainingsmaterials sowie weitere Prozesse perpetuiert und zu einem nachhaltigen Knowledge Sharing beiträgt. Für lokale Multiplikatoren und Trainer wie auch Weiterbildungsorganisationen ergeben sich zudem neue Geschäftsmodelle (z. B. Anpassung und Verkauf der offen lizensierten Materialien und dazu passende Dienstleistungen).

Schritt 4: Dauerhaften Peer-to-Peer-Austausch ermöglichen

Um ein Lernnetzwerk dauerhaft zu etablieren, müssen Tools bereitgestellt werden, die einen Peer-to-Peer-Austausch ermöglichen. Webbasierte Community-Building-Tools unterstützen die Gestaltung einer Lerngemeinschaft (z. B. einer Trainer Community) und bieten Raum für Austausch von Informationen und Erfahrungen nach der eigentlichen Lernveranstaltung.

Des Weiteren kann der Aufbau von Plattformen zur Produkt- und Dienstleistungsentwicklung eines Lernnetzwerkes und entsprechender Vermarktung dieser Produkte und Dienstleistungen beitragen. Diese Plattformen können auch gut zur Berichterstattung und zum Monitoring von durch die Teilnehmenden durchgeführten Aktivitäten – z. B. von eigenständig durchgeführten Trainingsmaßnahmen, von Follow-up-Aktivitäten im Rahmen von Vorhaben – genutzt werden. E-Coaching-Angebote sichern ihrerseits fortbestehende Qualität und runden ein Follow-up der Lernnetzwerk-Initiierung ab.

Tool 36
Wissensgemeinschaft (Community of Practice)

Anwendungshinweise

Zielsetzung/Funktion	Nicht-hierarchische, praxisorientierte Lernform, die dem Austausch von Wissen und Erfahrungen dient. Personen mit gleichem inhaltlichen Interesse tauschen sich in einem definierten Fachgebiet aus und generieren gemeinsam neues Wissen.[31]
Anwendung	Gut geeignet, um implizites Wissen zu mobilisieren und Erfahrungen aus der Praxis zum Lernen zu nutzen.
Setting	Je nach Zielsetzung kann das Setting unterschiedlich sein.
Hilfsmittel	Webbasierte Lern- und Austauschplattformen sind in der Regel Grundlage einer Wissensgemeinschaft. Denkbar sind aber auch Moderationsformate, wenn die beteiligten Personen sich an einem Ort treffen können.
Hinweise	Voraussetzung ist eine hinreichend große Anzahl von Personen, die am gleichen Thema arbeiten und Interesse haben, sich dazu auszutauschen. Unbedingt auf eine klare inhaltliche Zielsetzung achten, notwendige Funktionen definieren und benennen und, falls erforderlich, die Unterstützung des Managements sichern. Das Tool kann nicht nur in Kooperationssystemen, sondern auch auf der Ebene einer Organisation angewendet werden. Das Spektrum reicht von lokalen über regionale Wissensgemeinschaften bis zum globalen Fachaustausch. Der Aufwand zur Etablierung einer Wissensgemeinschaft sollte nicht unterschätzt werden.

Beschreibung

Unter einer Wissensgemeinschaft oder Community of Practice (CoP) wird eine über einen längeren Zeitraum bestehende Personengruppe verstanden, die Interesse an einem gemeinsamen Thema hat, die praktisches Wissen und Erfahrungen regelmäßig aktiv austauscht und gemeinsam neues Wissen entwickelt. Die Teilnahme ist freiwillig und kann nicht delegiert werden. Durch die angestoßenen kollektiven Lernprozesse entsteht ein sich laufend weiter entwickelnder Wissens- und Erfahrungsstand. CoP sind außerordentlich leistungsfähig, tragen zur Bildung eines institutionellen Gedächtnisses bei und entwickeln neues Wissen und Kompetenzen, die in Kooperationssysteme und Organisationen einfließen. In einer CoP sind Praktikerinnen und Praktiker nicht nur über die Grenzen von Organisationen (oder Organisationseinheiten, Ländern) hinaus, sondern auch unabhängig von ihrer hierarchischen Position miteinander verbunden.

Grundmerkmale von Wissensgemeinschaften sind:

- **Bedürfnisorientierung:** Wissensgemeinschaften entstehen und bestehen aufgrund eines gemeinsamen Bedürfnisses der Mitglieder. Bedürfnisse können nicht auferlegt werden, Prioritäten werden durch die Mitglieder selbst festgelegt.
- **Praxisorientierung:** Es besteht eine hohe Wertschätzung für praxisbezogene Problemlösungen, die im Arbeitsalltag leicht umsetzbar sein sollen und dabei die spezifischen Bedürfnisse der Mitglieder aufgreifen.
- **Lernorientierung:** Die Mitglieder haben Interesse an den Erfahrungen der anderen, weil sie vermuten, dass sie in einer ähnlichen Situation sind und gemeinsam zur Entwicklung von angepassten Optimierungsansätzen beitragen können. Durch Teilen von Wissen und gegenseitige Unterstützung werden offene, kreative Lernprozesse generiert.
- **Umgangskultur:** Wissensgemeinschaften agieren erfolgreich, wenn der Umgang der Mitglieder untereinander von Fairness und Solidarität sowie von Transparenz und Offenheit geprägt ist. Partizipation und die gleichberechtigte, hierarchiefreie Kommunikation führen zu Ownership und Selbstorganisation.

Der Antrieb zu einer Wissensgemeinschaft geht häufig von den Menschen aus, die eine Arbeit ausführen und am besten wissen, was benötigt wird, um die Aufgaben effizienter zu erledigen und Einflüsse aus dem Umfeld adäquat aufzugreifen. Sie sind daran interessiert zu erfahren, wie andere eine ähnliche Aufgabe anpacken und welche Lösungen für bestimmte Problemstellungen bereits existieren und erprobt sind.

Häufig vertrauen hierarchisch geprägte und stark formalisierte Organisationen eher Analysen von Experten als dem praxisorientierten Wissen der Mitarbeiter und ihren Erkenntnissen aus dem Umfeld. Ähnliches gilt für Kooperationssysteme in hierarchisch und formalistisch geprägten Umfeldern. Wissensgemeinschaften stellen eine effiziente und wirkungsvolle Alternativlösung bereit: Im Austausch schauen sich die Mitglieder einer Wissensgemeinschaft über die Schulter. Dies trägt maßgeblich zu Wissensgenerierung und Lernen bei und fördert Entwicklung und Innovation.

Wissensgemeinschaften entwickeln ein Eigenleben, sie steuern sich selbst als Gruppe von Gleichgesinnten. Dies erleichtert die auf Dauer angelegte Stärkung von Akteuren und schafft Vertrauen und Transparenz.

Eine besondere Ausgestaltung einer Wissensgemeinschaft stellen Alumni-Netzwerke dar, also Netzwerke von Menschen, die eine gemeinsame prägende Lernerfahrung vereint. Sie können helfen, die Kontinuität von Lernen und die Nachhaltigkeit von Wirkungen nach Beendigung von Vorhaben zu sichern. Werden sie mit globalen Expertenzirkeln verknüpft, können aus ihnen innovative Kooperationsformen (z. B. webbasierte Lernnetzwerke) entstehen, die einen besonderen Mehrwert sowohl für die beteiligten Personen als auch für die Weiterentwicklung gesellschaftlicher Themen haben.

Vorgehen

Schritt 1: Zielsetzung der Community definieren

Im ersten Schritt vereinbaren die Initiatoren die Ziele der Community. Diese könnten z. B. sein:

- Sich über ein bestimmtes Thema austauschen
- Lösungsmöglichkeiten entwickeln
- Praktische Anwendungen ausprobieren
- Die Lösungen über einen Veränderungsprozess verankern

Abhängig vom Thema überlegen sich die Initiatoren, welche weiteren Teilnehmenden für die Bearbeitung wichtig wären und ggf. angesprochen werden sollten.

Schritt 2: Rollen in der Wissensgemeinschaft

In Wissensgemeinschaften bildet sich nach einer gewissen Zeit ein stabiles Gleichgewicht von Personengruppen mit unterschiedlich starker Bindung an die Gemeinschaft, sodass man zwischen folgenden Gruppen unterscheiden kann:

Die Kerngruppe: Sie bildet den innersten Kreis und besteht i. d. R. aus den Organisatoren sowie der Moderation der Wissensgemeinschaft. Die Kerngruppe achtet auf das Einhalten einer gesunden Balance zwischen Freiraum, Beobachtung, Unterstützung und Einforderung von Beiträgen in der Gruppe. Erfahrungen aus der Praxis zeigen, dass eine Wissensgemeinschaft ohne Moderationsfunktion „einschläft".

Innerer Kreis: Bei diesem Kreis handelt es sich um eine informelle Struktur derjenigen, die sich regelmäßig – online oder persönlich (**face-to-face**) – treffen und austauschen.

Äußerer Kreis: Dabei handelt es sich um Mitglieder, die zwar im Mailverteiler sind oder Schreibrechte auf der Online-Plattform haben, die aber nur ganz selten aktiv Beiträge einbringen und ansonsten nur lesend dabei sind. Die Grenze zwischen innerem und äußerem Kreis ist fließend. Neue Mitglieder sind häufig erst im äußeren Kreis und beobachten den inneren Kreis aus der Nähe, bevor sie sich selbst mit eigenen Beiträgen einbringen und damit in den inneren Kreis eintreten. Die Zugehörigkeit zu innerem und äußerem Kreis kann auch vom aktuell behandelten Unterthema abhängen.

Kooperationssystem oder Organisation: Wissensgemeinschaften, die in eine Organisation oder ein Kooperationssystem eingebettet sind, unterstützen das Kooperationssystem bzw. die gesamte Organisation durch die Entwicklung von neuem, relevantem Wissen. Das Kooperationssystem oder die Organisation kann also ganz direkt von den Produkten der Wissensgemeinschaft profitieren, wenn alle Mitglieder des Kooperationssystems oder der Organisation auf deren Online-Plattform lesend Zugriff haben. Die Praxis zeigt allerdings, dass Wissensgemeinschaften oft auch geschützte Räume für Diskussionen brauchen, damit eine vertrauensvolle Zusammenarbeit in der Community of Practice möglich ist.

Schritt 3: Entwicklung einer Wissensgemeinschaft unterstützen

Die unten stehende Checkliste kann dazu dienen, die Entwicklung von Wissensgemeinschaften zu unterstützen. Sie ist ebenfalls nützlich, um regelmäßig eine Standortbestimmung vorzunehmen, um die weitere Entwicklung der Gemeinschaft zu vereinbaren oder ggf. die Wissensgemeinschaft zu beenden.

Kriterien	Schlüsselfragen
Zweck	▪ Ist das Thema von strategischer Relevanz für das Kooperationssystem bzw. für die Organisation? ▪ Sind die Mitglieder auch wirklich am Thema interessiert? Spiegelt das Thema ihre Bedürfnisse?
Zusammensetzung der Wissensgemeinschaft	▪ Haben alle Mitglieder einen ausreichenden Erfahrungshorizont und Praxisbezug? ▪ Sind ausreichend Personen mit Spezialwissen involviert? ▪ Ist die Diversität der Mitglieder garantiert? (Repräsentanten verschiedener Tätigkeitsbereiche, Perspektiven und Denkrichtungen)
Regeln und Normen	▪ Wurden Verantwortlichkeiten geregelt und gemeinsame Regeln und Ziele ausgehandelt? ▪ Entsprechen die Kommunikationsstrukturen den unterschiedlichen Bedürfnissen der Mitglieder? ▪ Findet der Informationsaustausch über verschiedene Kanäle statt? (face-to-face, Online-Plattform, Tagungen, Workshops etc.) ▪ Stimmt für die Mitglieder das Verhältnis zwischen Aufwand und Ertrag?
Struktur und Prozess	▪ Verfügt die Wissensgemeinschaft über informelle, horizontale Strukturen und ermöglicht Selbstorganisation? ▪ Wurden die Schlüsselrollen definiert? (Moderation, Kerngruppe, innerer und äußerer Kreis)
Dynamik	▪ Sind die Mitglieder mit Leidenschaft dabei, oder macht sich eher Routine breit? ▪ Finden regelmäßige persönliche Treffen statt und werden Schlüsselereignisse betont und kommuniziert? ▪ Wird die Geschichte der Wissensgemeinschaft an neue Mitglieder weitervermittelt, um die Einzigartigkeit hervorzuheben?
Resultate	▪ Sind nützliche Ergebnisse entstanden? ▪ Werden diese an Außenstehende kommuniziert?
Ressourcen	▪ Hat man ausreichend Zeit für den Austausch und die Entwicklung von Lösungen vorgesehen, oder steht man unter Erfolgsdruck? ▪ Werden den Mitgliedern der Wissensgemeinschaft von ihrer entsendenden Organisation ausreichend Ressourcen zur Verfügung gestellt, um an der Wissensgemeinschaft teilzunehmen? (v. a. Arbeitszeit)

Arbeitshilfe 43: Checkliste für Wissensgemeinschaften

Tool 37
Organisationsdiagnose

Anwendungshinweise

Zielsetzung/Funktion	Dient der strukturierten Informationserfassung zur Diagnose, Bewertung und Beratung von einzelnen Organisationen.
Anwendung	Kann im Rahmen einer schriftlichen Befragung, als Grundlage für Sondierungs- und Stakeholderinterviews, im Rahmen eines Diagnoseworkhops oder auch als Struktur für die Auswertung von Aussagen und Hypothesen genutzt werden.
Setting	Abhängig von Umfang und Zielsetzung der Organisationsdiagnose.
Hilfsmittel	Je nach Bedarf sind die Fragebögen bzw. Ausdrucke des Aspekterasters vorzubereiten.
Hinweise	Grundkenntnisse der Organisationsberatung erforderlich. Das hier beschriebene Tool ist die Kurzversion eines Toolkits zur Durchführung einer Organisationsdiagnose.

Beschreibung

Eine Organisationsdiagnose wird durchgeführt zur Bewertung der Funktionsfähigkeit einer Organisation und/oder als Teil des Veränderungsprozesses einer Organisation.

Mit der Organisationsdiagnose werden Informationen gesammelt. Die Organisation wird unter den folgenden Aspekten betrachtet:

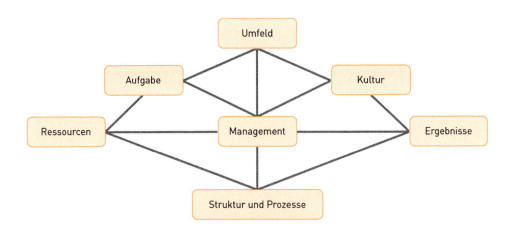

Abbildung 44: Aspekteraster zur Organisationsdiagnose

Vorgehen

Schritt 1: Auftragsklärung und Planung

Die Organisationsdiagnose beginnt mit einer Auftragsklärung. Diese ist immer auch ein Aushandlungsprozess zwischen Schlüsselpersonen der betroffenen Organisation (bzw. Auftraggeber) und denjenigen, die die Diagnose durchführen.

Ausgangspunkt jeder Organisationsdiagnose ist die **Klärung der Zielsetzung**. Konflikte, Ineffizienzen, Leistungs- und Entscheidungsdefizite, Kommunikationsprobleme weisen auf Probleme in den Organisationsstrukturen und -abläufen hin. Es geht darum, die Ursachen für solche Dysfunktionalitäten sichtbar zu machen und Hinweise darauf zu gewinnen, wie sie überwunden werden können. Die Organisationsdiagnose ist in der Regel der erste Schritt für einen mehr oder weniger umfangreichen Veränderungsprozess der Organisation.

Mit der Zielsetzung eng verbunden ist die klare **Abgrenzung des Untersuchungsgegenstandes**. Die Organisationsdiagnose ist zwar primär für einzelne Organisationen in ihrer Gesamtheit (Profit-Organisationen, Non-Profit-Organisationen, Regierungsorganisationen) ausgelegt, eignet sich bei entsprechender Anpassung der Fragestellungen aber auch für Organisationseinheiten, d. h. klar eingegrenzte Teilbereiche einer Organisation.

Die **Rahmenbedingungen** werden idealerweise im persönlichen Gespräch diskutiert und geklärt. Dazu gehören die mit der Organisationsdiagnose verbundenen Interessen und die Erwartungen der Organisation an das Diagnoseteam, die Zusammensetzung des Diagnoseteams und die Unterstützung durch Führungskräfte und Mitarbeitende innerhalb der Organisation. Wichtig ist zudem die Benennung eines Entscheidungsgremiums innerhalb der Organisation.

Vereinbarungen müssen getroffen werden zu folgenden Punkten:

- Wie soll die Diagnose verlaufen? Welche Schritte sind geplant? Welche Erhebungsmethoden sollen eingesetzt werden? Wer soll befragt werden?
- Welche Freiräume bestehen für die Mitglieder des Diagnoseteams und welche für die betroffenen Organisationsmitglieder?
- In welchem Zeitrahmen soll die Organisationsdiagnose erstellt werden?
- Wie wird der Diagnoseprozess organisationsintern koordiniert?
- Welcher Aufwand (Zeit, Infrastruktur, Ressourcen) ist zu erwarten?
- Werden die Aussagen der Betroffenen anonym behandelt?
- Wer hat Einblick in die Erhebungsmaterialien?
- Was geschieht mit den Ergebnissen?

Schritt 2: Organisationsdiagnose durchführen

Je nachdem, wie die Diagnose methodisch angelegt ist, werden in der Durchführungsphase Interviews geführt, Workshops abgehalten, Befragungen organisiert. Während einige Aktivitäten der Vorbereitungsphase auch aus der Ferne durchgeführt werden können, erfordern die Aktivitäten der Durchführungsphase in aller Regel die Präsenz des Diagnoseteams vor Ort. Fragebögen liefern Ansatzpunkte zur Bewertung der verschiedenen Aspekte und Teilaspekte in der Durchführungsphase der Organisationsdiagnose.

Die in der folgenden Arbeitshilfe zusammengefassten sieben Aspekte sind nur für eine ganz allgemeine Organisationsdiagnose geeignet.

Fragen zu den Aspekten	Bewertung und Handlungsbedarf					
Umfeld Ist die Stellung der Organisation in ihrem Wirkungsumfeld (Markt) nach außen hin klar?	trifft völlig zu ☐	trifft eher zu ☐	trifft weder noch zu ☐	trifft eher nicht zu ☐	trifft gar nicht zu ☐	Handlungsbedarf ☐
Aufgabe Hat die Organisation Klarheit über ihre Aufgabe und den Grund ihrer Existenz (Mission)?	trifft völlig zu ☐	trifft eher zu ☐	trifft weder noch zu ☐	trifft eher nicht zu ☐	trifft gar nicht zu ☐	Handlungsbedarf ☐
Management Hat die Organisation ein funktionierendes Management mit ausreichender Aufmerksamkeit für die Herausforderungen der Organisation?	trifft völlig zu ☐	trifft eher zu ☐	trifft weder noch zu ☐	trifft eher nicht zu ☐	trifft gar nicht zu ☐	Handlungsbedarf ☐
Ressourcen Verfügt die Organisation über ausreichende Ressourcen (Mitarbeiter, Infrastruktur etc.) zur Erfüllung ihrer Aufgaben?	trifft völlig zu ☐	trifft eher zu ☐	trifft weder noch zu ☐	trifft eher nicht zu ☐	trifft gar nicht zu ☐	Handlungsbedarf ☐
Kultur Vertritt die Organisation klar definierte Grundwerte, nach denen sie ihr Handeln ausrichtet?	trifft völlig zu ☐	trifft eher zu ☐	trifft weder noch zu ☐	trifft eher nicht zu ☐	trifft gar nicht zu ☐	Handlungsbedarf ☐
Struktur und Prozesse Erfolgt die Arbeitsteilung in leicht verständlichen Strukturen und Prozessen?	trifft völlig zu ☐	trifft eher zu ☐	trifft weder noch zu ☐	trifft eher nicht zu ☐	trifft gar nicht zu ☐	Handlungsbedarf ☐
Ergebnisse Können mit den gegebenen Mitteln die Ansprüche der Leistungsempfänger befriedigt werden?	trifft völlig zu ☐	trifft eher zu ☐	trifft weder noch zu ☐	trifft eher nicht zu ☐	trifft gar nicht zu ☐	Handlungsbedarf ☐

Arbeitshilfe 44: Bewertungstabelle Organisationsdiagnose

Diese Aspekte könnten durch Unterfragen zu folgenden Stichworten erweitert werden:

Umfeld
- Platzierung der Organisation
- Kunden/Leistungsempfänger
- Mitbewerber/Peer-Organisationen
- Beziehungen/Partnerschaften
- Sonstige Stakeholder
- Gesellschaft

Aufgabe
- Mission/Zweck und Aufgabe der Organisation
- Produkt-/Leistungsspektrum
- Zielsystem (Vision, Ziele, Strategien)
- Interessen, Motivationen

Management
- Management und Führung (Autonomie, Führungsstil etc.)
- Informations- und Steuerungssysteme (Kostenrechnung, Controlling, Budgets etc.)
- Feedback- und Anreizsysteme (Anerkennung, Belohnung, Sanktionen)
- Kommunikations- und Kontrollsysteme

Ressourcen
- Mitarbeiter und Führungskräfte
- Wissen und Expertise
- Maschinen, Anlagen, Verfahren, Technologien
- Arbeitsmittel, Infrastruktur
- Material, Rohstoffe, Versorgungsquellen
- Finanzressourcen

Kultur
- Werte und Normen (Kundenorientierung, Mitarbeiterpolitik, Nachhaltigkeitspolitik etc.)
- Verhaltensmuster und Spielregeln

- Macht- und Beziehungsgefüge
- Erfolgsdefinition
- Organisationsgeschichte

Struktur und Prozesse
- Struktur des Stellengefüges, Arbeitsteilung
- Struktur der Entscheidungskompetenzverteilung
- Prozesse
- Koordination
- Dokumentation und Ablage

Ergebnisse
- Operativer Erfolg
- Finanzerfolg
- Zufriedenheit der Stakeholder
- Innovationen, Erfolgspotenzialaufbau

Schritt 3: Ergebnisse auswerten und Empfehlungen ableiten

In der Auswertungsphase werden die gesammelten Informationen durch das Diagnoseteam übersichtlich aufbereitet und reflektiert. Die Auswertung besteht dabei vor allem in der Bildung von Hypothesen und der Ableitung von Schlussfolgerungen aus den gesammelten Informationen. Ausgehend vom diagnostizierten Handlungsbedarf werden in diesem Schritt bereits Empfehlungen für mögliche Maßnahmen zur Verbesserung im jeweiligen Kernaspekt abgeleitet.

Schritt 4: Ergebnisse und Empfehlungen rückmelden

In der Feedbackphase werden die gewonnenen Erkenntnisse in Präsentations- bzw. Berichtsform gebracht und an die relevanten Schlüsselpersonen weitergegeben. Dies geschieht idealerweise in Form eines dialogischen Feedbacks.

Ebenso empfiehlt sich die Durchführung eines Diagnosedebriefings mit verantwortlichen Personen zur Auswertung dessen, was bei der Organisationsdiagnose gut bzw. weniger gut gelaufen ist.

Die Ausarbeitung eines detaillierten Veränderungskonzeptes für einzelne Organisationsaspekte oder die gesamte Organisation ist nicht Teil der Organisationsdiagnose, sondern ggf. ein nächster Schritt in einem eigenständigen Veränderungsprojekt der diagnostizierten Organisation.

Tool 38
Qualitätsmanagement in Organisationen

Anwendungshinweise

Zielsetzung/Funktion	Dient der systematischen Analyse von Stärken wie Schwächen und der Entwicklung von Verbesserungsmaßnahmen für Organisationen oder Organisationseinheiten. Bietet eine Grundlage für die Planung und Steuerung von Veränderungsprozessen.
Anwendung	Zwei Anwendungsmöglichkeiten: • zum punktuellen Einsatz, wenn ein konkreter Verbesserungsbedarf festgestellt wird, beispielsweise bei Prozessabläufen. • zum regelmäßigen Einsatz für kontinuierliche Lern- und Veränderungsprozesse innerhalb einer Organisation. Beispiel: Analyse der Leistungsfähigkeit des Landwirtschaftsministeriums während der Laufzeit eines Ressourcenschutzvorhabens.
Setting	Fünf bis zehn Mitarbeitende für die Durchführung von Qualitätsworkshops zu einzelnen Themen; Das Managementteam zur Durchführung einer kompletten Standortbestimmung der Organisation.
Hilfsmittel	Moderationskoffer, Flipchart, Pinnwände sowie die Spezifikation und Assessmentblätter.
Hinweise	Für die Gestaltung des Prozesses sind gute Kenntnisse in Qualitätsmanagement (z. B. Total-Quality-Management, European Foundation for Quality Management – EFQM) vorteilhaft.

Beschreibung

Das Qualitätsmanagement in Organisationen setzt, gezielt oder regelmäßig angewendet, brachliegende Ressourcen in Wert. Das Potenzial liegt in der aktiven Einbeziehung der Mitarbeitenden in die Organisationsentwicklung sowie dem Austausch über unterschiedliche Perspektiven auf die Organisation. Das in der Organisation vorhandene Know-how wird aktiv genutzt und führt in einem effektiven und strukturierten Prozess zu konkreten Verbesserungsmaßnahmen.

Mitarbeitende bewerten die Qualität einzelner Aspekte der Organisation/der Einheit anhand von vorgegebenen Beschreibungen. Das Herzstück dieses Selbstbewertungsverfahrens ist ein einseitiger Kurztext (Spezifikation), der Qualitätsanforderungen zum jeweiligen Thema spezifiziert und diese in fünf Stufen aufteilt. In Abbildung 45 wird ein Analysegerüst in fünf Stufen für das Thema „Arbeitsbesprechungen" dargestellt:

Abbildung 45: Beispiel Qualitätsaspekte

Die einzelnen Qualitätsaspekte (hier dargestellt durch unterschiedliche Farben) werden in den jeweiligen Stadien weiterentwickelt. Manche beginnen in Stadium 1 und sind in ihrer Entwicklung in einem späteren Stadium abgeschlossen. Sie werden dann ohne weitere Erwähnung in das nächst höhere Stadium durch die Formulierung „Stadium x ist ganz erfüllt" mitgenommen. Andere Aspekte beginnen erst in einem fortgeschrittenen Stadium.

Um zu entsprechenden Kurzbeschreibungen zu kommen, ist beispielsweise EFQM hilfreich[32]. Das EFQM-Branchenmodell „Qualität als Prozess" (QaP)[33] besteht aus dem Themenkatalog und einem Verfahren, nach dem die Themen bearbeitet werden. Es ist zertifizierungsfähig. Für die Entwicklungs- und die Internationale Zusammenarbeit ist auf der Basis der neun EFQM-Kriterien ein Themenkatalog entwickelt worden, der 32 Kurzbeschreibungen liefert, im Input-Bereich zu Führung, Strategie, Mitarbeiterinnen und Mitarbeiter, Partnerschaften und Ressourcen, Prozesse/Produkte/Dienstleistungen und im Ergebnisbereich für mitarbeiterbezogene Ergebnisse, kundenbezogene Ergebnisse, gesellschaftsbezogene Ergebnisse und Schlüsselergebnisse.

Im Folgenden werden zwei unterschiedliche Anwendungsmöglichkeiten beschrieben.

- In der **Variante A** (punktueller Einsatz) werden, ausgehend von einem auftretenden Handlungsbedarf, Qualitätsworkshops mit den dazu relevanten Personen durchgeführt und Verbesserungsmaßnahmen entwickelt, um bestimmte Prozesse, Strukturen, Dienstleistungen etc. zu optimieren.
- In der **Variante B** (regelmäßiger Einsatz) wird Qualitätsmanagement für umfangreiche Lern- und Veränderungsprozesse in der Organisation kontinuierlich eingesetzt.

Vorgehen

A. Punktuelle Variante: Durchführung von Qualitätsworkshops

Schritt 1: Bestimmung des Handlungsbedarfs
Anlass, Ziel und Kontext des Qualitätsworkshops werden zunächst festgelegt.

Schritt 2: Teilnehmende Personen bestimmen
Wer ist Wissensträger in Bezug auf das zu bearbeitende Thema? Ist es wichtig, unterschiedliche Sichtweisen einzubinden (z. B. Anbieter und Empfänger interner Dienstleistungen, Führung/Mitarbeitende etc.)?

Schritt 3: Moderation Qualitätsworkshop festlegen
Wer ist in Bezug auf das zu bearbeitende Thema neutral? Wer kann Qualitätsworkshops moderieren?

Schritt 4: Thema aus Katalog auswählen
Gibt es im Themenkatalog eine Spezifikation, die zum Handlungsbedarf passt? Welche inhaltlichen Aspekte der Spezifikation sind für den zu bearbeitenden Handlungsbedarf besonders wichtig? Welche Begriffe sind ggf. im Workshop zu erläutern?

Schritt 5: Qualitätsworkshop vorbereiten
Die inhaltliche Vorbereitung umfasst eine Einführung in das Thema („Worum geht es?") und eine Einordnung des Themas in den organisationalen Kontext („Warum ist das Thema wichtig für uns?").
Die organisatorische Vorbereitung betrifft die Auswahl eines geeigneten Arbeitsraumes, die rechtzeitige Einladung der teilnehmenden Personen und die Beschaffung der Moderationsmaterialien wie Moderationskoffer, Flipchart, Pinnwände sowie die speziellen Arbeitsmaterialien (Spezifikation, Assessmentblätter).

Schritt 6: Qualitätsworkshop durchführen
Für einen Qualitätsworkshop sind zwei Stunden einzuplanen. Die Moderation führt durch den Prozess. Mitarbeitende bewerten die Qualität durch eine entsprechende Einstufung und nachvollziehbare Belege, benennen Stärken und Schwächen und formulieren konkrete Verbesserungsmaßnahmen. Anschließend werden diese individuellen Einschätzungen gemeinsam diskutiert, sodass im Laufe des Workshops allmählich ein gemeinsames Bild entsteht. Am Ende des Workshops einigen sich die Teilnehmenden auf ein bis zwei sog. „Konsensmaßnahmen", die beschreiben, wie genau die Organisation in Bezug auf das jeweilige Thema verbessert werden kann. Die Moderation hält die wesentlichen Etappen des Workshops für alle sichtbar am Flipchart fest, insbesondere die am Schluss verabschiedeten Konsensmaßnahmen.

Schritt 7: Umsetzung und Monitoring
Die Konsensmaßnahmen werden anschließend mit Zustimmung der verantwortlichen Personen umgesetzt und entsprechend in der Organisation oder Organisationseinheit kommuniziert. Die Umsetzung sollte möglichst innerhalb von sechs Monaten erfolgen, um die Veränderungsenergie zu nutzen. Gremien und andere Informationskanäle der Organisation werden genutzt, um über den Stand der Umsetzung zu berichten (Transparenz).

B. Umfassende Variante: Implementierung von Lern- und Veränderungsprozessen in der Organisation

Schritt 1: Qualitätsmanagement und Personenauswahl
Anlass, Ziel und Kontext des Qualitätsmanagements festlegen. Eine repräsentative Qualitäts- oder Steuerungsgruppe für die Durchführung bestimmen und ein Mandat für die Durchführung erteilen.

Schritt 2: Standortbestimmung der eigenen Organisation
Die Qualitäts- oder Steuerungsgruppe führt die Standortbestimmung entlang der neun Kriterien des EFQM-Modells durch. Für diese Selbstbewertung der Qualität steht der Gruppe ein Themenkatalog zur Verfügung, der die eigene Organisation aus 32 Perspektiven, den sogenannten Spezifikationen, durchleuchtet. Die Gruppenmitglieder nehmen individuelle Einstufungen vor und diskutieren diese miteinander. Nach der Diskussion wird von jedem Mitglied der Gruppe abschließend eine anonyme Zweiteinstufung vorgenommen. Der Mittelwert dieser Zweiteinstufung bildet dann die Grundlage für die Standortbestimmung. Wird die Standortbestimmung nach einiger Zeit wieder durchgeführt, können Vergleiche zur eigenen „Organisationsentwicklung" angestellt werden. Bei der Standortbestimmung werden nur Stärken und Schwächen erhoben sowie individuelle Einstufungen vorgenommen und miteinander diskutiert. Außerdem wird eine endgültige Zweiteinstufung vorgenommen. Anders als in den Qualitätsworkshops werden keine Verbesserungsmaßnahmen entwickelt. Die Analyse dieser Ergebnisse über die Zeit gibt Anhaltspunkte für mögliche Veränderungsbedarfe. Die Standortbestimmung für eine gesamte Organisation dauert i. d. R. eineinhalb Tage.

Schritt 3: Planung des Veränderungsprozesses
Veränderungsthemen werden ausgewählt: In der Qualitäts- oder Steuerungsgruppe wird entschieden, ob die erreichte Qualität in den einzelnen Themen ausreicht oder ob Verbesserungen a) notwendig sind und b) in einem angemessenen Verhältnis zum Aufwand stehen. Wichtige Eckpunkte sind dabei: Dringlichkeit des Themas, Motivation zur Veränderung bei den Teilnehmenden, bei welchem Thema kann mit wenig Aufwand viel erreicht werden? Für die ausgewählten Themen werden der Handlungsbedarf und die durch die Veränderung intendierten Wirkungen beschrieben. Für jedes Thema wird festgelegt, wie und bis wann Maßnahmen entwickelt werden sollen und wer für die Umsetzung der Maßnahmen verantwortlich ist. Dieser Schritt wird direkt im Anschluss an die Standortbestimmung durchgeführt und erfordert etwa einen halben Tag.

Schritt 4: Entwicklung von Maßnahmen
Entsprechend der Planung aus Schritt 3 werden Veränderungsmaßnahmen in Qualitätsworkshops entwickelt (Details siehe: A. punktuelle Variante, Schritt 5 und 6). Qualitätsworkshops können je nach Thema in der Qualitäts- oder der Steuerungsgruppe oder in Gruppen mit anderen Teilnehmenden durchgeführt werden. Zeitaufwand pro Workshop maximal zwei Stunden.

Schritt 5: Entscheidung und Operationsplanung
Die entwickelten Maßnahmen werden in der Qualitäts- oder Steuerungsgruppe gesichtet, priorisiert und in einer Übersicht zusammengestellt. Für komplexe Maßnahmen wird ein separater Umsetzungsplan erstellt. Der Zeitaufwand beträgt bis zu eine Stunde.

Schritt 6: Umsetzung und Monitoring des Veränderungsprozesses
Der Operationsplan mit den Maßnahmen wird an die Belegschaft kommuniziert. Die Umsetzung der Maßnahmen, die Zielerreichung, die Wirkungen und der Vergleich zwischen intendierten und tatsächlich erzielten Wirkungen werden laufend von der Führungskraft oder einer entsprechenden Einheit überprüft. Die Kommunikation über den Stand der Umsetzung an die Mitarbeitenden erhöht die Sichtbarkeit des Prozesses und verstärkt ihre Motivation, sich aktiv einzubringen.

Zeitrahmen:

Das Durchlaufen dieses Qualitätsprozesses kann je nach Komplexität der einzelnen Veränderungsthemen unterschiedlich lang sein. Damit die Veränderungsdynamik aufrechterhalten werden kann, sollte der Prozess nicht länger als zehn bis zwölf Monate dauern.

Es wird empfohlen, mehrere kleine Veränderungspakete zu schnüren, sodass die Mitarbeitenden die Verbesserungen und Erfolge spüren können. Bei einem großen Projekt wissen die Beteiligten am Ende oft nicht mehr, warum es überhaupt umgesetzt wurde. Nach dem Durchlauf dieses Qualitätsprozesses ist die Durchführung einer erneuten Standortbestimmung in der Steuerungsgruppe sinnvoll.

Positive Nebeneffekte:

Eine Standortbestimmung hat neben der Qualitätsmessung für die gesamte Organisation wichtige Nebeneffekte, etwa Teambuilding und Wissensmanagement. Neue Mitarbeitende und insbesondere Führungskräfte erhalten einen schnellen und umfassenden Überblick über die Organisation.

Tool 39
Qualität in der Kompetenzentwicklung

Anwendungshinweise

Zielsetzung/Funktion	Verbesserung der Lernwirkungen auf der Personenebene anhand der Ausrichtung an didaktischen Grundprinzipien. Gibt Hilfestellungen zur Verzahnung von Entwicklungs- und Lernzielen.
Anwendung	Zur Qualitätssicherung: Berücksichtigen geplante Aktivitäten die Lernwirkung ausreichend?
Setting	In der Kleingruppe oder zur individuellen Reflexion.
Hilfsmittel	Ausreichend viele Kopien der sieben didaktischen Prinzipien wie auch der vier Kompetenzbereiche.
Hinweise	Neben den fachlichen Zielen eines Vorhabens müssen Lernziele definiert sein (vgl. Tools Entwicklung von Lernzielen und Überprüfung der Lernstrategie).

Beschreibung

Das Tool eignet sich zur Überprüfung geplanter Aktivitäten bezüglich ihrer Lernwirkungen auf Personenebene. Es bietet Hilfestellung für die Entwicklung von Maßnahmen zur Kompetenzentwicklung und für die Qualitätssicherung.

Kompetenzentwicklung basiert auf einem Prozess der kontinuierlichen Weiterentwicklung von Wissen und Fähigkeiten. Geeignete Maßnahmen orientieren sich am Kontext der Lernenden, knüpfen an deren Selbstverständnis an und fördern die Fähigkeit zu eigenverantwortlichem und selbstgesteuertem Lernen. Der Fokus wird auf die Entwicklung zukunftsorientierter Kompetenzen gerichtet, die die reflexive Handlungsfähigkeit der Lernenden ausbauen.

Vorgehen

Schritt 1: Überprüfung entlang didaktischer Prinzipien

Im ersten Schritt geht es darum, eine geplante Maßnahme zur Kompetenzentwicklung daraufhin zu untersuchen, ob bzw. wie gut die sieben didaktischen Prinzipien zur Verbesserung der Lernwirkungen berücksichtigt wurden.

- **Ownership und Selbstorganisation**
  Ist die Maßnahme so angelegt, dass sie Selbststeuerung ermöglicht und Selbstorganisation wie auch Ownership fördert? Können die Lernenden den Lernprozess möglichst eigenständig prägen? Werden sie in die Gestaltung von Lernzielen und die Auswahl der Lernmethoden eingebunden, sodass die Maßnahme zur Ownership der Lernenden bzgl. des Lernens selbst wie auch zum Erhalt und zur Weiterentwicklung des Erlernten beiträgt?

- **Lernbegleitung/-beratung**
  Wird eine systematische Begleitung und Beratung sichergestellt, die eine Reflexion des eigenen Kompetenzprofils durch den Lernenden erlaubt? Werden individuelle Lernstrategien und Lernprozesse analysiert und wird festgestellt, welches Lerntempo, welche Lernwege angemessen sind? Wird Fachwissen zugänglich gemacht?

- **Perspektivenvielfalt und Perspektivenwechsel**
  Ist Perspektivenvielfalt gewährleistet und sind Perspektivenwechsel möglich? Ist die Lerngruppe heterogen zusammengesetzt, sodass Perspektivenvielfalt und -wechsel möglich sind? Werden Sichtweisen und Handlungsmuster relativiert und in Frage gestellt? Wird das Spektrum der (Lösungs-)Möglichkeiten erweitert?

- **Haltung**
  Wird eine Haltung der wechselseitigen Achtung und des wertschätzenden Vergleichs gefördert?

- **Erfahrungsräume**
  Sind die Lernräume so gestaltet, dass sie Erprobung und Reflexion ermöglichen? Ermöglichen sie neue Erfahrungen, versetzen sie in die Lage, sich und andere mit neuen Augen anzuschauen?

- **Reflexion**
  Wird die Wirksamkeit des eigenen und des gemeinsamen Handelns kritisch betrachtet? Wird ausreichend Zeit zur eigenen und gemeinsamen Reflexion eingeräumt? Ermöglicht die Reflexion ein kritisches Hinterfragen und Anpassen von Lernen und dessen Wirksamkeit?

- **Lernen als Ko-Konstruktion**
  Sind Beziehungen, Dialog, Kommunikation und Kooperation so gestaltet, dass gemeinsam und lösungsorientiert Neues erfunden wird?

Schritt 2: Überprüfung entlang der Kompetenzbereiche

Im zweiten Schritt geht es darum, den Lernprozess daraufhin zu überprüfen, ob und wie die unten genannten Kompetenzbereiche angesprochen werden und ob diese relevant sind für die Erreichung der Ziele im Vorhaben.

- **Fachkompetenz**
  Wird das fachliche Know-how gefördert, um die konkreten Probleme im Vorhaben angemessen reflektieren zu können und im Hinblick auf die Entwicklungsziele Lösungsoptionen zu erarbeiten?

- **Methodenkompetenz**
  Werden Methodenkompetenzen gefördert, die geeignet sind, Herausforderungen im gesellschaftlichen Handlungsfeld zu begegnen?

- **Soziale Kompetenz**
  Werden soziale Kompetenzen gefördert, die für Kooperation und Kommunikation der Akteure im gesellschaftlichen Handlungsfeld hilfreich sind?

- **Persönliche Kompetenz**
  Werden persönliche Kompetenzen gefördert, die eine aktive Teilnahme der relevanten Personen im gesellschaftlichen Handlungsfeld ermöglichen?

Folgende Fragen sind hilfreich zur Gestaltung der Lernprozesse:

- Knüpfen Lerninhalte an den Kontext, an den Arbeitsalltag der Lernenden an, und orientieren sich die Lernprozesse an Anwendungssituationen?
- Werden Sach- und Erfahrungsstrukturen der Lernenden verknüpft, um den Transfer des Gelernten zu erleichtern?
- Sind die Lernformen angemessen ausgewählt und bieten bestmöglichen Zugang zu Wissen und Erprobung?
- Ist die Lernbegleitung so ausgerichtet, dass sie Reflexion und Anwendungsgelegenheit bietet?

Schritt 3: Überprüfung der Effekte der Kompetenzentwicklung auf andere Ebenen des Capacity Development

Im dritten Schritt geht es darum, Lernprozesse auf der Personenebene daraufhin zu untersuchen, wie gut sie darauf ausgerichtet sind, über den individuellen Lernerfolg hinaus einen Beitrag zur Erreichung der Ziele im gesellschaftlichen Handlungsfeld zu leisten. Dazu wird beschrieben, welche Wirkungen die Maßnahmen auf der Personenebene auf die anderen beiden Ebenen (Organisation, Gesellschaft) haben.

Folgende Fragen können die Konzeption der Maßnahme zur Kompetenzentwicklung unterstützen:

- Ist der Lernprozess darauf ausgerichtet, über die Personenebene hinaus Wirkungen zu erzielen?
- Welche Ausstrahlung haben die Lernenden auf wichtige Akteursgruppen?
- Sind die Lernenden institutionell angemessen verankert?
- Werden die Teilnehmenden der Maßnahmen in die Lage versetzt, einen Beitrag zur Initiierung, Durchführung und zum Management beabsichtigter Veränderungsprozesse zu leisten? Sieht die Maßnahme zur Kompetenzentwicklung konkrete Schritte – wie die Verankerung über Transferprojekte, Prototyping, Wissensgemeinschaften, Ausbildung von Multiplikatoren etc. – vor, um diesen Beitrag zu erreichen?
- Sind Lernende in der Lage, einen aktiven Beitrag zu Veränderungsprozessen zu leisten (Motivation, Vorwissen, Veränderungsmanagement- und Leadership-Kompetenz)?
- Wurden Multiplikatoren ausgebildet bzw. gestärkt?
- Ist ein Scaling-up der Lernwirkungen möglich?
- Unterstützen Lernnetzwerke (Peer-to-Peer-Erfahrungs- und Praxisnetzwerke, Alumni-Arbeit) und ein angemessenes Follow-up die Nachhaltigkeit der Lernwirkungen?

Schritt 4: Maßnahmen zur Verbesserung der Lernwirkung ableiten

Sofern in den Schritten 1, 2 und 3 Ansatzpunkte zur Optimierung der Lernwirkungen gefunden werden konnten, sollte in einem vierten Schritt gemeinsam mit den beteiligten Akteuren überlegt werden, wie man die Lernwirkung der Maßnahmen zur Kompetenzentwicklung noch verbessern kann.

Gemeinsam mit den beteiligten Akteuren können folgende Überlegungen angestellt werden, um Lernwirkungen zu optimieren:

- Spiegelt die Bedarfserfassung die Prioritäten der Lernenden?
- Sind die Lerninhalte in diesem Zusammenhang relevant und kontextorientiert?
- Sind die geeigneten Teilnehmenden identifiziert?
- Ist die Zusammensetzung der Lerngruppe angemessen?
- Knüpfen die Lerninhalte am Wissensstand und Arbeitsalltag der Teilnehmenden an?
- Werden angemessene Lernformen und Medien eingesetzt?
- Sind die Lernbegleitung und deren Rollenwahrnehmung angemessen in Bezug auf Lerninhalt und Teilnehmende?
- Wurden genügend Räume zur Reflexion und eigenverantwortlichen Gestaltung geschaffen?

Tool 40
Kollegiale Beratung

Anwendungshinweise

Zielsetzung/Funktion	Kollegiale Beratung ist ein strukturiertes Beratungsgespräch in einer Gruppe. Ein Teilnehmer bzw. eine Teilnehmerin wird von den übrigen Beteiligten nach einem festgelegten Ablauf mit verteilten Rollen beraten. Ziel ist, gemeinsam praxisnahe Lösungen für eine konkrete Frage zu entwickeln.
Anwendung	Kollegiale Beratung eignet sich beispielsweise für die Bearbeitung folgender Themen: ▪ Bewältigung neuer Aufgaben ▪ Zusammenarbeit in Gruppen und zwischen Organisationen ▪ Umgang mit ungewohnten Verhaltensweisen ▪ Integration neuer Mitarbeiter ▪ Gestörte Arbeitsabläufe ▪ Schwierigkeiten mit Vorgesetzten
Setting	Die ideale Gruppengröße liegt zwischen sechs und neun Personen. Melden sich mehr Interessenten an, so empfiehlt es sich, mehrere Gruppen zu bilden. Eine Beratung dauert ca. eine Stunde.
Hilfsmittel	Flipchart.
Hinweise	Es sollte eine klar formulierte Fragestellung oder Problemlage des Fallbringers/der Fallbringerin vorliegen. Man sollte unbedingt auf einen kollegialen Ton achten und so kommunizieren, dass die Beratung für die Fallgeberin/den Fallgeber hilfreich und konstruktiv ist.

Beschreibung

Die kollegiale Beratung ist eine wenig aufwändige Methode zur Nutzung impliziten Wissens (auch Intervision genannt). Sie nutzt die Erfahrung, dass Menschen aus ähnlichen Arbeitsfeldern einander bei beruflichen Fragen qualifiziert beraten können.

Die kollegiale Beratung folgt einem definierten Ablauf. Sie findet unter Gleichen statt. Zusammensetzung und Selbststeuerung der Gruppe fördern den Prozess der Umformung von implizitem zu explizitem Wissen durch Offenheit und Praxisnähe.

Folgende weitere Prinzipien sind bei der kollegialen Beratung zu beherzigen:

▪ Die Beratungen werden in der Gruppe in eigener Regie, also ohne Moderation von außen, durchgeführt. Dies geschieht mit Hilfe eines strukturierten Rahmens, in dem die Rollenverteilung und der Kommunikationsprozess geregelt sind.

- Kollegial bedeutet, dass in den Beratungsgruppen kein hierarchisches Gefälle besteht, damit sich die Gruppenmitglieder nicht durch vorgesetzte Personen eingeschränkt fühlen und sich offen aussprechen können.
- Die Gruppe entscheidet selbst, wann und wo sie sich treffen will. In der Regel geschieht dies alle zwei bis sechs Wochen.
- Die Gruppe kann auch eine virtuelle Plattform (Collaborative Workgroup) im Intra- oder Internet einrichten, um sich zu koordinieren oder Ergebnisse festzuhalten. Die Gruppe entscheidet selbst, wann und gegenüber wem sie den Zugang zu diesen Informationen öffnet. Diese Plattformen ersetzen die direkten Begegnungen nicht.
- Die erste Sitzung dient dazu, die Regeln der kollegialen Beratung zu klären und interne Vereinbarungen zu treffen. Im ersten Teil der Sitzung erklärt eine mit dem Tool vertraute Person das Verfahren.

Vorgehen

Schritt 1: Rollen verteilen

In jeder Sitzung werden zunächst folgende Rollen verteilt: Fallgeberin/Fallgeber, Moderation, Zeitnehmende, mehrere Beraterinnen/Berater, Prozessbeobachtung.

Schritt 2: Fall einbringen und Schlüsselfrage definieren

Die Fallgeberin/der Fallgeber schildert kurz ihr/sein Anliegen. Die Moderation notiert auf einem Flipchart stichpunktartig wesentliche Aussagen zur Situation. Sie klärt mit dem Fallgeber, auf welche Schlüsselfragen eine Antwort gesucht wird. Auch die Schlüsselfrage wird notiert.

Dieser Schritt sollte nicht mehr als fünf bis zehn Minuten beanspruchen.

Schritt 3: Fragen zum Fall stellen

Im Anschluss daran stellen die Beraterinnen/Berater Fragen zum Kontext, zur Problemsicht, zu Hintergründen etc., um ein vertieftes Verständnis des Falls zu gewinnen. Die Fallgeberin/der Fallgeber beantwortet diese Fragen in der nötigen Ausführlichkeit.

Auch diese Sequenz sollte nicht mehr als etwa fünf bis zehn Minuten dauern.

Schritt 4: Hypothesen zur Situation zusammentragen

Die Beraterinnen/Berater teilen mit, was sie am Fall besonders beeindruckt hat, und tragen Hypothesen (Vermutungen) zur Situation zusammen (Was ist hier los?). Die Hypothesen werden nicht diskutiert und nicht bewertet. Die Moderation hält die Hypothesen auf einem Flipchart fest. Der Fallgeber/die Fallgeberin hört nur zu.

Diese Sequenz kann etwa zehn Minuten dauern.

Schritt 5: Hypothesen kommentieren

Im nächsten Schritt kommentiert der Fallgeber/die Fallgeberin die gesammelten Hypothesen und wählt ein bis zwei aus, die ihn/sie auf den ersten Blick besonders ansprechen. Der Fallgeber/die Fallgeberin gibt weitere Informationen zum Anliegen, falls sein/ihr Eindruck ist, dass diese Informationen für die Bildung von Lösungsideen wichtig sind.

Dieser Schritt sollte wieder nicht länger als fünf Minuten sein.

Schritt 6: Lösungsideen erarbeiten

Die Beraterinnen und Berater tragen zu den ausgewählten Hypothesen Ideen für das weitere Vorgehen und mögliche Problemlösungen für die Fallgeberin/den Fallgeber zusammen. (Was würden Sie empfehlen? Womit haben Sie in einer ähnlichen Situation Erfolg gehabt?) Die Moderation hält die Ideen auf einem Flipchart fest. Die Fallgeberin/der Fallgeber hört wiederum nur zu.

Diese Sequenz kann etwa zehn Minuten dauern.

Schritt 7: Lösungsideen kommentieren

Im nächsten Schritt kommentiert der Fallgeber/die Fallgeberin die Ideen, die ihm/ihr auf den ersten Blick hilfreich erscheinen, und gibt an, was er/sie aus der kollegialen Beratung mitnimmt.

Dieser Schritt sollte wieder nicht länger als fünf Minuten sein.

Schritt 8: Auswertung auf der Metaebene

Die Moderation erhält ein kurzes Feedback. Die Prozessbeobachtung gibt allen Beteiligten eine Rückmeldung. Gemeinsam wird der Prozess reflektiert. (Achtung: Nicht ins Inhaltliche kommen!)

Zeitlich sind nochmals etwa fünf Minuten zu veranschlagen.

Tool 41
Entwicklung von Lernzielen

Anwendungshinweise

Zielsetzung/Funktion	Dieses Tool unterstützt die Reflexion der Lern- und Veränderungsfähigkeit eines Kooperationssystems sowie die Ableitung von konkreten Lernzielen auf den drei Ebenen Person, Organisation und Gesellschaft (mit Kooperationen und Rahmenbedingungen). Das Tool beinhaltet eine Stärken-Schwächen-Analyse nach den drei Mechanismen des Lernens (Variation, Selektion, Stabilisierung).
Anwendung	Das Tool eignet sich für die Ableitung bzw. Ausdifferenzierung von Lernzielen. Vertiefende Auseinandersetzung mit der Frage, welche Lernziele mit welchen Capacity WORKS-Tools erreicht werden können.
Setting	Workshop mit Schlüsselakteuren.
Hilfsmittel	Tabellen evtl. auf Flipchart oder Pinnwand übertragen.
Hinweise	Hohe Anforderungen an das Modellverständnis der Teilnehmenden, insbesondere für den Lernmechanismus (Variation, Selektion, Stabilisierung).

Beschreibung

Dieses Tool unterstützt die Reflexion über Lernen im Vorhaben entlang verschiedener Aspekte, wie

- … den fünf Erfolgsfaktoren des Modells Capacity WORKS.
- … den drei Capacity Development-Ebenen (Person, Organisation, Gesellschaft).
- … den drei Mechanismen des Lernens (Variation, Selektion, Stabilisierung).

Vorgehen

Schritt 1: Lern- und Veränderungsfähigkeit einschätzen

Im ersten Schritt wird eine Stärken-Schwächen-Analyse des Vorhabens im Hinblick auf seine Fähigkeit durchgeführt, die drei Mechanismen des Lernens (Variation, Selektion und Stabilisierung) umzusetzen. Dazu wird für jeden Erfolgsfaktor mit Bezug auf die fachlichen Ziele des Vorhabens geprüft, wie gut Variation, Selektion und Stabilisierung berücksichtigt werden.

Um dies leichter tun zu können, ist es sinnvoll, die nachfolgende Arbeitshilfe für jeden der fünf Erfolgsfaktoren auszuarbeiten. Weiter ist es hilfreich, die Einschätzung der Stärken und Schwächen durch sehr konkrete Beispiele bzw. Erfahrungen aus der Praxis im Vorhaben zu untermauern.

Erfolgsfaktor: ...	Stärken	Schwächen
Variation	Einschätzung: Beispiele:	Einschätzung: Beispiele:
Selektion	Einschätzung: Beispiele:	Einschätzung: Beispiele:
Stabilisierung	Einschätzung: Beispiele:	Einschätzung: Beispiele:

Arbeitshilfe 45: Stärken-Schwächen-Analyse nach den drei Lernmechanismen

Die folgende Übersicht dient dazu, die Defizite leichter zu identifizieren und – in der jeweiligen Umkehr der Indikationen – auch die Stärken sichtbar zu machen.

Indikationen für Defizite in der Variation:
- Zu wenig Informationen, Ideen, Fantasie, Erfahrungen
- Zu viel Routine
- Stabile Frontenbildung
- Verhärtete Frontenbildung

Indikationen für Defizite in der Selektion:
- Zu viele Informationen, Ideen, Erfahrungen, Fantasie
- Entscheidungsschwäche
- Unklare Entscheidungsstrukturen
- Vermeidung von Festlegungen

Indikationen für Defizite in der (Re-)Stabilisierung:
- Regelarmut
- Zu wenig Kontinuität
- Orientierungsschwäche
- Mangelndes Commitment
- Mangelnde Umsetzungsfähigkeit

- Fehlende Akzeptanz auf breiter Ebene
- Mangelnde Resilienz (eher volatile denn robuste Lösungen werden gewählt)
- Zu wenig Compliance (Regeltreue)

Zu beachten ist, dass diese Fragestellung Lernziele und fachliche Ziele aufs Engste miteinander verschränkt. Es geht also beispielsweise um Variation in der Strategiebildung oder Selektion in den Prozessen oder Stabilisierung in der Steuerung.

Schritt 2: Lernziele ableiten

Aus der Analyse der Stärken und Schwächen werden Lernziele abgeleitet. Diese Lernziele ergänzen die fachlichen Ziele in dem Sinne, dass sie die Lernaspekte herausheben, die – häufig implizit – in den fachlichen Zielen intendiert sind.

Schritt 3: Lernziele den Capacity Development-Ebenen zuordnen

Auf den drei Ebenen Person, Organisation und Gesellschaft (mit Kooperationen und Rahmenbedingungen) sind nun die Lernziele des Vorhabens aus der Stärken-Schwächen-Analyse abzuleiten, zuzuordnen und ggf. zu priorisieren (z. B. mittels Klebepunkten). Die folgende Tabelle unterstützt diesen Schritt:

Lernziele je Ebene	Variation	Selektion	Stabilisierung
Person			
Organisation			
Gesellschaft: Kooperationen			
Gesellschaft: Rahmenbedingungen			

Arbeitshilfe 46: Ableitung von Lernzielen

Schritt 4: Indikatoren entwickeln

Zusätzlich dazu kann im vierten Schritt überlegt werden, woran man erkennen würde, ob bzw. wie gut die Lernziele je Ebene erreicht sind. Diese Überlegungen können in die folgende Tabelle eingetragen werden:

Woran werden wir erkennen, dass die Lernziele erreicht wurden?	
Person	
Organisation	
Gesellschaft: Kooperationen	
Gesellschaft: Rahmenbedingungen	

Arbeitshilfe 47: Indikatoren für Lernziele

Schritt 5: Geeignete Tools zur Lernentwicklung auswählen

Mit welchen Tools kann die Variation, Selektion und Stabilisierung in den priorisierten Zielen bzw. Maßnahmen unterstützt werden?

Dafür bietet die Abbildung 46 eine Orientierung. Sie ordnet die Tools in Capacity WORKS den Mechanismen Variation, Selektion und (Re-)Stabilisierung zu.

Die Zuordnungen verändern sich, wenn die Tools flexibel genutzt werden.

Manche Tools dienen auch mehreren Mechanismen. In diesem Fall befinden sich die Nummern auf den Feldergrenzen.

Lernmechanismen \ Tools	Erfolgsfaktor Strategie	Erfolgsfaktor Kooperation	Erfolgsfaktor Steuerungsstruktur	Erfolgsfaktor Prozesse	Erfolgsfaktor Lernen und Innovation
Variation	2, 3, 5	10, 11, 13			32, 35, 36, 40
	1, 4	9, 12, 17			39
Selektion	6, 7, 8		20	25	41
		14, 19	23, 24	27	30, 37, 38, 42
(Re-)Stabilisierung		15, 16, 18	21, 22	26, 28, 29	31, 33, 34

Die Zahlen entsprechen den Nummern der Tools.

Abbildung 46: Zuordnung der Capacity WORKS-Tools zu den Mechanismen des Lernens

Tool 42
Überprüfung der Lernstrategien von Vorhaben

Anwendungshinweise

Zielsetzung/Funktion	Ausgehend von der Capacity Development-Strategie werden die Maßnahmen des Vorhabens hinsichtlich ihres Beitrags zum Lernen auf allen drei Capacity Development-Ebenen (Person, Organisation, Gesellschaft: Kooperationen, Rahmenbedingungen) geprüft, abgestimmt und ggf. angepasst.
Anwendung	Konsistenzcheck der Wirkungshypothesen, die der Vorhabenstrategie zugrunde gelegt sind. Geeignet, wenn sich Blockaden in der Umsetzung der Strategie zeigen bzw. diese nicht ausreichend erscheint, um die intendierten Capacities zu erreichen.
Setting	Workshop mit Schlüsselakteuren.
Hilfsmittel	Tabelle evtl. auf Flipchart oder Pinnwand übertragen, ansonsten Kopien der Arbeitstabelle.
Hinweise	Anforderungen: Das Vorhaben verfügt über eine Capacity Development-Strategie, die den beteiligten Akteuren bekannt ist.

Beschreibung

Dieses Tool hilft, die in jedem Vorhaben (implizit oder explizit) verfolgte Lernstrategie zu erkennen, zu überprüfen und ggf. die Optimierung anzuregen. Ausgangspunkt ist eine vollständig erarbeitete Capacity Development-Strategie für das gemeinsame Vorhaben.

Vorgehen

Die Arbeitshilfe 48 strukturiert das Vorgehen in sechs Schritte und kann als Orientierung für die weitere Bearbeitung genutzt werden:

Vorhaben XY: Überprüfung der Lernstrategie (Ausschnitt)				
	Person	Organisation	Gesellschaft	
			Kooperationen	Rahmenbedingungen
Schritt 1: Welche Lernziele werden auf den Ebenen angestrebt (intendierte Capacities)?				
Schritt 2: Welche Maßnahmen mit welchen Wirkungshypothesen sind bereits geplant?				
Schritt 3: Sind die Maßnahmen geeignet, die Lernziele zu erreichen?				
Schritt 4: Inwieweit unterstützen sich die geplanten Maßnahmen wechselseitig hinsichtlich der Erreichung der Lernziele auf der jeweiligen Ebene? (Synergiepotenziale)				
Schritt 5: Inwieweit behindern sich die geplanten Maßnahmen wechselseitig hinsichtlich der Erreichung der Lernziele auf den verschiedenen Ebenen? (Konfliktpotenziale)				
Schritt 6: Welche Konsequenzen entstehen aus den vorangegangenen Schritten hinsichtlich etwaiger Änderungen bzw. Ergänzungen der geplanten Maßnahmen?				

Arbeitshilfe 48: Überprüfung der Lernstrategie

Schritt 1: Lernziele auf den Ebenen identifizieren

Im ersten Schritt wird der Fokus für die Analyse gesetzt: Welcher Ausschnitt des Vorhabens wird betrachtet? Für diesen Fokus werden die Lernziele auf den drei Ebenen des Capacity Development beschrieben, die sich aus den geplanten Wirkungen im Vorhaben ableiten lassen (vgl. auch Zeile intendierte Capacities im Tool Capacity Developement-Strategie).

Schritt 2: Geplante Maßnahmen beschreiben

Im zweiten Schritt werden die bereits geplanten Maßnahmen auf allen Ebenen des Capacity Development zusammen mit den dazugehörigen Wirkungshypothesen übertragen.

Schritt 3: Geplante Maßnahmen in Bezug auf Lernziele überprüfen

Im dritten Schritt wird die Passung der geplanten Maßnahmen mit den Lernzielen überprüft. Im Idealfall sind die Maßnahmen geeignet, die Lernziele in allen Anknüpfungspunkten und auf den drei Ebenen des Capacity Development zu erreichen.

Schritt 4: Positive Synergieeffekte identifizieren

Im vierten Schritt wird geprüft, welche positiven Synergieeffekte zwischen den geplanten Maßnahmen bestehen: Inwieweit ergänzen bzw. verstärken sich die Maßnahmen hinsichtlich der Erreichung der Lernziele auf den drei Ebenen des Capacity Development?

Schritt 5: Konfliktpotenziale erkennen

Im fünften Schritt wird geprüft, inwieweit die verschiedenen Maßnahmen Dysfunktionalitäten bzw. Konflikte hinsichtlich der Erreichung der Lernziele auf allen drei Ebenen auslösen können.

Schritt 6: Schlussfolgerungen ableiten

Im letzten Schritt werden die Zwischenergebnisse aus den vorhergehenden Schritten ausgewertet und mögliche Änderungs- bzw. Ergänzungsvorschläge zu den geplanten Maßnahmen abgeleitet, um die gewünschten Lernziele zu erreichen.

Zitationen

1 Sinngemäß zitiert aus Wimmer, Rudolf (2009): Führung und Organisation – zwei Seiten ein und derselben Medaille, in: Revue für postheroisches Management, Heft 4, 2009, S. 20–33
2 Vgl. König, Helmut (2008): Politik und Gedächtnis, Weilerswist, S. 368ff.
3 Vgl. Abelshauser, Werner (2005): Deutsche Wirtschaftsgeschichte seit 1945, Bonn, S. 75ff.
4 Mintzberg, Henry (1978): Patterns of Strategy Formulation, in: Management Science 24, S. 934–948
5 Vgl. Nagel, Reinhart; Wimmer, Rudolf (2009): Systemische Strategieentwicklung. Modelle und Instrumente für Berater und Entscheider, 5. akt. und erw. Auflage, Stuttgart, S. 25–100
6 Vgl. Ulrich, Hans; Krieg, Walter K. (1972): Das St. Galler Management Modell, Bern
7 Angelehnt an Nagel, Reinhart; Wimmer, Rudolf (2009): Systemische Strategieentwicklung. Modelle und Instrumente für Berater und Entscheider, 5. akt. und erw. Auflage, Stuttgart, S. 103ff.
8 Nagel, Reinhart; Wimmer, Rudolf (2009): Systemische Strategieentwicklung. Modelle und Instrumente für Berater und Entscheider, 5. akt. und erw. Auflage, Stuttgart, S. 75
9 In Anlehnung an Payer, H. (2011): Organisation, Kooperation, Netzwerk – Fließende Übergänge zwischen fester und loser Kopplung, in: Ahlers-Niemann, A., Freitag-Becker, E. (Hrsg.): Netzwerke – Begegnungen auf Zeit zwischen Uns und Ich, Bergisch Gladbach, S. 23–39
10 Vgl. Wimmer, Rudolf (2007): Die bewusste Gestaltung der eigenen Lernfähigkeit als Unternehmen, in: Tomaschek, N. (Hrsg.): Die bewusste Organisation. Steigerung der Leistungsfähigkeit, Lebendigkeit und Innovationskraft von Unternehmen, Heidelberg, S. 39–62
11 Das Tool basiert auf einer Vorlage von Arthur Zimmermann, odcp consult GmbH, Zürich
12 Das Tool wurde entwickelt von Arthur Zimmermann, odcp consult gmbh, Zürich. Vgl. Deutsche Gesellschaft für Technische Zusammenarbeit (GTZ) GmbH (Hrsg.), Autor Zimmermann, Arthur (o. J.), Mainstreaming Participation, Instrumente zur AkteursAnalyse, 10 Bausteine für die partizipative Gestaltung von Kooperationssystemen, Eschborn, S. 14f.
13 Das Tool wurde entwickelt von Arthur Zimmermann, odcp consult GmbH, Zürich
14 Grundlage des Tools wurde entwickelt von Arthur Zimmermann, odcp consult gmbh, Zürich
15 Vgl. Bauer-Wolf, Stefan, ÖAR, Wien (2012): Ein Lebenslauf von Kooperation, veröffentlicht auf www.coaching-raum.at
16 Nach Leo Baumfeld, ÖAR, Wien: unveröffentlichtes Arbeitspapier
17 Nach Leo Baumfeld, ÖAR, Wien: unveröffentlichtes Arbeitspapier
18 Grundlage des Tools wurde entwickelt von Arthur Zimmermann, odcp consult gmbh, Zürich.
19 Vgl. Bauer-Wolf, Stefan; Payer, Harald; Scheer, Günter (Hrsg.) (2008): Erfolgreich durch Netzwerkkompetenz, Heidelberg
20 Vgl. Deutsche Gesellschaft für Technische Zusammenarbeit (GTZ) GmbH (Hrsg.), Autor Zimmermann, Arthur (o. J.), Mainstreaming Participation, Instrumente zur AkteursAnalyse, 10 Bausteine für die partizipative Gestaltung von Kooperationssystemen, Eschborn, S. 32–35; vgl. Nowak, Martin A. (2012): SuperCooperators: Altruism, Evolution, and Why We Need Each Other to Succeed, Free Press

21 Covey, Stephen M. (2006): The Speed of Trust, Free Press
22 Vgl. Axelrod, Robert (2006): The Evolution of Cooperation, Basic Books
23 Das Tool wurde entwickelt von Arthur Zimmermann, odcp consult GmbH, Zürich
24 Das Tool wurde entwickelt von Arthur Zimmermann, odcp consult GmbH, Zürich
25 Das Tool wurde entwickelt von Arthur Zimmermann, odcp consult GmbH, Zürich
26 Vgl. Fisher, Roger et al. (2009): Das Harvard-Konzept, Der Klassiker der Verhandlungstechnik, Frankfurt/Main
27 Vgl. Königswieser, Roswita; Exner, Alexander (2008): Systemische Intervention, Architekturen und Designs für Berater und Veränderungsmanager, Stuttgart
28 Graf-Götz, Friedrich; Glatz Hans (1998): Handbuch Organisation gestalten. Für Praktiker aus Profit- und Nonprofit-Unternehmen, Trainer und Berater, Weinheim, S. 152
29 Grundlage des Tools wurde entwickelt von Arthur Zimmermann, odcp consult gmbh, Zürich
30 Das Tool ist eine Weiterentwicklung von Eppler, Martin J. (2007): Debriefing – Lernen aus Erfolgen und Fehlern, in: Zeitschrift für Organisationsentwicklung, 01/2007, Werkzeugkiste Nr. 10, S. 73–77
31 Grundlage des Tools wurde entwickelt von Arthur Zimmermann, odcp consult gmbh, Zürich
32 Zur Beschreibung des EFQM Excellence Modells, der Grundkonzepte sowie der Kriterien siehe die Website von EFQM (European Foundation for Quality Management), www.efqm.de
33 Siehe die Website der Schweizerischen Vereinigung für Qualitäts- und Management-Systeme (SQS), www.sqs.ch

Verzeichnis der Abbildungen

1. Capacity WORKS
2. Die fünf Erfolgsfaktoren
3. Landkarte der Logiken
4. Capacity Development-Dreiklang
5. Systemische Schleife
6. Wirkungsmodell – Beispiel Tourismusentwicklung
7. Strategieschleife
8. Kohärenzdreieck
9. Unterschiede zwischen Kooperationssystemen und Netzwerken
10. Funktionen einer Steuerungsstruktur
11. Steuerungsebenen
12. Formale Steuerungsstruktur mit klarer Abgrenzung der Steuerungsebenen
13. Steuerungsstruktur mit flexibler Projektorganisation
14. Prozesslandkarte
15. Prozesslandkarte „Einführung von Bürgerhaushalten"
16. Prozesshierarchie für einen ausgewählten Kernprozess
17. Strategieschleife
18. Strategieentwicklung als linearer Prozess
19. Toolkit zur Strategieentwicklung
20. Kontrast-Szenarien
21. Wirkungsmodell
22. Wirkungsmodell – Schritt 1
23. Wirkungsmodell – Schritt 2
24. Wirkungsmodell – Schritt 3
25. Wirkungsmodell – Schritt 4
26. Wirkungsmodell
27. Beschreibung der Capacity Development-Ebenen
28. Wechselwirkungen von Capacity Development-Maßnahmen
29. Symbole für Akteure
30. Symbole für Beziehungen zwischen Akteuren
31. Beispiel für Akteurslandkarte Zwiebel
32. Beispiel für Akteurslandkarte Regenbogen
33. Definition Schlüsselakteure
34. Phasen in Beziehungs- und Interessenkonflikten
35. Entwicklungsstufen in Kooperationssystemen
36. Kooperationsformen und Rollen
37. Leistungsprofil des Vorhabens
38. Steuerungsebenen
39. Mögliche Gestaltungselemente einer Interventionsarchitektur (nach Königswieser)
40. Beispiel für eine Interventionsarchitektur
41. Beispiel Prozesshierarchie Watershed Management
42. Scaling-up – Schlüsselfaktoren
43. Beispielhafte Auswertung der Innovationsfähigkeit
44. Aspekteraster zur Organisationsdiagnose
45. Beispiel Qualitätsaspekte
46. Zuordnung der Capacity WORKS-Tools zu den Mechanismen des Lernens

Verzeichnis der Arbeitshilfen

1. Matrix Einflussfaktoren
2. Capacities for what?
3. SWOT-Analyse
4. Beschreibung der strategischen Optionen
5. Kriterien zur Auswahl einer Option
6. Wirkungs-/Risiko-Matrix
7. Capacity Development-Matrix
8. Akteurslandkarte Zwiebel
9. Akteurslandkarte Regenbogen
10. 4-A-Matrix
11. Akteursprofil
12. Übereinstimmung mit dem Veränderungsziel des Vorhabens
13. Zielkonflikte-Matrix
14. Checkliste Strukturmerkmale von Kooperationen
15. Das PIANO-Modell
16. Checkliste Zielklärung Netzwerke
17. Checkliste Qualitäten eines Netzwerks
18. Einschätzung des Kooperationsklimas
19. Merkmale erfolgreicher Partnerschaften
20. Maßnahmen zur Entwicklung der Partnerschaft
21. Analyse des Lernverhaltens
22. Checkliste Verhandlungsprozess
23. Mögliche Beteiligte an der Steuerung identifizieren
24. Beteiligungsstufen
25. Checkliste neun Anforderungen
26. Strategische Planung: Ziele und Arbeitspakete
27. Meilensteinplanung
28. Operationsplan
29. Prozesslandkarte
30. Prozesshierarchie
31. Prozessdesign
32. Prozessdefinition und Prozessschritte
33. Prozessschritte
34. Ablaufdiagramm
35. Checkliste kritische Muster und Schwachstellen
36. Checkliste für die Problemanalyse bei Schnittstellen
37. Gestaltung von Schnittstellen
38. Checkliste Scaling-up
39. Checkliste Lernkompetenz von Kooperationssystemen
40. Tabelle zur Bewertung der Innovationsfähigkeit
41. Erarbeitung und Darstellung von Wissensprodukten
42. Debriefing – Visualisierung von Maßnahmen
43. Checkliste für Wissensgemeinschaften
44. Bewertungstabelle Organisationsdiagnose
45. Stärken-Schwächen-Analyse nach den drei Lenkmechanismen
46. Ableitung von Lernzielen
47. Indikatoren für Lernziele
48. Überprüfung der Lernstrategie

Danksagung

Unser Dank gilt all jenen, die mit wertvollen Beiträgen zur Entstehung und Weiterentwicklung des Modells beigetragen haben. Ohne sie gäbe es Capacity WORKS heute nicht:

In der Entstehungsphase (2004–2006) waren dies insbesondere viele Auftragsverantwortliche, die ihre Erfahrungen mit Herangehensweisen in erfolgreichen Vorhaben in die Diskussion eingebracht haben: Michael Gajo und Wolfgang Morbach, Christoph Feyen, Christopher T. Mallmann, Meinolf Spiekermann und Björn Philipp. Ihre Entwicklungspartner aus der Zentrale waren die Mitarbeitenden des damaligen Beratungsteams MODeLS (Elisabeth Christian, Sylvia Glotzbach, Klaus Reiter) und der Gruppe Unternehmensorganisation (Kurt Wagner, Lutz Zimmermann). Als externer Berater begleitete Helmut Willke die Phase der Modellentwicklung. Bei der Ausformulierung der Hintergrundtexte und der Tools unterstützten als externe Beratende: Leo Baumfeld, Claudia Conrad, Jean-Pierre Wolf und Arthur Zimmermann. Ohne die Bereichs-/Stabsstellenleiterebene der damaligen GTZ wäre Capacity WORKS sicher nicht entstanden.

Die Pilotphase (2007–2008) war geprägt durch die Bereitschaft von rund 70 Auftragsverantwortlichen weltweit, zusammen mit ihren Teams und Partnern Capacity WORKS auszuprobieren und ihre Erfahrungen in die Weiterentwicklung einzubringen. Die Gruppe Unternehmensorganisation mit Heiko Roehl, Kurt Wagner und Maraile Görgen gewährleistete die unternehmenspolitische Verankerung. Dazu gehörte auch die Erstellung der zweiten Version von Capacity WORKS zusammen mit Mischa Skribot als externem Berater.

In der Einführungsphase (2009–2010) waren es wieder die Mitarbeiterinnen und Mitarbeiter – ob national, international oder entsandt –, die mit ihrem Interesse am Ausprobieren, ihrem Erfindungsreichtum und ihren Rückmeldungen in Trainings, Anwendungen oder im Blog die Erfahrungsbasis von Capacity WORKS bereicherten. Unterstützt wurde dieser Prozess von den Projektleiterinnen in der Zentrale (Bernadette Daubenmerkl, Bettina De Campos, Martina Maurer, Cordula Schmüdderich, Soete Klien, Maraile Görgen) und einer Gruppe von externen Beratenden. Beim Monitoring des Einführungsprozesses waren Oliver Karkoschka und Claudia Conrad einbezogen.

Die nun vorliegende Aktualisierung – und damit die Erstellung der dritten Version – ist im Kern von Mitarbeitenden aus dem Kompetenzcenter Change Management und Methodische Ansätze (Werner Ahringhoff, Elisabeth Christian, Barbara Gerhager, Sylvia Glotzbach, Joachim Göske, Neil Hatton, Soete Klien, Klaus Reiter und Joachim Stahl) geschrieben worden. Intern waren die Gruppe Unternehmensorganisation (Maraile Görgen), der Bereich Deutschland (Alexandra Pres, Balthas Seibold) und von externer Seite Stefan Bauer-Wolf und Harald Payer involviert.

Wenn so viele Menschen so engagiert für ein Projekt arbeiten, kann es schnell passieren, dass der ein oder andere Name aus Versehen unerwähnt bleibt. Sollte ein Kollege oder eine Kollegin seinen bzw. ihren Namen hier vermissen, bitten wir recht herzlich um Entschuldigung. Wir wissen, dass Capacity WORKS nur durch die Summe **aller** Beiträge zu dem geworden ist, was wir in diesem Buch vorstellen.

Printed by Printforce, the Netherlands